定本
発掘調査のてびき

― 整理・報告書編 ―

文化庁文化財部記念物課

例　言

1．本書は、埋蔵文化財の保護を目的として実施する発掘調査のうち、集落遺跡を中心とした発掘作業と整理等作業の具体的な手順と方法を示した「てびき」（マニュアル）である。「発掘調査」とは、現地における発掘調査作業（以下「発掘作業」という。）および発掘作業の記録と出土品の整理から報告書作成までの作業（以下「整理等作業」という。）をへて、発掘調査報告書（以下「報告書」という。）の刊行をもって完了する一連の作業を指す。

2．本書は、集落遺跡を中心する発掘作業を扱った『集落遺跡発掘編』（以下『発掘編』という。）と、報告書の作成・刊行までを含む整理等作業を扱った『整理・報告書編』（以下『整理編』という。）の2冊からなる。『整理編』の整理等作業は、原則として、集落遺跡から出土する遺物をおもな対象としている。また、『整理編』の末尾に、関係法令などを付編として収録した。

3．本書は、平成17年度から21年度にかけて、文化庁文化財部記念物課が、独立行政法人国立文化財機構（平成18年度までは独立行政法人文化財研究所）奈良文化財研究所（以下「奈文研」という。）にその業務を委託し、作成した。

4．本書の作成にあたっては、平成17年度に設置した「『発掘調査のてびき』作成検討委員会」（以下「作成委員会」という。）の指導と助言を受け、同時に設置した「『発掘調査のてびき』作成検討委員会作業部会」（以下「作業部会」という。）および奈文研委員の協力を得た。なお、作成委員会は5回、作業部会は15回にわたって開催した。

5．作成委員会委員の構成は、次のとおりである。
　　　藤本強（座長）、石川日出志、泉拓良、甲元眞之、杉原和雄、高橋一夫、田辺征夫、山崎純男

6．作業部会委員の構成は、次のとおりである。
　　　赤塚次郎、宇垣匡雅、江浦洋、桐生直彦、小林克、佐藤雅一、重藤輝行、七田忠昭、高田和徳、
　　　趙哲済、寺澤薫、細田勝

7．奈文研委員の構成は、次のとおりである。
　　　石村智、井上直夫、牛嶋茂、岡村道雄、小澤毅、加藤真二、金田明大、国武貞克、小池伸彦、
　　　高妻洋成、小林謙一、杉山洋、高橋克壽、巽淳一郎、玉田芳英、豊島直博、中村一郎、
　　　箱崎和久、平澤毅、深澤芳樹、松井章、松村恵司、毛利光俊彦、森本晋、安田龍太郎、山﨑健、
　　　山中敏史

8．本書では、遺跡などの時期について、6世紀以前は時代名称による表記をおこない、7世紀以降はできるだけ世紀を用いた表記とした。

9．本書における外来語のカタカナ表記は、国語審議会の答申にもとづいて平成3年6月28日に告示された内閣告示第2号の『外来語の表記』に準拠し、英単語の末尾が-er、-or、-arとなるものは、すべて長音符号「ー」をつける表記に統一した。

10．本書の執筆にさいしては多数の文献などを参照したが、本書の性格を勘案して、巻末の参考文献には、入手や閲覧が比較的容易な一般書籍を中心に掲げた。

11．『発掘編』の執筆と作成にあたっては、青山均、篠崎譲治、高橋学、千木良礼子、中山晋、松崎元樹、松田順一郎の協力を得た。また、本書の挿図作成には金田あおい、索引と図表出典および付編の作成には濱口典子、野口成美、山川貴美が協力した。

12．本書の執筆は、作業部会委員、奈文研委員および上記の協力者と文化庁がおこなった。

13．本書の編集は、文化庁（坂井秀弥、禰宜田佳男、清野孝之、水ノ江和同、渡辺丈彦、近江俊秀）と奈文研（山中敏史、小林謙一、小澤毅、金田明大）がおこない、濱口典子の協力を得た。

発掘調査のてびき　整理・報告書編　　目　次

例　言

第Ⅰ章　整理と報告書作成の基本方針 …………………………………………………… 1
第1節　発掘調査報告書 ……………………………………………………………… 2
第2節　整理等作業の流れ …………………………………………………………… 3

第Ⅱ章　記録類と遺構の整理 ……………………………………………………………… 5
第1節　発掘記録類の基礎整理 ……………………………………………………… 6
第2節　遺構・土層の整理と集約 …………………………………………………… 8

第Ⅲ章　遺物の整理 ………………………………………………………………………… 11
第1節　洗浄・選別・注記・登録 …………………………………………………… 12
　　　　　1　目　的 ……………… 12　　4　注　記 ……………… 14
　　　　　2　洗　浄 ……………… 12　　5　登　録 ……………… 15
　　　　　3　選　別 ……………… 14
　　　コラム　遺物分類の考え方 ……………… 16

第2節　接　合 ………………………………………………………………………… 17
　　　　　1　目　的 ……………… 17　　3　石器・石製品の接合 ……… 18
　　　　　2　土器・土製品の接合 … 17　　4　金属製品・木製品の接合 … 18

第3節　実測の理念と方針 …………………………………………………………… 19
　　　　　1　実測の理念 ………… 19　　2　実測の基本方針 ………… 19
　　　コラム　考古学と計量 ……………… 20

第4節　土器・土製品の観察と実測 ………………………………………………… 21
　　　　　1　種　類 ……………… 21　　3　実　測 ……………… 31
　　　　　2　観　察 ……………… 21　　4　拓　本 ……………… 37
　　◆　デジタル図化 ………………………………………………………………… 40

第5節　石器・石製品の観察と実測 ………………………………………………… 42
　　　　　1　種　類 ……………… 42　　3　実　測 ……………… 52
　　　　　2　観　察 ……………… 46

第6節　金属製品の観察と実測 ……………………………………………………… 55
　　　　　1　種類と観察 ………… 55　　2　実　測 ……………… 55

第7節　木製品・大型部材の観察と実測 …………………………………………… 60
　　　　　1　種　類 ……………… 60　　4　大型部材の観察 ………… 69
　　　　　2　木製品の観察 ……… 60　　5　大型部材の実測 ………… 71
　　　　　3　木製品の実測 ……… 67

第8節　自然科学分析 …… 74

1. 自然科学分析の位置づけ …… 74
2. 微細遺物の採集法 …… 75
3. 動植物遺存体と古人骨の分析 …… 77
4. 遺物の構造調査 …… 80
5. 遺物の材質分析 …… 82
6. 年代測定 …… 83
7. 分析試料の保管 …… 85

コラム　非破壊分析 …… 85

第9節　復　元 …… 86

1. 目　的 …… 86
2. 型取りと成形・整形 …… 86
3. 着　色 …… 88

第10節　写　真 …… 89

1. 遺物の撮影 …… 89
2. 撮影機材 …… 89
3. 撮影の方法 …… 93
4. 撮影形式とライティング …… 95
5. さまざまな遺物の撮影 …… 98
6. 遺物写真の現像処理 …… 103

第11節　遺物の保存処理 …… 104

1. 保存処理の必要性 …… 104
2. 保存処理前の作業 …… 104
3. 保存処理の方法 …… 106

第Ⅳ章　調査成果の検討 …… 109

第1節　遺構の検討 …… 110

1. 目的と留意点 …… 110
2. 遺構の分類 …… 110
3. 個々の遺構の検討 …… 111
4. 時期の推定 …… 117

コラム　柱間寸法と尺度 …… 119

第2節　遺物の検討 …… 120

1. 目的と留意点 …… 120
2. 遺物の分類 …… 120
3. 様相の把握 …… 123
4. 時期の推定 …… 124

コラム　遺物の数量表示 …… 126

第3節　調査成果の総合的検討 …… 127

1. 情報の整理 …… 127
2. 遺跡の評価 …… 128

第Ⅴ章　報告書の作成 …… 131

第1節　構成と規格 …… 132
第2節　文章の作成 …… 136
第3節　図表の作成 …… 139
第4節　レイアウトと編集 …… 146
第5節　入稿と校正 …… 152

コラム　色校正の基本 …… 156

第6節　印刷と製本 …… 157

第Ⅵ章　報告書の記載事項 ……………………………………………… 159
第1節　報告書の構成 ……………………………………………… 160
第2節　調査の経過 ……………………………………………… 164
　　　1　調査にいたる経緯 ……………… 164　　3　整理等作業の経過 ……………… 165
　　　2　発掘作業の経過 ……………… 165
第3節　遺跡の位置と環境 ……………………………………………… 166
　　　1　目　的 ……………… 166　　3　歴史的環境 ……………… 167
　　　2　地理的環境 ……………… 166
第4節　調査の方法と成果 ……………………………………………… 169
　　　1　調査の方法 ……………… 169　　4　遺　物 ……………… 177
　　　2　層　序 ……………… 171　　5　自然科学分析 ……………… 180
　　　3　遺　構 ……………… 175　　6　保存目的調査の報告 ……… 181
第5節　総　括 ……………………………………………… 182

第Ⅶ章　資料の保管と活用 ……………………………………………… 183
第1節　記録類の保管と活用 ……………………………………………… 184
　　　1　記録類の保管 ……………… 184　　3　記録類の活用 ……………… 187
　　　2　写真の保管 ……………… 185
第2節　出土品の保管と活用 ……………………………………………… 188
　　　1　出土品の保管 ……………… 188　　2　出土品の活用 ……………… 190

英文目次 ……………………………………………… 192

図　版 ……………………………………………… 195

付　編 ……………………………………………… 203
　　文化財保護法（抜粋） ……………………………………………… 204
　　行政目的で行う埋蔵文化財の調査についての標準（報告） ……………… 210
　　出土品の取扱いについて（報告） ……………………………………………… 239
　　埋蔵文化財の把握から開発事前の発掘調査に至るまでの取扱いについて（報告） …… 248
　　埋蔵文化財の本発掘調査に関する積算標準について（報告） ……………… 259
　　出土品の保管について（報告） ……………………………………………… 271
　　埋蔵文化財の保存と活用（報告） ……………………………………………… 276
　　労働安全衛生法（抜粋）・同施行令（抜粋）・労働安全衛生規則（抜粋） ……… 288

参考文献 ……………………………………………… 290

図表出典 ……………………………………………… 293

索　引 ……………………………………………… 301

おわりに ……………………………………………… 315

発掘調査のてびき　集落遺跡発掘編　　　　　　　　　　　　　　　目　次

　　はじめに
　　例　　言

第Ⅰ章　埋蔵文化財の保護
　　第1節　埋蔵文化財の保護と発掘調査
　　第2節　埋蔵文化財の発掘と『発掘調査のてびき』

第Ⅱ章　集落遺跡概説
　　第1節　序　論　　　　　　　　　　　　第5節　古墳時代
　　第2節　旧石器時代　　　　　　　　　　第6節　古　代
　　第3節　縄文時代　　　　　　　　　　　第7節　中・近世
　　第4節　弥生時代

第Ⅲ章　発掘調査の準備と運営
　　第1節　埋蔵文化財包蔵地　　　　　　　第4節　測量基準点の設置
　　　　　　コラム　くぼみとして残った遺構　　　　　コラム　世界測地系への移行
　　第2節　調査計画の策定と準備　　　　　第5節　発掘前の地形測量
　　第3節　発掘作業の運営と安全管理　　　第6節　発掘区とグリッドの設定
　　　　　　　　　　　　　　　　　　　　　第7節　遺跡の探査

第Ⅳ章　土層の認識と表土・包含層の発掘
　　第1節　遺跡における土層の認識　　　　◆　土層をより深く理解するために
　　第2節　表土の掘削と包含層の発掘
　　　　　　コラム　層相断面図

第Ⅴ章　遺構の発掘
　　第1節　遺構検出の方法　　　　　　　　第5節　その他の建物
　　第2節　遺構の掘り下げと遺物の取り上げ　　　　　コラム　オンドル
　　第3節　竪穴建物　　　　　　　　　　　第6節　土　坑
　　　　　　コラム　柄鏡形竪穴建物　　　　　　　　　コラム　氷　室
　　　　　　コラム　カマドの発掘手順　　　　　　　　コラム　トイレ
　　　　　　コラム　焼失竪穴建物の炭化材　第7節　溝
　　　　　　コラム　竪穴建物と埋葬　　　　第8節　井　戸
　　　　　　コラム　周溝をもつ建物　　　　第9節　生産関連遺構
　　第4節　掘立柱建物
　　　　　　コラム　竪穴・掘立柱併用建物

第Ⅵ章　遺構の記録
　　第1節　実　測　　　　　　　　　　　　第3節　写　真
　　第2節　記録と情報

第Ⅶ章　自然科学調査法の活用
　　第1節　自然科学分析と試料採取　　　　第3節　土層・遺構の転写と切り取り
　　第2節　脆弱遺物の取り上げ

　　英文目次
　　図　版
　　参考文献
　　図表出典
　　索　引

第Ⅰ章

整理と報告書作成の基本方針

第1節
発掘調査報告書

発掘調査報告書とは 発掘調査報告書（以下「報告書」という。）とは、埋蔵文化財の発掘作業から整理等作業にいたる、発掘調査全般の成果を的確にまとめたものである。発掘調査は、この報告書が適切に刊行されることによって完結する。

記録保存調査における報告書 記録保存調査の報告書は、埋蔵文化財のうち、現状保存の措置をとることができなかった遺跡に代わり、後世に残す記録の中でもっとも中心となるものである。そのため、当該埋蔵文化財の内容を過不足なく記載したものであることが求められる。

それと同時に、報告書は、発掘作業から整理等作業をつうじて得られた情報を、客観的かつ的確に収録したものであると同時に、理解しやすいものでなければならない。

したがって、作成にあたっては、事実およびそれに関する所見の記述と図面・写真などの資料を体系的・合理的に構成し、利用者の立場に立って活用しやすいものとなるよう、細心の注意をもってあたる必要がある。

保存目的調査における報告書 保存目的調査では、発掘の対象となった地点で、将来的に、再発掘を含めた検証がおこなわれることも多い。

したがって、この場合の報告書は、そうした再発掘や検証に耐えうる精密さをもつだけではなく、どのような発掘をおこない、遺構をどれだけ掘り下げずに残したのか、という点に関しても、個別具体的に記すことが求められる。

また、発掘の目的および発掘区と発掘方法を決定するにいたった経緯や検討過程についても、明確に述べなければならない。これらの記載事項は、学術目的調査でも共通する。

概要報告 概要報告（以下「概報」という。）は、対象とする遺跡の発掘調査が数年にわたって継続的におこなわれる場合に、毎年あるいは数年ごとの成果をとりまとめ、刊行されるものである。

また、発掘作業の期間が短いものでも、遺構の検出数や遺物の出土量が多く、整理等作業に数年を要する場合などでは、発掘作業終了後の早い段階で、速報的に概報を刊行することがある。これらは、調査成果の早期公開という観点からみて効果的である。

概報は、整理等作業の完了以前に作成されることが多いので、その時点で把握されている事実関係のとりまとめに主眼をおき、発掘区の位置図や検出遺構の全体図、代表的な遺構・遺物の実測図と写真などを中心に掲載する。

ただし、概報だけではその発掘調査全体の記録とはいえないため、最終的には、必ず総括的な報告書を作成しなければならない。

報告書の公開と保管・活用 報告書は、発掘調査全般の成果を的確にまとめた埋蔵文化財の記録であることから、将来にわたって保存されるとともに、広く公開されて、国民が共有し、活用できるような措置を講じる必要がある。

また、報告書は、日本列島の歴史や地域史を、考古学的に究明する重要な素材となる。そのため、当該地域をはじめとする関係の図書館・博物館・公民館や、国と地域の歴史・文化を学術的に研究する大学等研究機関などにも配布し、さらに希望者が簡便に閲覧などの利用ができるよう、適切な管理をおこなうことが求められる。

とりわけ、当該発掘調査がおこなわれた地方公共団体は、地域の埋蔵文化財を正しく理解・把握すると同時に、地域住民に対して、その成果を公開する責任があり、より確実な管理と適切な活用を心がけなければならない。

以上のような報告書の性格を考えると、報告書は、記録媒体自体の劣化のほか、媒体の規格変更や製造中止など、いくつかの問題が指摘されるデジタルデータではなく、紙媒体による印刷物とすることが求められる。

第2節
整理等作業の流れ

記録類の整理と集約 整理等作業を始めるにあたっては、発掘作業で明らかになった遺構と遺物の内容や相互の関係をふまえ、適切な方法を検討して実施計画を立案する。

発掘作業の過程で作成された図面や日誌、写真などの各種の記録類は、その成果を示す基礎的な資料として重要である。必要なデータが整っていないと、資料としての価値が著しく低下するため、内容の確認を十分におこなって、整理等作業に活用できるよう、適切に保管・管理する。また、これらの作業は、発掘作業の記憶が薄れないうちに、すみやかに実施する。

具体的な作業には、図面などの記載漏れのチェックや記録類相互の整合性の確認、さらに遺跡の年代や性格を検討するうえで欠かせない、遺構ごとの情報の整理がある。

また、個別の遺構の大まかな年代や種別、遺構群全体における位置づけなどといった各種情報の整理と集約をおこない、それらをもとに、遺構の一覧表や台帳を作成する。そのさい、報告書の中での取扱いや記載内容などについても見通して、調査成果を的確に示す図面や写真の選択などをおこなう。

作業対象の選択 発掘作業では、現状保存の措置をとることができない遺構や、原位置が失われる遺物については、作業の内容は別にして、そのすべてが作業対象となる。

これに対し、整理等作業では、遺跡の性格を見きわめながら、必要に応じた対応が求められる。とくに、報告書における取扱いを十分に検討し、掲載する資料をどれだけ選択するかによって、作業量は大きく変動する。

遺物は、遺跡を理解するうえで重要な資料であるが、遺物に関係する整理等作業は多大な労力を要する。同時に、接合・実測・復元など、その中核をなす作業では、専門的な知識と熟練した技術が求められる。

このため、整理等作業では、考古学的な観察や分類を適切におこなったうえで、費用対効果も十分に考慮しながら、無駄を省き、価値に応じて、報告書に掲載する遺構と遺物を正しく選択する必要がある。

近年、発掘調査の増加にともなって、整理等作業が恒常的におこなわれるようになったことにより、ともすれば、各作業工程の目的や意義が十分に理解されないまま、機械的に進められる傾向もみられる。対象とする遺物などの選択が的確におこなわれず、不必要あるいは不適切な作業方法がとられることのないよう、事前に目的と意義を正しく認識して作業を進めなければならない。

作業の担当者 整理等作業は、発掘作業で得られた情報や成果を正確に把握しておくことが前提となることから、発掘担当者がおこなうことが望ましい。とくに、図面や写真の確認・点検など、発掘記録類の基礎整理の工程は、原則として、発掘作業の状況を熟知した発掘担当者が従事する必要がある。

ただし、一定の水準を確保しつつ、効率よく作業を進めるうえでは、必要に応じて、発掘担当者以外の者の協力を得ることも効果的である。

複数の発掘担当者により作業を実施する場合には、事前に、作業内容について共通理解を得るための十分な意見調整をおこない、客観性を保つと同時に、齟齬のないようにする。発掘担当者が一人の場合でも、作業対象の分類や選択にさいしては、複数の関係者がかかわるなど、客観性を確保するための体制や、意見交換の場を作ることが必要である。

作業の実施時期 冒頭でも述べたように、発掘調査の結果を正確に報告書に反映させるには、発掘作業についての記憶が鮮明なうちに整理等作業に着手し、報告書をできるだけ早く作成すること

が、調査成果を迅速かつ適正に公開するという観点からも重要である。

これらのことから、報告書は、発掘作業の終了後、おおむね3年以内に刊行することを原則としており、それに合わせて、整理等作業を計画的におこなうことが求められる。

また、記録類の基礎整理は、可能なかぎり発掘作業と並行して実施するのが望ましく、とくに出土遺物の種類や年代などの情報は、発掘作業を進めるうえでも重要である。

なお、長期間に及ぶ発掘調査では、整理対象となる記録類や遺物の量が膨大なものになることも多く、そうした場合は、発掘作業に並行して整理等作業をおこなわなければ、後続の作業に支障をきたすことにもなる。

遺物整理　まず、基礎的な作業として、すべての遺物を洗浄・乾燥したうえで、注記を適切におこなう。次に、遺物の種類・形態・時期などをよ り正確に把握するために、遺物の破片を接合して本来の形態に近づける。また、遺物を観察しながら実測し、遺物のもつ情報を図化・注記するとともに、適宜、写真撮影もおこなっていく。

これらの作業を実施するさいには、出土遺構や層位が混交しないように細心の注意を払う必要があり、そのためには早期に遺物台帳を作成し、出土から整理完了までの履歴を把握する。

遺構・遺物の総合的把握　以上のようにして得られた、遺構と遺物に関するさまざまな情報を慎重に分析し、個別および全体の遺構をふまえた遺跡の年代や性格の総合的な検討を進めていく。

そうした検討は、発掘区のみにとどまるものではなく、対象となった遺跡全体や周辺の遺跡まで含めたものでなければならない。また、遺跡の性格によっては、文献史料の利用のほか、民俗学的な観点からの分析など、さまざまな視点から検討を進めることも必要となる。

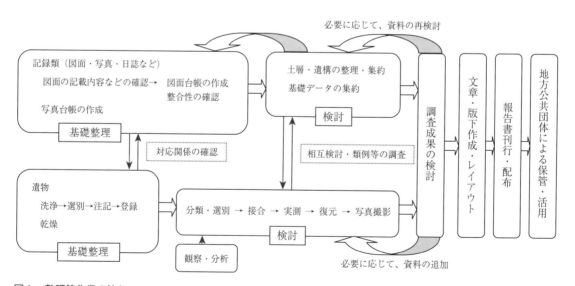

図1　整理等作業の流れ

第Ⅱ章

記録類と遺構の整理

第1節
発掘記録類の基礎整理

目的と意義　発掘作業の過程で作成されるさまざまな図面や写真、日誌などの各種の記録類は、発掘作業の成果を具体的に示す、かけがえのない一次資料である。

個々の記録は、作成の時点で、以後の使用にも十分耐えうる完成度を備えているべきだが、後続する整理等作業を円滑に進めるためには、そうした記録類をとりまとめ、基礎的な整理をおこなう必要がある。

そのさい、本来あるべきデータが揃っていない場合や、データに誤りを含んでいる場合は、資料としての価値が著しく損なわれてしまう。このため、作成した記録類に漏れや誤りがないかを点検して、不備な点を補い、間違いがあれば訂正する作業が欠かせない。

これに加えて、ほかの記録類との間に整合性が保たれているかも確認しておかなければならない。それらも、この基礎整理の過程で実施すべき重要な作業となる。

そして、記録類の内容に関する確認を十分におこなったうえで、整理等作業に活用できるように、第三者にも容易に理解できるかたちで、適切に保管・管理する。

担当者と実施時期　以上のように、記録類の基礎整理をおこなうにあたっては、発掘調査にかかわる情報や成果を正確に把握していなければならない。そのため、発掘担当者が作業にあたることが望ましい。

作業の一部または全部を別の者がおこなう場合でも、全体の監理や点検は、あくまでも発掘担当者が責任をもっておこなうべきである。したがって、調査組織としても、それを可能にする体制を構築する必要がある。

また、発掘作業に関する記憶は時間の経過とともに薄れがちとなるので、記録類の整理は、できるだけ記憶が鮮明なうちに実施する。本来、発掘成果やそれにかかわる基本的な情報は、作業の過程で逐次整理され、発掘担当者の間で共有されるべきものであり、なるべく時間をあけずに記録類をまとめていく必要がある。

なお、調査に関係するすべての記録は公的なものであって、発掘担当者個人に帰属するものではない。情報の抱え込みは、重要な資料の分散や消失につながるおそれもあるので、記録類の保管や管理においても、特定の個人に委ねられるような状況は避けなければならない。

表1　図面台帳の例

△△△△△	図面台帳	種類	図面番号	枚数	備考
遺 跡 名	○○遺跡	位置図	1	1枚	
発掘次数	第□□次	地区割り図	2	1枚	
開始年月日	20△△年△月△日	図面割り図	3	1枚	
終了年月日	20□□年□月□日	遺構縮図	4〜5	2枚	
地　　区	△△△△	遺構番号図	6	1枚	
発掘面積	○○○○㎡	平面図	7〜51	45枚	A1〜I5
調査組織	△△△△△	断面図	52〜63	12枚	
発掘担当者	□□□□	詳細図	64〜69	6枚	井戸SE311 遺物出土状況
発掘参加者	○○○○、○○○○ ○○○○、○○○○	土層図	70〜73	4枚	
		図面総数		73枚	

作業の手順　以下、作業手順の具体例を示す。

1）図面や日誌、属性表などは、記録の内容に漏れや誤りがないかを点検し、不備があるときは加筆・修正をおこなう。たとえば、図面の場合は、グリッドの名称と平面直角座標値がともに表示されていることが望ましく、必要に応じて補う。また、各種の注記や所見についても確認する。写真は、撮影の対象や方向などがわかるようにする。

2）記録の体裁は、発掘作業の時点でなるべく統一を図るべきだが、それが不十分な場合は、この段階でできるだけ揃え、混乱を避けるとともに、第三者でも理解しやすいものとするように心がける。

3）ほかの記録類との整合性がとれているかを確認する。図面では、平面図と断面図・立面図・土層図の関係が正しいかどうか、遺構カードや属性表の記載との整合性が保たれているかも点検する。また、遺物の取り上げ単位（遺構名や土層名）とそこから出土した遺物の対応関係についても確認しておく。

4）図面類には通し番号をつけて、枚数や内容を確認し、容易に検索できるような図面台帳を作成する（表1）。写真についても、何らかの台帳が必要となるが、その後の活用も考慮すると、縮小画像をつけてデータベース化し、ネットワーク上で検索が可能な体制を構築するのが効果的である（図2）。

5）基礎整理を終えた記録類は、整理等作業の過程でいつでも参照できるように、保管・管理する。紙媒体の図面や日誌は、散逸しないようにとりまとめ、閲覧可能な状態で仮収納する。

6）不慮の事故などによる破損や消失を防ぐには、原本とは別に複製を作成し、整理等作業にはそれを使用するのが望ましい。複製は、紙のほか、作業内容などに応じて、デジタルデータ（電子データ）に変換するのも有効である。

　デジタルデータに変換する場合は、適切なファイル形式（発掘編249・262頁）を選択し、不慮の事故に備えて、複数のサーバーに保管する。

登録番号	2002－C－12002
題　目	□□遺跡第18次調査 弥生時代の遺構
内　容	遺構　土坑、溝
撮影方向	北西から
撮影日	2002年8月25日
撮影者	○○○○
遺跡等名称	□□遺跡
所在地	○○県△△市□□
発掘次数	第18次
発掘担当者	○○○○
複製CD番号	2002－3273－2762（原本） 2003－7891－0299（複写）

図2　写真データベースのカード例

第2節
遺構・土層の整理と集約

目的と意義　遺物の整理や調査成果の本格的な検討に先立って、まず遺構としてのまとまりや土層との関係を確認し、大まかな年代や分布の変遷を明らかにするために、遺構ごとに記録や情報の整理と集約をおこなう。

そのさい、複数の地点や年次にまたがるものについては、それぞれの成果をつき合わせて検討することが必要となる。

また、土層についても、各地点で記録された情報を集約して、発掘区の基本層序を再確認し、土層と遺構・遺物の関係が把握できるようにする。これらは、基本層序図（基本層序表）として、図や表にまとめておくとわかりやすい（図3）。

作業の内容　発掘作業の過程で作成した平面図・断面図・土層図や遺構カード、さらには遺物の出土状況図・基本層序図、日誌や写真などの記録類にもとづき、個別の遺構や土層について検討を加える。そして、遺構の種類や土層との関係、規模と形状、数量、先後関係などを確認し、遺構ごとに整理する。

検討にさいしては、1/20の基本平面図や断面図・土層図のほか、遺構カードなどから作成した1/100または1/200程度の遺構概略図（発掘編246頁）を使用する。空中写真測量による図面や写真があれば、それらを利用するのも有効である。

また、発掘区の面積が広大なときは、1/200～1/500程度の縮尺で、発掘区の遺構と周辺の地形・地物などを表示した遺構全体図を作成すると、遺構間の位置関係を把握しやすくなり、相互の関連性を探るうえで効果的である。

なお、個々の遺構が集まって上位の遺構を構成する場合は、その対応関係がわかるような図表を作成する。たとえば、掘立柱建物では、建物とそれを構成する個々の柱穴のほか、雨落溝や床束、地覆据付痕跡などの遺構があれば、それらの関係についても明示する（表2）。

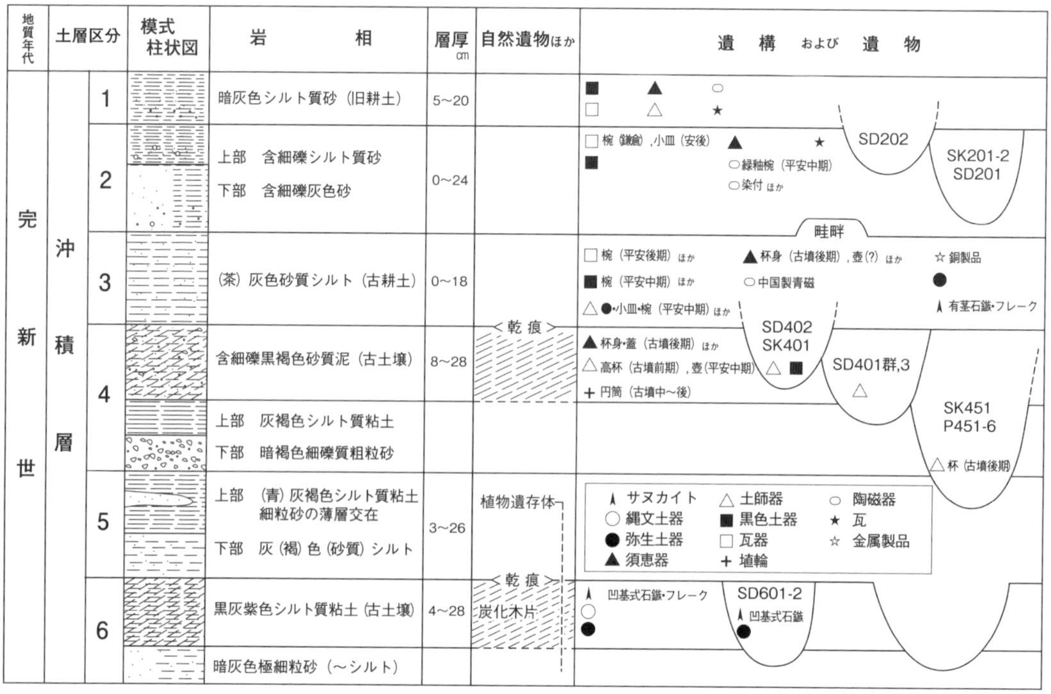

図3　基本層序図の例

表2 　掘立柱建物を構成する遺構の表示例

建　物	柱掘方（SP）	建物にともなうその他の遺構
SB 240	241，242，245，248，249，262，263	SP275，278，279　　　（塀）
SB 250	251，252，253，254，255，256，271	SP258，259　　　　　（床束）
SB 260	261，264，265，267，269，272	SP274，276　　　　　（足場穴）
SB 270	273，277，282，291，292，293，296，301	SD283　　　　　（地覆据付痕跡）
SB 280	281，284，302，303，308，309，313	SD312　　　　　　　（雨落溝）

表3 　遺構番号対照表の例

記号	番号	仮番号	地　区	発掘次数	備　考
SK	310	HE26　土坑1	6AAY	246	
SE	311	HE26　井戸2	6AAY	246	
SD	312	HE26　南北溝3	6AAY	246	SB280　東雨落溝
SP	313	HE26　柱穴4	6AAY	246	SB280
SP	314	HE26　柱穴5	6AAY	246	SB285

　また、発掘作業時の遺構番号を整理する必要があるときや、仮番号を用いた場合は、この段階で遺構番号をつけ直す。そして、両者の関係がわかるような対照表を作成する（表3）。

台帳・一覧表の作成　さまざまな記録類を整理・集約して情報を管理し、以後の整理等作業を円滑に進めるためには、各種の台帳や一覧表を利用するのが効果的である。

　前節で触れた図面台帳や写真台帳もその一つだが、同様に、個別の遺構について整理した情報も、遺構台帳としてまとめておくとわかりやすい。そのさい、発掘作業の過程で作成した各種の属性表があれば、必要に応じて加工するなどして、活用することができる。

　なお、個別の遺構についての情報を遺構の種類ごとにまとめ、さまざまな要素を一覧表のかたちで整理するのも、調査成果の検討をおこなううえで有効である（表4・5）。

　たとえば、竪穴建物の主柱形式やカマド方位、平面規模のほか、掘立柱建物の棟方位や桁行（けたゆき）・梁行（はりゆき）の総長と柱間寸法などを項目ごとにまとめておくと、相互の比較はもちろんのこと、全体をつうじた共通性や特徴も容易に把握できる。

　当然のことながら、こうした台帳や一覧表の作成にあたっては、表示単位や有効数字の最小桁（20頁）についても統一を図る。

平均値と標準偏差　各種の計測値を一覧表としてまとめるさいには、通常、平均値をもって代表させることが多い。しかし、平均値は統計的に重要な指標ではあるものの、反面、ほかからかけ離れた外れ値の影響を受けやすいことに留意する必要がある。

　そのため、計測値がどの程度のばらつきをもつかを客観的に示すために、平均値だけでなく、標準偏差（σ）を算出して併記する方法がある。

　ちなみに、標準偏差の±○○という数値は、計測値の分布の上限と下限をあらわすものではなく、正規分布の場合、平均値±○○（1σ）の範囲にデータ全体の約68.3％が収まることを示している。また、平均値の前後に、おのおのの標準偏差の2倍の幅（2σ）をとれば約95.4％、3倍の幅（3σ）をとれば約99.7％が入ることになる。

表4　竪穴建物一覧表の例

遺構名	主柱形式	カマド方位	平面規模 m		柱間 m	柱掘方径 m	同深さ m	柱径 m
SI 410	4本柱	N- 11°-E	長軸方向	5.47	1.90 ± 0.01	0.41	0.49	0.15
			短軸方向	5.28	2.01 ± 0.10			
SI 420	4本柱	N- 82°-W	長軸方向	5.96	2.82 ± 0.02	0.48	0.52	0.15
			短軸方向	5.12	2.29 ± 0.09			
SI 430	4本柱	N-102°-E	長軸方向	6.43	2.46 ± 0.06	0.51	0.44	0.14
			短軸方向	5.26	2.34 ± 0.04			

表5　掘立柱建物一覧表の例

遺構名	棟方位	平面規模	総長 m	柱間 m	柱掘方径 m	柱径 m	備考
SB 510	N-19°-E	桁行4間	7.19	1.80 ± 0.35	0.74	0.16	床束
		梁行2間	3.91	1.96 ± 0.11			
SB 520	N-77°-W	桁行4間以上	7.90＋	1.98 ± 0.33	0.58	0.13	
		梁行2間	4.75	2.38 ± 0.11			
SB 530	N-19°-W	桁行3間	3.88	1.29 ± 0.11	0.56	0.16	総柱
		梁行2間	3.42	1.71 ± 0.12			

方位の表記　遺構の主軸方向などの方位を示すさいには、方眼北（座標北）からの振れを、N—○°—E（N ○°E）ないしN—○°—Wのように表記するのが一般的である。

このとき、東西方向に近いものは、E—○°—NまたはE—○°—S（あるいはW—○°—N）と表記することもあるが、45°をまたぐ場合も勘案すると、N—○°—EまたはN—○°—Wに統一したほうがわかりやすいことが多い。

一方、すべての方位の表記を、方眼北から時計回りに測った方向角（0〜360°）に統一する方法もある。

デジタルデータの利用　台帳や一覧表には多様な形態があるが、さまざまな記録類を相互に関係づけ、横断的な検索を容易にするためには、できるだけデジタルデータとしてデータベース化し、ネットワークを構築するのが効果的である。

これらは、当然のことながら、情報の共有化を可能にするだけでなく、各種の統計処理などを含めて、報告書作成にいたる作業全体を効率化することにもつながる。また、以後の情報発信や活用にも寄与するところが大きい。

反面、それらの情報を保存する媒体の変化やデータコンバートの必要性など、デジタルデータがもつ特性（発掘編249頁）も理解しておかなければならない。そして、将来的に、媒体およびそれを保管・発信する組織や体制に変化があっても、対応できるようにする必要がある。

概報への掲載　報告書の刊行前に、年度や地点ごとに調査の概要を報告する場合がある。これらは速報的な刊行物のため、おのおのの時点で把握した事実関係のとりまとめに主眼をおくが、個々の遺構や層序については、なるべく詳しく記しておくことが望ましい。

それらに関しては、発掘作業時の記録や所見が何よりも重要であり、概報の記載内容の正確さと充実度の高さは、報告書作成の迅速化と信頼性の向上にも大きく貢献するからである。

第III章

遺物の整理

第1節
洗浄・選別・注記・登録

1 目 的

遺物整理の基礎作業　発掘作業で出土した遺物の整理にあたっては、まず、洗浄・選別・注記・台帳登録をおこなう。これらは、遺物の資料化を進めるうえで不可欠な基礎作業であり、遺物を詳細に観察・検討することができる最初の機会でもある。こうした作業をすみやかにおこなうことによって、出土遺物を適切な状態で管理することが可能になる。

上記の作業の内容は、後続の観察・実測や検討作業、さらには保管にも影響を及ぼす。したがって、慎重かつ計画的に進める必要があり、発掘作業・整理等作業の期間や経費に関する計画の策定にあたって組み入れておかなければならない。

なお、これらの作業は、作業員等の協力を得て進めるのが一般的だが、その遂行には、発掘担当者による適切な監理を要する。

工程の組み合わせ　以下、作業の基本的手順を示すが、それぞれの作業が、必ずしもここに述べる順序で進行するわけではなく、遺物の内容や作業体制に応じて、洗浄と選別など、複数の工程を組み合わせて実施することも多い。ただし、その場合も、混乱を避けるために、作業計画と目的を周知徹底したうえでおこなう必要がある。

2 洗 浄

洗浄とは　発掘作業において、ほとんどの遺物は、土などが付着した状態で出土する。また、金属製品は、錆などの生成物により、使用時の状況から大きく変化しているものも少なくない。

埋没時に付着・生成した土や錆などは、遺物の劣化を引き起こすことが多く、観察や情報抽出、保管・活用の妨げにもなる。このため、適切な方法を用いて除去する必要がある。この作業を、洗浄という。

ここでは、基本的な方法として、水による遺物の洗浄について述べる。

洗浄前の留意点　最初に、遺物の材質の違いにより、土器・土製品や石器・石製品、金属製品、木製品といった仕分けをする。とくに、金属製品や木製品は、この段階で確実に仕分けと抽出をおこなうことで、保存のための適切な処置を施すことが可能となるので、とくに注意する。

また、遺物の種類や個々の遺物の劣化の度合いなどに応じて、洗浄方法もそれぞれ異なる。そこで、本格的に遺物の洗浄を開始する前に、遺物を観察し、破片などで試験的な洗浄をおこなったうえで、最適な方法を選択する。

そのほか、遺物の使用時の痕跡、たとえば石器の使用痕や土器の墨書や付着した煤などの分析から、有用な情報を抽出できることも少なくない。このため、洗浄にさいして、そうした情報を失わないように注意する。さらに、使用時の付着物の試料採取なども想定し、自然科学分析の専門家とも事前に連携をとっておくのが望ましい。

洗浄にあたっては、別の地点や異なる遺構から出土した遺物が混じらないように、複数の遺構の遺物を同時に洗浄することは避ける。

図4　洗い場の例

洗浄の作業は、遺物が出土したのち、なるべく早く実施するのが望ましい。可能であれば、発掘作業と並行して洗浄を進め、遺物についての観察結果を発掘作業に還元できる体制を構築しておくようにしたい。

一方、すぐに洗浄をおこなえない場合は、一時的に保管することになるが、そのさいには、遺物の状態をよく観察して、出土時点の状態が保たれるよう、適切な措置をとる。遺物に付着した粘土は、乾燥すると収縮して、遺物の表面を破壊することがあるので、取り上げた状態のまま乾燥させるのは避ける。

洗浄の方法　洗浄では、水で付着物を流し落とすのが一般的な方法である。土器・土製品や石器・石製品などに対しては、洗浄ブラシを用いることが多い。遺物の表面をなるべく摩耗させないように、強くこするのは避け、上からブラシで軽く叩くようにして洗浄する。

ただし、焼成温度の低い土器・土製品や、風化が進んだ遺物などは、水につけるだけで崩壊したり剥離したりすることがあるので、注意を要する。そうした遺物については、土をつけたまま乾燥させ、その土をブラシなどで少しずつ除去する方法をとることもある。

また、汚れを落とすことに気をとられて、製作技法や使用時の付着物、使用痕跡といった情報まで除去してしまわないように注意する。たとえば、土器では、墨書や煤、丹、墨などの付着物の有無を慎重に確認しつつ、洗浄する。

なお、土器の洗浄では、ブラシを使わずに、ぬるま湯や水に浸してから乾燥させ、付着物と遺物本体の収縮率などの違いを利用して洗浄する方法もおこなわれ、成果を上げている（図5）。

この方法は、通常の洗浄より時間がかかり、また付着物を完全に洗浄することはできないものの、表面に残存する製作痕跡や使用痕跡、墨書などを良好に残すことが可能であり、破断面の摩耗も少ないため、後続する接合や観察などの作業を効率化することができる。

金属製品の土の除去　出土した金属製品のほとんどは、土や錆などが付着している。土には吸湿性があり、錆を進行させるおそれがあるので、除去しなければならない。ただし、金属製品と土の間に、繊維などが残存していることもあるため、除去作業は慎重におこなう。

土の除去は、竹ベラや竹串、筆などを用いておこなう。乾燥して硬化した土は、筆でエタノールをしみ込ませ、軟化させてから除去するのが効果的である。

木製品の洗浄　出土した木製品は、割れた部分などに細かな土の粒子が入り込んでいることがある。このようなときは、竹串などを用いて丹念に土を除去していく。

木製品の表面は腐朽して軟らかくなっていることも多く、洗浄のさいに強くこすると、表面の加工痕跡などを失うことがあるので、注意する。とくに、木簡のように墨書のあるものは、表面の土を指などで擦り取ったりすると、墨書も同時に削り取ってしまうことがある。こうした遺物については、静水中に浸し、揺り動かして土を緩めながら除去していく。

排水処理　洗浄時には多量の泥水が出るため、恒常的な施設を作業場所とするときは、排水管を

図5　ブラシを使わない洗浄作業

太くし、泥の沈澱槽を設けるなどの配慮が求められる。発掘事務所で洗浄をおこなう場合も、長期間にわたるときは、同様の措置が必要となる。また、泥水の排水について周辺地域に周知し、了解を得ることも重要である。

乾　燥　洗浄した遺物は十分に乾燥させる。そのさいには、異なる地点や複数の遺構の遺物が混じらないよう、遺物の取り上げ単位ごとにザルなどに入れて乾かす。

また、洗浄に用いる水が汚れていると、汚れが遺物に付着して、乾燥後も残ってしまうことがあるので、洗浄の水はこまめに替えるようにする。遺物が多量にあるときは、専用の乾燥棚を設けるのも効果的である（図6）。

なお、屋外で急激に乾燥させると、急速な収縮や水の蒸発による遺物表面の劣化を招くことが多いため、できるだけ、日陰や屋内でゆっくりと乾燥させるようにする。

3　選　別

選別とは　遺物の選別とは、遺跡の性格などを明らかにするうえで重要な遺物を選択し、接合や実測といった後続の作業を効率よく進めるためにおこなう、遺物の抽出作業である。遺跡の情報を取捨選択し、共有していくうえで重要な作業であり、よく考えておこなう必要がある。

選別の手順　まず、遺構や土層といった発掘作業時の取り上げの単位を基本として、遺物の種類ごとに分類する。このとき、発掘作業時に記入したラベルの記載情報の混乱や欠失が起きないように注意する。

また、同一個体である可能性が高いものはまとめておき、のちの接合と復元に備える。

選別によって、その後の整理等作業の対象外とされた遺物については、取り上げ単位を基本としてまとめ、保管する。

自然石など、人為的な加工痕跡のないものは、使用痕跡などがないか慎重に観察し、有意性が認められない場合は廃棄する。

重要遺物の選別　遺跡や個々の遺構の特徴を考えるうえで、学術的に重要と判断される遺物については、とくに注意して選別し、類例を収集・比較するなどの検討をおこなう。

これには、遺跡の性格や消長を示す遺物や、類例が少ない遺物、木簡・墨書土器といった文字が書かれた遺物、絵が描かれた遺物、中国や朝鮮半島および日本列島内の他地域から搬入された遺物などが含まれる。

選別についての判断を的確におこなうために、発掘担当者は常に情報の収集に努め、幅広い知識をもつことが求められる。同時に、個人の専門性や興味にもとづく独断や偏りを排し、第三者を交えた検討などをつうじて、適切な選別を心がけなければならない。

4　注　記

注記とは　出土した位置や遺構、層位、出土年月日、登録番号などの情報を遺物に記入する作業が、注記である。

土器・土製品と石器・石製品　土器・土製品や石器・石製品は、通常、洗浄して十分に乾燥させ

図6　乾燥棚の例

たのち、遺物自体に注記する。注記は、遺物の外観を損なうことを最小限にするため、すべての情報を記すのではなく、出土位置や遺構、層位、出土年月日など、不可欠な情報にとどめる。

注記をおこなう位置は、のちの観察や分析、写真撮影などにさいして影響が少なく、目立たない部分を選ぶ。また、可読性を保持しつつ、なるべく小さな文字で注記する。

なお、小型の遺物や小片は、必ずしも遺物自体に注記する必要はなく、ラベルと一緒にポリ袋に入れるといった方法をとってもよい。

同一個体とみられる破片が、複数の地点や層位あるいは複数の遺構から出土しているときは、個々の破片の出土地点や層位の情報が失われないようにする必要がある。

そのさい、たとえば、主となる出土地点の破片の注記は省略し、ほかの出土地点のものにはすべて注記して、識別できるようにする方法もある。こうした破片の接合にあたっては、破片の接合関係図などを作成するなどの配慮が必要である。

注記は、白色のポスターカラーまたは墨汁と、面相筆などの細い筆記具を用いておこなうのが一般的である。ただし、施釉された陶磁器には、油性のペンが適している。また、インクジェットプリンターやレーザーマーカーの原理を用いた機器も開発されており、大量の遺物に効率的に注記することができるので、必要に応じて、これらを活用することも考えたい。

なお、注記を保護する目的で、文字の上にニスなどを塗ってコーティングすることもある。注記は遺物を識別する重要な情報であり、コーティングは文字の摩耗を防ぐという観点からは望ましい。ただし、土器など劣化した多孔質の遺物については、しみ込んだり、その部分が剥離したりすることもあるので、注意を要する。

金属製品・木製品・動植物遺存体　金属製品の場合は、遺物自体には注記せず、注記すべき事項をラベルに書いて添付するのが一般的である。

木製品は、通常、保存処理前の段階では、水漬けの状態で一時保管する。したがって、遺物自体に注記するのではなく、耐水ペーパーに劣化の少ないインクで注記したものや、それにラミネート加工を施したラベルを、同じ容器に入れたり、遺物から脱落しないように取りつけたりする。

一方、大型の建築部材では、遺物本体の目立たない部分に、木製の注記ラベルなどを釘で打ちつけることもある。釘は、ステンレス製など、腐食しにくいものを使用する。

動植物遺存体などについても、遺物自体への注記はおこなわないのが普通である。保管ケースにラベルをつけるなどして、遺物と出土情報とが分離しないようにする。

5　登　録

台帳登録　出土遺物は、台帳を作成して登録する。台帳は、洗浄・注記が終了した段階や、接合が終了した時点で作成するのが一般的である。この台帳は、整理等作業や保管・管理における基礎資料として、重要な意味をもつ。

台帳には、前述の注記事項をはじめとする遺物

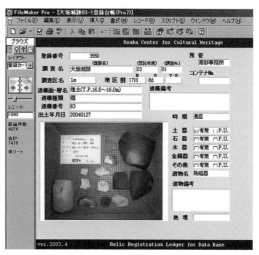

図7　遺物登録台帳の例

の基本情報に加えて、収納したコンテナ番号や収納場所なども記載することが望ましい。

台帳の作成例　洗浄後、遺物を洗浄した単位ごとにデジタルカメラで撮影し、その画像を活用して台帳作成をおこなう方法もある（図7）。

この方法は、破片単位で発掘作業時の取り上げ状況が把握できること、作業自体が簡単で迅速に進められること、注記や接合時の遺物の混交が防げること、必要な遺物を容易に検索できること、などの点ですぐれている。整理等作業の円滑化や、出土遺物の保管・活用という観点からみて、効果的な方法といえる。

台帳の保管　台帳は、紙媒体によるものと、電子媒体によるものがあるが、出土遺物に関する基礎的な情報となる資料として、長期間の保存を想定したものでなければならない。

大量の情報を扱ううえでは、電子媒体の活用が便利だが、同時に、事故によるデータの消失や記憶媒体の劣化や変化、データの改竄や文字化けといった問題を防ぐ措置を講じる必要がある。

そのため、複数の記録媒体に記録して、定期的にバックアップをおこなうとともに、印刷した紙媒体の保存と併用するなど、複数の複製を別々に保管する方策をとるのが望ましい。

遺物分類の考え方

遺物とは　遺物とは、広義には、過去の人間活動を反映したすべての「もの」を指す。それらは、人の手で意識的に作られるか、自然界に存在する形態をとどめながらも、人により使用された形跡をもつ人工遺物と、人の手が加わらない自然遺物に大別される。

人工遺物は、その素材から、土製遺物、石製遺物、金属製遺物、木製遺物などに分けることができる。また、土製遺物は、土器・埴輪・瓦などのように、その大まかな機能や用途などに着目して、さらに区分するのが一般的である。

こうした多種多様な遺物を理解するためには、それらをどのように分類するかが重要な鍵となる。分類の基準は、素材によって多少の相違があり、それぞれに独自の概念も存在するが、おもに「かたち」や、機能・用途といった「もの」の性質を基準としている。

形式と型式　人が「もの」を製作するときには、当然のことながら、どういった目的に用いるのかを意図する。したがって、そうした人工遺物の「かたち」には、通常、その「もの」の機能や用途が反映されていることが多い。

しかし、「かたち」を決定する要因はそれだけではない。時期や地域による流行のほか、製作技術、素材の性質、製作者やその集団ごとのくせといった要素も含まれる。

考古学では、一般に、遺物の機能や用途をおもな基準として分類した「かたち」ごとのまとまりを「形式」（form）とよぶ。また、それらの中で、時間的・空間的なまとまりや変化が認められる場合は、それを「型式」（type）とよんで区別する。

器種　ただし、こうした概念は理論的に妥当であっても、実際に遺物の「かたち」から機能や用途を復元する作業は必ずしも容易ではない。くわえて、「形式分類」や「型式分類」にも、研究者により相違が認められるのが実情である。

また、「形式」「型式」ともに、読みは「けいしき」であって、聞いただけでは混乱を生じやすく、誤解や誤記が生じる危険性も大きい。

そのため、本書では、なるべくこれらの用語を避け、「形式」については、それに代えて「器種」という用語を用いることとした。

第2節
接　合

1 目　的

目的と意義　接合は、遺物の器種・器形・時期などをより正確に判断すること、あるいは公開・活用に供することなどを目的として、破片をつなぎ合わせて本来の姿に近づける作業であり、個々の遺物を詳しく観察する絶好の機会でもある。

また、異なる遺構の出土遺物どうしの接合関係を把握することは、各遺構の同時性や性格などを知るうえでも有効である。一方、遺構出土の一括遺物の場合は、接合によって、個体数や器種構成を復元することができる。また、石器などでは、接合作業をつうじて、製作技法の復元が可能であり、それにともなう人間活動を推定しうる。

遺物の接合にあたっては、おのおのの資料的価値に応じて、報告書に掲載すべき遺物を選別し、それらを優先して接合を進める。

2 土器・土製品の接合

作業場所の確保　土器・土製品の接合では、遺構の同時性や遺構の性格を考えるうえでも、遺構や土層単位だけでなく、できるだけ範囲を広げて接合作業をおこなうことが望ましい。そのために、可能なかぎり広い作業場所を確保する。

接合前の分別と全体像の把握　接合にあたっては、壺や甕などの個々の接合は急がず、なるべく多くの破片を把握したのちに接合する必要がある。まずは、同一器種、同一部位、類似する胎土をもつものというように分別してから、接合作業に臨むのが効率的である。

全体像を把握せずに急いで接合すると、最終的にくいちがいが生じたり、欠落していた部分が後から見つかって、はめ込むことができなくなったりすることもある。

接合の方法　接合することが確認された破片には、双方の破片の接合部にチョークなどで印をつけておくとわかりやすい。ただし、そうした痕跡が残ると不具合のある遺物もあるので注意する。また、接合にさいして、歪みが出ないようにするため、断面に残る土などの汚れは極力落としておく必要がある。

接合では、基本的に、接着力の弱いセルロース系接着剤（たとえばセメダインC）を用いるのが望ましい。しかし、大型の土器や瓦など、より強い接着力を要するときは、二液性のエポキシ系接着剤を用いてもよい。ただし、この接着剤は、主剤と硬化剤を適切に混合する必要があることや、溶剤がなく、やり直しがきかないことに留意しておかなければならない。

なお、接合面にアクリル樹脂を塗布しておけば、遺物を傷めることなく、接合部分をはずすことも可能である。

接着剤が硬化するまでの間は、接合状態を保持する。このため、たとえば、箱に入れた砂の上に据え置いたり、洗濯ばさみではさんだりして固定する。

そのさいに、短冊状にしたケント紙など、自由に曲げられる素材を用いて表裏をはさみ込み、両端を洗濯ばさみで固定すれば、土器本来の湾曲に合わせた接合が可能となる（図8）。

図8　短冊と砂箱を用いた接合作業

また、器表面が頑丈なものなどは、テープで貼って一時的に固定してもよいが、そのまま長時間放置すると土器にテープの痕跡が残ってしまうので、必ず剥がすようにする。

接合部が少なく、接合してもその状態が維持できないときは、部分的に石膏を補充するなどの作業が必要となる。また、軟質で脆弱な土器は、樹脂などで強化してから接合する。

このほか、完形品あるいはほぼ完形に復元できる壺や甕などの場合は、すべての破片を完全に接合してしまうと、内面の実測や写真撮影ができなくなるので、接合の途中で、そうした作業をおこなうようにする。

3 石器・石製品の接合

石器特有の接合目的　石器・石製品の接合には、器体復元のほか、剥片剥離や製作工程の復元、複数の石器集中出土地点の同時存在や形成過程の確認、土層中で垂直方向に二次的に移動することが多い石器の本来の包含層位の確認、同一母岩であることの確認など、特有の目的がある。

これらは、遺跡を評価するうえでも重要な意味をもつものであり、十分な時間を確保して、入念におこなう必要がある(図9)。

資料の選択と方法　石器・石製品の接合は、同一母岩に由来するとみられる資料が存在する場合におこなう。このとき、被熱や堆積環境の違いなどで、一見しただけでは同一母岩に由来するようには見えない資料もあるので、注意を要する。

接合作業は、表面や節理、折れ面、割れ面、剥離方向、剥離面の先後関係、形状などにもとづいて進める。接合を確認した資料は、チョークなどで印をつけるか、ドラフティングテープなどで仮留めする。より強く接着させる場合には、温水に浸せば簡単に取りはずしができる、植物性糊などを用いる。

接合資料の観察　接合資料については、石器・石製品の製作工程などを復元するために、剥離順序の観察と分類をおこなう。また、接合結果は、発掘作業で作成した遺物の出土状況を示すドットマップなどに反映させ、石器集中出土地点の同時存在や形成過程、遺物の本来の包含層位を確認する手がかりとする。

4 金属製品・木製品の接合

金属製品や木製品については、現状のまま保存することが原則である。ただし、公開・活用のため、保存処理をおこなったものを接合し、国民・地域住民の理解を助けることもある。

こうした場合、エポキシ系接着剤やセルロース系接着剤などを用いて接合をおこなうが、接合以前に断面形状などを観察し、実測図にも反映させることが望ましい。このほか、接着強度が強いものを用いるときは、接着剤の硬化などによる変形や破壊が生じないように注意する。

図9　接合した剥片

第3節
実測の理念と方針

1 実測の理念

実測とは　遺跡の年代や性格を決定するうえで、遺物に対する観察と検討は欠くことができない。実測とは、そうした観察の結果を図化し、記録する作業であり、文字による記述や写真、拓本などとともに、遺物の情報を保存・伝達する重要な手段である。

遺物の詳細な内容を伝えるためには、報告書に掲載する実測図が大きな役割を果たす。その意味で、遺物の報告は、実測図によって支えられている部分が多分にあるといっても過言ではない。

実測の目的と表現　したがって、実測図は、絵やスケッチとは異なり、計測にもとづく精度と、製作技法や使用痕跡などの観察結果の記入が求められる。ただし、たとえば土器の器表面のハケ目調整まで1本ずつ厳密に測ることは現実的ではなく、むしろ、製作技法のあらましを確実に図示することが必要となる。つまり、実測図は、遺物の情報を凝縮した解説図であり、そのために、必ずしもありのままを描写するのではなく、模式的な表現が求められる場合もしばしばある。

また、実測は正射投影法によって立体を平面に置き換える作業なので、遺物の据え方、立面図や側面図の展開方法、断面を測る位置、調整手法の表現方法など、一定の約束事が存在する。いかに美しく見える図でも、正しい方法によって描かれた実測図でなければ意味をなさない。

2 実測の基本方針

観察と記録　実測のさいには、遺物の正確な寸法や細部の調整まで記録する。その過程で、製作技法に関するあらたな知見を得ることや、類例の存在に気づくこともある。また、器表面や断面に残された痕跡から製作技法が読み取れるときには、実測図にそれを的確に表現する。

このように、実測は、遺物を詳細に観察する最良の機会でもあり、その積み重ねによって、おのずから観察力もつちかわれる。遺物の観察眼を養ううえでも、実測が果たす役割は大きい。

もっとも、発掘担当者がすべての実測図を作成するとはかぎらず、ほかの者が作業にあたることも多い。その場合でも、発掘担当者は、実測図を実物と照合して確認し、不備があれば訂正を指示する必要がある。こうしたさいにも、正しい実測や表現の方法を知り、観察力を備えていなければ、適切な評価をおこなうことはできない。

なお、以下の各節で解説する実測の方法は、あくまでも現段階での一つの到達点にすぎない。あらたな観察視点が見つかれば、当然、それらも実測図に盛り込む必要がある。観察者の目的意識や調査・研究の進展にともない、実測図も改良されていくべきことを認識しなければならない。

デジタル計測技術の利用　デジタル技術による三次元計測は、近年、遺物の実測にも広く利用されるようになった。

たとえば、縄文土器や人物埴輪のように複雑な形状をもつ遺物については、従来の実測方法よりも高い精度で、効率よく形態を図化することができる。また、笵型を用いて製作された青銅鏡や銅鐸、軒瓦など、文様の複雑な遺物の計測でも一定の成果を上げつつあり、同笵（同型）関係の確定などへの応用が期待される。このほか、破損しやすい遺物に対しても有効な方法といえる。

しかし、実測の本質は、遺物の観察にもとづく情報の抽出にあり、技術の進歩によって方法が変わったとしても、求められるものは変わらない。今後は、そうした新しい技術と従来からの視点を組み合わせることで、さらに精度の高い実測図を効率よく作成することが可能となるだろう。

考古学と計量

国際単位系と計量単位　遺構と遺物を問わず、考古学的な調査と計量は切り離せない関係にある。近年はデジタル計測技術が進み、より高精度のデータを得ることも可能となっているが、長さや質量などを客観的にあらわすためには、適正な計量と統一的基準によるデータの提示が欠かせない。

このため、1960年の国際度量衡総会では、国際単位系（SI）の使用が採択された。これには、メートルやキログラムなど7つの基本単位と、それを組み合わせた組立単位がある。そして、平成5（1993）年に施行された現行の計量法でも、この国際単位系にもとづく法定計量単位を用いることが定められている。

測定方法と計量器　長さや質量などの測定にあたっては、対象物や目的に適した方法を選び、それに見合った計量器を使用することになる。測定には必ず誤差をともない、測定方法や計量器の種類・等級によって測定精度が異なってくるので、目的および要求される精度に応じた選択が必要となる。

そのさい、測定結果を第三者に客観的に伝えるためには、測定方法と使用した計量器、数字を丸めた場合はその方法についても示しておくのが望ましい。

ちなみに、場所が違っても質量は不変であるのに対して、重力の大きさを示す重量（重さ）は、地球と月では大きく異なり、地球上でも場所によって多少の違いがある。一般に、地上における両者の数値差はわずかだが、厳密には、電子天秤などで量る質量と、ばねばかりで量る重量は、明確に区別されるものである。

測定値と誤差　測定値は、アナログ表示の場合、最小目盛の1/10まで読み取るのが基本である。たとえば最小目盛が1cmのものさしでは、目で補間することで、1mmまで読み取ることができる。とはいえ、実際には、最小目盛が1mmのものさしで0.1mmまで読むのは簡単ではなく、最小目盛と同じ1mmまでの測定値を使用することもしばしばおこなわれている。

いずれにしても、24.5cmという測定値が示された場合、最小桁には誤差が含まれており、24.45cm以上24.55cm未満であることをあらわす。一方、測定値が24.50cmであれば、精度が1桁上がり、24.495cm以上24.505cm未満ということになる。

有効数字　測定値の精度を表現するものとして、有効数字という指標がある。これには、最小桁で示す場合と、全桁数で示す場合があり、24.5cmは小数第一位まで有効、有効数字3桁である。また、24.50cmは小数第二位まで有効、有効数字4桁となる。

測定値を用いた計算では、この有効数字の扱い方に注意する必要がある。計算の精度は、使用した数値のうち精度の悪いほうに制限され、かりに計算結果の小数第一位に誤差を含む場合、小数第二位以下の数字をいくら並べても、何ら意味はないからである。

たとえば、測定値を合計して平均値を算出するさいに、小数第一位までしか有効でないデータが少しでも混じれば、ほかがすべて小数第二位まで有効であったとしても、全体の平均値は小数第一位までしか意味をもたない。加減算では、有効数字の最小桁に規定されるのである。

一方、建物の長辺と短辺から面積を求める場合などでは、8.29m×4.74m＝39.3㎡のように、有効数字3桁どうしの測定値の計算結果は、やはり有効数字3桁となる。かりに、片方が4.7mと有効数字2桁であれば、結果も39㎡と有効数字2桁となる。乗除算では、有効数字の全桁数に規定されるのである。

比率の罠　数量を比較するにあたって、比率を示し、それをグラフ化するのは有効な手段だが、そのさいに、数量の表記がない例が見受けられることがある。比率を掲げるときでも、最低限、全体の数量は明示する必要がある。

なお、資料数が多い場合は問題ないが、わずかな資料数しかないにもかかわらず、比率のみが一人歩きしている例も散見される。そうした危うさは十分認識しなければならない。

第4節
土器・土製品の観察と実測

1 種 類

特　質　土器・土製品は、粘土中に含まれる粘土鉱物の特性を利用して作られたものである。粘土を乾燥させて加熱すると、550℃前後で粘土鉱物の結晶水が離脱し、水に溶けなくなる性質がある。この程度の焼成温度は、焚火などの野天焼成でも十分に達成可能である。

さらに温度を上げて1,100℃を超えると、珪質成分が溶解しはじめる。この温度を確保するには、熱の放散を防ぐ窯が必要になる。

日本列島では、粘土は入手が比較的容易な素材であり、また野天焼成は簡単にできることもあって、縄文時代以来、大量の土器が製作されてきた。それらの土器は、形態、文様ともにさまざまな表現が可能であり、時期差や地域差を把握しやすいうえに、埋没後の変形・変質や腐食が少なく、考古資料として重視されている。

土器・土製品は、粘土の可塑性を利用して造形するため、表面のほか、胎土や断面など、器壁内にも多くの情報をとどめている。また、石製品や木製品などと違って、製作にともなう破片などが生まれず、集落遺跡では一般に、未成品や失敗品として認識されるものも多くはない。これらは、ほかの考古資料と大きく異なる点である。

土器の分類　土器は、出現から1万年以上の時間が経過しており、その間には、製作技術や焼成方法のうえで大きな画期がいくつかある。そこで、そうした時期や製作・焼成技法の差によって、縄文土器、弥生土器、土師器、須恵器、黒色土器、瓦器、陶磁器などに大別する方法がとられている。

また、これとは別に、形態から機能や用途を推定し、それにもとづく器種分類がおこなわれるほか、形態や技法の違いから時間的・地域的な差を見出す分類や編年もなされている。

器種は、たとえば壺（壺形土器）・甕・鉢などといった、時間的・地域的差違を超越した概念として把握される。

ただし、器種の細別名称は、地域や時期、また種類によってもまちまちであり、統一されていないのが現状である。一般に、縄文土器では深鉢・鉢・浅鉢、弥生土器では壺・無頸壺・甕・鉢、土師器や須恵器では杯（坏）・皿・高杯・壺・甕などのようによぶ（図10～14）。

土製品の分類　土製品とは、粘土を素材とする遺物のうち、ここでは土器・埴輪・瓦・棺などを除いたもの全般をいう。そのため、多様な遺物が含まれ、集落遺跡から出土するものだけでも、土錘などの漁労具、土偶や動物形土製品、土馬などの祭祀具、耳飾りや玉などの装身具、鞴の羽口や坩堝などの鍛冶関係用具、土製支脚などの調理具、面子や人形などの玩具などがある（図15）。

しかし、土錘や鍛冶関係用具などを除くと、これらの多くは特定の時期や地域にかぎって認められ、土器のように、同様のかたちのものが継続的に生産されることはない。たとえば、動物をかたどった土製品は、縄文時代から近世までの各時代に存在するが、それらの間に技術的・形態的な連続性は認められない。

したがって、土製品の分類は、それぞれの時代や種類ごとにおこなわれている。

2 観 察

土器・土製品にかぎらず、遺物には、その製作にかかわる痕跡と使用にかかわる痕跡が残されている。また、土器・土製品は、成形後に焼成することによって、その機能を得るものがほとんどであり、焼成方法の違いが品質や時期・用途の差に結びつく場合も多い。

第Ⅲ章　遺物の整理

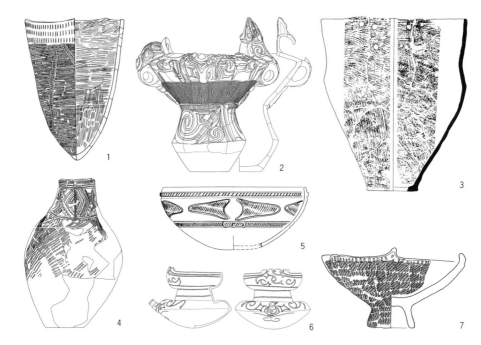

1～3：深鉢　4：壺　5：浅鉢　6：注口土器　7：台付鉢　（縮尺・表現法不同）

図10　縄文時代の土器

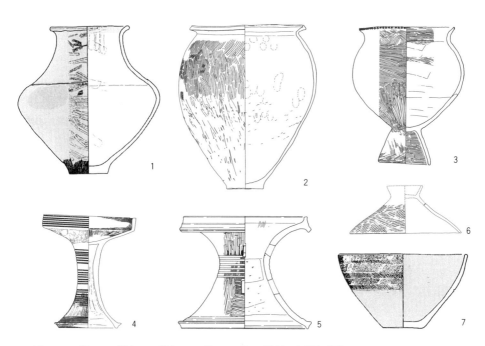

1：壺　2・3：甕　4：高杯　5：器台　6：蓋　7：鉢　（縮尺・表現法不同）

図11　弥生時代の土器

Ⅲ-4 土器・土製品の観察と実測

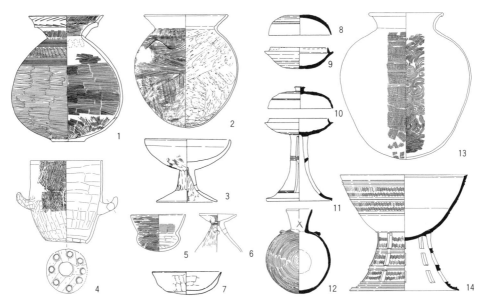

1：壺　2：甕　3：高杯　4：甑　5：坩　6：器台　7：杯　8：(杯)蓋　9：杯　10：(高杯)蓋　11：高杯
12：提瓶　13：甕　14：器台　（1〜7：土師器、8〜14：須恵器）（縮尺・表現法不同）

図12　古墳時代の土器

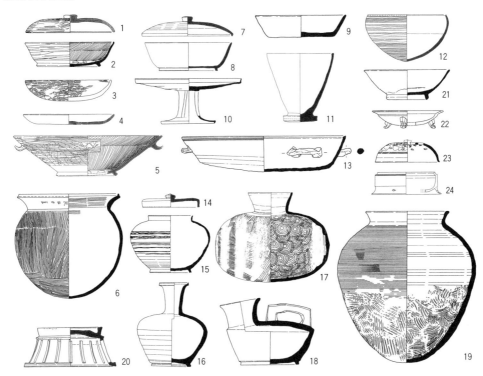

1：(杯)蓋　2：高台付杯　3：杯　4：皿　5：盤　6：甕　7：(杯)蓋　8：高台付杯　9：杯　10：高杯　11：捏鉢
12：鉄鉢形鉢　13：盤　14：(壺)蓋　15：短頸壺　16：長頸壺　17：横瓶　18：平瓶　19：甕　20：硯　21：灰釉陶器椀
22：灰釉陶器三足稜皿　23：緑釉陶器香炉蓋　24：緑釉陶器香炉　（1〜6：土師器、7〜20：須恵器）（縮尺・表現法不同）

図13　古代の土器

第Ⅲ章　遺物の整理

　土製品の観察視点は、基本的に、土器と大きな違いはない。しかし、なかには意図的に破壊されているものもあるので、破損の傾向や製作技法との関係、さらには出土状況の詳細な検討が必要となることもある。

　以下、土器を中心に、もっとも基本的な要素である形態と観察の視点を、製作・焼成・使用にかかわる痕跡に分けて述べることにする。

A　形態と寸法

形　態　土器・土製品は、粘土を素材とするため、ほかの素材の遺物よりも、製作者のイメージがかたちに反映されやすく、その分析や検討によって得られる情報も豊富である。

　こうした製作者のイメージには、それがもつ機能のほか、作られた時代や地域（集団）が大きくかかわっており、同時期に同地域で作られた同じ機能の土器・土製品は、ほぼ共通の形態を示すという特徴がある。破片であっても、全体のかたちが復元できるのは、このためである。

　また、特定の時期と地域の土器・土製品の形態と、その時期的な変化を的確に把握することで、年代を示す「ものさし」として利用できるほか、交流のありかたを知ることも可能である。

　なお、土器のそれぞれの部分は、上から順に、口縁部（こうえんぶ）、頸部（けいぶ）、体部（たいぶ）（胴部（どうぶ））、底部（ていぶ）のようによぶのが一般的である。

寸法・容量　寸法（大きさ）や容量は土器の用途と密接にかかわっているので、分類項目の一つとして重視される。土器の寸法は、通常、口縁部径と器高で表現し、平底や高台をもつものは底部径、体部がふくらんだものは体部最大径も併記す

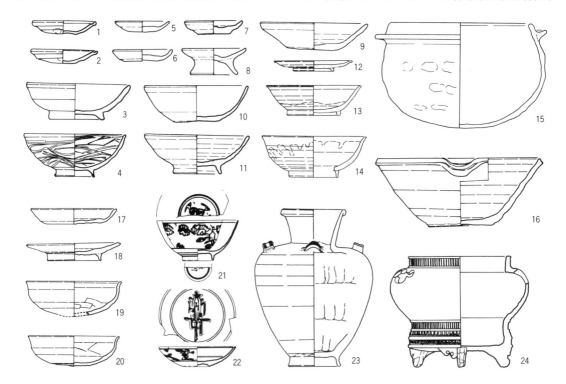

1・2：土師器皿　3：土師器椀　4：黒色土器椀　5・6：土師器皿　7：須恵器皿　8：土師器高台付皿　9：土師器杯
10・11：須恵器椀　12：灰釉陶器皿　13：灰釉陶器椀　14：灰釉陶器深椀　15：羽釜　16：須恵器擂鉢　17：土師器皿
18：土師器高台付皿　19・20：土師器杯　21・22：染付椀　23：瀬戸灰釉四耳壺　24：瓦質土器風炉（縮尺・表現法不同）

図14　中・近世の土器

る。また、特定の器種におけるかたちの変遷を示すために、共通する測定値間の比率を割り出す場合もある。

土製品は、種類ごとに効果的な計測位置を定め、ほかの遺跡の例と比較できるようにする。

容量の測定は、完形品であればアワや砂などを入れて、その体積から求めることができる。実測図から容量を求めるもっとも簡単な方法は、原寸大の実測図を用意し、それを高さ1cmの円錐台に分割したうえで、各円錐台の体積を計算し、合計を求める、というものである。

ただし、土器は底面と口縁部が必ず平行であるとはかぎらず、円錐台に分割する基準を底面とするのか、口縁部とするのかで、容量が異なることもある。そうした場合は、使用状態での容量を求めるほうが、機能や用途の分析には有効と判断されるので、底面を基準とすべきであろう。

なお、コンピューター上で回転体の体積を求めるソフトウェアもあり、これを利用すれば、土器の容量を効率的に計算することも容易である。

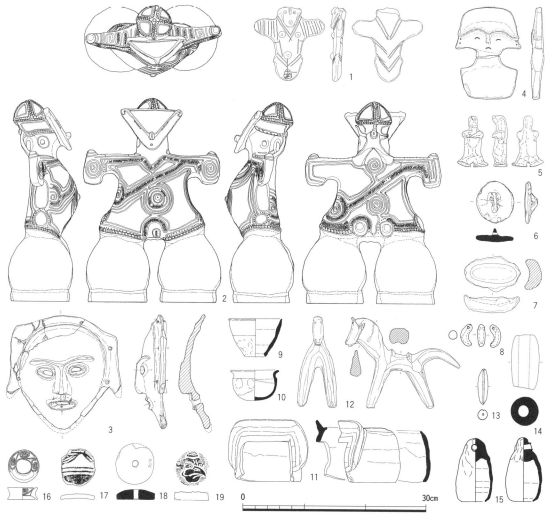

1・2：土偶　3：土面　4：分銅形土製品　5〜11：土製模造品（5：人形　6：鏡　7：舟　8：勾玉　9：甑　10：甕　11：竈）
12：土馬　13・14：土錘　15：蛸壺　16：耳栓　17：土製円盤　18：紡錘車　19：泥面子（表現法不同）

図15　さまざまな土製品

B 成形・調整にかかわる痕跡

成形 土器の成形には、粘土紐を積み上げたり巻き上げたりして成形する方法のほか、粘土紐を用いずに、ロクロの回転力を利用した粘土塊からの水挽きによって成形する方法や、笵型に粘土を詰めて型抜きする方法がある。

縄文土器や弥生土器は、ほとんどが粘土紐の積み上げ（輪積み）によって成形されており、接合部で剥離して、口縁のような形状を示す部位（擬口縁）や、逆にくぼんだ部位が観察されることがある。断面や器表面（外面・内面）に粘土紐の痕跡が残るものもある。

また、縄文土器や弥生土器には、底部に製作時の敷物の圧痕が残る例があり、網代底や木葉底とよばれている。一方、水挽き成形による須恵器などでは、ロクロからの切り離しにヘラを用いたものと、糸を用いたものがあり、それぞれヘラ切り、糸切りとよぶ。

成形手法の復元は、このような例を総合することでおこなう。これらは、製作技法にとどまらず、たとえば陶磁器では、切り離し痕をそのまま残すものと、ナデ消すものとの差が時期差を反映する場合もあるなど、編年につながる要素にもなる。こうした検討によって、時期的な変遷や地域ごとの差違を明らかにすることもできる。

調整 器形や器表面を整えるためには、さまざまな手法が用いられる（図16・17）。

指や掌を粘土に当てる手法には、器表面に対して垂直に押圧する「オサエ」と、器表面に沿った「ナデ」がある。これらは、直接指や掌を当てるほか、布や皮を用いることもある。

一方、工具を用いる手法には、器表面に対して垂直に押圧する「タタキ」と、器表面に沿った「ハケ目」や「ミガキ」「ケズリ」がある。

タタキは、平行線や格子を刻んだ叩き板を用いておこなうことが多い。ただし、粘土の軟らかさとタタキの強さによっては、平底で成形した甕を丸底にするなど、器形を大きく変える成形手法のような効果を発揮することもある。

ハケ目は、おもに板の木口を器表面に当てて引きなでるもので、春材と秋材の硬さの違いにより、軟らかい春材部が磨り減った木目が、平行する凹凸線として器表面に転写される。

ミガキは、乾燥が進んだ段階で器表面をヘラなどの工具でこすり、器表面を緻密にして保水性を高める手法である。ミガキをおこなった部分は光沢をもつことから、装飾的に用いるものがあり、文様的効果を意図したミガキのことを、とくに暗文とよぶ場合がある。

ケズリは、器壁をヘラなどでそぎ落として薄くすることを目的におこなう。ある程度乾燥が進んだ段階でおこなうので、そのさいに胎土中の砂粒が移動することが多く、ケズリの方向を知ることができる。同様に、貝殻を工具として使用した場合の痕跡が貝殻条痕である。

胎土 混和材がまったく入らない純粋な粘土は、成形のさいに形状を保ちにくい。そのため、胎土に砂粒や植物繊維などを混和材として加えるのが一般的である。こうした混和材も土器の重要な要素であり、詳細な観察と記録が必要である。

胎土中には、海綿骨針、緑色変成岩、角閃石など、地域的にかぎられる混入物が肉眼観察され、製作地をある程度限定できるものもある。また、植物繊維や滑石などの混和材は、特定の時期や地域にだけ見られるもので、その推定に役立つ。

さらに、胎土には、粘土が生成する過程で入る混入物のほかに、粘土を練る過程や乾燥の途中で器表面に付着した種子や昆虫などの圧痕が残る場合がある。これらは、圧痕にシリコーンを注入して型抜きし、電子顕微鏡で同定することが可能である。こうした種子や昆虫は、確実に土器と一体の年代をおさえられるので、生業や周辺の環境を示す具体的な資料となる。

C 施文法の種類

　文様には、工具などを利用した凹凸表現と、顔料を塗布した彩色表現がある。凹凸表現には、凹ませる陰刻表現と、貼付表現があり、これらを組み合わせることも多い。また、凹凸表現と彩色表現を組み合わせる場合もある。

陰刻表現　工具などを器表面に押し当てたり、移動させたりすると、その角度や移動方向によって、さまざまな文様が生まれる。それらは、時期や地域によって特徴があり、それぞれ特有のよび方がなされることも多い。また、同じ文様でも、異なる呼称が用いられる場合もある。こうした点は、貼付表現でも同様である。

　押圧文は、工具の先端を器表面に押し当てて表現したもので、棒状工具による刺突文や、管状工具による竹管文、先端の湾曲したヘラ状工具または指の爪による爪形文などがある。これらは、しばしば土器の周囲を列状にめぐるように施され、そのさいに、押圧に強弱をつけて、沈線文との中間的な表現となるもの（押引文）もある。

　刺突文、竹管文、爪形文などは、一般に硬い工具で施文されるが、軟質のものが用いられることもある。また、撚紐の先端を棒状工具と同様に使った刺突文や、その側面を押し当てて、直線文や渦巻文を表現することもある。

　沈線文の工具には、先端が分岐しないヘラ状工具と、複数に分かれた櫛状工具がある。なお、竹管を半截した工具を用いた文様を、とくに半截竹管文と呼ぶことがある。

　回転文は、施文具や工具の先端ではなく、押し当てた側面を器表面で転がして施した文様であり、縄文や撚糸文、押型文などがある。

　縄文とは、撚紐（原体）の回転圧痕である。回転方向に対して斜めの筋である「条」があり、撚り合わせの回数によって、条の中に「節」が現れる。撚りの方向や回数の違いにより、条や節はさまざまな形で現れる。

　縄文は、地文として施す場合と、装飾効果をもたせる場合がある。後者には、羽状縄文など回転方向が異なる縄の組み合わせや、沈線と組み合わせた充填縄文や磨消縄文がある。

　撚糸文は、棒状の軸に細い撚紐を巻きつけた絡条体を回転させたもので、巻き方により、木目状や網目状などの種類がある。

　押型文は、棒状の軸の表面を削り出した原体を回転させて生じた圧痕の総称で、山形や格子目、楕円などの種類がある。

貼付表現　粘土紐や粘土の小円板などを器表面に貼りつけたもので、前者は隆帯や突帯、後者は円形浮文とよばれる。貼りつけたのち、器表面とより密着させるため、指で調整するのが一般的である。また、沈線文や刺突文、縄文、爪形文などを加えて、装飾性の高い文様として表現することも多い。

彩色表現　顔料などの着色剤を塗布し、文様や着色をおこなうものである。着色剤を水などに溶いて塗る場合や、漆塗りする場合がある。

　これらの表現は、縄文時代以降広く用いられ、漆やアスファルトなどで着色した例や、水銀朱やベンガラで赤く彩色した例が見られる。また、全体を塗るもののほか、文様を描くものもある。

　焼成後に塗布した顔料や漆皮膜は、剥落しやすいため、取扱いに注意する。

施釉　日本における釉薬の本格的な使用は、酸化鉛を主剤として銅や鉄などの呈色材を加えた鉛釉陶器の生産に始まる。それらは、緑釉陶器や三彩陶器とよばれ、唐三彩をはじめとする中国大陸や朝鮮半島の影響を強く受けて成立した。緑釉陶器は、濃度の異なる釉や陰刻表現を組み合わせることで、文様表現をおこなう。

　植物の灰などを器面に塗布して焼成する灰釉陶器は、鉛釉陶器に後続して出現する。なお、自然釉の付着しやすい部分に窯詰めをおこなったと考

第Ⅲ章　遺物の整理

ハケ目
もっとも普遍的な調整手法で、数条単位の細かい凹凸線が平行する。ナデで消されることも多く、注意を要する。

ミガキ
光沢をもつ細線。装飾効果を目的とするものが多いが、器表面を緻密にし、水漏れ防止を意図する場合もある。

ナデ
写真下半の不調整部に比べて平滑で、ごく細かい平行線が見られる。ハケ目と同様に多用される調整手法。

タタキ
板に施した平行線や格子目、縄の痕跡が残る。叩いた部分は平面的になることが多く、内面には当て具痕がある。

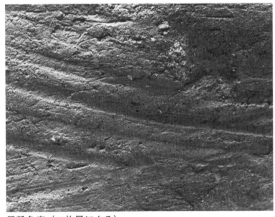

貝殻条痕（二枚貝による）
ハイガイなどの、鋸歯状の貝殻腹縁で粘土を掻き取る。条痕の断面は箱形で、各単位の幅はほぼ等しい。

貝殻条痕（巻貝による）
巻貝の側縁で粘土を掻き取る。条痕の断面は弧状で、各単位の幅は漸移的に変化し、内部に細かい筋がつく。

図16　成形・調整にかかわる痕跡（1）

Ⅲ-4 土器・土製品の観察と実測

ケズリ（ヘラ状工具による）
移動した砂粒の痕跡が溝状の筋となり、その移動方向がケズリの方向である。本例では下から上へ削っている。

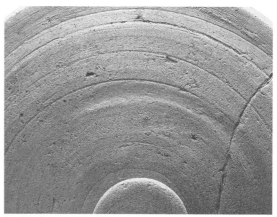

ケズリ（ロクロ回転利用）
平滑な面が螺旋状にめぐり、砂粒が移動している場合もある。ロクロの回転方向を知るうえで有用である。

ロクロからの切り離し（底部ヘラ切り）
中心側が高く、外周側が低い段状の線が螺旋状にめぐる。ロクロによるケズリと同様に、回転方向を知るうえで有用である。

ロクロからの切り離し（底部糸切り）
本例は回転を利用したもので、中心部が偏った年輪状の痕跡となる。静止状態で切り離した場合は、弧線の集合となる。

須恵器のタタキとカキ目
須恵器は平行線や格子目のタタキが多く、胴部上半ではロクロ回転を利用したカキ目を施すこともある。

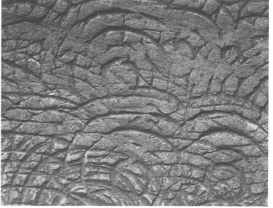

須恵器内面の当て具痕
須恵器の当て具は同心円を刻むものが一般的で、重複関係からタタキの方向がわかる。土師器は無文の当て具を用いる。

図17　成形・調整にかかわる痕跡（2）

えられるものを原始灰釉とよぶことがある。

施釉は、筆や刷毛塗りによる方法や、釉薬を溜めた中に浸す方法があり、時期や生産地、技術を知る資料となる。また、中・近世の施釉陶磁器では、時期によって施釉の方法が異なるものもあり、編年の目安とされている。なお、鉛釉陶器の中には劣化して釉薬が剥がれやすくなっているものがあり、洗浄の前に選別して、丁寧に扱う必要がある。

D 焼成にかかわる痕跡

縄文土器と弥生土器はすべて野天焼成であり、古墳時代以降、窯による焼成が開始された。土器に残る痕跡から、焼成法も知ることができる。

黒斑 黒斑は、焼成法についての貴重な情報源である。これは、焼成の完了時点で器体に残存していた炭素によるもので、粘土に含まれていた有機物が炭化したものと、燃料から発生した炭素が器体に吸着したものがある。

こうした発生要因と黒斑のありかたを組み合わせて焼成法の詳細が復元でき、その有無は、野天焼成か窯焼成かを判断する目安ともなる。野天焼成では焼成時の黒斑が器体に残り、窯焼成では高温で黒斑が消失していることが多い。これらは、とくに埴輪の焼成法の識別に利用されている。

黒色処理 縄文後・晩期には、表面を丁寧に磨き、炭素を吸着させた黒色磨研土器がある。関東や東北の古代の土器には、燻し焼きにより、内面を黒色処理したものがある。また、西日本でも、奈良時代以降、内面ないしは内外面を燻し焼きした黒色土器や、表面のみに炭素を吸着させた、瓦器や瓦質土器とよばれる土器がある。これらは、いずれも焼成法や窯構造が異なる。

なお、瓦器や瓦質土器の中には、炭素が吸着していない部分が認められるものもあり、その傾向を観察することで、窯内における土器の置き方（重ね方）が判明した例もある。

降灰・釉 窯で焼成した須恵器や陶磁器には、燃料から生じた灰が降着し、釉化しているものが見られる。多くは偶然の産物であるが、自然釉の降着を期待したと考えられるものもある。それらの付着部位や範囲を検討することにより、窯詰めの状況を復元することができる。

色調と硬度 色調は、できるだけ客観的に把握するのが望ましい。その場合、標準土色帖やマンセル色票集などを利用することもある。また、硬度の測定用にはエコーチップ硬さ試験機などがあるが、遺物に損傷を与えるなどの問題点がある。

土器の色調と硬度は、焼成時の酸化と還元が深くかかわる一方で、焼成時から出土時までの環境によっても変化する。埋まっていた環境により、風化してもろくなることや、施釉陶器が銀化して黒色に変化することもある。

そのため、同じ埋没状態にあった複数の土器の色調を記載・整理することも意味があるが、現状をそのまま記録するだけではなく、本来の状態を推定して注記に加えることも重要となる。

E 使用にかかわる痕跡など

土器を使用すると、器表面には各種の痕跡が残る。それらによって、土器の使用法のみならず、生活のようすを知ることができ、遺跡の性格を判断する手がかりが得られることもある。

煤・二次的加熱痕・焦げ 土器には、使用時に付着した煤や二次的加熱痕が広範囲に残っている場合がある。これらの痕跡は、その土器を加熱したことを示しており、内面の焦げの状態によっては、煮炊きした物質を特定できる。また、再加熱で炭素が消失していなければ、調理の内容や過程をかなり詳細に復元できることもある。

このほか、皿などの口縁部に煤が付着し、灯火器として用いられたことがわかるものもある。

穿孔と破損 穿孔は、焼成前におこなう場合と、焼成後におこなう場合がある。

焼成前に穿孔した例には、甑や甗などがあり、それらは穿孔部が特定の機能を果たしている。

一方、焼成後に穿孔した例には、補修を目的とするもののほか、甕や釜などの底部を抜いて井戸枠とした転用例のように、穿孔によって本来の機能とは異なる機能を与えられたものがある。

また、底部や体部に穿孔して、井戸の廃絶時に底に埋置したものや、墓に供献したものなど、本来の機能を失った状態にすることもある。供献土器の口縁部の破壊もこれにあたる。

とくに土偶や土馬は、一括埋納・廃棄された土坑から出土する場合も、ほとんどが体の一部を欠いており、意図的に破砕したとする見方もある。

漆付着土器 壺や平瓶の内面に、塊状の漆が付着していれば、漆の運搬もしくは保管に用いた容器であることがわかる。また、杯や皿の内面に漆が膜状に付着するものは、漆塗りに使ったパレットである。漆は、工房で使用するだけでなく、一般集落でも接着剤として用いるため、器種や出土量に注意しながら、遺跡の性格を判断したい。

籠目付着土器 特殊な例ではあるが、植物の蔓や繊維などで土器を包むように編んだものが出土することがあり、その痕跡を器表面にとどめる土器もある。これらは、加熱しない貯蔵用の土器で、運搬にも使用された可能性を示している。

また、井戸からは口縁部に縄を巻いた甕類が出土することがあるが、これは釣瓶として使用したものである。

転用硯 須恵器の蓋の内面や杯の底部内外面、甕片の内面などが摩滅し、墨が付着したものは、硯として使用されたとみてよい。また、墨が薄れていても、器表面の摩滅が著しいことから、転用硯と判断できる例もある。それらは、墨で文字を書いたことを裏づけており、遺跡の性格を考えるうえで注意を要する。

墨書・刻書土器 土器に墨で文字を書いたものや、焼成前または焼成後にヘラや針状の道具で文字を刻んだもので、絵を描いた墨画土器や刻印のあるものも、この範疇に含まれる。文字は、機関名や人名、官職名、地名、内容物、文字の練習（習書）、祭祀関係の呪語など、多岐にわたる。墨書や刻書の内容が遺跡の性格を示していることもあり、重視される。

3 実 測

A 実測にあたっての留意点

基本的な考え方 土器の実測は、立体的な土器を二次元の図として写し取る作業であり、報告書に掲載し、のちの研究などの基礎資料として広く公開・活用するうえで不可欠のものである。

このため、器形や装飾のみならず、製作技法など、その土器がもっている情報を、可能なかぎり表現するように努める。図化のさいには、立面図、断面図、展開図（図18）、平面図（俯瞰図・仰瞰図）から、適切なものを選択するが、2面以上の立面図が必要となることもある。

計測点 実測にあたっては、まず土器を十分に観察したうえで、特徴をもっともよくあらわすためにはどの部分を図化すればよいか、内外面に何をどこまで描き入れるかを決定する。

計測は、凹面から凸面、凸面から凹面へと移り変わる変曲点のほか、向きが大きく変化する屈折点や屈曲点などを的確に把握し、これらの点の間が直線なのか、内湾または外反するかを観察して、より詳細な形状把握をおこなう。

波状口縁や片口口縁、注口土器、口縁部に突起をもつ土器などの図化では、2ヵ所以上で断面図をとり、ヘラ描き沈線や貼付隆帯、補修孔などの穿孔部も断面図に描き入れる。また、小片であっても、重要な場合は図化する。そのさいには、類例から全形を復元的に示すか、拓本と断面図だけを示すかなど、表現法の選択をおこなう。

表6　土器観察表の例

土器番号	出土地区	写真図版	実測図面	本文頁	時期区分	土器分類記号	器厚mm	特　徴
862	Q-2層	64	106	106	前期	Z無文	5.5	河内系胎土、ナデ調整
864	Q-2層	64	106	106	前期	Z無文	4.5	ナデ調整
865	Q-2層	64	106	106	前期	Z無文	5.5	ケズリ、ナデ調整、河内系胎土
867	Q-2層	64	106	106	前期	A6？	4.0	押し引き沈線
868	R-3層	64	106	107	前期	Z7C1	4.0	刻目突帯
869	R-3層	64	106	107	中期	C1D	5.5	刻目突帯、1字刻み、幅19.5mm
870	T-4層	64	106	107	早期	S不明	4.0	低い突帯上に二枚貝条痕、塩屋式？
871	T-4層	64	106	107	前期	Z縄文7	6.5	羽状縄文
872	T-4層	64	106	107	前期	Z縄文2	3.5	縄文LR、縦走
873	T-4層	64	106	107	中期	C縄文5	5.5	粗縄文LR
874	Z-2層	65	107	107	早期	S2条痕	9.5	繊維を含む

　拓本は、文様展開図としても使え、縄文やハケ目、タタキ目などを忠実に表現できるため、線描に代えて用いるのも有効である(図19)。

作図の基本方針　土器の中心線を境として左右に分け、左に外面、右に断面と内面を描く。原寸大で描くことを基本とするが、大型のものは縮小し、小型のものは拡大して描く場合もある。

　土器は基本的に回転体であるとみて、断面のみを測り、外面の輪郭はそれを反転すればよいという考え方もある。しかし、厳密に左右対称の土器は存在せず、不正確な図となるおそれがあるため、両面を計測して図化することを原則とする。

　ただし、破片や半完形品の場合は反転復元し、反転復元であることを明示する。欠失部分は、ほかの部分から推定できるときは復元して図化し、それができないときは空白として残す。復元した部分は、破線または残存部分との間をあけた細い実線で示し、明確に区別できるようにする。

　復元的に描くときでも、原則的には、同一個体のほかの部分を回転させて描ける範囲にとどめ、度を越えて描きすぎることは避ける。たとえば、口縁部に突起をもつ縄文土器などでは、突起のすべてが失われていても、類例にもとづいて復元的に描ける場合があるが、それらは文字情報として盛り込むにとどめるなど、誤解を与えないようにする。

　作図は基本的に線描によるものとし、点描や線を重ねた濃淡で質感を表現することはしない。顔

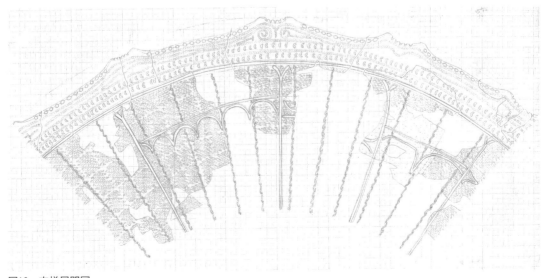

図18　文様展開図

料を塗布した部分や煤などが付着した土器は、その範囲を図示し、報告書印刷時に網フセなどで表現する。

土器の歪みは、補正して図化する。ただし、窯跡出土資料など、歪み自体に意味があると判断した場合は、それを明示する。

図面には、遺跡名と出土地点、遺構や出土層位、登録番号、台帳番号などとともに、注記として、色調や焼成、胎土の混和材など、図では表現しにくい項目を中心に、文字情報も盛り込む。

縄文やハケ目、タタキ目などは、全面にわたって図化することもあるが、多くの場合、中心線に近い部分の縦帯状の表現でも、必要な情報を示すことができる。

なお、細かい表現は、そのままトレースすると、報告書の印刷のさいにつぶれることもあるが、トレース時に間引けば問題ないので、原図ではなるべく忠実に図化する。ただし、調整や施文の単位や方向を明示すればよい場合もあり、すべてにわたって図化が必要というわけではない。

表現では、施文や調整の順序がわかるように留意する。ナデとケズリなど、調整の境界が明瞭に判別できるようにすることも大切である。

B 手測り実測

特徴と方法 実測者がみずから測点をとって作図する手測り実測は、実測の基本となる方法である。近年は、磁気三次元位置測定装置で計測した三次元座標を二次元に置き換え、測点間を結線して素図を作成する方法や、コンピューターを用いてラスター画像ないしベクター画像として処理するデジタル図化の技術が進み、広く普及しつつあるが（40頁）、手測り実測がもっとも重要な実測法であることに変わりはない。

手測り実測では、土器に対する正確な知識にもとづいた観察により、測点を選びながら描画するため、特徴をとらえた図を最初から描くことができる。したがって、作図にあたっては、実測者による観察が重要となる。

たとえば、須恵器や土師器の最終調整では、ナデとケズリはまったく異なる手法であり、その違いを図に反映させる。手測り実測の原則を理解し、正確な図面を作成できる能力を備えて、はじめて、補助員などの描いた実測図の修正や、デジタル技術を利用した素図の修正が可能となる。

なお、計測する測点を多くとれば、より正確な図面が描けるが、たとえば何mm間隔というような機械的な計測はあまり意味をなさない。変曲点や屈折点、屈曲点、沈線、隆帯など、土器の特徴を的確に表現するために必要な測点を選択する。なお、測点にケバ（ひげ状の線）をはねておくと、トレースのさいに注意しやすい（図23）。

実測の手順 手測り実測に用いる道具には、方眼紙、鉛筆、三角定規（測定台）、ディバイダー、真弧（マーコ）、キャリパーなどがある。いずれの道具も、正しい使用法を理解しておかないと、正確な測定ができない。以下、実測の具体的な手順を示しておく（図20）。

実測のさいには、まず、土器の特徴をもっとも

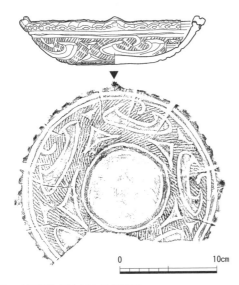

図19 立面図と拓本による仰瞰図

1　実測に用いる道具。

2　測点の位置を計測する。

3　厚さをキャリパーで測る。

4　真弧で輪郭を写し取る。

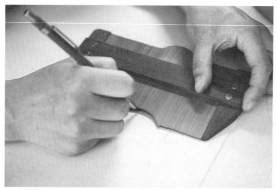
5　写し取った輪郭を方眼紙に記録する。

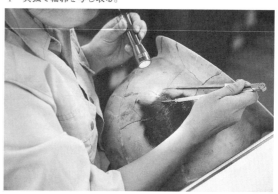
6　調整を観察して、その単位を計測する。

7　調整単位を方眼紙に記録する。

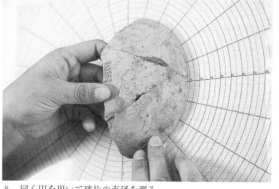
8　同心円を用いて破片の直径を測る。

図20　実測の手順

よく示す面を選択し、測定しやすいように正しく据える。その後、三角定規や測定台を垂直に立てて基準軸を設定し、計測する。測点の高さは、基準軸の目盛りで知ることができる。また、基準軸からの水平距離は、定規やディバイダーなどで測定し、測点の位置を方眼紙に落としていく。

このようにして、土器は、特徴的な部分を示す測点の集合として紙上に写され、実物と照らし合わせて微妙な凹凸を確認しながら、測点間を線でつないで図化する。

輪郭を写し取るには、真弧を用いるのが便利である。ただし、真弧は、器表面に垂直に当たる部分とその周辺しか、実物どおりの輪郭を写し取ることができない。そのため、真弧でとった線はあくまでも目安とし、最終的に実物と照合して描画することを怠ってはならない。

厚さは、通常、キャリパーで測定する。この場合も、キャリパーの当て方が器壁に対して斜めになると、実際より大きな値を示すので、器壁に対して垂直に当てるようにする。

断面図における土器の内面も、外面と同様に、土器の特徴をよくあらわす部分を測点として選択する。完形品などでは、キャリパーで厚さを正確に測定できないこともあり、普段から土器の厚さに対する指の感覚を養っておくようにしたい。

なお、石膏などで復元してしまうと、土器の内面や断面の観察がしにくくなるため、実測は復元前におこなうのが原則である。また、完形の細頸壺などで断面が測れない部分は、ほかの類例を参考にして破線で復元的に描くことが多いが、XCT（82頁）が利用できれば、その画像を目安として描くこともできる。

破片や半完形品の反転実測にあたって、口径などを算出するには、口縁などの水平な部分の円弧をトレーシングペーパーに写し取り、それを2回折りたたんで半径を求める方法や、一定間隔の同心円に円弧をあてはめる方法などがある。ただし、土器の円弧は、歪みのために正円とならないことが多いので、そうした歪みは補正する。その後、破片の傾きに応じて断面図を作成し、算出した半径をもとに反転して、全体を実測する。

文様の割りつけ　文様や地文、調整などを立面図に投影するための割りつけには、三角定規を用いる方法と、同心円を用いる方法がある。

三角定規を用いる方法（図21）では、まず、土器を方眼紙上に正確に設置する。測点の高さは、輪郭の実測と同じく、垂直に立てた三角定規や測定台を用いて計測する。中心線からの水平距離は、三角定規の頂点を測点に当て、底辺が方眼の横線に平行になるように置けば、求めることができ

図21　三角定規を用いた文様の割りつけ

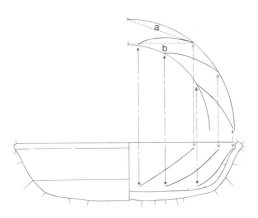

図22　同心円を用いた文様の割りつけ

第Ⅲ章　遺物の整理

る。ハケ目やタタキ目など、広範囲にわたるものは、その単位ごとに実測用のチョークやチャコールペンシルなどで印をつけておくと計測しやすいが、実測後は確実に消すようにする。

同心円を用いる方法（図22）では、あらかじめ断面の入った立面図を作成しておく。同心円は、土器の中心線上に中心を合わせて置く。測点と中心線間の距離（同図のa）をディバイダーで測り、測点が属する径にあたる円弧上に落とすと、中心線からの図上の距離（同図のb）が求められる。その距離と測点の高さを合わせれば、図上に測点の位置を落とすことができ、これを繰り返すことで、文様などを描くことができる。この方法は、波状文や連弧文、暗文など、一定の幅で横位に展

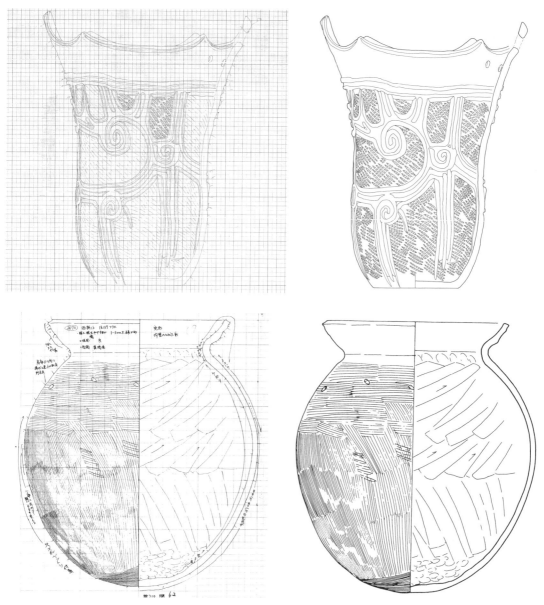

図23　土器の実測図とトレース図

開する文様の割りつけに有効である。

一方、展開図に関しては、手測り実測による作成は手間がかかり、正確さも期しがたい面があるので、磁気三次元位置測定装置などの利用や展開写真の撮影なども考慮するとよい。

トレース　報告書に土器・土製品を掲載するさいは、大きさや調整の細かさなどによって縮尺を変えるが、一般的な土器の場合、1/3〜1/4で掲載することが多い。製図ペン（製図用ペン）を用いたトレースでは、掲載時の縮尺と、トレースをおこなうさいの下図の縮尺を勘案して、線の太さを決定する。詳細については後述する（142頁）。

C　土製品の実測

土製品は、土器のような回転体ではなく、その形態をあらわすためには、正面図と側面図など、2面以上の実測図が必要となる。土製品の実測方法は、石器と基本的に同じであり、次節の石器の項（52頁）を参照されたい。

4 拓本

拓本は、墨を使って、文様や調整などを紙に転写する作業であり、土器にかぎらず、瓦や青銅製品、銭貨などにも広く用いられている。デジタル技術が発展した現在でも、簡便な道具でほぼ実物大の情報を紙に写し取れる点で、有効な手法といえる。拓本には乾拓と湿拓があるが、遺物の整理過程で用いるのは、もっぱら湿拓である。

A　必要な道具

湿拓に使用する基本的な道具は、以下のとおりである（図24）。

墨　油性の墨を用いる。松煙墨とオリーブ油などで自作することも可能だが、拓本用の墨が市販されている。

タンポ（打包）　真綿を絹布などの目の細かい布で包んで球状にし、しばった部分を棒状にして持ちやすくしたものである。市販品もあるが、考古遺物の場合、微細な部分も拓本の対象となることがしばしばあり、小さなものは自作する必要がある。対象に合わせて、いくつかの大きさのタンポを用意する。

画仙紙（画箋紙）　市販のものを用いるが、厚さや性質はさまざまであり、数種類を試してみて、使いやすいものを選ぶ。

容器・筆・刷毛・霧吹き　容器は水を入れるためのものである。筆や刷毛、霧吹きは、画仙紙をまんべんなく濡らして土器などの表面になじませたり、密着させたりするために用いる。筆や刷毛は、毛があまり硬くないものがよい。

脱脂綿・スポンジ・タオル　画仙紙を密着させるさいに用いる。気泡を除去し、水分の量を加減する。毛羽立ったものは避ける。

新聞・雑誌類　拓本をとり終えた画仙紙をはさんで、乾燥させるとともに、皺をのばす。雑誌類は、厚めのものが使いやすい。

テープ類　器表面がしっかりしている遺物などでは、裏側に巻き込んだ画仙紙をセロハンテープやメンディングテープで固定したほうが、拓本をとりやすい場合もある。

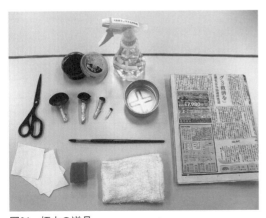

図24　拓本の道具

B 拓本の手順

拓本の手順は、以下のとおりである(図25)。
1) 遺物の大きさに合わせて、画仙紙を切る。このときには、遺物の裏面に巻き込めるだけの余裕をもった大きさにする。
2) 画仙紙の表と裏(紙の繊維が毛羽立ったほうが裏)をよく確かめてから、表が上になるように遺物に画仙紙を当て、霧吹きや筆などで水を加えてなじませていく。なお、須恵器など、器表面が頑丈な遺物は、裏側に巻き込んだ画仙紙をセロハンテープなどで固定してもよい。

霧吹きは、まんべんなく水を含ませることができる点で効果的だが、あまり強く噴射すると画仙紙が破れることがある。また、筆や刷毛は、画仙紙の表面をこすりすぎると毛羽立ち、拓本が不明瞭な仕上がりとなる場合がある。

3) 水をしみ込ませた筆や脱脂綿などを用いて、中心から外側に向かって順に押圧し、気泡を除去して密着させる。水分が多すぎるときは、脱脂綿やスポンジ、タオルなどを用いて、水分を除去しながら押えていく。焼成が不良な土器などは、強く押えると、割れや器表面の荒れが生じることがあるので、注意する。
4) 筆や刷毛、脱脂綿などで表面を軽く叩くようにして、文様などの細かい部分に紙を密着させる。筆や刷毛を用いる場合は、直接叩かずに、間に日本手拭を入れておくと、画仙紙の破れや表面の毛羽立ちを防ぐことができる。
5) 画仙紙が少し乾き、白くなりかけた頃を見計らって、タンポで墨を打っていく。そのさいには、タンポにつけた墨をそのまま打つのではなく、別のタンポとこすり合わせて、墨を均等にしたものを用いる。また、別の紙に試し打ちをし、ムラがないか確かめてから墨を打つようにする。最初から濃く打つのではなく、薄めの墨を何度も重ねて調子を整えるほうがよい。

なお、文様の細部を表現するさいに、小さいタンポを用いると、墨が濃くなりすぎる傾向があるので、注意を要する。逆に、強調したい部分をやや濃く表現することも可能である。
6) 墨を打ち終えた画仙紙は、遺物を傷めないように、端からゆっくりと剥がしていく。剥がした画仙紙は、新聞や雑誌などに、皺をのばすようにしてはさみ、乾かす。

拓本の余白部分には、遺物の表裏の区別や遺跡名、遺構・遺物の種類、登録番号などのほか、遺物の天地についても記入する。
7) 画仙紙を平らにするには、ガラス板に拓本をとった面をあてて湿らせ、気泡を抜いて乾燥させたのち、画仙紙を剥がせばよい。あるいは、ガラス板に画仙紙を密着させた状態で、糊を水で薄めて塗り、障子紙などを当てて裏打ちする。その後、乾くのを待って剥がす。

C 留意点

画仙紙に破れがあると、遺物を墨で汚してしまうので、注意しなければならない。また、水分が多すぎる状態で墨を打ったり、薄い画仙紙に墨を濃く打ちすぎたりした場合も、同様の結果となることがある。そのため、墨を打つさいには、画仙紙の状態を確認し、遺物を汚さないように細心の注意を払う必要がある。

なお、周縁の高い軒瓦のように、凹凸が激しく、内区の文様部分と周縁を1枚で拓本をとるのが困難な遺物では、内区の文様部分と周縁に分けて、それぞれ拓本をとることがある。これによって、皺も少なく、実物の大きさに近い拓本を得ることができる。

この方法は、瓦にかぎらず、湾曲や凹凸の激しい遺物に対しても有効である。ただし、別々にとった拓本は、合成する必要があるので、遺物の天地など、合成のための目印を必ず記しておく。

1　画仙紙を遺物に合わせて切る。

2　画仙紙を巻き込んで固定する。

3　霧吹きなどで水を加え、画仙紙を遺物になじませる。

4　刷毛や筆を用いて、気泡を除去するように密着させる。

5　水分を含ませすぎた場合は、脱脂綿やスポンジを用いて押さえていく。

6　墨を打つ時はタンポをこすり合わせ、墨が均等になるようにする。

7　ムラが出ないように、薄めの墨を何度も重ねていく。

8　文様などの細かい部分には、小さいタンポを用いる。

9　均質にムラなく墨が打てたら、ほぼ完成である。

10　遺物を傷めないように、慎重に画仙紙を剥がす。

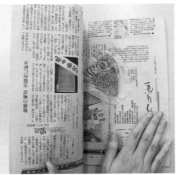
11　新聞紙やガラス板を用いて、拓本を乾かすとともに平らにする。

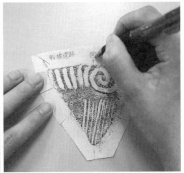
12　遺物の天地や表裏などの情報を記入する。

図25　拓本の手順

◆ デジタル図化

A デジタル図化の分類と特性

デジタル図化とは コンピューターを使用して遺構図や遺物実測図などを作成する作業を、デジタル図化とよぶ。その作業方法は、以下のように分類することができる。

- **スキャン** 紙などに記録された図をスキャンして、ラスター画像を作成する。
- **デジタルトレース** 実測図や正射投影（オルソ）画像を下図に、ソフトウェアを用いてベクター画像を作成する。
- **デジタル実測** 各種の機器を使用して得られたデータをもとに、ベクター画像を作成する。

ラスター画像（Raster Images）は、画像を点の集合として表現する。一方、ベクター画像（Vector Images）は、点や線を数式で記述して表現する。

現在、それぞれの段階のデジタル図化で、各種の方法が模索されており、飛躍的に技術革新が進みつつある。こうした流れの中で実測図も変化し、今後さまざまな作図法が生まれることも考えられる。

デジタル実測は、短時間で効率的に計測をおこなうことができ、計測精度も、既存の図化法に比べて明らかに優位にある。また、デジタル情報として、保存・活用しやすい利点もある。

多様化するデジタル図化 現在用いられている図化方法は多様で、その一つに、デジタルトレースがある。図面をスキャンしてラスター画像化し、それを下図に、ドローイングソフトによりベクター画像化する方法などが一般的におこなわれている。一方、正射投影画像を下図としてデジタルトレースする方法も有効である。

また、三次元レーザースキャナーや写真計測で取得したモデルに、これらの画像を貼りつけることも可能である。文様が複雑で、色に関する情報が意味をもつ陶磁器類などの場合に効果的である。

このほか、CT（Computed Tomography）は、断面画像の取得だけではなく、三次元画像を作成することもできる。金属製品や、内部が直接観察できない遺物などに有効である。

スキャナーの活用法 比較的小型で平面的な遺物の場合は、スキャナーを用いて直接画像を取得することも可能である。小型の土製品や装身具などが対象になりうるが、走査方向が一定のため、遺物の置き方には注意を要する。また、グラフィックソフトウェアによる画像補正が必要となることもある。

デジタルトレース 先述のように、デジタルトレースは、以下の二つに大きく区分できる。

一つは、紙媒体の実測図をスキャンし、ラスター画像にしたものをトレースするものである。スキャンにあたり、不必要な高解像度は意味がないので、とくに複雑な文様表現がないかぎり、144〜200dpi程度のJPEG形式で保存する。

これを下図にトレースをおこなうが、そのさい、実測図の注記や方眼が障害になることがある。こうした場合は、前処理として、ソフトウェアにより不要な線などを消去し、消えかかった線を鮮明にするなどの画像処理をおこなっておくとよい。

もう一つは、より効率的に図化をおこなう方法として、遺物の正射投影画像を下図に使用し、直接デジタルトレースするものである。この場合も、不必要な高解像度は意味がない。

いずれの場合も、トレース作業はそれほど難しいものではないが、一定の技術の習得が必要となる。また、レイヤーや線の太さなどは、前もって一定のルー

図26 デジタル図化の例

ルを決めておくようにする（144頁）。

ベクター画像の利点　ベクター画像は、拡大・縮小や消去・追加などの自由度が高く、遺物の特性とその表現法に合わせたデジタル図を作成できる。フォーマット形式には、SVG・AIなどがある。

B　デジタル実測

デジタル実測の利点　デジタル機器による実測の利点は、短時間に計測データが取得可能なことにある。このデータをもとに、正面図はもとより、必要に応じて側面図や展開図、俯瞰図なども容易に作成することができ、実測に要する時間を短縮できる。

ただし、それらの図はあくまでも素図であって、実測図として完成させるためには、遺物に対する知識や観察にもとづいた修正作業が不可欠なことを認識しなければならない。以下、現在利用されている方法について紹介する。

磁気三次元位置測定装置による実測　台座上に磁場を発生させ、専用ペン（スタイラスペン）の先端で計測した三次元座標を入力・結線する。入力データはコンピューター画面に表示される。

作業は、ペン先を測定箇所に当て、コンピューターの画面上で入力点を確認しながらおこなう（図27）。このとき、目安となる線を入れておくと、作業が容易である。データは、整理等作業の終了までハードディスクなどに保管することが望ましい。

土器の実測では、台座の中心に水平にのせる必要上、ある程度の復元が求められる。磁気による測定のため、遺物の固定に金属製品は使用できない。

測定後、作成した素図（図28）を、遺物と対照しながら修正し、トレース用の原図を作成する。縄文土器のように、複雑な文様や地文がある場合は、素図や原図は原寸大で作成するほうがトレースしやすい。ただし、展開図は文様の全体を提示するため、あらかじめ縮めておくことがある。

正射投影システムによる実測　パラボラ鏡を組み合わせたシステムにより、正射投影画像の撮影をおこなう（図29）。カメラはコンピューター上で操作し、画像は原寸大で印刷できる。大型遺物は分割して撮影し、1枚の写真に合成可能である。

作業のさいには、必要箇所に線を入れるか、ライティングの角度を工夫することで、下図の作成に適した写真を撮影することができる。そして、写真をもとに、実物を観察しながら下図を作成する。

この方法は、とくに陰影に富んだ土器や陶磁器類、籠などの編物、あるいは文様や調整痕などの表現に効果的である。ただし、断面は撮影できないため、別の手法で作成する必要がある。

図28　磁気三次元位置測定装置で作成した素図

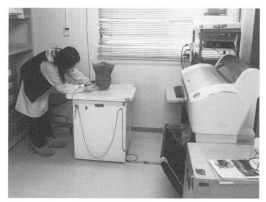

図27　磁気三次元位置測定装置による計測

図29　正射投影システムによる撮影

第5節
石器・石製品の観察と実測

1 種 類

特 質 石器・石製品の多くは、原石をさまざまな手法を駆使して加工し、製作されることから、その製作過程で剥片などの副産物が生じ、完成品は原石よりも必ず小さくなる。

このため、石器・石製品の的確な評価は、最終的に使用される状態での観察・分析だけでは不十分であり、製作過程などで生み出される、さまざまな石製遺物の観察と分析を加味して、はじめて可能となる。

また、製品の形態的な特徴から、機能や使用方法などについて、ある程度の類推をすることは可能であるが、妥当性が高い結論は、石器・石製品に残された使用痕や破損箇所などの観察・分析をへて得られることが多い。

さらに、石器・石製品の機能と用途は、石材の材質と密接に関係しており、製作技法も材質による影響を強く受けることから、石材に関する観察や分析も必要である。

石製遺物の種類 おもな石製遺物には、次のようなものがある。

- 石器・石製品の製作や道具としての利用のために遺跡に持ち込まれた、加工痕や使用痕が見られない礫や岩塊である原石（母岩）
- 石片（剥片）を剥がしとった原石や石塊である石核
- 石核から剥離されたり、石器や石製品の製作過程で生じたりした石片である剥片
- さまざまな道具である石器・石製品

石器と石製品 石器と石製品の区分には、いくつかの考え方があるが、ここでは、生産活動その他に利用された石製の利器などを石器とし、装身具や祭祀具、古墳時代以降に量産・流通した石製の道具などを石製品として記述することにする（図30〜33）。

石器は、おもに、打撃と加圧によって製作する打製石器と、さらに敲打（ペッキング）や研磨を加えて仕上げる磨製石器とに大別できる。また、素材によって、剥片石器、石核石器のように分類することもできる。

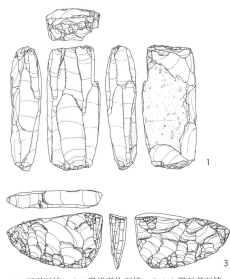
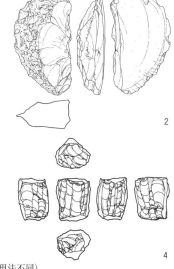

1：石刃石核　2：翼状剥片石核　3・4：細石刃石核　（縮尺・表現法不同）

図30　旧石器時代の石器（1）

Ⅲ-5 石器・石製品の観察と実測

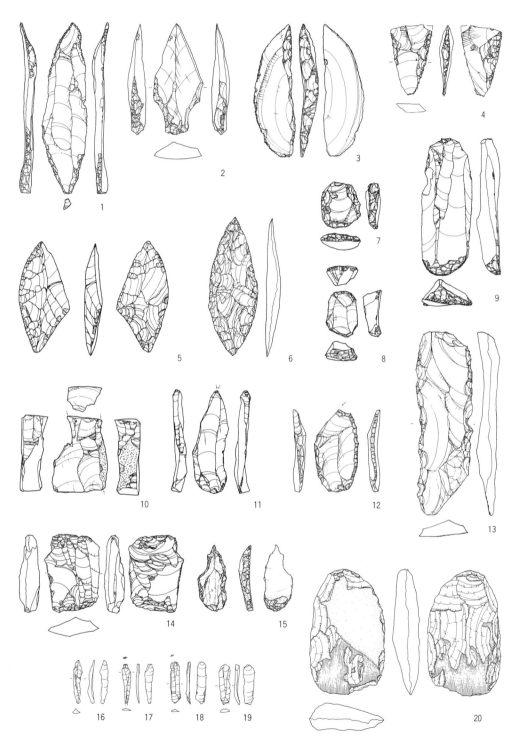

1～3：ナイフ形石器　4：台形石器　5・6：尖頭器　7～9：掻器　10～12：彫刻刀形石器　13：削器
14：楔形石器　15：錐状石器　16～19：細石刃　20：局部磨製石斧　　（縮尺・表現法不同）

図31　旧石器時代の石器（2）

第Ⅲ章 遺物の整理

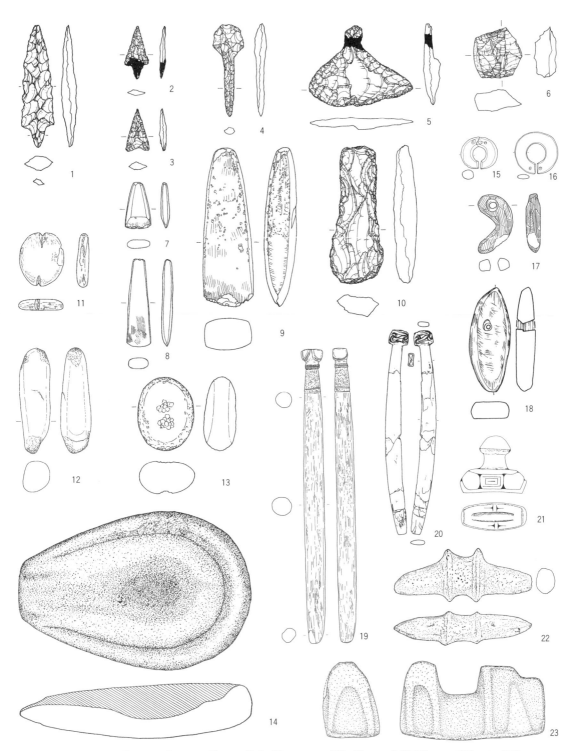

1：有茎尖頭器　2・3：石鏃　4：石錐　5：石匙　6：楔形石器　7〜9：磨製石斧　10：打製石斧　11：石錘　12：敲石
13：磨石　14：石皿　15・16：玦状耳飾　17：勾玉　18：大珠　19：石棒　20：石刀　21：石冠　22：独鈷石　23：御物石器
(縮尺・表現法不同)

図32　縄文時代の石器・石製品

Ⅲ-5 石器・石製品の観察と実測

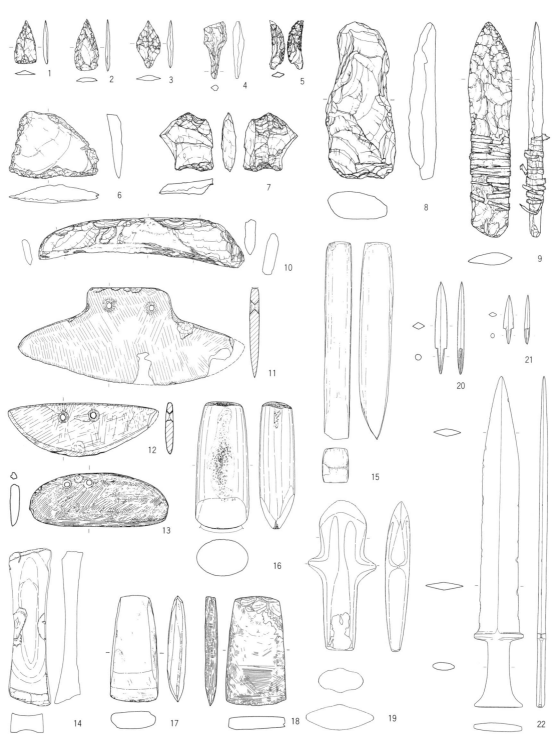

1～3：石鏃　4：石錐　5：石小刀　6：スクレイパー　7：楔形石器　8：打製石斧　9：打製石剣　10：石鎌　11：大型石包丁
12・13：石包丁　14：砥石　15：柱状片刃石斧　16：太型蛤刃石斧　17・18：扁平片刃石斧　19：有角石器　20・21：磨製石鏃
22：有柄式磨製石剣
（縮尺・表現法不同）

図33　弥生時代の石器・石製品

石器は、その形態から機能や用途がおおよそ推測できるものが多く、おもなものとして、ナイフ形石器・石鏃・石槍などの狩猟具や武器、掻器・削器・彫器・石斧・石錐・石小刀などの工具、石鍬・石包丁などの農具を挙げることができる。

　石器に対して、石製品は形態が多様であり、それだけでは機能や用途を推測できないものも多い。分類も確立されているわけではないが、以下、便宜的に、砥石・石鍋・温石などの道具、勾玉・管玉・玦状耳飾などの装身具、石棒・石刀・滑石製模造品などの祭祀具に区分する。

　なお、石製遺物には、礎石や礫群・配石の礫など、遺構の構成要素となっているものや、人為性のない自然礫などもあるが、それらについては、ここでは対象としない。

2 観　察

　石器・石製品の観察では、完成品のみならず、製作工程で生じた未成品や使用過程で生じた破損品のほか、石核や剥片などを含めた石製遺物から、遺跡の評価に必要な遺物組成や製作技術、石材の利用状況、石器・石製品の機能・用途や使用法などを解明することを目的としている。

A　基本的な分類と計測

　多種多様な石製遺物を分類し、その種類を確定することが観察の第一歩である。観察の要点としては、次のようなものがある。

剥離面　石製遺物では、その外面の剥離面の観察に多くの労力が費やされる。

　石器・石製品の製作にあたっては、通常、原石や石核を打撃し、剥片を剥離する。そのさいに打撃した面を打面といい、打撃の力が加わった打面上の点を打点という。打面は、石核と剥片に見られる。剥片の主剥離面（石核などから剥離されたさいに生じる面）を観察すると、打点の下には、力が石材中を円錐状に伝わったことを示す、コーン（円錐状裂痕）とよぶ小さな円錐状の痕跡が見られることもある。

　また、剥片の主剥離面の打面に近い部分には、バルブとよぶふくらみがあり、石核に残された剥離面には、逆にくぼみ（ネガティブバルブ）が見られることになる。バルブには、バルバースカー（打瘤裂痕）とよばれる浅い剥離面をともなうことが多い（図34・35）。

　剥離面に残された重要な痕跡として、打点から同心円状に広がるリングと、打点から縁辺部に向かって放射状にのびるフィッシャーがある。リングとフィッシャーは、打点の位置や打撃力の抜けた方向（剥離方向）の推測を可能にする。また、隣接する剥離面間におけるリングとフィッシャーの重複関係は、剥離の先後を示す。

二次加工　石器・石製品は、剥片や礫などの素材を二次加工して作られる。このため、二次加工の有無やその位置、二次加工の特徴などを把握する必要がある。

　二次加工には、大別して、調整剥離によるものと研磨によるものがある。石器でいえば、打製石器は前者、磨製石器は後者による二次加工が施される。このほか、細かな敲打や、素材を折り取って形状を整える折断（切断）などもある。調整剥離は、剥離の奥行きや角度、剥離面の形状などのさまざまな観点から、さらに分類される。

形　態　前述したように、石器・石製品は、原石に打撃・加圧を施して製品が作られるため、石材の制約を受け、同一の用途に用いられるものであっても、個々の製品のかたちには土器のような斉一性は見られないことが多い。しかし、石器・石製品についても、形態や大きさなどを検討することにより、共通した特徴をもつ一群を抽出することが可能である。これが器種である。

　打製石器では、刃部の形態とそれを作り出す技術の違いにより、尖頭器、掻器、削器、楔形石器、

Ⅲ-5 石器・石製品の観察と実測

石鏃などに分類するのが一般的である。打製石器の場合、器種の認定と分類はもっとも重要な作業の一つであり、これを的確におこなうためには、各器種の形態的特徴を熟知する必要がある。

一方、磨製石器や石製品の場合は、研磨に適した石材を用いることで、打製石器に比べて多様な加工が可能となる。そのため、工具でも、太型蛤刃石斧、柱状片刃石斧、扁平片刃石斧、扁平両刃石斧、小型鑿状石斧など、用途に応じた形態の作り分けがなされ、定形性や斉一性も高く、器種認定も比較的容易である。

ただし、磨製石包丁や砥石などの場合は、使用回数が多くなるほど磨り減って、当初の形態を失っていくので、形態分類はそれを理解したうえでおこなう必要がある。

計 測　石器・石製品の寸法を計測するさいには、石器全体をよく観察し、たとえば刃部・着柄部・基部など各部分の機能の違いを識別し、一定の基準で計測することが求められる。

打製石器では、長さや幅、厚さ、重量（質量）、剥離角、刃角、打面長、打面幅などを計測し、計測結果を観察表などに記録する。計測部位や計測点は、石器・石製品の器種に応じて事前に決めておき、安定性や客観性を保持できるようにする。また、計測の方法も明示する（図34）。

剥離角や刃角の計測には、5°単位で角を切り抜いた厚紙を用意し、計測部位に当てて測るのが簡便である。なお、完形品の計測値なのか、破損品の計測値なのかもわかるようにする。

B 石 材

岩 種　石材の岩種の把握は、原産地の特定のほか、原産地から消費地への移動経路や交流の実態、あるいは石器・石製品の生産体制など、当時の社会の復元にもつながる。

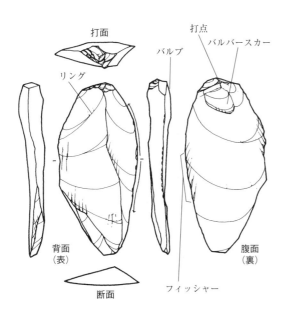

図34　剥片の部分名称

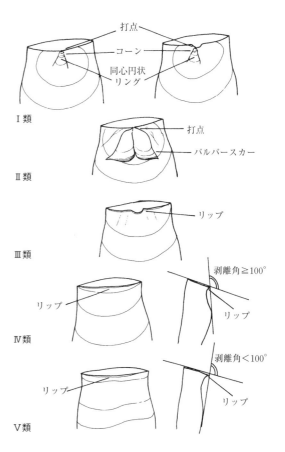

図35　主剥離面上端部の状況

第Ⅲ章 遺物の整理

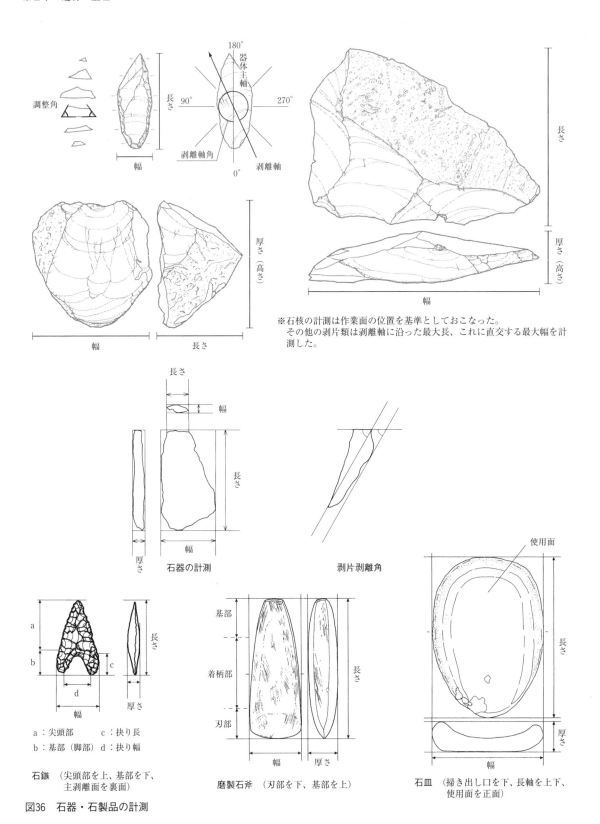

図36 石器・石製品の計測

打製石器では、小型品では黒曜石、サヌカイト、チャート、頁岩（けつがん）といった剥離面端部が鋭利になるガラス質の石材が多く選ばれ、大型品では縦に剥離する片岩系や安山岩系のものが用いられる。

一方、研磨により成形する磨製石器・石製品の場合には、研磨には不向きな黒曜石やサヌカイトなどのガラス質の石材は利用せず、硬質ではあるものの、きめ細かく、研磨によって表面が平滑になる花崗岩、粘板岩、砂岩、泥岩、玄武岩などがおもに使用されている。

また、祭祀具や装身具の素材には、翡翠（ひすい）や碧玉（へきぎょく）などの比較的硬質なものと、滑石などの軟質なものがあり、時代や器種によって使用傾向に違いが認められることを把握しておきたい。翡翠製の祭祀具や装身具では、素材の選定にさいして色調が重視されるものもあり、製品ごとの石材の使用傾向についても注意を要する。

岩種やその原産地の同定には、岩石学者など専門家の観察や蛍光Ｘ線分析などの自然科学分析が必要となるが、安山岩やチャート、頁岩、黒曜石、翡翠、滑石などの主要な岩種については、肉眼観察で識別できる程度の力量は備えておきたい。

同一母石の抽出　石器・石製品の生産遺跡では、岩種ごとに、材の色調や粗密の差、含有物の特徴などにもとづき、同一母岩に由来する可能性がある資料の抽出と分類が試みられている。

これらは、石材の供給地がどの程度認められるかを考える基礎的な作業であるだけでなく、接合作業を進め、製作技法を復元するうえでも有益な情報となる。なお、同一母岩に由来する資料であることは、接合により証明されるものである。

C　製作工程

分類した石製遺物を石器・石製品の製作工程の中に位置づけ、遺跡内でおこなわれた製作工程を復元する。これにより、具体的な製作技術を把握するとともに、石器製作工程から見た遺跡間のつながりなども知ることができる。

石器の製作工程　一般に、原石や石核を打撃・加圧によって調整・剥片剥離し、素材となる石核（石塊）や剥片を準備する一次加工と、適当な素材を選択し、それを石器に仕上げる二次加工の工程がある。この過程で、石核、剥片、石屑、砕片（チップ）などと、製品である石器が多数作り出されるが、こうした工程とその具体的な内容は、次のような作業によって把握することができる。

すなわち、石核、剥片、石屑、砕片などがどの段階で生じたものかを判別し、一次加工については石核や剥片を詳細に観察する。一方、二次加工については石器を詳細に観察し、尖頭器や石槍・石鏃などの製作時に作り出されるポイントフレイク、彫器の刃部形成時に剥離される彫器削片（グレイバースポール）など、特定の石器製作時に作り出される特徴的な剥片を検出する。

このほか、多様な形態の剥片の一部に二次加工が施され、二次加工剥片あるいは不定形石器とよばれる資料については、全体の形態よりも、二次加工の長さや角度、形態、施工部位などを類型化して観察・分類することが必要である。

石製品の製作工程　一般的には、原産地から原石を切り出し、それを打撃によって粗割り・小割りし、鑿などの工具で不要な部分を削り取ったのち、穿孔・研磨するという工程をたどる。

たとえば、神坂峠遺跡（みさかとうげ）（長野県）では、多量の玉類の製品のほか、原石や剥片、未成品が出土し、古墳時代の玉や石製模造品の製作工程、穿孔方法などの各種技術が明らかになっている。

したがって、製作技術の検討としては、切り出し、粗割り・小割り、細部調整、穿孔・研磨、場合によっては施文などに留意する必要がある。

加工用具　なお、加工法は、用いる工具の性能に左右されることも多く、金属製品が普及する以前と以後では、石製品の器種や器形の数もかなり異なる。たとえば、古墳時代に出現する石製腕飾

りの製作を技術的に可能にしたのは、金属製の工具の普及であったと考えられる。

また、玉砥石のように、石製品を製作するための石製の道具もあり、製品と工具の関係を検討することも、製作技術を知るうえで重要となる。

製品と未成品　製品か未成品かの判断も、重要な観察項目である。未成品は、その石器の製作過程を示すことが多く、十分に観察する必要がある。

石製品の場合、切り出しと粗割り・小割りの一次加工から、細部調整や穿孔・研磨、場合によっては施文という二次加工にいたるまでの製作技術が、研磨によって認識できなくなることが多い。したがって、前述した神坂峠遺跡における玉類の生産のように、製作技術や工程の復元は、未成品の検討によるところが大きい。

また、製品にわずかに残る痕跡の詳細な観察により、製作工程の痕跡を見出すことができる。

磨製石器の場合も、研磨などの加工によって、当初の打撃成形や二次加工の調整剥離の痕跡などは消滅することが多い。しかし、たとえば、扁平な磨製石斧の側面に沿って細長い溝状のくぼみがあれば、その石斧は、板状の素材から擦り切り技法によって切断され、製作されたことがわかる。

このように、磨製石器や石製品の場合、製作技法や製作工程の復元は、主として未成品の分析や、製品にわずかに残る痕跡の観察をつうじておこなうことになる。

なお、失敗品も、その原因を見出すことで、製作工程の復元に大きく寄与する場合がある。当然のことながら、失敗品かどうかを見分ける観察力も求められる。

型　式　二次加工の特徴やその位置、製品の形態などにより、同一器種の石器や石製品でも、特定の年代や地域性を示すものがある。これを型式とよぶ。

通常は、標準（標式）遺跡名をとって、荒屋型（彫器）、杉久保型（ナイフ形石器）など、器種ごとに多くの型式が設定されている。そうした型式認定も、遺跡の年代などを考えるうえで重要な作業となる。

D　剥片剥離の技術・技法

剥片の観察　剥片の観察では、剥片を剥離した技術や工程を把握することに主眼をおく。

剥片の打面側を上、その逆側を下にし、主剥離面（腹面）側を裏、その逆面（背面）側を表として観察する。

まず、全体の形態を概観し、どのような剥片剥離技術が用いられているのかを検討する。ついで、打面と打点、背面を構成する剥離面の状況、主剥離面の状況などを観察する。

剥片は、基本的に、剥離方向に長い剥片を縦長剥片、短いものを横長剥片とよぶ。旧石器時代では、縦長剥片の一種としての石刃や、横長剥片の一種としての翼状剥片があり、それぞれが石刃技術（技法）や瀬戸内技法といった特定の年代や地域を特徴づける剥片剥離技術を示す。

また、具体的な剥片剥離技術を示す剥片としては、石核の打面を更新するさいに剥離される打面再生剥片のほか、剥片剥離に先立って縦稜を作り出すような石核調整をおこなったことを示す稜付き剥片（石刃）、細石刃の剥離にさいしておこなわれた、細石核の打面の形成や再生にともなう特徴的な各種の削片などがある。

剥片の打面からは、その剥片を剥離した石核の状況を推測することができる。また、背面の剥離面の剥離方向と主剥離面のそれとの関係を見ることで、石核の形態や剥片剥離技術を推定することが可能である。このほか、背面に残る自然面の有無や残存状況からは、その剥片の原石の状態なども知ることができる。

主剥離面については、コーン、バルバースカー、リップ（打面部の張り出し）を観察することにより、剥片剥離に用いた打撃具が推定できる。

石核の観察　石核は、剥片剥離時に打撃する打面と、剥片を剥離する作業面などから構成され、それぞれの形態や数、位置関係、石核全体の形態などが観察項目となる。

　打面については、剥片剥離時の打面調整の有無や手法を観察する。打面の分類と打面調整の状況の対応関係は、剥片の打面と同様である。また、複数の打面をもつものは、剥片剥離の進行にしたがって、打面を変えたことが考えられる。

　作業面については、そこに残された剥片の剥離痕の観察によって、石核から剥離された剥片の形態を確認する。このとき、前述した石刃や翼状剥片など、一定の形態の剥片における連続剥離の有無を観察する。また、打面は同一であるが、打撃位置が異なり、複数の作業面が見られる場合には、剥片剥離の進行にともない、作業面を転位させたと考えられる。

　石核の形態は、打面と作業面の位置関係によって決まる。たとえば、石核を回転させるように、打面転位を繰り返して剥片剥離を進めると、サイコロ状や、ときには球状に近い形態となる。また、比較的薄い板状の原石などを用いて、その表裏面を交互に打面・作業面としながら求心的な剥離をおこなうと、円盤状の石核となる。

　この石核は、剥片剥離技術にもとづき、単設打面石核、180°打面転位する両設打面石核、交互剥離による盤状石核、打面転位を繰り返す多打面石核などに分類する場合もある。

接合資料　石器・石製品の接合目的については、すでに述べたとおりである（18頁）。

　得られた接合資料は、石器の製作工程の復元を目的とした剥離手順の観察や分類をおこない、その類型化を進めることが重要である。また、接合結果は、発掘作業時に作成した遺物の出土状況を示すドットマップなどとあわせて検討し、石器集中出土地点の同時存在や形成過程、遺物の本来の包含層位の確認に利用する。

　旧石器・縄文時代の打製石器では、製品はもちろん、原石から生じる石核や剥片の接合関係などをつうじて剥片剥離技法が復元され、年代差や系統性、地域性や交流などが追究されている。

E　使用痕

使用痕・装着痕　石器・石製品の表面には、使用時についた微細な剥離痕や摩滅痕がしばしば観察される。これらの痕跡は、使用方法や柄などへの装着方法を復元するうえで重要である。

　磨石や敲石・台石の多くは、自然石をそのまま用いる場合が多い。それらは、当然のことながら、使用による摩滅痕を確認することにより、はじめて自然石とは区別され、道具であったと判断されることになる。

　弥生時代には、L字形の石杵など、破砕・粉砕専用の石製品が出現し、水銀朱の精錬などに使用された。それらは、遺存状況が良好であれば、肉眼でも朱の痕跡を確認できるが、多くは表面の残留物の分析によって用途が判明する。したがって、こうした遺物が出土した場合は、自然科学分析の実施や専門家との意見交換が必要となる。

再加工と転用　破損後の補修や再加工の痕跡は、使用過程で変化する石器・石製品の機能や用途を考えるうえで重要である。

　たとえば、弥生時代の武器形石器は、破損後の研ぎ直しによって、本来の形態から大きく変化する場合がある。また、磨製石斧が敲石や磨石に再利用されていることも多い。このほか、青銅製品の石製鋳型が破損したのち、砥石として使用される場合があり、転用の可能性にも注意を払う。

欠損・破損部位　石器・石製品は、用途が同じであれば、連続的・継続的な使用により、同じ部位での欠損や破損が生じやすい。たとえば、伐採具である磨製の縦斧では、石斧の軸に平行して破損し、加工具である磨製の横斧では、石斧の刃に平行して破損することが多い。したがって、磨製

石斧の小破片でも、破損部位から使用方法や装着方法を想定することができる。

傷 転石などで生じた人為的ではない古い剥離面や、発掘作業時にできた新しい剥離面などが見られることもある。剥離の部位や角度、剥離面の風化の度合いなどにも注意を払い、どのようにしてついた傷であるのかを観察する必要がある。

3 実 測

基本的な考え方 石器・石製品の実測では、形態はもちろん、製作にかかわる打撃や研磨によって生じる現象や、使用の痕跡といった各種の属性を表現する。これらの属性は、器種や石材によって異なることはもちろん、打撃や研磨という手法によるため、1点1点でも違いがある。したがって、正確な実測図を作成するためには、正しい知識と的確な観察力が求められる。

実測遺物の選択 出土量がとくに多い場合などでは、一定の基準にもとづき、実測する遺物の選択をおこなう。

遺跡や石器集中出土地点など個別の遺構の年代・性格を示す石器・石製品をはじめ、それらの製作技術をあらわす特徴的な石核や剥片類は、積極的に実測することが望ましい。接合資料については、接合状態での実測とともに、個々の資料の実測も必要である。

これに対して、通常の剥片などのように、多量に作り出されるものについては、より特徴的な代表例を抽出して実測をおこなう。また、使用痕や付着物などが認められるものは、写真で記録するとともに、その位置や状態について、実測図でも表現する。

作図の基本方針 ここでは、石器・石製品の基本的な実測方法を説明する。今後、デジタル技術を利用した実測用機器などがいっそう普及し、実測の効率化が図られると予想されるが、どのように技術開発が進んでも、石器・石製品がもつ属性の把握と表現が不十分であれば、その技術を生かすことはできない。したがって、実測の原理・原則を理解することは不可欠である。

石器・石製品の実測は、正投影第三角法によって、表面、裏面、左・右側面、打面などへと展開し、さらに断面を含めて実測することを原則とする。ただし、このように多面的な展開をおこなわなくとも十分に特徴が表現できるのであれば、必要に応じて実測する面を選択する。

打製石器の実測方法 打製石器の実測の具体的手順は、以下のとおりである。

1) 石器の置き方は、背面を表面、主剥離面を裏面とする。両面全体に調整が施され、主剥離面の把握が困難な資料などは、相対的に隆起した面を表面、平たい面を裏面とする。ナイフ形石器、槍先形尖頭器、石鏃など先の尖った石器は尖頭部を上に、石斧や掻器など刃部をもつものは刃部を下に、その他のものは、打面側を上に置いて実測する。ただし、尖頭部をもっていても、使用方向が下向きになる石錐などは、尖頭部を下向きにする。

2) 最初に、輪郭の実測をおこなう。方眼紙の上に、練り消しゴムなどで動かないように固定し、石器を真上から俯瞰しながら、三角定規や短い三角スケールを石器の縁辺に当て、その位置を方眼紙上に落とす。三角スケールなどを当てる位置は、稜が縁辺に交わる点や、縁辺の屈曲点、もっとも内湾した点などを選ぶ。

ついで、遺物を固定したまま俯瞰し、方眼紙上におとした点を線で結んで、輪郭を写し取る。鉛筆は、2H程度の硬さのものを使用し、凹凸のある輪郭を写し取るときは、メリハリのない弛緩した線にならないよう注意する。

3) 次に、剥離面の実測をおこなう。表面の稜の交点や屈曲点などを測点とし、その位置を図中に落とす。ディバイダーと三角スケールなどを

III - 5 石器・石製品の観察と実測

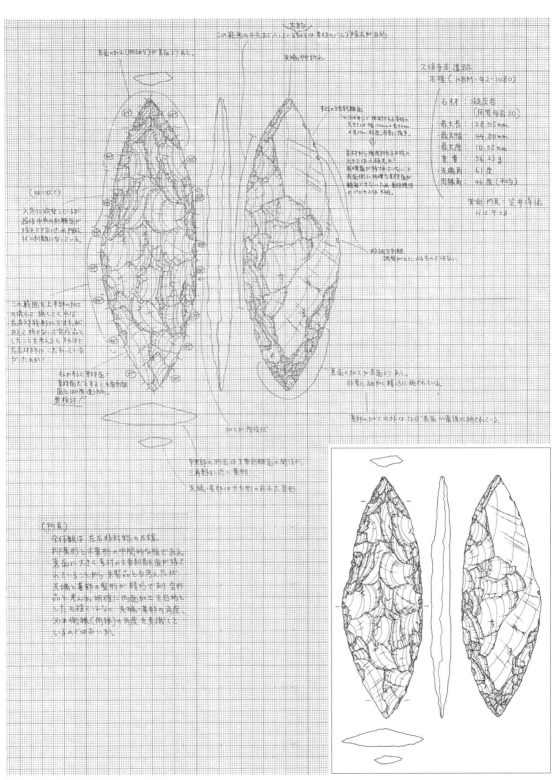

図37 石器の実測図とトレース図

使って、縁辺上の異なる2点から測点までの水平距離を測り、それぞれを半径とする二つの円弧の交点をとれば、位置の誤差は小さくなる。つづいて、この測点を線で結んで稜を写し取り、各剝離面の輪郭とする。

4）リングやフィッシャーは、隣接する剝離面の先後関係や剝離方向、打点の有無、剝離面の傾斜、端部の状況などをよく観察したうえで、慎重に描く。旧石器時代の石器など、製作にかかわる属性の表現に重点をおく場合は、このリングやフィッシャーの記入が実測作業のもっとも中心的な部分となるからである。

リングは打点から同心円状に広がり、フィッシャーは打点から放射線状にのびるが、等高線と同様、リングの粗密で剝離面の傾斜を示す。たとえば、階段状剝離を呈する剝離面の末端には2本程度のリングを入れる。

相接する新旧の剝離面がある場合は、古い剝離面のリングが、二つの剝離面の境となる稜に切られるように直線的に交わるのに対し、新しい剝離面のものは、完結するように稜に滑らかに交わらせる。リングは、途中でとぎれないように、必ず稜と稜を結ぶ。

打点がある場合は、小さなリングを入れて表示する。新しい破損面は、ほかと区別するため、リングなどは記入しない。

実測図のリングとフィッシャーは、剝離面の特徴を模式化して表現するものである。したがって、観察できるものをすべて、そのまま描き込めばよいわけではない。

リングとフィッシャーの描写は、輪郭線や稜線よりも硬い3Hか4Hなどの鉛筆を使って、それらより細い線で描き分ける。

5）次に、裏面、側面、断面などを、表面と同様に実測する。このとき、各面の位置を揃えるために、表面の実測図の上下端などに接する基準線を引く。裏面など、表面の実測図を反転すればよい場合は、トレーシングペーパーを使うが、そのさいには基準線を利用して、位置がずれないように注意する。

また、方眼などを用いて、表面の剝離面や稜の位置、形状を投影すれば、側面なども、比較的容易に正確な図化ができる。断面図の作成には、目の細かい真弧を使用してもよい。

磨製石器・石製品の実測方法　磨製石器や石製品の多くも、遺物の置き方や展開法、輪郭線の描き方などは、打製石器と基本的に同じである。

稜線については、磨製石剣の鎬(しのぎ)など、明瞭な場合は実線で表現するが、石皿や凹石(くぼみいし)のように不明瞭な場合は、点描で表現するなどの方法もある。石錘や敲石、台石などの敲打痕についても同様である。また、加工痕・使用痕の単位や範囲が確認できるときは、それらを破線や細線などで表現する。研磨の方向が判明するものは、矢印などで略記することもある。

トレース　トレースには、おもに製図ペンや丸ペンなどを使用し、小さなものは、実測図を1.5倍程度に拡大しておこなう。原寸大で掲載する場合、輪郭線は0.3mm、稜線は0.2mm、リングとフィッシャーは丸ペン、というようにメリハリをつけると、仕上がりが美しく、判読もしやすい。

とくに、ガラス質の石材については、リングとフィッシャーをシャープに描くことで、その質感が的確に表現される。また、各種の加工痕や使用痕については、模式的な表現方法を決めておくとわかりやすく、図に統一感も生まれる。

第6節
金属製品の観察と実測

1 種類と観察

種　類　金属製品は、土器や石器に比べて集落遺跡での出土量は少ないものの、錆びて劣化した状態で出土することが多く、取り扱いの難しい遺物である。金、銀、銅、鉄などさまざまな材質のものがあるが、ここでは集落遺跡でしばしば出土する鉄製品を中心に、観察と実測の方法を説明する。種類としては、刀子や斧などの工具、鋤先や鎌などの農具、釘などが一般的である。

また、古代以降の遺跡からしばしば出土する銅銭は、実測よりも拓本や写真、計測表などによって報告することが多い。銅銭の計測部位は、表7に示したとおりである。径や厚さの計測にはデジタル表示のノギスやキャリパー、質量の計測には電子天秤を用いるとよい。

観　察　金属製品は、錆によって本来より膨張する場合や、腐朽・欠損して小さくなる場合もある。そのため、遺物のどの部分が本来の形をとどめているのかを把握する必要がある。

金属製品といっても、利器は木製の柄（把）を取りつけるなどして使用し、釘は木材などに打ち込むことで、はじめて用をなす。そうした痕跡を見逃さないように観察し、実測図に記入する。

また、保存処理後では柄の痕跡などが失われることもあるので、実測と写真撮影は処理前におこなっておく。

このほか、鋳造品では、製作時の痕跡を示す鋳型の合わせ目、研磨の痕跡や鋳掛などといった点に注意を払い、実測図に記入する。

なお、金属製品の観察には、X線写真を活用するのも有効な方法であり、これによって、錆で覆われた遺物の輪郭や構造が判明することもある。このように、肉眼観察だけでは明らかにしえない構造や材質などを解明するために、目的に応じて、自然科学分析（81頁）を用いることもある。

2 実　測

遺物の置き方　金属製品は形態がさまざまで、単純なものから複雑なものまである。また、基本的に表裏が同じで区別がなく、左右対称といったものもある。

まず、遺物全体を観察し、どの面を実測する必要があるのかを検討する。刀子を例にとると、原則として刀に準じて、柄が左、切っ先が右、刃部が下となる面を実測するが、しばしば表と裏で柄の痕跡や装飾などの残り具合が違うことがあるので、こうした場合は両面を実測しておく。

表7　銅銭の計測例

銭種	番号	外縁外径	外縁内径	内郭外径	内郭内径	外縁厚	文字面厚	質量	型式
神功開寳	482	24.62	20.76	8.50	6.31	1.53	0.69	3.19	F
	483	24.95	21.11	8.24	6.31	1.36	0.57	3.24	E
	501	24.99	20.83	8.11	6.54	1.56	0.91	4.20	F
	平均	24.79	21.03	8.24	6.16	1.43	0.67	3.39	
	標準偏差	0.26	0.50	0.23	0.19	0.25	0.21	0.66	

番号は、皇朝銭データベースにおける銭種別ID番号である。

銭貨各部の計測値単位は、質量（g）以外はすべて㎜である。

銭貨各部の計測点については、右のとおりである。

外縁外径 $G=\dfrac{Ga+Gb}{2}$　　外縁内径 $N=\dfrac{Na+Nb}{2}$

内郭外径 $g=\dfrac{ga+gb}{2}$　　内郭内径 $n=\dfrac{na+nb}{2}$

外縁厚 $T=\dfrac{A+B+C+D}{4}$　　文字面厚 $t=\dfrac{a+b+c+d}{4}$

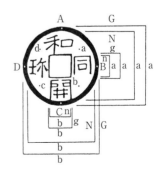

第Ⅲ章　遺物の整理

　斧のように、先端に近づくにしたがって薄くなる工具では、側面図を描く必要がある。表面と裏面、側面図の相互関係に矛盾がないか点検しながら実測を進める。また、釘のように頭部の形態が多様なものは、上から見た図も描く。

　どの方向から描いた図が必要か検討したのち、断面図も含めて１枚の方眼紙に収まるように、遺物を方眼紙の上に据える。そのさい、小さく切った消しゴムなどで傾きを調整し、あわせて遺物の安定を図る（図38）。

　報告書に掲載するにあたって、遺物の天地に厳密な決まりはないが、釘などは頭部を上に、鏃などは切っ先を上に、斧や鋤先などは刃先を下に向けて掲載するのが一般的である。

輪郭と本来の形の区別　　実測で重要な点は、錆に覆われた出土状態と、遺物が使われていた当時の形を、区別して表現することである。

　まず、三角定規などを使って、錆も含めた輪郭の測点をとる。扁平な遺物の場合には、短い三角スケールを使うと、遺物を動かさずに測点を取りやすい（図38上）。測点は、本来の形が残る部分のほか、錆で膨張した部分や欠けた部分もとる。輪郭線は、真上から遺物を見て描く。

　つぎに、輪郭のうち、ほとんど錆びていないか、錆が少ない部分に着目して、本来の形を描く。このとき、Ｘ線写真があれば参考にする。この線は、錆も含めた輪郭線よりも明瞭に描く。破損部分は破線で表現し、途中で折れているときは補助線を入れて、続きがあることを表現する。

　両面を実測する場合には、描いた図をトレーシングペーパーに鉛筆でトレースして反転させれば、齟齬が生じない。

細部の表現　　遺物の表面に残された木の痕跡や装飾は、遺物の機能や年代を知る手がかりになることもあるので、それらの残存する範囲をディバイダーで測って記入する。さらに、付着している木の木目や繊維の布目を加えて質感を出す。木の端部や木の合わせ目は、強い線で表現する。また、漆塗りや朱塗りがある場合は、その範囲を示し、色を変えて表現する。

　なお、錆の表面の凹凸は遺物本来の形ではないので、描く場合は、煩雑な図にならないように簡略化する。

側面図の描き方　　遺物が十分な強度を保っていれば、俯瞰した状態で側面図を描く。立てた状態で描く場合は、倒れないように製図用文鎮などで押さえ、小さく切った消しゴムなどで傾きを調整する（図38下）。平面図を描くときと同様に、三角定規などで測点をとって、錆も含めた輪郭を描き、次に遺物本来の輪郭線を強い線で描く。

　遺物に十分な強度がない場合には、平面図を作成した状態のまま、上面の高さを測ることによって、一方の側面の輪郭線を作成したのち、遺物を

図38　金属製品の実測

Ⅲ-6 金属製品の観察と実測

反転して同様の作業をし、図面上で作図する。

断面図の描き方　断面図は、断面形の異なる部位ごとに測る必要がある。たとえば刀子では、刃部と茎（柄に差し込まれる部分）の断面をそれぞれ測る。錆による変形が少ない部分を測り、柄や鞘が残る場合は、それを表現できる部分を選ぶ。また、側面図と断面図で矛盾が生じないように注意する。

注　記　注記では、観察のさいに気づいた点を記録するのはもちろんであるが、寸法も別途記して、報告書本文の執筆に備える。全長（破片の場合は残存長）、最大幅、厚さ、重量（質量）などの計測値が必要である。

また、刃部の研ぎ減りなど、実測図には反映し

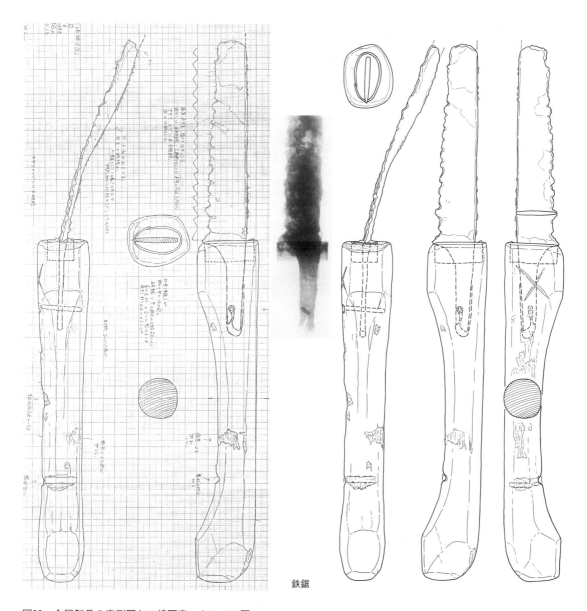

鉄鋸

図39　金属製品の実測図とX線写真・トレース図

第Ⅲ章　遺物の整理

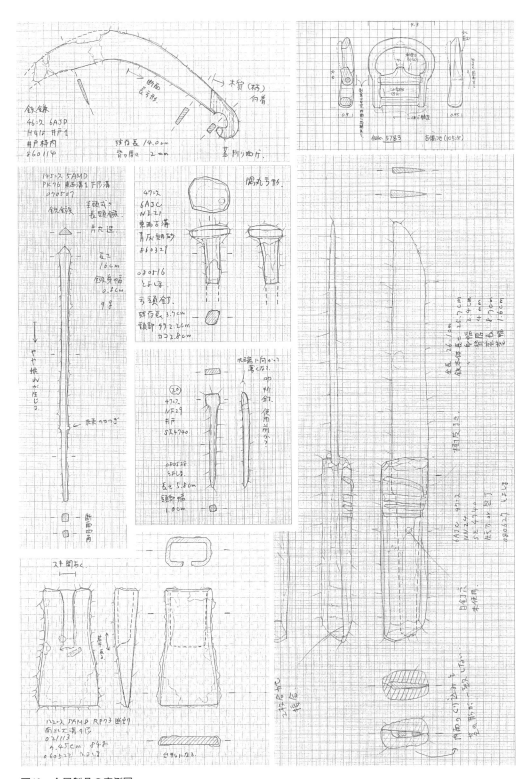

図40　金属製品の実測図

Ⅲ-6 金属製品の観察と実測

にくい情報についても注記し、報告書の記述に盛り込むようにする。

トレース 報告書に実測図を掲載する場合、縮尺は実物の1/2か1/3とすることが多い。トレースでは、複数の太さの線を使い分ける。本来の輪郭線は太い線で描き、錆を含めた輪郭線は細い線、木質や布目などは極細の線で表現する。

断面には斜線を入れるか網フセし、金属部分のほかに木質など有機質の部分があるときは、斜線の方向や網フセの濃度を変えて区別する。

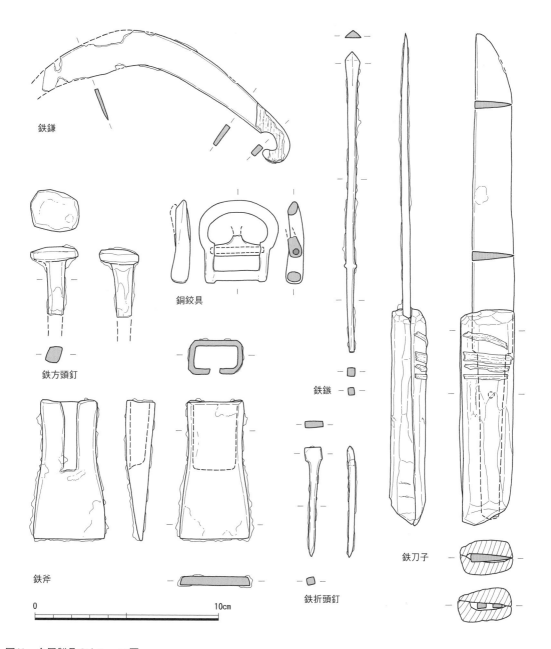

図41 金属製品のトレース図

第7節
木製品・大型部材の観察と実測

1 種類

木製遺物の種類 木は、粘土や石と同様に、人類にとってもっとも身近な素材であり、古くからさまざまな形に加工・利用され、生活の隅々にまで浸透してきた。木製遺物は、有機物としての特性から、土器や石器などに比較して出土頻度が低いとはいえ、過去の生活や生産の実態を復元するうえで、重要な資料である。

木製遺物には、生活用具・道具類・祭祀具などの木製品だけでなく、井戸枠や建築部材、舟の部材といった大型部材まで、多様なものがある。このうち、おもな木製品の種類や名称、部分名称、構造については、参考文献に掲げた原始・古代の木製品の集成図録などを参照されたい。

器種の認定 木製品・大型部材などの観察では、まずその器種を認定することが基本となる。これは、実測するにあたり、遺物を置く向きなどを決めるうえでも意味をもってくる。

木製品・大型部材は脆弱なため、完全な形で出土することはほとんどなく、残存部分からでは器種や用途を明らかにできないことが多い。また、たとえ完全な形で出土しても、単独では機能や用途が不明な場合もある。

しかし、出土状況なども加味して検討することで、器種や用途が判明することもしばしばあり、木製品・大型部材については、発掘時の記録によって出土状況を確認する必要がある。また、組み合う部材がないか、折損しているものであれば、接合する破片がないか、などを検討する。こうした作業をへて、できるだけ本来の形態に復元して器種を認定することが求められる。

また、本来はいくつかの材を組み合わせていた木製品・大型部材の場合、材に当たりが残ることがある。当たりとは、こうした部品や部材などが相互に接触していた部分の痕跡をいう。

一般に、接触面は開放面よりも腐食や摩滅が進んでいないので、肉眼による識別が容易である。これを手がかりに、組み合う部材を想定することにより、もとの姿に復元できる場合もある。

このほか、器種の認定にあたっては、民具や民俗例との対比も有効な方法である。

2 木製品の観察

A 機能・用途・使用方法の推定

使用痕跡・当たり・付着物 器種を認定できれば、その製品の用途や使用方法が明らかになる。しかし、器種が判明しない場合でも、使用痕や当たり、付着物あるいは塗料などを観察することによって、用途や機能の一部がわかり、そこから器種が判明することもある。

摩滅やつぶれ、炭化部位などは、使用痕の代表的なものであり、とくに工具や農具あるいは食事具に多く見られる。また火鑽板であれば、くぼんだ部分が、舞錐の回転により炭化している。

付着物の代表的なものとしては、墨、漆、顔料、柿渋などがある。絵馬や護符などには墨痕が認められたり、腐食防止や防水の必要なものには柿渋が塗布されていたりする。漆が付着した刷毛であれば、漆刷毛であることは一目瞭然である。墨や顔料、白土などが残存する場合には、絵馬や仏具など、祭祀具の可能性を考慮する。

転用・二次的使用 破損した木製品を習書に用いた木簡や、破損した曲物の底板を刃物で切るときの台に転用した例もある。このように、使用痕を観察することで、二次的な使用が判明するものや、もとの製品の痕跡から転用が明らかになるものもある。

B 製材と木取り

製　材　立木を伐採したのち、造材工程（枝や樹皮の除去・切断）をへて、樹木は素材の丸太となり、それを製材したものが、材木（板材や角材など）となる。15世紀頃に大鋸という縦挽き鋸が出現するまでは、箭（楔）や鑿などを用いて丸太や木材を縦に割り裂き、所用材を製材した。これを打割製材といい、半径に沿って1/4、1/8と順次小さく分割することを、ミカン割りともよぶ（図42）。

製材工具の痕跡　打割製材の割り裂き面には、鑿や楔の工具痕が残ることもあるが、手斧や鉇（槍鉋）でさらに表面調整をおこなうため、それらが失われる場合のほうが多い。製材の工具痕跡として、鋸挽き痕、斧によるはつり痕、鑿による切削痕、鉇による削り痕があることに留意しながら、観察をおこなう。

木取り　木取りは、材木や製品の木口（木材を繊維方向と直角に切った切断面）にあらわれる年輪の横断面を観察して、柾目材か板目材か、縦木取りか横木取りかなどを判断する。

横断面で、樹心周囲の濃色部分を心材（赤身）、心材の外側にある淡色部分を辺材（白太）という。樹皮ないし辺材まで残存するヒノキやスギなどの柾目材の製品では、年輪年代法による伐採年代の測定や推定が可能である（84頁）。

樹木には、年輪のほかに放射組織（射出髄・髄線）がある。放射組織とは、樹心から樹皮側に向かって放射状に走る細胞群のことである。ブナ・カシ・ナラなどの広葉樹には放射組織が顕著に認められ、とくに製品や材木では年輪と紛らわしく、柾目材か板目材かの判断を誤る場合もあるので、注意しなければならない。

打割製材では、通常は柾目材となるが、板目材になる場合もあり、注意を要する。板目材では、樹皮（外）側の面を木表、樹心（内）側の面を木裏とよんで区別する（図44・45）。木表側は収縮率が

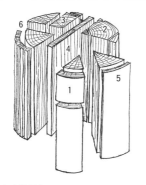

1：礎板材
2・3：柱材
4：幅広材
5：矢板材
6：木柵材

図42　打割製材

横木取り　　　　縦木取り

図43　横木取りと縦木取り

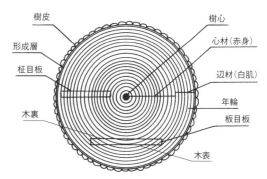

図44　樹幹横断面

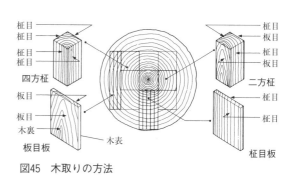

図45　木取りの方法

第Ⅲ章　遺物の整理

大きいため、材木は木表側に反り上がる。

製品の上下方向がもとの木材の上下方向と一致する場合が縦木取りであり、それぞれの方向が直交する場合は横木取りとなる(図43)。また、材や製品に樹心部を含むものは心持ち材、樹心部を含まないものは心去り材という。

C 製作技法

製作技法による分類　発掘では、製品となる前の丸太や材木の段階のものや、材木を粗く削って製品の大まかな形態を作り出した段階の未成品も出土することがある。それらは、木製品の製作技法や工程を知るうえで貴重な資料となる。

木製品は、製作技法によって、刳物、曲物、挽物、指物、箍物、塗物(漆器)、編物、彫物などに分類できる。伝統的な工芸品や民俗例は、これらの技法を検討するうえで参考となる。

刳物　刳物は、一木を刳り抜いて製作する木製品で、農具や容器などがある。比較的浅い容器は、横木取りで製作するため、上面や底面に木目が現れる。一方、臼などの比較的縦に長く深い製品は、縦木取りで製作するので、上面や底面に年輪が現れる。

民俗例を参考にすると、刳物の製作には斧、手斧、鑿、鉋などが使われたと考えられる(図46)。

曲物　曲物は、剝板を円形あるいは長方形に曲げて綴じ合わせ、底板あるいは蓋板を取りつけて作る(図47)。剝板は板を薄く削って作ったと推定されるが、曲物の側板の表面は平滑な面に調整され、明瞭な工具痕は認められない。剝ぎ取った割り放し面を平滑にするために、民俗例にある鉇のような工具を用いたと思われる。

また、側板の内面には、刃物の刃先でつけたと考えられる平行線や斜格子線(ケビキ)が見られることがある。これは、剝板を曲げやすくするための手法で、切り曲げなどともよばれる。

側板の綴じ合わせには樺皮(桜の樹皮)を使用し、民俗例でメトシなどとよばれるような工具が使われたと考えられる。底(蓋)板と側板の結合には、樺皮や木釘を用いている。木釘結合では、側板の上から底板に錐で穿孔し、木釘を打ち込む。漏水あるいは腐食を防ぐために、内面に柿渋状の塗料を施した例もある。

挽物　挽物とは、粗く型取りした材木をロクロ(轆轤)の回転軸先端に取りつけ、回転する材木に刃物を当てて容器などを削り出した器物である。特徴的な旋削痕(ロクロ目)により挽物とわかるが、表面が研磨され、工具痕が確認できない場合もある。古代では、ロクロ軸に巻きつけた綱を

図46　刳物の製作

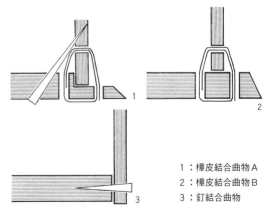

1：樺皮結合曲物A
2：樺皮結合曲物B
3：釘結合曲物

図47　曲物の底板と側板の結合

Ⅲ-7 木製品・大型部材の観察と実測

左右の手で交互に前後させてロクロを回転させたと考えられることから、できあがった製品は両方向に回転していたものと思われる。

指　物　指物とは、板や角材を組み合わせて作った器物をいい、箱や机、厨子、櫃などがある。木板を組み合わせる手法には、矧合、相欠接（相欠組）、柄組（組接）、留接、端食など多くの種類がある（図48）。

矧合は、二つの板の木端（木材を繊維方向と平行に切った切断面）を相互に合わせて、より幅の広い板材とするもの、相欠接は、二材の組みつける部分を同形同大に切り欠いて接合するもの、柄組は、たとえば箱では二材の木口に対となる柄と柄穴（仕口・組手）を作り、木材同士を直角に組み合わせるものである。机では、脚の木口に柄を作り、天板面に柄穴を穿つ。

留接は、たとえば直角に組み合う二材の隅を45°の角度で斜めに接合するものである。端喰は、板材の木口に別材を接合して、板材の反りを防ぎ、木口の外観を整える手法である。

指物ではないが、弥生時代の高杯では、横木取りの杯部と縦木取りの脚部を、柄組で結合した例がある。

箍　物　箍物とよばれる結桶や結樽は、榑という剥板を円筒形に並べ、箍で締めたもので、遅くとも中世には出現する。丸太に切断した原木を打割製材して断面円錐形の材木を作り、それを剥ぎ包丁で小割りし、民俗例にある鉇のような工具で削って榑に仕上げる。

榑の木取りは、結桶では柾目取り、貯蔵用の結樽では板目取りにするが、板目取りにするのは、材質が固く緻密な秋材部を環状にめぐらせて、水漏れを防ぐためとされる。また、榑同士を密着させて円筒形に組むには、側面（木端）を平滑に仕上げる必要がある。そのためには台鉋状の工具が必要で、台鉋が出現する15～16世紀以降、結桶や結樽が普及する。

塗物（漆器）　漆器の製作には、漆採取、漆調整、素地作り、下地処理、塗り（下塗り・中塗り・上塗りなど）と研ぎ、乾燥、加飾などといった工程がある。素地には木胎、籃胎、皮革などがある。また、外観だけからでは不明な塗装工程の復元には、塗膜の断面観察などをおこなう。

編　物　編物とは、竹条や柳条などを編んだ籠やザル（笊）などの製品をいう。編み目の形により四ツ目編み、六ツ目編み、八ツ目編みなどとよ

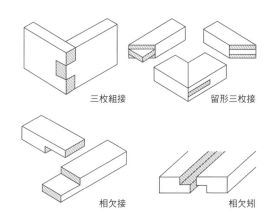

図48　指物の技法

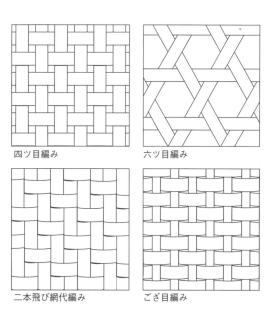

図49　編物の基本的な編み方

第Ⅲ章 遺物の整理

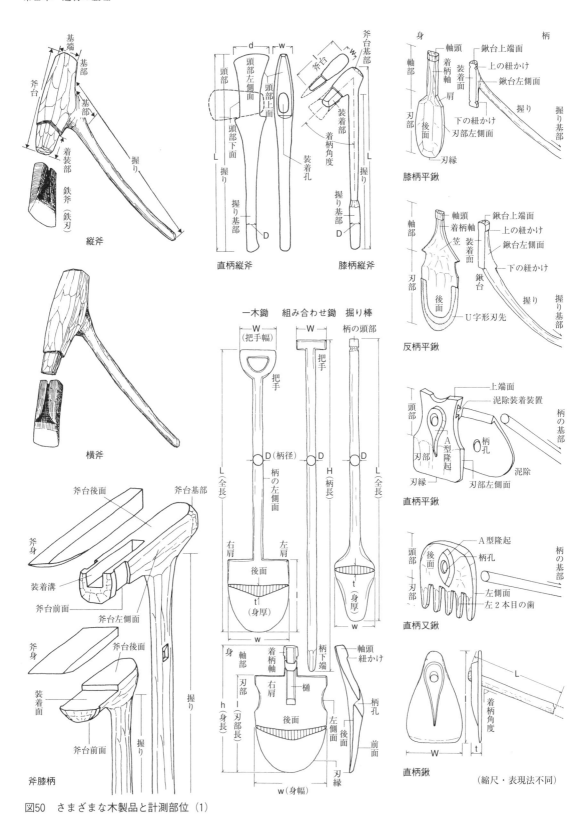

図50 さまざまな木製品と計測部位（1）

Ⅲ-7 木製品・大型部材の観察と実測

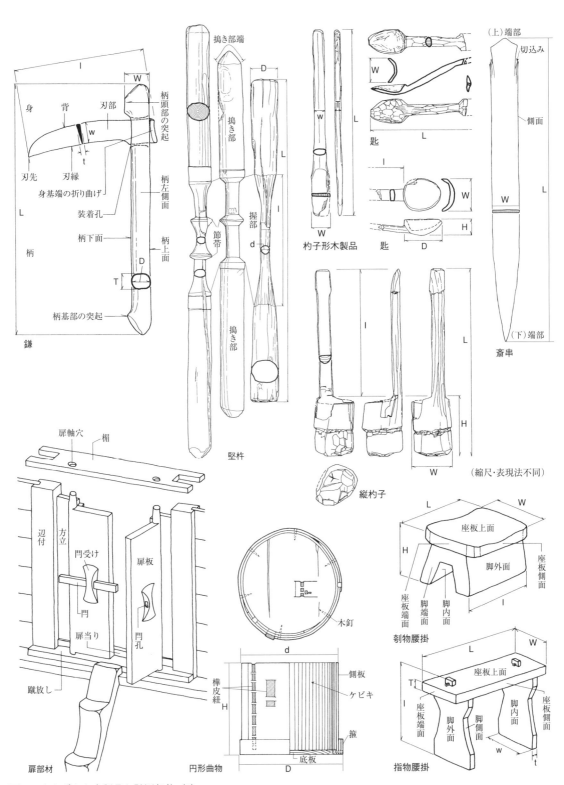

図51　さまざまな木製品と計測部位 (2)

第Ⅲ章　遺物の整理

ぶ編み方や、隙間をあけない網代編み、ござ目編みなど各種の手法がある（図49）。竹条の取り方には柾割（小割）と平割（板割）の別がある。

彫物　彫物は、小刀類や鑿などで彫刻する彫像、面、印、型などがあり、そのほかに、家具や建具、建築の装飾として施される彫刻なども含まれる。彫物は、刳物と同様、製作工程自体は比較的単純で、縄文時代からある。なお、伝統工芸の装飾技法も参考になる。

D　加工・装飾

加工痕と工具　伐採・製材や製作にあたっては、石製や金属製の道具が用いられた。また、木材や材木を加工するうえで重要な工程として、墨付けがある。製品の表面に残るそれらの痕跡を、ここでは加工痕とよぶ。

加工痕の観察は肉眼によることが多いが、照明を工夫することで、より鮮明に観察できることもある。この加工痕を手がかりに、どんな工具がどのように用いられたかを検討する必要がある。

主たる工具には、斧、鑿、手斧、刀子、鋸、鉇、鏟、錐などがあり、そのほかに、旋削装置としてロクロがある。

加工痕の観察にあたっては、復元実験の成果なども参考になる。たとえば、鉄製工具痕については、古建築の部材に残された刃痕の観察だけでなく、現在用いられている大工道具の刃痕などと比較するのも一つの方法である。

図52　ロクロによる旋削痕と爪痕

ロクロ挽きの特徴的な痕跡は、挽物の底面や内面に残る同心円状の旋削痕や、側面に平行して認められる旋削痕である。また、底面には、材木をロクロ軸に固定したときの爪痕が残っていることもある（図52）。同心円状の挽き痕があれば容易に判断できるが、表面調整によって旋削痕が失われていることもある。なお、底面に残る爪痕の深さを測るために、X線写真の撮影をおこなうこともある。

装飾などの痕跡　装飾品や装飾物などの痕跡が木製品に見られることがある。たとえば、墨書・墨画や顔料・白土などが付着していた場合には、一般にその付着面は非付着面より風化が進まないため、墨などが失われていても、本来付着していた部分がほかより浮き出ることがある。

墨痕は、肉眼で明瞭に視認できない場合でも、赤外線カメラを活用することによって判明することがある。また、顔料や塗料などの付着物については、可能であれば、蛍光X線分析などで材質を調査することが望ましい。

E　樹　種

樹種の選択　日本列島では、樹種の豊富な環境のもと、古くから木製品の用途や形状に応じて巧みに樹種を選択し、利用してきた。

たとえば、工具の柄や農具などの強靱さを求められる木製品にはカシ類などの広葉樹が、鉢や高杯などの容器類にはケヤキなどの広葉樹が用いられた。また、柱などの建築材には、縄文時代ではクリが、古代では、割りやすく真っ直ぐな大材を得やすい、ヒノキやスギ、コウヤマキなどの針葉樹が多く用いられた。このほか、挽物のように、ロクロ加工のしやすさから、樹種を選択する場合もある。

このように、どの樹種が使われたかという点も重要であり、専門家による樹種の同定が必要となってくる。

3 木製品の実測

実　測　実測にあたっては、上述の観察結果や得られた情報を適切に図化する。基本的な作図方法は土器や石器、金属製品などと同じである。

ただ、木製品の場合は、保存処理によって原形が損なわれることもあるので、原則として、保存処理前に実測をおこなう。実測図は、保存処理前の遺物の原状を伝える記録としても、重要な役割を担っている。

刀子や鉇の柄などのように、鉄製品と組み合った木製品は、組み合った状態で実測するが、分離が可能であれば、別々にも実測しておくことが望ましい。木製品と鉄製品は、通常、保存処理方法が異なるので、分離する前の原状を十分に記録しておくためでもある。

また、木柄に収まった刀子や鉇の茎(なかご)など、肉眼では見ることのできないものについてはX線撮影、不鮮明な墨痕などについては赤外線画像観察や赤外線撮影などが有効である。

木製品の実測は、表面の水分を除去しながらおこなうが、乾きすぎや破損に十分注意しつつ、作業を進める。

おもな木製品の計測部位については、図示したもののほか(図50・51)、参考文献に挙げた図録を参照されたい。

遺物の置き方　器種や用途などが明らかなものは、その上下あるいは表裏に応じて、図の展開方向を決定する。器種が明らかであっても、遺存状態のよくない製品や、器種の不明な製品の場合は、遺存状態の比較的良好な面や、その遺物の特徴がよく残る面を、表として実測することもある(図53・54)。

平面図・側面図・断面図　平板な木製品は、平面図(あるいは立面図)を基本として、形態や製作技法、加工痕、当たり、使用痕などの特徴を考慮し、必要に応じて側面図を描く。椀や皿、曲物などの容器類は、土器と同様に、立面図を基本として右半分に断面を描き、内面や底部外面に形態や製作技法、加工痕などの特徴があれば、適宜、平面図を描く。

木製品は、破損あるいは欠損して出土することが多い。実測図には、こうした欠損部分も推定して、復元的に描く。復元した部分は破線などで表現し、残存部分と明確に区別する。

縮　尺　図化縮尺は、小型品の場合には、通常、原寸大で実測する。とくに微小なものは、拡大して描く場合もある。大型の木製品では、遺物の大きさに応じて適切な縮尺を選択し、縮小図を描く。ただし、その場合でも、縮小図では表現しがたい細部の特徴などは、別に、大きめの縮尺で実測するなどの工夫が必要となることがある。

加工痕などの表現・注記　かすかな加工痕を図化する場合には、筆などで表面を湿らせて観察すると、よく見えるようになることがある。

表8　木製品観察表の例

番号	器種	出土地区・遺構・層位	寸法（長さ・幅・厚さなど）cm	木取り	樹種	備考	図
001	斧膝柄	6ABW-BP52区 SD11000・下層	L (25.3)・D 2.5 l 14.0・w 3.2	枝分かれ利用	サカキ	握り基部欠失。	53
002	平鍬身	6AAW-BK16区 SD6030・下層	l 28.5・w 15.4・t 3.0	柾目板	アカガシ	着柄角度50°。刃部を一部欠失するが保存良好。	54

・寸法の略号は、『木器集成図録　近畿原始編』(奈文研、1993年)に準じる。
・寸法(数値)は、現存部の寸法を示す。
・木取りについては、製品に応じて、縦木取りなども示す必要がある。
・図の項目については、必要に応じて、挿図番号や図版番号を示す。

第Ⅲ章　遺物の整理

　加工痕や当たり、使用による摩滅・つぶれなどの状態は、それぞれに応じた質感を表現するように心がけるが、工具の種類ごとに刃痕の描き方が決まっているわけではない。腐食部分については、質感を表現するだけでなく、使用時の腐食か、土中に埋没してからの腐食であるのかといった点にも注意する。

　製作時における工具の動きの方向、あるいは加工痕の先後関係など、図だけではわかりにくい場合は、矢印などで示す。また、工具の種類や加工痕に残る刃幅がわかる場合は、その名称や計測値を注記する。曲物の樺皮の綴じ合わせ方など、実測図では細部の表現が困難な製作手法や工程は、適宜、模式図などによって示すと理解しやすい。破損・欠損部分がある場合は、それが使用当時に生じたものなのか、埋没時あるいは発掘作業以降のものなのかも注記する。

　実測図を補完するものとして、拓本を用いることもある。実測図では表現しにくい打割製材の痕跡や部材表面に打たれた刻印や線刻などは、拓本を効果的に用いることによって、よりわかりやすいものになる。

木目と木取り　表面の木目は、原則として平面図や側面図には描かない。図が煩雑となり、とくに加工痕や使用痕、製作手法などの特徴を表現するうえで妨げとなるからである。そこで、断面図に年輪横断面を模式的に表現することにより、木取り（柾目、板目、縦木取り、横木取り）を簡潔明瞭に示す。年輪を意匠として取り入れた木製品であっても、実測図ではなく、写真などの別の表現

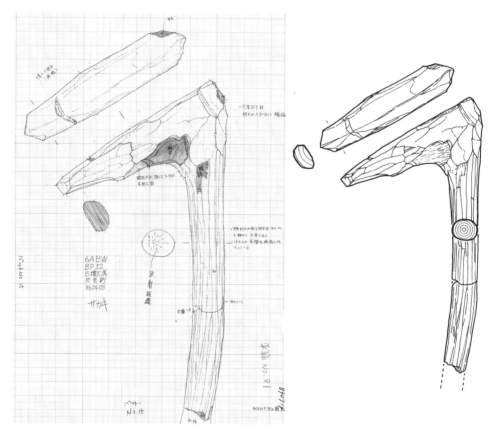

図53　木製品の実測図とトレース図（1）

手法をとるほうが適切である。

このほか、自然科学分析の結果や、樹種などについても、実測図に注記しておく。

トレース　木製品の図版の仕上がりの寸法は、食事具や祭祀具などの小型品は1/2、中・大型の容器類や農工具類は1/4を基本とし、大きさに応じて1/3とすることもある。また、後述する大型部材の場合は、1/10など、対象の大きさによって、縮尺を適宜選択する。

トレースの線の太さは、土器の場合に準じる。輪郭線の太さを基準として、加工痕や稜線などは、土器の調整手法や稜線などと同様に、1〜2段階細くする。断面は輪郭線と同じ太さとし、年輪は1段階細くする。

内部に隠れた柄穴や茎孔などは、輪郭線と同じ太さの破線（仕上がりで長さ1mm、空き0.5mm程度）とする。欠失部分の復元線は、輪郭線より1段階細い実線でトレースする。

腐食部や破断部の線は、加工痕の太さ以下にするが、太さは一様でなく、質感が伝えられるように工夫するとよい。塗装面や付着物の表現は、網フセを活用し、その種類によって濃淡を変える。墨書も網フセであらわし、顕著な濃淡がある場合には、スミ網の濃度を変えて表現する。

4 大型部材の観察

出土状態の照合と整理　大型部材は、本来の部材として出土する場合と、堰などの土木構築物や井戸枠などに転用されて出土する場合がある。

したがって、大型部材の観察にあたっては、当初の加工と転用時の加工を峻別し、部材に施された加工痕と検出時や取り上げ時についた傷・圧痕とを区別するため、まず出土状態と照合することが必要となる。その意味でも、発掘作業における検出時や取り上げ時の観察と記録は重要である（発掘編155・187頁）。

取り上げ時や保管中に部材が割れるなどした場合は、割れた材が散逸しないようにする。そのためには、添え木をして部材を合わせ、不織布に包む方法や、真空包装脱気シーラーを用いて包装する方法がある。

割れた同一材は、取り上げ時の整理番号にもとづき、たとえば15番の部材であれば15-1、15-2のように枝番号を与えておくと、混乱が生じにくい。また、取り上げるさいに、こうした枝番号のラベルをつけておけば、もともと一材だったものが割れたという意味を読み取れる。

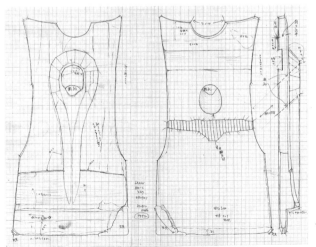
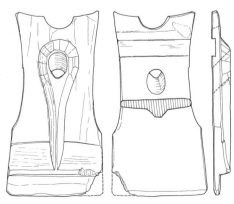

図54　木製品の実測図とトレース図（2）

洗浄にあたっては、ホースで水を流して泥や粘土を洗い落とすが、強くこすると墨書や当たりなどの痕跡まで失ってしまうことになりかねないので、注意を要する。

部材の観察　観察にさいしては、まず、出土地区・層位や寸法などの必要な項目を記した、全点の観察表を作成する。これは、実測すべき部材を選定したり、後日、樹種同定の結果などを加えて報告書を作成したりするさいの基礎資料となる。ここには、部材の長さ、幅や径、厚さなどの基本的な寸法と特徴を記入する（表9）。

そのほかに観察の要点となるのは、検出した遺構と関係する製材痕・使用痕・加工痕の有無、検出遺構とは直接関係しない使用痕・加工痕の有無、当初面や二次加工面の残存程度、埋没以前の残存程度、部材使用時の風食（風蝕）痕、検出・取り上げ時点での腐食の程度、出土以後の破損の程度などである。

また、心持ち材か心去り材か、板目材か柾目材かといった木取りや、何年分の年輪を確認できるのか、といった情報も盛り込みたい。さらに、観察のさいには、部材1点につき2～3枚の写真を撮り、観察表と照合できるように整理しておくと、その後の管理もしやすくなる。この写真は、細部にこだわらず、全体が1枚に収まる構図で撮影するほうがよい。

製材痕跡や加工痕跡については、古建築の修理報告書に詳しく調査されている場合がある。胡桃館遺跡の例（秋田県・平安）のように、出土した建築部材でも、遺存状態がよければ、それぞれの刃痕から、手斧・斧・鑿・鋸・鉇などの工具の種類や、刃幅・刃形・工具の大きさなども推定できる場合がある（図55）。

このほか、風食痕の観察も重要である。法隆寺五重塔（奈良県）の垂木では、木口に打ちつけた金具の接触面がほかの露出面より風食が進まなかったため、失われた金具の痕跡が明瞭に確認された。胡桃館遺跡の部材でも、観察によって風食差が確認されており、風食していない部位では手斧の加工痕が明瞭に残っていた（図55）。このように、風食痕から、部材の使用方法などを知る手がかりが得られることもある。

柱根の観察　ここでは、建築部材の観察の具体例として、遺跡から出土することが多い柱根を例に挙げて説明する。

取り上げた柱根の洗浄にあたっては、底面に製材加工のさいの墨線が残っていることもあるので、洗い流してしまわないように注意する。

手斧痕

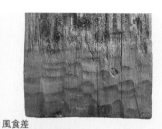
風食差

鉇痕

鑿痕

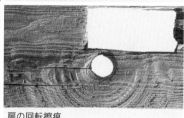
扉の回転擦痕

図55　工具痕と風食痕の例

Ⅲ-7 木製品・大型部材の観察と実測

表9　建築部材観察表の例

番号	部材名	出土地区・遺構・層位	寸法（長さ・径など）cm	備　考	図
002	東2柱	A1	長さ387・底面径69・上部径42	丸柱、上部ワレ、エツリ穴2組	61-9
003	東1柱	A1	長さ125・底面径47.5・上部径29	頂部輪薙込み仕口、下部切断	62-3
013	貫1	A2	長さ545・幅18.5・厚さ5	貫材、風食大、片端ワレ	70-1

　洗浄後、底面が斧や鋸などで伐採したままなのか、手斧などによって平坦に加工してあるのか、黒木（樹皮付き）丸太か白木かなど、伐採や加工の痕跡について観察する。樹皮や辺材部を削り取っている場合や面取りしている場合は、手斧や鉇などの工具痕を観察する。腐朽防止のため、柱の根入部を火で焼き焦がしていることもあり、それらの痕跡の有無にも注意する。

　柱は、必ずしも丸太材から作られるとはかぎらない。大径材を3～4分割した材を削って、ほぼ円柱形に仕上げている場合もある。こうした木材利用や製材加工の実態は、底面の年輪の観察によってつかむことができる。

　また、柱の沈下防止のために腕木を差し込む穴や、枕木にのせるための底面のえぐり加工、そのほかの柄穴などの仕口の有無などにも注意する。たとえば、エツリ穴は、柱の運搬にともなう加工だが、表面加工（たとえば手斧痕）との先後関係から、伐採や加工の工程を復元的に把握できることもある。また、柱材の運搬方法や基礎固めの方法、あるいは他部材からの転用の有無などが明らかとなる場合もある。

　柱根の樹種同定も欠かせない。集落の建物の柱材には多様な樹種が用いられる傾向が見られるが、柱位置や建物の機能・構造などによって樹種選択が異なる場合もある。また、樹齢の推定や、柱材の遺存状況に応じて年輪年代の測定もおこなうべきである。青田遺跡（新潟県・縄文晩期）では、年輪年代の測定により、同時存在の建物群が抽出されている。

部材の用途　部材を観察する段階で、ある部材が建物のどの部位に相当するかを判断するのは難しい。寺院や宮殿の建築であれば、現存する建築部材から類推もできるが、集落遺跡から出土する建築部材は、民俗・民族例や全国から出土した類例と比較検討しなければならないからである。

　なお、全国的な出土例については、参考文献の集成などを参照されたい。また、7,000点におよぶ建築部材が出土した青谷上寺地遺跡（鳥取県・弥生）の部材は、調査研究報告とともに、平成22（2010）年現在、インターネットで検索できる。

　これらを利用して、類似した形状をもつ材から用途を推定することは有効であるが、その場合でも、出土状態を考慮しつつ、建築学の視点を導入して部材を観察し、推定を検証する作業を怠らないようにしたい。

　建物の基本構造については、発掘編（第Ⅴ章第3～5節）を参照されたい。たとえ用途が不明でも、遺存状態がよく、重要と思われる部材については、類例の増加に寄与するためにも、詳細な観察と報告が求められる。

5　大型部材の実測

実測対象の選別　観察表を作成することで、実測すべき部材や報告書に掲載すべき部材が、おのずから決まってくる。また、観察結果にもとづいて、類似した部材を分別することにより、いくつかのグループに分類できたり、接合を確認できたりすることもある。したがって、観察項目を観察

表の中に組み込んでおけば、そうした分別や接合、あるいは実測すべき部材の選択などにあたって、効率性を高めることができる（表9）。

どのような部材を実測すべきかは、遺跡の性格や出土部材の特徴などが関係してくるので、一概にはいえない。当初の部材としての特徴や転用材としての特徴、丸太や材木として運搬したときの特徴、加工痕、木材利用法の特徴などが選択の基準となる。

実測準備　大型部材の実測には、広い場所を確保するとともに、そこまで運搬する必要がある。運搬にあたっては、部材の破損を防ぐうえでも、十分な人員を確保したい。

実測場所が屋外となる場合は、部材の乾燥などを防ぐため、日陰になる場所を選ぶかテントを設営して、直射日光を避けるようにする。また、実測中を含めて、ときどき打ち水をするか、湿らせた布をかけるなどの乾燥防止策をとる。

実測と縮尺　どの面を実測するかは、その部材の遺存状態や特徴によるが、少なくとも部材全体の大きさと形状、および年輪を示すことができるようにしたい。

部材の輪郭線や加工の位置を図化するには、実測する縮尺によっていくつかの方法がある。

耐水性の方眼紙を当てるなどして、原寸大の輪郭線を得る方法は、板材のように平らな面をもった部材に適しており、比較的簡易に描画できるが、凹凸のある部材には向かない。

原寸大で実測しない場合は、部材の大きさや加工痕の密度、報告書に掲載する図の縮尺などを考慮して縮尺を決める。

縮小して実測する場合には、輪郭や孔などの形状を描画する段階で、部材全体を観察することになるため、特徴の見落としを防げる利点がある。そのさい、たとえば10cmの方眼を描いた合板などの上に部材を置いて実測すれば、その方眼が平面の基準となり、能率的である。使用する方眼紙も、1/5縮尺であれば2mm方眼、1/10縮尺であれば1mm方眼を用いると、合板上に描いた10cmの方眼が、それぞれ方眼紙の2cmと1cmに対応し、実測効率の向上に役立つ（図56）。

使用痕・加工痕の実測　実測にあたっては、部材の形状や穿孔のような、わかりやすい輪郭の特徴はもちろん、部材表面や孔、仕口を加工するさいの手斧や鉋、鑿、鋸などの加工痕跡、その部材の使用にともなう擦れた痕跡、ほかの部材の当たりなどについても注意深く観察する。

また、部材表面の観察から、部材が使われた位置を推定できることもある。たとえば壁下に置かれた横材など、屋外と屋内にまたがる部材は、屋外部分が風食を受ける一方、壁下にあって風食を免れた部分は加工時の面をよく残す。

加工痕を含めたこの種の表面観察では、照明器具を部材の表面に対して平行にあてると、観察しやすい。また、部材の仕口や使用痕、風食痕を観察しながら、どのように使われたかを検討し、それらで構成される全体形を想定しながら描く。

なお、立面図では仕口のようなくぼみを表現できないので、そうした部分については断面図を別に作成するか、複雑でなければ立面図に破線で示す。細部は、状況により拡大して実測する。

手斧など平面の加工痕は、耐水性の方眼紙あるいはマイラーベースなどを当てて、原寸大でなぞるのが簡便な方法だが、この場合は材のどの位置にあたるかがわかるようにしておく。また、木製品と同様に、加工痕から、使用した道具の刃幅や刃を入れた向きが判明するときは、その寸法や方向なども図中に描き込んでおく。

加工痕をどこまで図として表現するかは、部材によって異なる。加工痕や仕口、使用痕などは、描線の色を変えるなど工夫し、写真のほうが効果的に表現できる場合は、要点を押さえた略測にとどめることもある。

なお、破損して表面の繊維が毛羽立った部分の

Ⅲ-7 木製品・大型部材の観察と実測

ほか、腐食により当初あるいは転用時の面を残していないことが明らかな部分は、質感をあらわす程度の表現にとどめる。

木取りについては、木口部分の年輪を表現すれば、その方法をある程度把握できるので、年輪を模式的に描いておくようにし、また木材利用法の観点から、年輪の数も数えておきたい。

注記 完成した実測図には、全体の長さや幅、厚さなどの計測値を注記しておくと、後日、寸法を確認するときに役立つ。また、仕口の位置や孔の間隔など、主要な寸法も実測図に書き込んでおけば、同様の部材と比較・検討するさいや、計画寸法を分析するさいに便利であるばかりでなく、報告書作成時にも、図から数値を起こす必要がなくなる。

観察の成果は、実測図中にメモとして注記しておく。当初の面を残す部分はどこか、腐食している部分はどこか、破損していて略測にとどめた部分はどこか、という点も必ず記すようにする。

なお、当初の痕跡と転用時の痕跡や、部材取り上げ時の傷などは、実物を見れば明らかでも、図面からは読み取りにくいことがしばしばあるので、色鉛筆を使うなどして、判別できるようにしておきたい。そして、観察過程での仮説や所見なども記載しておく。これらは、のちの第三者による検証などのさいにも役立つ。

外部委託時の留意点 実測作業を外部委託する場合や、三次元計測によるデータ取得を委託する場合についても、成果品を上記のような視点で検証する必要がある。検証をおこなうためには、部材のどこに、どのような痕跡があるのかを熟知したうえで、実測するときと同様の注意深い観察が求められる。

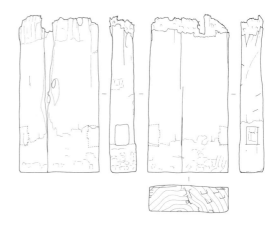

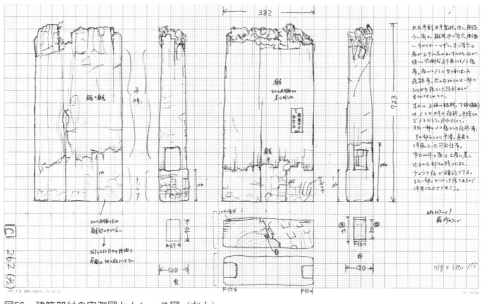

図56 建築部材の実測図とトレース図（右上）

第8節
自然科学分析

1 自然科学分析の位置づけ

自然科学分析の目的　発掘では、動物骨や古人骨、種実類などが出土する場合がある。また、遺跡から採取した土壌から、花粉やプラント・オパールなどの微化石を抽出できる。こうした動植物遺存体や古人骨の自然科学分析は、当時の環境や人々の生活を復元し、遺跡の評価をおこなううえで重要な情報をもたらす。

また、遺物などの構造や材質の調査、あるいは年代測定によって、それらの製作技術や産地、年代などを推定する情報も得ることができる。

このように、自然科学分析の成果は、遺跡の総合的理解に大きく寄与するものであり、自然科学分析を、整理等作業の一環として位置づける必要がある。

的確な方法の選択　反面、それらの分析には相応の期間と経費がかかるため、明確な目的や問題意識をもって実施しなければならない。それぞれの採取試料について、目的に応じた分析方法を選択するだけでなく、試料や分析方法の特性を把握したうえで、複数の分析方法を併用するなど、効率的かつ的確な方法の選択が求められる。

分析担当者との協業体制　自然科学分析では、専門的知識や現生標本、特殊な機器や設備、薬品類などが必要となるため、分析を外部の機関や専門家に委託・依頼することが多い。そうした場合、発掘作業や整理等作業の担当者は、それぞれの作業によって得られた考古学的成果に加えて、ほかの自然科学分野の分析結果があれば、それも含めて、自然科学分析をおこなう専門家（分析担当者）にわかりやすく伝える必要がある。

一方、発掘作業や整理等作業の担当者は、分析担当者から、たんに分析結果の伝達を受けるのみではなく、分析の方法や分析結果から考えられる解釈についても報告を受けるようにする。

それらをつうじて、発掘作業や整理等作業の担当者と分析担当者が、目的意識や作業の成果などを共有し、客観性を確保した検証可能な記録を残すための協業体制を構築することができる。

考古学的成果との総合化　ただし、自然科学分析にも、考古学と同様に、方法論的な前提や限界が存在する。自然科学分析によって得られた結果は、あくまでも過去を推論する「仮説」である。そのため、分析の結果や解釈をただ鵜呑みにするのではなく、分析をおこなった試料の特性や分析方法の限界を考慮しつつ、ほかの考古学的成果との総合化を図るなかで、蓋然性の高い解釈を追究する姿勢が求められる。

また、分析担当者に解釈のすべてを委ねるのではなく、コンタミネーション（混入、発掘編270頁）に関する問題意識なども分析担当者と共有し、自然科学分析の結果と発掘作業や整理等作業によって得られた所見をふまえてクロスチェックをおこない、分析担当者とともに、分析結果を評価・総括することが求められる。

たとえば、花粉やプラント・オパールなどの分析により植生を復元する場合、分析試料には、植物内に存在していた段階から堆積するまでの過程が大きく影響する。そのため、各分析試料の特性を考慮しつつ、総合的に植生復元を検討することが必要となる。

なお、自然科学分析は日進月歩で発展する分野であり、分析項目の増加や分析方法の改良がたえず進行していくので、最新情報にも注意を払っておきたい。

以下、自然科学分析を実施するにあたって、整理等作業の段階で注意すべき点を中心に、微細遺物を採集するための土壌選別法と、動植物遺存体などの自然科学分析、遺物の構造・材質分析、年代測定などの方法について紹介する。

2 微細遺物の採集法

フルイによる採集　発掘作業中に肉眼で観察された遺物のみを採集するだけでは、砕片（チップ）類や玉類のほか、魚骨などの動物遺存体や、炭化物・種実類をはじめとする植物遺存体など、微細遺物の多くは見落とされてしまう。

こうした微細遺物を採集するためには、土壌堆積物をフルイにかける必要がある。ただし、すべての土壌堆積物をフルイにかけるのは現実的でないので、作業の実施にあたっては、明確な目的とともに、その後の選別にかかわる労力や経費、使用する水、保管場所などを考慮し、計画的・効率的におこなう。

フルイを用いた土壌選別法は、堆積環境や目的により、乾燥フルイ選別法、水洗フルイ選別法、フローテーション法などに分けられる。これらの土壌選別法を複合的におこなうことで、さまざまな微細遺物が検出できる。

フルイにかける土量　同じ目的の土壌選別法でも、堆積環境や資料の保存状態、包含密度などによって、フルイにかける土量が異なることがある。したがって、資料の分析を依頼するときには、採取した土壌の選別方法について、事前に分析担当者と打ち合わせておくのが望ましい。

また、各資料の包含率を算出するために、フルイにかける土壌は、選別する前に、質量や体積を計量しておく。そして、選別後も、選別した遺物は種類ごとに質量を計量し、層位ごとの内容物の包含率を算出する。

フルイの目　分析の目的によって、用いるフルイの目は異なってくる（発掘編270頁）。試験的に5mm、2mm、1mmなどのフルイを使って、目の違いによる残存物や作業量の違いなどを事前に把握し、どのサイズの目のフルイを用いるのが適当かを検討しておくとよい。フルイの目が細かければ、微細遺物を高い割合で検出することができるが、フルイの面上の残存物も増えるので、その後の選別に手間がかかる。

なお、土壌選別に用いるフルイは、分析結果の評価やほかの遺跡との比較を客観的なものとする

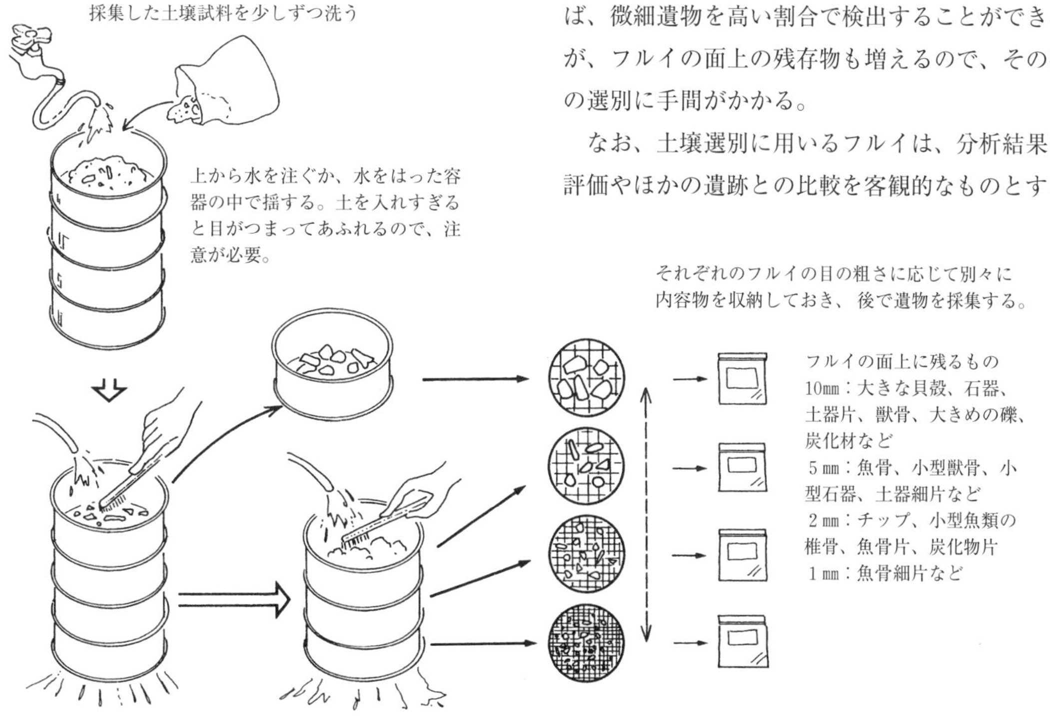

採集した土壌試料を少しずつ洗う

上から水を注ぐか、水をはった容器の中で揺する。土を入れすぎると目がつまってあふれるので、注意が必要。

それぞれのフルイの目の粗さに応じて別々に内容物を収納しておき、後で遺物を採集する。

フルイの面上に残るもの
10mm：大きな貝殻、石器、土器片、獣骨、大きめの礫、炭化材など
5mm：魚骨、小型獣骨、小型石器、土器細片など
2mm：チップ、小型魚類の椎骨、魚骨片、炭化物片
1mm：魚骨細片など

図57　水洗フルイ選別法

ために、目のサイズが明確なフルイを選び、使用したフルイの目も報告書に明示する。

乾燥フルイ選別法　採取した土壌をフルイにあけ、細かな砂粒を落として、フルイの面上に残った残滓の中から遺物を採集する方法である。一般的に、乾燥フルイで有効な目のサイズは10mmや5mm程度である。貝塚や洞窟遺跡のほか、砂質土壌の遺跡で有効である。

水洗フルイ選別法　採取した土壌をフルイにあけて水を注ぎ、細かな砂粒を濾す方法である。動植物遺存体などの微細遺物は壊れやすいので、ブラシで土壌をほぐしていく。粘性の高い土壌では、前処理として、水洗選別する前に水に浸しておく。水を用いて遺物と土壌を分離させるため、乾燥フルイ選別法で用いるフルイより、より細かな目のフルイを使用することが可能である。フルイ目のサイズは、10mm、5mm、2mm、1mmなどがよく用いられる（図57）。低湿地遺跡や、シルトなど粘質土壌の遺跡で有効である。

フローテーション法　土壌を水で溶いて攪拌し、種子や炭化物など比重の軽い遺物を浮遊させて採集する方法（水洗浮遊選別法）である。乾燥した砂質土壌では、土壌を水に溶くだけで微細遺物が浮かび上がるが、粘質土壌では、攪拌して、渦流により比重の小さい遺物を浮かび上がらせる。0.5mmや0.25mmなど、細かな目のフルイが必要である。実際には、水洗フルイ選別法と併用して、フローテーション法で浮遊した遺物を回収し、水洗フルイ選別法でフルイに残った遺物を回収することが多い（図58）。

乾　燥　水洗フルイにかけた遺物を、容器などにあけて乾燥させる場合には、コンタミネーションを防ぐことが重要である。また、採集した種子などは、乾燥させると収縮して亀裂を生じ、破損しやすくなることがあるので、同定までは、密閉できる蓋付きの容器に、水に漬けたままの状態で保管する。

フローテーション法で、フルイにたまった浮遊炭化物などは、布に包んで乾燥させ、急激な乾燥による遺物の劣化を防ぐ。使用する布は、綿や混紡の織りの細かいものが望ましい。ガーゼは、織り目の中に微細遺物が入り、破損することや回収が困難なことがあるので、使用は避ける。

選　別　フルイにかけた土壌試料から微細遺物を抽出して分類する作業は、分析担当者が直接おこなわないことが多い。そのため、専門家でない者が骨や種子と認識した資料のみが、分析担当者に届けられる場合がある。よって、土壌をフルイにかけて微細遺物を採集したとしても、選別時に骨や種子と認識されなかった資料は、分析されないおそれがある。

こうした問題を防ぐには、フルイにかけた土壌試料を、分析担当者が予備的に抽出・分類して示すことにより、専門でない者でも有効な抽出・分類をおこなえるようにする必要がある。そうすることで、抽出すべき遺物が見逃されるのを防ぐことができる。

登　録　自然科学分析に用いられた試料は、微細遺物も含まれるので、注記されることが少ない。そのため、分析試料と出土記録のラベルを一緒に保管し、記録が散逸しないように注意する。

図58　フローテーション法の例

3 動植物遺存体と古人骨の分析

A 同定の方法

同定とは 動植物遺存体や古人骨などの分析では、同定をおこなう。この同定とは、出土した資料が、どの分類群（科・属・種）の、どの部位にあたるのかを判断することである。同定には、動植物や人骨などの形態に関する知識を要し、専門家に委託することが多い。

現生標本 同定は、現生標本と比較しておこなう。写真や図、形態的特徴の記載なども参考になるが、遺跡出土の資料は劣化したものが多く、最終的には標本と比較して同定する必要がある。ただし、古人骨の同定では、人骨の骨格模型を用いる場合もある。同定精度を高めるためには、できるだけ多くの現生標本と比較することが望ましく、質・量ともに現生標本の充実が求められる。

現生標本は、同定の根拠を示す証拠としての役割を担っており、同定結果の再現性を保証するには、比較に用いた現生標本を公開することが望ましい。手元に現生標本がないときは、博物館や研究所などに所蔵されている標本を利用する。

木製品・建築部材・自然木 試料の採取は、分析する試料の形状や状態によって方法が異なるので、分析担当者が直接おこなうことが望ましい。分析担当者が直接採取できないときは、出土した木材から1辺1cm程度のブロックを切り出し、剃刀の刃で3断面の切片をつくる方法がある。

木製品で切片を切り取る場合には、採取した部分を実測図などに明記する。切片はプレパラートに封入し、光学顕微鏡により観察・同定する。そのさいには、現生木材のプレパラート標本と比較し、道管や放射組織、柔組織、壁孔などの形態や配置、配列といった木材組織のもつ特徴を根拠として同定することになる。

種実類 発掘作業時に肉眼観察や水洗フルイ選別法、フローテーション法を用いて選別した種実類は、実体顕微鏡などを使って観察し、種実や葉など同定可能な部位をピンセットで拾い出して、分類群ごとに分け、同定・計数する。同定は、現生標本と比較しておこなう。

花粉 化学・物理処理を施して、堆積物中の花粉・胞子を分離する。分離した花粉・胞子化石は、光学顕微鏡や電子顕微鏡を用いて同定・計数する。同定にあたっては、現生花粉標本と比較する。分析結果は、一覧表や花粉ダイアグラムとして示される。

プラント・オパール 灰化処理により、プラント・オパール（植物珪酸体）を分離する。これらは立体的で多様な形態をしており、一面的ではなく多面的な観察が必要となる。

このため、プラント・オパールの基礎的な形態観察には、焦点深度が深く、試料を自由な角度から観察できる走査型電子顕微鏡が用いられる。また、形態のほかに、光の透過率や屈折率、色なども同定に有効な特徴となるので、光学顕微鏡（偏光顕微鏡）による観察も併用する必要がある。

動物遺存体 貝殻や動物の骨、歯、角などの動物遺存体資料は、発掘作業中に採集するだけでは、多くが見落とされるため、前述のような土壌選別をおこなうことが必要である。

分析は、現生標本との比較によって、貝類、魚類、両生類、爬虫類、鳥類、哺乳類などの大分類の特定、部位や左右の特定、種など分類群の同定、の手順でおこなう。

貝類については、巻貝類（腹足綱）では殻頂や殻唇が、二枚貝類（斧足綱）は主歯を含む殻頂が、同定や計数に有効な部位となる。

脊椎動物遺存体（魚類、両生類、爬虫類、鳥類、哺乳類）では、種によって異なるものの、歯や骨の関節部（骨端部）などが、同定や算定に有効な部位である。また、骨に残された痕跡を観察するこ

とにより、動物解体や骨角器製作などの動物資源利用のありかたを検討できる。

昆虫遺体　昆虫遺体の抽出は、ブロック割り法とフローテーション法を併用する。

ブロック割り法は、土壌ブロックをラミナに沿って大きく割り、その後、徐々に細かく割って昆虫遺体を検出する方法である。一方、フローテーション法は、ブロック割りした土壌を水中で泥化して容器にあけ、水を注いで浮遊した昆虫遺体をガーゼですくって検出する方法である。

ブロック割り法では同一個体に由来する部位がまとまって検出でき、フローテーション法では微小節片が検出できるため、両者を併用するのが望ましい。

微細片を検出する方法としては、このほかに、水洗フルイ選別法（76頁）や泡沫浮遊選別法などがある。

検出した昆虫遺体は、面相筆に70％エタノールをつけてクリーニングし、実体顕微鏡で現生標本と比較しながら、種や部位を同定する。

なお、古環境の復元に有効な昆虫は、指標性昆虫として分類されている。

寄生虫卵　寄生虫卵は、鞭虫卵（べんちゅう）がもっとも丈夫で、回虫卵、条虫卵、吸虫卵の順に弱くなる。花粉分析などで用いる薬品類による処理では、寄生虫卵が分解してしまう可能性があるので、注意を要する。

遺跡から出土する寄生虫卵は、卵殻や幼虫被殻の形態で同定する。そして、糞便堆積を検討するために、定量分析をおこなう。堆積物1mlに1,000個以上の密度で寄生虫卵が検出されれば、トイレ関係の遺構の可能性が考えられる。

古人骨　取り上げた古人骨は、保存状態にもよるが、基本的には水洗いしないほうがよい。暗所で自然乾燥させて、歯ブラシや筆でクリーニングし、泥や砂を落とす。整理にあたっては、台帳を作成して、古人骨の残存部位を記載し、可能であれば性別、死亡年齢、身長などの推定をおこなう。焼けた骨であっても、残存部位や性別、年齢を明らかにできる場合がある。

検証の可能性を保持するために、性別や年齢、身長の推定については、どの部位にもとづき、どの方法でおこなったかを記載する。

性別は、寛骨や頭蓋骨などの形態から推定が可能である。たとえば、寛骨の大坐骨切痕では、男性が鋭角で深く、女性が鈍角で浅い。

死亡年齢は、歯の萌出段階や恥骨結合面の形態などから推定する。ただし、分析担当者により、年齢区分の名称や定義が一定していないので、推定した年齢区分の記載には注意を要する。

B　その他の主要分析法

安定同位体分析　人骨の安定同位体分析により、残存度の異なる動物と植物について、食性を定量的に評価する方法である。動植物遺存体は遺跡全体（集団）での食性を反映しているのに対し、人骨の安定同位体分析には、個人レベルでの食性が復元できるという長所がある。

ただし、C3植物（コメ、堅果類など）、C4植物（アワ、ヒエ、キビなど）、陸上草食獣、貝類、大型魚類、海生哺乳類という分類になるため、動植物遺存体の分析と組み合わせることによって、より具体的な食性を復元できる。

古DNA分析　古DNA分析とは、遺跡から出土する動植物遺存体に微量に残留するDNAを分離・精製・増幅して、おもに塩基配列を決定することにより、その生物の遺伝的背景を明らかにするものである。

一般的に、動物ではミトコンドリアDNA、植物では葉緑体DNAを分析する。これらは母系遺伝であり、母系の追跡に用いられる。形態形質では解析できない遺伝的側面が明らかとなり、血縁関係や系統などを検討できる。

古DNA分析にあたっては、ほかのDNAの混入

Ⅲ-8 自然科学分析

表10　分析の方法と適用対象

方法			無機質遺物					有機質遺物								備考
			石器・石製品	土器・土製品	金属製品	ガラス製品	顔料	木製品	骨角器・貝製品	漆器・漆製品	繊維	染料	古人骨	動物遺存体	植物遺存体	
生業	安定同位体分析								○				○	○	○	
	古DNA分析								○				○	○	○	
	貝殻成長線分析													○		貝類
構造調査	実体顕微鏡		○	○	○	○	○	○	○	○	○	○	○	○	○	
	光学顕微鏡	落射照明・透過照明	○	○						○	○					
		偏光顕微鏡	○	○												
	走査型電子顕微鏡				○						○					
	エミシオグラフィ				○						○					
	赤外線観察			○				○								
	X線透過撮影				○			○								
	XCT分析			○	○	○										
	中性子透過ラジオグラフィ				○											
材質分析	蛍光X線分析		○	○	○	○	○			○		○				
	放射化分析		○	○	○	○	○					○				
	PIXE分析		○	○	○	○	○					○				
	オージェ電子分光分析				○											
	原子吸光分析		○	○	○	○	○									
	ICP発光分光分析		○	○	○	○	○					○				
	ICP質量分析		○	○	○	○	○									
	固体質量分析		○	○	○	○										
	ラマン分光分析			○	○	○	○					○				
	ESCA				○	○										
	EXAFS				○	○				○						
	可視光吸収スペクトル分析											○				
	蛍光分光分析								○							
	赤外分光分析									○	○					
	X線回折分析		○		○											
	ガスクロマトグラフ質量分析									○		○				
	液体クロマトグラフ質量分析									○	○	○		○		
年代測定	放射性炭素年代法							○	○				○	○	○	
	年輪年代法							○							○	樹木
	熱ルミネッセンス法		○	○									○	○		焼土・窯跡・火山灰
	考古・古地磁気法			○												焼土・窯跡
	フィッショントラック法		○	○												火山灰
	カリウム・アルゴン法		○													火山灰

第Ⅲ章　遺物の整理

を防ぐことが重要であり、とくに人骨の古DNA分析をおこなう場合には、素手で直接触れないように注意する。夏季であれば汗を落とさないことにも留意する。また、水分によってDNAは破壊されるため、水洗いはなるべく避ける。古DNA分析は、試料の破壊をともなうので、分析の前に同定や計測などの非破壊分析を実施する。

貝殻成長線分析　貝殻成長線とは、貝の成長にともなって形成された成長線で、貝殻の断面に観察される。ハマグリやアサリなどの種の成長線が観察しやすい。

　成長が停滞して成長線の間隔が密になる「冬輪」を、海水温がもっとも低下する2月15日と仮定して、最後の冬輪から貝殻腹縁の最終成長線までの本数を計数し、2月15日に換算してその貝の死亡日（＝採集日）を算出する。貝殻成長線分析では、貝の採集季節だけでなく、貝の成長速度や年齢、捕獲圧なども推定できる。

4　遺物の構造調査

構造調査の方法　遺物の構造調査法には、詳細に観察するための方法と、見えないものを可視化する方法がある。

　前者には、肉眼観察のほか、ルーペを用いた観察や実体顕微鏡などの光学顕微鏡を用いた観察、走査型電子顕微鏡を用いた観察などがある。

　後者には、遺物の内部の状況を写し出す方法として、X線透過撮影やXCT（X線コンピューテッドトモグラフィ）などがあり、薄れかけた墨書や漆紙文書を読むためには、赤外線画像観察が用いられている。

肉眼観察　遺物の構造調査の中でもっとも重要なものは、肉眼観察であるといってもよい。肉眼観察は、資料の基本的な材質と形状、製作手順の復元、付着物の有無、劣化状況など、さまざまな観点からおこなう。また、補助的に3〜5倍程度のルーペを用いて観察すれば、より多くの情報を得ることができる。

　この肉眼観察を徹底的におこなうことで、顕微鏡観察などによる微細構造をより深く理解することができ、遺物のどの部分をどういった手法で分析するかについても、明確な手がかりが得られるようになる。なお、肉眼観察のさいには、分析が必要となる部分について、分析目的と手法を簡単に記しておく。

顕微鏡観察　実体顕微鏡による観察では、肉眼観察で疑問に感じられたことに対する理解を得ることができる。顕微鏡ではなく、高倍率のルーペを用いて観察をおこなうことも可能だが、観察し

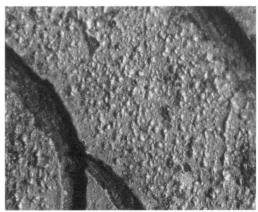

a　正面から照明を当てた場合　　　　　　　　　b　横方向から照明を当てた場合

図59　実体顕微鏡による遺物の観察像

ながら記録をとるには作業効率が悪く、疲れやすいという短所がある。

実体顕微鏡は、生物顕微鏡など高倍率の顕微鏡に比べて焦点深度が比較的深いため、遺物の表面を立体的に観察することができる。斜め方向の光を用いれば、さらに立体的な観察が可能である。図59-aは遺物の正面から照明を当てたものであり、図59-bは横方向から照明を当てて同じ場所を観察したものである。後者では陰影がつくので、遺物の表面の状態がより立体的にとらえられる。

漆製品などでは、その断面に現れる構造を観察することで、製作技法などを知ることができる。試料採取した破片を樹脂で包み、研磨などにより薄切片としたプレパラートを調製し、観察試料とする。図60は、山田寺（奈良県）から出土した漆塗り木製品の塗膜断面である。

木材では、薄切片のプレパラートを調製してその組織構造を観察することで、樹種を同定することが可能である。

このほか、遺物の材質的な特徴や構造を知るために、金属顕微鏡や偏光顕微鏡、走査型電子顕微鏡などが用いられることも多い。

X線透過撮影　X線を物質に照射すると、その一部が物質に吸収され、一部が透過する。吸収・透過の程度は、物質の材質と厚みにより異なるので、透過したX線をフィルムに写し出すことで、物質を透かして見た透過像が得られる。このX線透過撮影により、遺物の劣化状態や内部構造を把握することができる。

均一な厚さのものでも、部分的に材質が異なれば、X線の透過しやすい材質の部分はフィルムがより感光し、逆にX線の透過しにくい部分はフィルムがあまり感光しないため、材質の違いが画像のコントラストの違いとなって現れる。

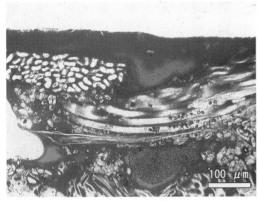

図60　光学顕微鏡による漆塗り木製品の塗膜断面

図61　富本銭とそのX線透過撮影像

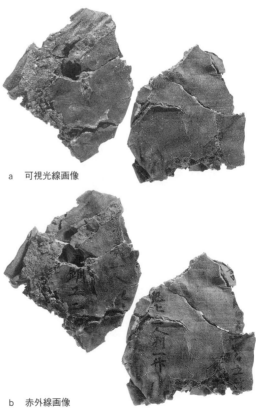

a　可視光線画像

b　赤外線画像

図62　漆紙文書とその赤外線画像

第Ⅲ章　遺物の整理

一方、材質が均質な場合、厚みが増せば、その分だけＸ線が吸収され、フィルムはあまり感光しないことになる。図61は、飛鳥池遺跡（奈良県・7世紀後半）から出土した銭貨のＸ線透過撮影像である。Ｘ線透過撮影では、この銭貨の無地の部分と文字や縁の部分の違いのような、わずかな厚みの差も表現することができる。

なお、Ｘ線を用いた構造調査の方法には、上記のような二次元の透過画像とは別に、三次元の透過像を得ることのできるＸＣＴもある。これで得られた三次元画像は、任意の断面の観察や任意の視点からの観察が可能である。

赤外線画像観察　赤外線は、可視光よりも波長が長く、遺物表面に形成されたホコリや煤、漆、顔料などの表面層による散乱吸収が少ないため、その表面層を透過して、内部の文字などに到達する。漆容器の蓋として用いられた漆が付着した反故紙（漆紙文書）の文字は、肉眼では観察が難しいが、赤外線画像観察により、鮮やかに読み取ることができる（図62）。

また、墨書が薄れている木簡の墨の残存程度を観察すると、墨の粒子が木材の細胞内にわずかに入り込んでいるのみで、表面にはほとんど残存していないことがわかる（図63）。こうした木簡を赤外線画像で観察すると、表面だけではなく、細胞内に入り込んだ墨をある程度観察できるため、肉眼では判読できない文字が読み取れる場合がある（図64）。

図63　木簡に残る墨痕断面の顕微鏡写真

　a　可視光線画像　　b　赤外線画像

図64　墨痕の薄れかけた木簡とその赤外線画像

5　遺物の材質分析

材質分析の方法　遺物の材質分析には、電磁波を用いる方法と分離技術を用いる方法がある。

電磁波を用いる方法としては、蛍光Ｘ線分析やＸ線回折分析、フーリエ変換赤外分光分析、紫外可視分光分析、蛍光分光分析、ラマン分光分析など、多くの方法がある。

試料採取をともなう分離技術としては、ガスクロマトグラフィ、液体クロマトグラフィなどの方法があり、それぞれ質量分析計と組み合わせることで、定性定量分析が可能である。

ここでは、遺物に対してよく用いられる蛍光Ｘ線分析、Ｘ線回折分析、フーリエ変換赤外分光分析を簡単に紹介しておく。その他の分析方法については、参考文献を参照されたい。

なお、遺物の分析は、試料の形状や分析装置に対する幾何学的な配置など、さまざまな制約の下でおこなわれることが多い。したがって、異なる

文献の分析値を比較するときは、分析条件などを十分に考慮しなければならない。

蛍光X線分析　X線を物質に照射すると、その物質を構成している元素に固有の励起X線が発生する。そこで、遺物にX線を照射して発生した励起X線を検出することにより、遺物に含まれる元素を定性的に知ることができる。また、標準試料のデータを用いて検量線を作成し、定量化することも可能である。

蛍光X線分析による分析例としては、須恵器の胎土分析による産地推定のほか、青銅製品の銅・錫・鉛の組成比の違いによる分類、顔料の種類の推定などが挙げられる。

X線回折分析　結晶性物質にX線を照射したときに得られるX線回折スペクトルから、物質を同定する分析法である。このX線回折分析では、対象となる遺物に含まれている結晶性の物質の同定が可能となる。

たとえば、銅製品に生じた錆はすべて銅を含んでおり、蛍光X線分析だけでは、どのような錆が生じているのかを確定できない。しかし、X線回折分析をおこなうことで、結晶構造の情報が得られ、錆の種類を特定することができる。

X線回折分析は、鉱物や顔料の同定のほか、漆喰の分析、金属製品の錆の分析など、おもに無機質物質の分析に対して用いられる。

フーリエ変換赤外分光分析　物質に赤外線を照射すると、その物質を構成する化合物に存在する化学結合により、特定の波長の赤外線が吸収される。波長を変えながら赤外線を照射することで、赤外吸収スペクトルが得られ、これを比較することで未知物質の同定が可能となる。

この方法は、漆、琥珀、絹、植物性繊維など、多くの有機質材料の同定に用いられるが、遺物の場合、それらの材料を構成する化合物自体が、劣化により変質している。このため、標準試料の赤外吸収スペクトルとの単純な比較だけでは、同定が困難であり、劣化による化合物の変質を考慮した赤外吸収スペクトルの解釈が必要となる。

なお、国際博物館会議保存科学部会（ICOM-CC）のワーキンググループの一つである赤外・ラマンユーザーズグループ（IRUG）では、文化財資料のスペクトルデータベースを構築している。

6 年代測定

自然科学的年代測定の種類　考古学の分野に応用されている自然科学的な年代測定法には、放射性炭素年代法、年輪年代法、熱ルミネッセンス法、考古・古地磁気法、電子スピン共鳴法、ウラン系列法、フィッショントラック法、カリウム・アルゴン法、黒曜石水和層法、アミノ酸ラセミ法などがある。

これらの年代測定方法は、それぞれが異なる原理や仮定にもとづいているため、対象となる試料や測定可能な年代の範囲も異なってくる。そのため、年代測定の目的や特性に応じた年代測定方法を選択する必要がある。

また、自然科学的な年代測定による年代は数値であらわされるが、それは、さまざまな仮定に立脚した仮説であることを考慮したうえで評価しなければならない。したがって、得られた年代が、どういった原理で、どのような過程をへて導き出された結果であるのかを理解する必要がある。

放射性炭素年代法　自然界に存在する微量の放射性炭素（^{14}C）が、生物に取り込まれたのち、原子核の崩壊（放射壊変）によってしだいに数を減じていくことを利用した年代測定法であり、減少した割合から年代を測定する。炭素を含有する試料が分析対象となり、炭化物や木片、貝殻、骨などが該当する。

また、近年は、AMS（加速器質量分析）法の普及によって、0.2〜1 mgと従来よりも格段に少ない試料での分析が可能となったため、適用範囲がい

っそう広がっている。

ただし、放射性炭素年代（1950年を起点として、^{14}CBPと表記）そのものは、あくまでも大気中の^{14}Cの量を一定とした理論値であり、実際には、その量は時代や地域による変動がある。

このため、算出された^{14}C年代値を実際の年代（暦年代）に換算するには、年輪年代などとの照合によって算出された較正曲線に当てはめる必要がある。較正後の年代（較正年代）は「calAD」、「calBC」、あるいは「calBP」（1950年から遡った暦年数）と表記する。

また、地球表層の炭素の大半が含まれる海洋の^{14}Cの濃度は、大気圏に比べて低い。したがって、貝殻や魚骨など、海洋の影響を受けた試料は、古い^{14}C年代値を示す（海洋リザーバー効果）。そのため、土器付着炭化物、とくに内面付着物などは、その起源が陸上生物なのか、海洋生物なのかが重要な問題となり、安定同位体分析で起源物質を明らかにすることが望ましい。

測定結果の報告にあたっては、検証の可能性を保証するとともに、あらたな補正法や改訂がおこなわれた場合でも対応できるように、使用した^{14}C半減期や炭素安定同位体比、^{14}C年代値、暦年較正プログラムなどの、分析結果や算出方法に関する基礎データを提示する必要がある。

年輪年代法　樹木年輪の成長量が年ごとに異なることを利用して、木材の年輪幅を計測し、年代を１年単位で求める方法である。分析作業は、樹種の同定に始まり、年輪を計測し、計測値を暦年標準パターン（年代を割り出すための基準パターン）と照合し、年代を求めるという手順を踏む。

日本では、ヒノキ、スギ、ヒバ、コウヤマキの４種について、長期の暦年標準パターンが作成されている。樹種別にみると、平成22（2010）年の時点で、ヒノキがBC 912年から現在まで、スギがBC 1313年から現在まで、ヒバが924年から1325年まで、コウヤマキが22年から741年までの暦年標準パターンが完成している。

年輪幅の計測は、木口（横断面）や柾目（放射断面）でおこなう。計測方法には、試料そのものや、試料から採取した直径５mmの棒状のコアサンプルから直接計測する方法と、写真やスキャナーによる画像から間接計測する方法がある。

直接計測は、年輪幅計測のもっとも基本的な方法であり、信頼性が高いが、試料の損傷をともなう。一方、間接計測は、計測精度が画像の解像度に左右されるため、写真撮影は慎重におこなう必要がある。また、写真ではなく、マイクロフォーカスXCT装置を利用して、非破壊で試料内部の年輪を計測することも可能となっている。

どのような計測方法をとるかの選択は、計測対象となる資料の性格や木材の大きさ、残存状態などによって変わってくる。なお、保存処理を施すことで、年輪が観察しにくくなることがあるため、保存処理が必要な場合は、事前に計測作業をおこなっておくのが望ましい。

分析試料は、次の三つのタイプに大別でき、それぞれ年代値の取扱いが異なる。

樹皮型（樹皮または最終形成年輪の一部が試料に残存しているもの）は、樹皮直下の最外年輪の形成年が得られるので、原木の伐採年を特定できる。一方、辺材型（試料の一部に辺材部をとどめているもの）は、原木の伐採年に近い年代が得られるが、伐採年は確定できない。また、心材型（心材部のみのもの）では、辺材や心材の一部が失われている分だけ、実際に伐採された年よりも古い年代を示すことになる。

熱ルミネッセンス法　石英や長石などの鉱物が吸収・蓄積した自然放射線量を測定することによって、年代を測定する方法である。得られる年代は、試料が最後に400～500℃以上に加熱された時点のものとなる。

そうした加熱を受けたものであれば、石英・長石を含む地層・岩石や、考古遺物、生物起源物質

など、幅広い対象の年代測定が可能であり、焼けた石のほか、土器や瓦などの焼成物、窯跡や製鉄遺跡などの焼土がおもな対象となる。

7 分析試料の保管

保管の必要性　自然科学分析をおこなった試料は、分析結果を保証するとともに、その結果を第三者が検証できるようにしなければならない。そのためには、分析を外部機関に委託した場合でも、たんに分析結果の報告を受けるだけではなく、分析した試料も返却を受けて、保管することが望ましい。

適切な保管方法　それぞれの分析法により、試料の形態や保管方法は多様である。

たとえば、古人骨は、カビが生えやすいため、温度と湿度を一定に保った状態で保管する。種実類は、小瓶に入れて、乾燥とカビを防ぐために70％のエタノールに液浸して保存する。葉は、PEG（ポリエチレングリコール）溶液とともに、パウチフィルムにシーラーで封入する。花粉では、同定・計数をおこなったプレパラート標本や単体標本だけでなく、分析処理を施した集合標本や対象とした堆積物についても整理・保管することが望ましい。木材の樹種同定では、証拠標本としてプレパラート標本を保管・管理する。

これらの分析試料は、標本番号を登録して適切に保管し、必要に応じて公開する必要がある。

非破壊分析

通常、文化財の分野では、資料本体の形状などをまったく変えずに分析するものを非破壊分析という。貴重な文化財資料の分析は、当然、非破壊であることが原則である。

しかし、文化財資料は、部位ごとに劣化状態が異なること、分析装置によっては最適な幾何学的配置をとれないこと、部位により成分組成が不均一なことなどから、非破壊分析により、厳密な意味での定量分析をおこなうのは困難である。

非破壊分析で得られる結果は、あくまでも定性分析であり、量的な情報については、傾向を示す参考値と考えたほうがよい。したがって、製作技法や産地を解明するためには、資料から試料採取したり、表面の風化層を除去したりしておこなう定量分析がしばしば必要となる。すなわち、非破壊分析とされる方法であっても、精度の高い分析結果を得るには、ある程度の破壊をともなわざるをえない。

たとえば、蛍光X線分析で、もっとも分析に適した状態は、励起X線の照射される部分が平滑な面になっていることである。分析資料が最適な状態にあれば、非破壊であっても、定性分析や、ある程度の定量分析は可能である。しかし、高精度の定量分析をするためには、一部を破壊して試料調整をおこなう必要がある。もちろん、それにより失われる情報があるときは、その記録を残すように配慮しなければならない。

また、非破壊分析でも、資料に変退色や酸化、脆弱化などの影響を与えることがある。さらに、X線などの照射によって、微視的にみれば原子や分子のイオン化といった破壊が起こることが多く、将来の分析に影響を及ぼす可能性も残る。

したがって、試料採取による破壊だけを問題とするのではなく、資料全体に対する影響を考慮しながら、適切な分析方法を検討・選択することが望ましい。

第9節
復　元

1　目　的

復元とは　復元とは、本来の形態に戻すことをいう。遺物の大半は、割れた状態で出土するため、熟練した者でなければ、本来の形態を正確に把握することは難しい。

そのため、接着剤などを用いて破片どうしを接合し、欠落部分については石膏やセメント系修復用素材、合成樹脂などの補塡材を注入して、本来の形態に戻す。この作業が、遺物の整理等作業の工程でおこなう復元である(図65)。

原則として、そうした対象となるのは、器形を復元して、写真を報告書に掲載する必要がある遺物である。なお、実測などの便宜のために、部分的に補塡材を入れる作業は、あくまでも補修であって、ここでいう復元とは異なる。

適切な使い分け　復元をおこなった遺物が、結果として、報告書作成後の公開や展示に供される場合もある。しかし、報告書作成のための復元と、展示・公開のための復元とは、本来、目的や手法のほか、最終的なありかたも異なる。それにともなう費用や時間・労力にも違いがあるので、使い分ける必要がある。

2　型取りと成形・整形

型取り　復元に用いる補塡材の多くは、可塑性をもつため、欠失部に流し込むさいには、何らかの型が必要となる(図65-1)。型は、通常、陶芸に用いる粘土を適当な大きさの板状にし、形を整えて、補塡材を入れる部分に当てる。

内型を作るときは、あらかじめ、口縁部径と同じ大きさの円形の台紙を用意し、同一個体の残存部分で型取りをしておく。土器は、陶芸用の回転台上に設置すると、作業しやすい(同-2)。近年では、同心円の入った回転台が市販されているので、それを利用するのが便利である。

また、縄文やハケ目、タタキ目などがある場合は、それらを外型として写し取っておくと、質感を出しやすい。型取りがおろそかだと、補塡材を入れたときに歪んだりして、復元の仕上がりを左右するので、注意したい。

成形　型を当てたのち、補塡材を入れる。補塡材は、近年は多くの素材が開発されているが、目的と状況に応じて、適切なものを選択する。一般的には、入手や取扱いの容易さ、復元後の安定性の面から、歯科用の石膏を使用することが多い。補塡材については、それぞれの特性を理解し、それを引き出すことが重要である。

石膏を用いる場合も、正しい使い方をしないと、強度が不足するなどの問題が生じる。溶くときには容器に適量の水を入れ、石膏を茶漉しなどでふるいながら、ほぼ水面に達するまで加える。強くかき混ぜると、気泡が生じて表面に穴があき、また硬化が速くなって扱いにくいので、軽く切るようにして、水と石膏をなじませる。

その後、スプーンやペインティング・ナイフを用いて、欠失部に石膏を補塡する(同-3)。基本的に、土器の欠けた部分の周囲から全体へと入れていき、必要なところまで盛る。そのさい、遺物を汚して資料的価値を損なわないように、本体に粘土を塗っておくなどの配慮が必要である。

欠失部が大きいときには、こうした作業を何度か繰り返す。同一個体で接合しない破片を、適当な位置に入れ込むこともあるが、完全に失われている部分まで復元する必要性は低い。

なお、たとえば口縁部や底部を意識的に打ち欠いているなど、意味のある欠損部分は、接合まででとどめ、補塡材による復元はおこなわない。

土器の場合には、復元後は断面や内面が観察できなくなるため、復元作業は実測後におこなう。

Ⅲ-9 復　元

必要に応じて、内面が観察できるような窓をあけておくのも有効である。

整　形　補填材が固まったのち、小刀や彫刻刀などの工具を用いて削っていく(同-4〜6)。小刀は、刃を湾曲させたものを用意しておくと、内面などを削るさいに便利である。補填材が軟らかいうちに削ると、強度が不足して土器から剥がれてしまうことがある。逆に、固まりすぎると削りに

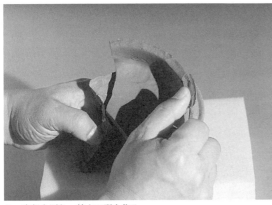
1　直径を測り、粘土で型を作る。

2　回転台上に置いた粘土の型に据える。

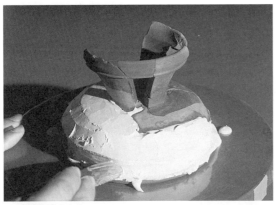
3　補填材を入れる。

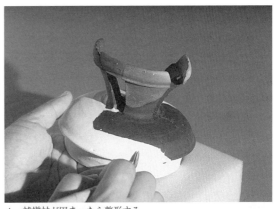
4　補填材が固まったら整形する。

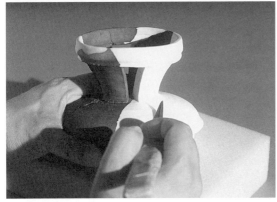
5　細部の整形。

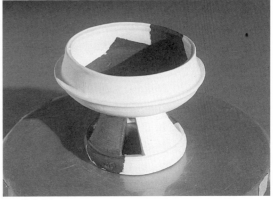
6　仕上がり。

図65　復元の手順

くいので、削るタイミングに注意する。

細かい凹凸が目立つときには、水をつけた耐水性の紙ヤスリで磨けば、平滑に仕上がる。細部の文様は、彫刻刀などを用いて彫り込むが、それらは残存部分から推定できる範囲にとどめ、別の類例から推測して復元するのは避けたほうがよい。

整形が完了したら、器面保護のために塗った粘土を洗い落としておく。なお、補墳材は、削るさいに細かい粉末として飛散するので、必ずマスクを着用し、健康被害を受けないようにする。また、削り屑は、適切なかたちで処理しなければならない場合もある。

3 着 色

着色の必要性 整形の完了後、補填した部分の着色をおこなう。とくに、石膏は白色のため、そのままの状態で写真を撮影すると、ハレーションを起こしてしまう。それを防止するために、適度な着色を施すことは必須である。ただし、補填材と土器本体が似た色調のときには、着色が不要なこともある。

着色作業の実際 絵具は、土器に近い質感が出せるものを使用する。一般に、土師器や須恵器には水彩絵具が、釉のかかった陶磁器類には光沢のあるアクリル絵具が適している。着色の範囲は、写真撮影などで見える部分とし、深鉢などの内面まで塗る必要はない。

着色にあたっては、まず、絵具を何色も混ぜて、下地の色を多めに作る。絵具そのままの色と石膏に塗った色は異なることが多いので、不要な石膏に試し塗りして色見とし、調子を整えるとよい。土器本体の色が部分的に違っている場合は、色を変えて塗り分ける。土師器や須恵器では、少量の補助剤（モデリング・ペースト）を混ぜると、素焼きの質感が出しやすい。

次に、毛足が短くて硬いタタキ筆を用いて、ぼかし気味に塗り、微妙な色の変化をつけていく。金網を使って霧状に飛ばす方法（図66下）も有効であるが、本体をテープなどで保護し、汚さないようにしなければならない。

着色は、本体部分に似せることが原則だが、残存部と復元部の区別がつかなくなるのは行きすぎであり、判別できる程度が望ましい。ただし、展示など公開・活用に供するものに関しては、理解を助けるために、よく似せることもある。

以上の工程は、専門の業者に委託しておこなうこともできる。その場合、本来の姿にきわめて近く仕上げるのも可能であるが、経費もそれに応じて必要となる。目的に応じて使い分けたい。

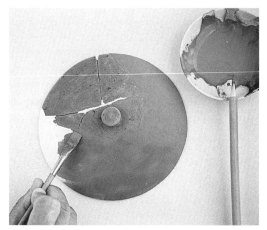

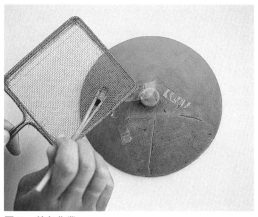

図66　着色作業

第10節
写　真

1 遺物の撮影

目　的　遺物撮影は、目視に近い遺物の形状や、実測図では表現しにくい遺物の材質感・立体感・遠近感、文様、製作時の加工痕や調整痕、使用痕などを、印画紙や紙面上に陰影の強弱と濃淡、色彩によって克明に再現し、観察資料として供することを目的としている。また、保存処理前後の遺物の変化の有無などを確認する写真や、遺物の詳細を示す細部写真を撮影することもある。

　これらの遺物写真は、おもに報告書に掲載するほか、展示にともなう図録類に掲載する場合もある。そのため、被写体が印刷物上に忠実に再現され、細部が観察できなければ意味がなく、製版・印刷という再現工程に適した、明瞭・精緻な高品質の写真を制作する必要がある。また、報告書からの二次的使用（再利用・複製）にも耐えられる品質の撮影が求められる。

画像処理　遺物写真は、撮影時の原形を記録・伝達するという重要な役割をもつ。一方、近年は、デジタル撮影したデータや、フィルムからスキャナーによりデジタル変換したデータを、コンピューター上で簡単に加工できるようになった。しかし、画像の安易な変更は、記録性やオリジナル性が失われるなどの問題を内包している。

　したがって、撮影後の画像処理は、あくまでも印刷物に再現するうえで必要な強調処理や、露出・コントラストの調整、トリミング、画面のリサイズ（拡大・縮小）など、最小限にとどめるのが望ましい。それ以外の加工をする場合は、そのつど、オリジナルでないことを示すために、「誰がどのような加工をした写真か」を明記する義務がある。文化財写真は、オリジナルであるかどうかが重要な意味をもつので、ほかの分野の写真と同列に考えてはならない。

2 撮影機材

カメラ　カメラは、遺跡撮影と共通するものが多く、機種によっては併用することもできる。ただし、大判カメラの場合は、ビューカメラを使用するのが望ましい。機能上、遺跡撮影に使用するフィールドカメラよりもアオリ量が大きく、作業能率もよい。また、種々の被写体への対応も可能である。カメラとレンズの選択では、将来の検証資料として活用できるように、高解像度で、より鮮明な画像が得られることを優先する。

　カメラは、解像度、鮮鋭度、印刷適性、経済性、取り扱いなどを総合的に判断すると、4×5in判を常用するのが望ましい。また、4×5in判のカメラの機能特性をそのまま利用するために、6×7cm判や6×9cm判などの交換フィルムホルダーを取りつけて使用することもある。

　35mmカメラでの撮影は、ピントの調節や形の矯正、遺物の質感、色表現などのあらゆる点で大判や中判のカメラより劣っており、表現には限界がある。ただし、石鏃や玉類など、長さが3cm以下の小さな遺物1点を比較的解像度のよい画面の中心付近に据えて、等倍あるいは1/2で俯瞰撮影するときには利用できる。

　デジタルカメラで撮影する場合には、少なくとも6×7cm判のフィルムと同等以上の解像度をもつものを選択する。遺跡撮影での仕様と同じく、短辺4,000ピクセル以上のデジタルカメラを使用するのが望ましい。

レンズ　遺跡撮影では広角レンズの使用頻度が高いが、遺物撮影では、資料の正確な形を伝えるために、歪みが少なく、適度な被写界深度が得られる中望遠系レンズを使用する。一般に「標準」といわれる焦点距離のレンズは適していない（図67）。また、ズームレンズは、特殊なものを除いて

単焦点レンズより性能が劣り、かつ焦点距離が安易に変えられるため、見込み角度を一定にすることが難しく、使用はできるだけ控えたい。

感材 カラーフィルムは、遺跡撮影と同じくリバーサルフィルムを使用し、彩度が高すぎないものを選択するのがよい。文化財写真では、被写体本来の色に近い色再現ができるかどうかを優先する。報告書の印刷が前もって白黒ページと決まっていれば、通常は白黒フィルムで撮影し、白黒写真に焼きつけて版下にする。

しかし、最近では、デジタル写真の隆盛にともなって、現像所や写真店の現像・焼付技術が低下し、白黒のフィルム現像や現像後のネガの保存性やプリント仕上がりの品質が不十分で、かつ単価が高いという問題が生じている。そのため、白黒印刷にもかかわらず、カラーリバーサルフィルムで撮影して版下にすることもある。

ただし、こうした場合、製版・印刷会社や担当者の知識と技術が、仕上がり具合に顕著にあらわれる。しかも、調子見本となるべき確実なものが存在しないため、入稿から印刷・納品にいたる十分な管理が必要になるとともに、納品までの期間がこれまでよりも長くなりがちになることも念頭におかなければならない。

なお、重要な遺物や、現状の維持が難しい有機質遺物・植物遺存体などは、印刷するかどうかにかかわらず、カラーリバーサルフィルムと白黒フィルムの両方で撮影しておく。

感度は、一般的に中感度といわれるISO100を常用する。粒子が粗い高感度フィルムのむやみな使用は控えたい。

デジタル撮影では、画像の正確な色調再現や記録が可能で、用途に応じた画像作成ができるよう、撮影時に適切なホワイトバランスを設定したうえで、無彩色のグレーカードなどを写し込んだRAWデータでの撮影を基本とする。

背景 背景（バック）は、通常の撮影では、市販されている写真専用の無地のものを使用し、蛍光増白剤が多く含まれたケント紙などは用いない。また、被写体ごとに背景紙の色や彩度、濃度を変えると、それぞれの被写体を比較検討しにくくなるので、避けるようにする。

カラー撮影では、有色の背景紙は、被写体に背景自体の色が反射し、被写体本来の色再現の障害となるため、ポスターや特殊効果を目的にする場合以外では使用しない。

また、黒色の背景紙を用いると、表面が反射する土器や陶磁器類などは輪郭を明瞭に再現できな

a　広角レンズ

b　標準レンズ

c　中望遠レンズ

図67　レンズの焦点距離による見え方の違い

いことが多い(図68-a)。一方、灰色の背景紙は、被写体個々の明暗の差によって、背景の明度が一様にはならない。したがって、黒色や灰色の背景紙も、限定的な目的にのみ使用する。グラデーションの背景紙も、同じ理由で、遺物写真には不適当である。

報告書への掲載を目的とした撮影では、カラーと白黒を問わず、被写体に与える影響やその後のレイアウト、製版・印刷などの要素を考慮すると、どのような被写体であっても、背景には白色を常用することが望ましい(図68-b)。

白色は、灰色や黒色などの無彩色の中でもっとも階調が乏しく、被写体の濃淡に左右されにくい。それは背景に情報がないということであり、遺物を比較・検討する条件として好都合である。

背景紙の大きさは、被写体の大小や高低に合わせて調節する。市販の規格品（2.7×10～11m）を鋸などで適度な幅に切断して使用すればよい。小さい被写体に対して必要以上に大きな背景紙を用いると、コントラストの低下を招く。

木製品など水に濡れた被写体の背景には、無地で艶消しのメラミン化粧板を使用すると経済的である。ガラス製品や玉製品、極小の被写体の背景にも、これを用いる。乳白色のアクリル板を、白色の背景紙の代わりに利用してはならない。

室内で背景紙を置く位置は、十分な撮影距離が確保でき、壁・天井の影響や制約を受けない場所がよい。また、背景と壁との間には一定の空間をとり、上方からの光源を、背景の後ろ側から照射できるようにする。

照明機材　光源は、太陽光に近似した色温度のストロボ光を使用するのが望ましい。ストロボ光は、ブレの防止や発色の安定性、フィルムの入手などの点で適している。また、接写や近接撮影では、とくにブレ対策が必要であり、その点、瞬間光であるストロボ光は有効である。500～1,000W電球のタングステン光源より高額となるが、その後の維持管理費は安価で、撮影量が多い組織では経済的ともいえる。

デジタルカメラでの撮影は、光源によって色調再現が左右されるフィルム撮影と違い、基本的には光源を選ばない。このため、ライティングの状況がストロボ光よりつかみやすいタングステン光でもよい。ただし、普通の蛍光灯光は、輝線波長を含むため、デジタル撮影であっても、色再現時に問題が生じる。

a　黒バック

b　白バック

図68　背景による見え方の違い

厳密な色再現を求めるためには、RAWデータで撮影し、データ現像処理のさいに正確な色調再現をおこなって、TIFF形式やJPEG形式などの汎用画像データに現像する。ただし、いったん汎用画像形式にしたデータは補正が困難なので、注意を要する。

かつて建物の軒下などでおこなわれていた、自然光による屋外撮影は、天候の変化や時間帯などによる色調の変化が避けられない。また、光を調節することが困難なため、光の回りすぎた平板な写真になってしまう。つまり、目的に合ったライティングができず、意図した表現ができない。

デジタルカメラによる屋外撮影の場合でも、グレーカードなどを利用することで、色調の再現は可能だが、フィルム撮影の場合と同じく、安定した撮影は望めない。

写　場　遺物の撮影は、専用の写場でおこなうのが最良である。

写場は、実際に撮影に使用する空間だけでなく、照明用の空間や、遺物の配列を検討したり器形や大きさで分別したりする場所、撮影方向や撮影高度を考慮した空間など、できるだけ広い面積で天井の高い空間を確保したい(図69)。狭い面積しか確保できない場合には、扉の位置が撮影場所の後ろの延長線上に位置するように工夫して、撮影時の引きを確保する。

壁や天井の色は、反射や写り込みを防止するために、白以外の無彩色系とする。とくに艶消しの黒色がよく、床も無彩色が望ましい。狭い撮影場所では、とくにこれらの点に配慮する。

プレハブ建物や振動の多い場所にある建物は、資料の転倒やカメラブレをおこす危険性があるので、簡易な撮影であっても適していない。写場を設置する場所は、搬入・搬出や重量の大きい被写体のことを考慮すると、1階がよい。また、窓から入る外光が撮影時にさまざまな悪影響を及ぼすため、できるだけ暗黒になる設計が望ましい。床材は、凹凸がなく、滑り防止の配慮がなされていればよい。

電気容量は、最大使用予定量によっても異なるが、最低でも30アンペア分を2ヵ所確保する。タングステンランプを使用するのであれば、1回路1灯を原則としたい。

このほかに、フィルム交換などを目的とした1m四方程度の暗室を備えたい。

図69　写場の例

3 撮影の方法

アオリの活用　アオリとは、目的に合った画像を得るために、カメラのレンズ部分と結像するフィルム面の位置を移動させたり、傾けたりする、一連の操作の総称である。撮影目的の違いによって異なるが、アオリには、レンズ面、フィルム面、もしくは両方の操作があり、これらを組み合わせることで、目的や意図にかなった撮影をすることができる。

　水平方向を軸にして、レンズ面あるいはフィルム面を前後に回転させる操作をティルト、垂直方向を軸にして左右に回転させる操作をスイング、上方向に垂直に移動させることをライズ、下方向

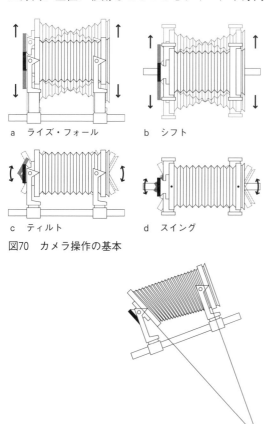

a　ライズ・フォール　　b　シフト
c　ティルト　　　　　　d　スイング
図70　カメラ操作の基本

図71　ティルト

a　6×7cm判で絞り込んで撮影

b　4×5in判でティルトを使用し、開放値で撮影
図72　絞り込み・ティルトによる撮影

第Ⅲ章　遺物の整理

に垂直に移動させることをフォールという。また、上から見て左右に移動させることをシフトという(図70)。

ティルトとスイングは、光軸を歪めることで、ピントの調節や形の矯正をおこなう操作である。両者は、動かす軸が水平か垂直かの違いはあるが、目的や効果は同じである。一方、ライズ、フォールとシフトは、ファインダー内に映っている画面範囲の中で、対象を上下左右に移動させることができる。こちらも上下に移動するか左右に移動するかの違いで、目的や効果は変わらない。

立面撮影で、遺物の手前から奥までピントを合わせるには、ティルトを使う。具体的には、撮影面を手前に延長し、フィルム面を下に延長させる。その交点にレンズの延長がくるように操作すると、ピントが合う(図71・72)。

箱物などの撮影で、左右の輪郭が平行になるようにするには、遺物とレンズ、フィルムの三者がお互いに平行になっていればよい。この場合は、ライズやフォールをおもに使うが(図73)、アオリ量を大きくするため、ティルトの操作と併用する場合が多い。

遺物の配列　報告書への掲載を目的とする遺物の撮影では、撮影前に写真図版の大まかなレイアウトを決め、それを念頭において遺物の配列を決定し、撮影するのが望ましい(図74)。そのほうが、後日の報告書作成などの効率化につながり、結果的に期間や経費の節約になる。

撮影する遺物の配列にあたっては、以下の点に注意する。

まず、遺物の天地を間違えないようにする。天地を間違えて撮影すると、製版で向きを修正して

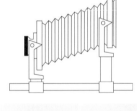

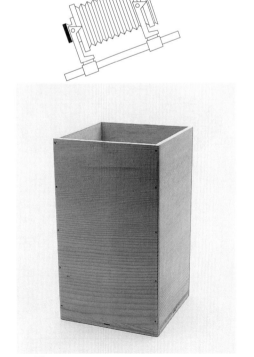

a　補正なし

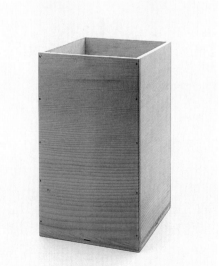

b　補正あり

図73　フォールによる形の補正

Ⅲ-10 写　真

も、光線の方向の違いにより、違和感を与える。

　集合写真などの場合は、遺物の時期、出土地点や層位、器種などにおいて、撮影意図とは異なった資料が混入していないか注意する。

　また、極端に大きさの異なる遺物は、一緒に撮影することを避ける。そして、遺物の高低差が被写界深度内に収まるかどうかを確認する。

　さらに、フィルム再現域を超える極端に白い（反射率が高い）被写体と黒い（反射率が低い）被写体が混在しないようにする。また、主光源（影をつくる光源、メインライト）の照射方向を変えるべき遺物が混在していないかどうかも注意する。

　複数の土器片などを配列するときは、相互の間隔が狭いほど撮影面積もせばまり、同じ点数であれば、結果的に被写体自体を大きく写すことができる。それによって、画像の解像度と得られる情報量も増す。

4 撮影形式とライティング

　遺物撮影には、立面撮影と俯瞰撮影、集合撮影の形式があり、それぞれに応じたライティング方法を整理して使い分ける。どのセッティングで撮影するかは、立体感の有無、写真と実測図の役割分担、図版のレイアウトや製版・印刷のことも考慮して決定する。

立面撮影　立面撮影は、「影」を生かし、余白部分のとりかたで被写体の大まかな大きさを印象づけ、立体感を損なわないように背景を生かすことを目的とした撮影である。印刷物上では、背景まで含めて写真の枠として使用する、角版の写真となる。図75は、立面撮影の基本的なセッティングを示したものである。

　この場合のライティングは、土器の口縁部や胴部などの適切な形と立体感を得ることが必要である。そのため、影と陰影をつくる主光源と、背景の光量不足を補い、適度な背景濃度にするなど、

a　1枚組み

b　表と裏

図74　集合写真の例

背景の明暗度を調節する目的で後方斜め上から照射する天光源（スカイライト・トップライト）、陰影の明暗度を調節する補助光源（フィルインライト）の三者を組み合わせる。同図では、補助光源としてレフ板を使用している。

なお、被写体の形と置き方、撮影高度など、場合によっては、天光源を主光源とし、前方からの光源を補助光源にすることもある。また、主光源・天光源・補助光源のいずれも、基本的には拡散光・間接光を照射するようにする。

カメラアングルは、被写体である遺物の印象に大きく影響する部分である。写真は、レンズに近いほど大きく写り、遠いほど小さく写る。レンズの焦点距離によりその影響は変化するが、撮影時には、それぞれの遺物の表現に適したカメラアングルを選択しなければならない（図76）。

撮影台は、特別な仕様のものは必要ない。大きな遺物や重い遺物の撮影、あるいは集合写真の撮影以外では、横幅90～120cm、厚さ1cm程度のベニヤ板を利用し、机や適度な高さの台に乗せて撮影台とすればよい。

被写体を置く位置は、大きい被写体では背景から離し、小さな被写体は近づけるのが基本である。高さのある被写体は、背景に近すぎると影が背景に投影され、観察者に不要な情報を与えることになる（図77）。また、背景にもピントが合い、立体感が損なわれてしまう。逆に、皿のような低く小さな被写体は、背景の近くに置くことで背景の反射を利用し、白のヌケ具合を調節する。小さな被写体では、背景にピントは合いにくい。

俯瞰撮影　俯瞰撮影は、個々の被写体の形状を的確に表現することを目的に、多くの場合、被写体のみを背景から分離して、真上から撮影する撮影形式である。印刷物上では、被写体だけを残して製版・印刷する、切り抜き（ときにはツケバッ

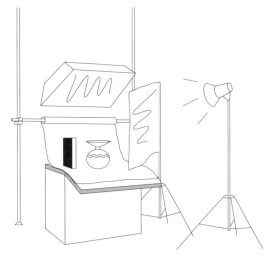

図75　立面撮影の基本的なセッティング

図76　カメラアングルによる見え方の違い

ク）の写真となる。自立しない土器片や、文様を重視する鏡や軒瓦、立体感より文字を明瞭に表現したい木簡などの遺物は、一般に俯瞰撮影する。

俯瞰撮影では、陰影は必要だが、影は不要である。そして、カメラと被写体が正対すること、被写体の真下に光源をおかないことに留意する。

図78には、俯瞰撮影の基本的なセッティングを示した。遺物を何らかの手段で浮かせることにより、「影を逃がす」のが基本となる。通常は、厚さ4mm程度の透明ガラスを利用して、適度に背景と被写体との間隔をとる。

四角く組んだ枠の上にガラス板をのせ、その上で遺物の向きや傾きを粘土や木片で調節し、固定する。ライティングは、拡散光で照射する主光源と、陰影の強弱を調節するレフ板、遺物の輪郭と背景をより明確に分離するため、背景にのみ横方向から照射する下部の光源からなる。

俯瞰撮影は、被写体の真上にカメラやレンズを置くので、それらが落下して資料を破損するおそれがある。したがって、撮影時には道具や機材の取扱いに注意し、必ず予防処置をとる。

集合撮影　集合写真は、報告書の口絵写真などのほか、パンフレットやリーフレット、図録への掲載などを目的として撮影する。時期ごとの遺物の組み合わせやその変遷、器種・器形のまとまり、一括遺物、遺跡や遺構ごとの代表的遺物などを1枚のカットで表現し、理解を助けることを意図している。

集合で撮影するさいには、意図した組み合わせと異なる遺物が混在しないように注意する。そして、高解像度・高鮮鋭度で詳細がとらえられる写真とすることを心がける。

ライティングの基本　被写体の表面性状（材質感）を表現するには、もの自体に「陰」と「陽（ハイライト）」をつくり出し、広い階調を得る照明法を選択する。

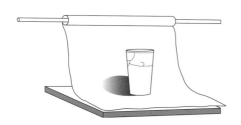

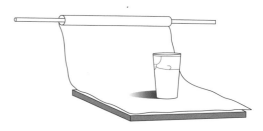

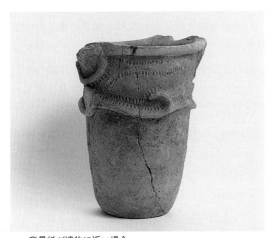

a　背景紙が遺物に近い場合

b　背景紙と遺物の間隔が十分にある場合

図77　背景紙と遺物の間隔による影の違い

複数の影の存在や下方からの照射は違和感を与えるので、主光源は一つを基本とし、上方から照射して、影が必ず下方に出るようにする(図79)。たとえ、使用する主光源の灯数が複数であっても、影は一つにする。光源と拡散紙の間隔を適度に広げることで、それが可能になる（図版4上）。ただし、光源の数が増えるにともなって、照明でのコントラストは低下する。

材質感を表現するには、撮影レンズと離れた方向から照射するのが一般的である。すなわち、反対方向側である逆光のほか、土器の文様や製作技法を描写するための、上方からの適度な照射が効果的である。レンズと光源が接近した、いわゆる順光では、材質感を表現できない。

遺物撮影では、特殊な被写体を除き、光を直接照射することはまれである。通常は、光を拡散する材質のトレーシングペーパーや専用のディフュージョンフィルムなどを、被写体と光源の間に置いて拡散光とするか、板状や壁状の物体（レフ板など）あるいは写真専用のパラソルなどに照射し、そこから反射した光を間接的に得る（バウンス光）。このほか、布や金属で囲った中で発光させ、その光を間接拡散して光源とする方法（バンク）もある。簡易バンクには、大きさなどさまざまなタイプの市販品があるが、一度に複数のバンクを組み合わせることは少ない。

主光源の照射は、被写体の表面性状によって変える。材質感をあらわすため、土器など表面がザラザラした粗面体は被写体自体に直接照射することもあるが、陶磁器や金属製品、黒曜石などの光沢面体や輝面体では間接光や拡散光を照射し、ガラスなどの透明体は逆光による照明を用いる。

5 さまざまな遺物の撮影

土　器　復元した土器の場合、石膏を入れた部分が白や明るいグレーのままでは、フィルムの再現域に収めることができないので、土器の色調に合わせて彩色しておく(図80)。

自立する土器は立面撮影、自立しない破片類は俯瞰撮影とする。

土器を据え置くさいには、傾きや接地面を調節したり、固定したりする必要がある。それには各種の方法があるが、練り消しゴムや紙筒などを支えにしたり、油粘土に粉石鹸を練り込んだものをはさみ込んだりすることが多い。

図81-aは固定剤を用いずに撮ったものである。口縁部の正しい形が見えず、遺物写真としての目的が果たされていない。

写真では、被写体周辺の余白の広狭によって、その土器の大小を感覚的に表現することができる(図82)。それを示すために、通常は角版で掲載する。余白が広ければ小さい遺物、狭ければ大きな

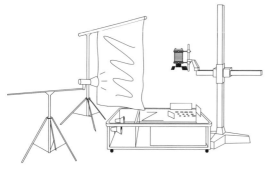

図78　俯瞰撮影の基本的なセッティング

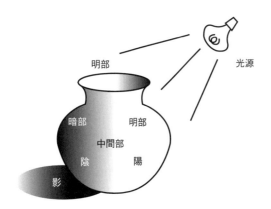

図79　ライティングの基本

Ⅲ-10 写　真

遺物と感じる。したがって、小さな遺物の余白が大きな遺物の余白よりも狭くならないようにするのが原則である。

石　器　小さな被写体をまとめて撮影するときほど、より大判の写真でなければ材質感は表現できない、という写真の原則がある。石器には極小の資料も多く、加工痕や使用痕も微細であり、より大判のカメラによる撮影が必要になる。重要な遺物の場合は、原寸撮影する（フィルム上に実物と同じ大きさに撮る）こともある。撮影にさいしては、形状ばかりでなく、製作技法や手法の表現を心がける。そうした目的で拡大撮影をおこなうこ

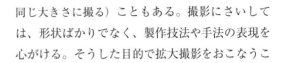
a　固定材を不使用

a　石膏復元したが着色をしていない遺物

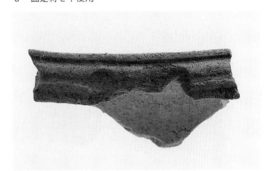
b　固定材を使用

b　石膏復元して着色した遺物

図80　着色の有無による違い

図81　固定材の有無による違い

図82　余白のとり方による違い

ともあるが、拡大撮影では、蛇腹の伸び加減に応じて露出値を補正する必要がある。これを露出倍数という。

　照明は、磨製石斧や黒曜石などの光沢質の被写体では、レフ板の代わりに、反射光質がより硬質である鏡を用いることが多い(図版4中)。

　石鏃や石斧など、形や製作技法が近似した資料が大量に出土している場合には、図版のレイアウトに合わせて、一括で撮影することもある。

　撮影法は俯瞰ばかりでなく立面撮影も併用し、資料がより立体的に見えてわかりやすい写真を撮るように心がける(図83)。

金属製品　金属製品は、保存処理前と保存処理後の両方の状態を撮影する。報告書には、錆などを除去した、クリーニング後のものを掲載することが多い。処理前の撮影では、実測図と同じく表面・裏面と側面を撮ることもあるが、報告書掲載用には立面撮影を用いて、1枚の写真で理解できる立体的な写真を撮るようにする(図84)。

　重要な遺物は単体で撮るが、同種のものが数多く出土しているときや、同じ遺構からの一括遺物、小さな資料などは、土器片と同じく、レイアウトを先に決めて撮る。

　保存処理後の遺物は、処理法によっては、出土時点での本来の材質や色彩が損なわれることもあり、何らかの手当てを必要とする場合がある。

木製品　木製品は、保存処理によって原形が損なわれるおそれもある。そのため、必ず保存処理前の撮影をする。報告書にも、形状や表面の状態がより原状に近い、処理前の写真を掲載することが多い(図85)。

　ほとんどの木製品は、遺物表面の水分をある程度吸い取った状態で撮影する。形状や樹種の表現はもちろん、加工痕や使用痕などを写すには、水漬けの状態から取り出して濡れたままでの撮影では、その目的が果たせない。多くの水分を含んだ

図83　石器の俯瞰撮影(上)と立面撮影(下)

図84　金属製品の撮影

状況では、質感が損なわれ、反射率も低下する。そのため、フィルム上に適度な濃度とコントラストを得ることが難しく、適正露出が得られないことも多い。

針葉樹は、比較的短時間で表面の水分をとることができるが、広葉樹でできた鍬や鋤などは、時間を要する。ただし、あまり乾燥させすぎないよう、遺物の状態に配慮しながら円滑に作業を進める必要がある。なお、こうした乾燥防止のさい、脱脂綿などをガーゼでくるんで作ったシートを木製品にかぶせると、その綿ボコリが表面に付着して撮影の妨げとなるので、不織布など、綿ボコリの出ないシートを利用する。

木製品の撮影法は、金属製品と同じである。ただし、まだ水分の多い処理前の状態では、光の反射率が極端に低下するので、撮影露出の決定が難しい。白黒フィルムでは、入射光式露出計が示した値から1〜3絞り分ほどオーバー側を目安として撮影する。しかし、カラーリバーサルフィルムでは、白黒フィルムのような大きな補正値での撮影はできない。1絞り以内での補正値で撮影結果が露出不足であれば、資料に含まれる水分をより減少させるしか方法はない。

刀子のように、鉄製品などと組み合った木製品は、原則として組み合った状態で撮影するが、分離可能な状態であれば、それぞれ個別の状態でも撮影するのが望ましい。木製品と鉄製品が別々に保存処理されるさいに、分離した状態を記録しておく意味もある。

建築部材の場合は、全体と細部について、おのおの撮影する(図86)。全体の撮影では量感を把握できるようにし、上面と側面、木口などをほぼ正投影できるよう撮影する。屋外で撮影するときは、日陰になる場所を選ぶ。

建築部材の細部写真は、実測によって得られた知見をもとに、特徴的な部分を撮影する。その特

図85　木製品の撮影

図86　建築部材の撮影

第Ⅲ章　遺物の整理

徴を効果的に表現できる構図とし、ライティングも工夫する。そのさい、細部の痕跡だけを撮影すると、どの位置の写真かわからなくなってしまうので、その材の目印となるような部分を少しでも写し込んだ構図にする。

動植物遺存体　動植物遺存体は、通常、俯瞰撮影をおこなう。遺物の色が白系統であっても、黒バックで撮影をおこなうのではなく、基本的には白バックで撮影するのが望ましい。背景の項（90頁）で述べたのと同じ理由だが、それに加えて、切り抜きのさいに遺物周辺の境目が黒くなりすぎるため、作業が難しいことが挙げられる。

俯瞰撮影による白バックの集合写真では、すべてにわたって的確に表現するのは難しく、遺物の一部が白くとんでしまうことが多い。したがって、個別に単体で撮影し、レイアウト時に切り抜きをおこなって集合写真とすることもある。

そうした撮影では、透明ガラスの上に遺物を置くさいに、遺物の形よりわずかに大きく切り抜いた黒紙でマスクを作り、下方から遺物に光が当たっている周囲の余分な反射を取り去る（図87）。こうすることで、背景と遺物の境目がはっきりし、背景と同化することもほとんどなく、切り抜きもおこないやすくなる。

一方、種子などは、標本を目的とした撮影でなければ、俯瞰撮影ではなく、基本的には立面集合写真による、撮影倍率を意識しない撮影が望ましい（図88）。とくに、コメやウリのように小さな種子は、たとえば短粒種と長粒種など、種子ごとに比較したい場合は、原寸大以上に撮影あるいは引き伸ばしをするが、通常の撮影機材では等倍以上の撮影は難しい。また、引き伸ばした場合でも、ボケを生じやすい。等倍以上で撮影できないわけではないが、被写界深度が極端に浅くなってしまう。そのため、こうした原寸大以上の倍率での撮影は、カメラよりも、実体顕微鏡などを利用したマクロ撮影が適した領域といえる。

なお、フィルムではなく、撮像板の小さなデジタル一眼レフカメラ（APS-Cやフォーサーズ）を使用すると、カメラの特性上、1.5〜2倍程度の撮影であれば、比較的鮮明な画像を簡単に撮影することが可能である。

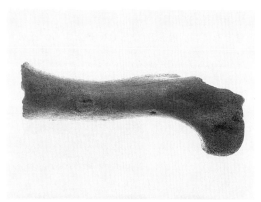

a　マスクなし

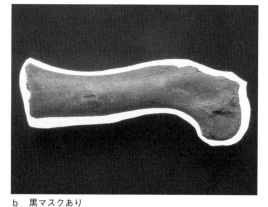

b　黒マスクあり

図87　骨の撮影

図88　種子の撮影

6 遺物写真の現像処理

現像・プリントの濃度とコントラスト　被写体の材質感や色調を的確に伝えるには、適度な濃度とコントラストの調節が必要となる。適切な現像処理がなされたかどうかは、その資料の情報量の多寡を左右する。

カラーリバーサルフィルムは、現在、いずれのメーカーの製品であっても、世界的に普及しているリバーサルフィルム現像の処方E－6もしくはそれと同等の処理がなされ、現在の需要が維持できるかぎり、処理自体に問題はない。

一方、白黒フィルムは、カラーリバーサルフィルムのような厳密な処理工程をへなくとも画像が現れ、現像処理工程の影響を受けやすい。撮影時の露光量が適切であったとしても、組み合わせの悪い現像液の選択や、不適切な現像処理時間や処理温度による現像であれば、意図した調子のネガやプリントは得られない。

必要となるのは、撮影時での適正な露光量、使用したフィルムに対する適切な現像処理、印画紙に対する適度な露光量とコントラストの選択、適度な現像時間などである（図版4下・5上）。

なお、4×5 in判のようなシートフィルムは、1枚ごとに画像に適した現像処理をすることができる。しかし、6×7 cm判のようなロールフィルムは、個々のコマに対処した現像処理ができない。そこで、ロールフィルムの場合は、遺構と遺物を一本のフィルムに写すことは避け、遺構が写ったフィルムと遺物が写ったフィルムは同時に現像処理しないようにする（発掘編261頁）。

通常、遺物を写した白黒フィルムは、背景の白のヌケを調節する目的で、遺構を写したコマよりも現像時間をやや長くし、コントラストを少し高くする。なお、1本のフィルムに大きく露出を変えたものを写し込むと、どの露出のコマに対して適切な現像なのか、基準が曖昧になってしまう。現像処理を外部に委託している組織では、これらの点にとくに気をつけなければならない。

写真には、撮影時での照明のコントラストやフィルムの違い、露光量、現像時間、現像薬品の違い、印画紙用階調コントロールフィルターの違い、引き伸ばし時での露光量など、濃度とコントラストを変化させるさまざまな要因がある。したがって、日常的に写真に対して評価・判定する意識をもち、経験を積み重ねて、それぞれについて適切な選択ができるようにしておきたい。

デジタル写真の現像処理　デジタル写真撮影はRAWデータでの撮影を基本とするが、RAWデータは将来的な恒久性や汎用性が確保されていない（発掘編262頁）。よって、長期保管や活用のためには、RAWデータでの保存とは別に、TIFF形式などの汎用性のある画像形式にコンバートしなければならない。この処理を、デジタル写真では現像とよぶ。

データ現像処理のさいには、適切なカラープロファイルのもとでホワイトバランスを設定し、後の検証に役立つグレーカードを写し込んだ画像も含めて、TIFFなどの画像形式に現像しておくことが必要である。

第11節
遺物の保存処理

1 保存処理の必要性

遺物の劣化　発掘作業にともなって出土する遺物は、長い年月にわたって土中に埋まっていた過程で腐朽や腐食が進行し、消失しかかっているものもあれば、ほとんど劣化していない状態のものもある。その劣化状態は、遺物の材質や埋蔵環境によって、千差万別である。また、本来の姿をある程度とどめている遺物は、埋没後のある段階で、劣化速度が緩慢になったものと考えられる。

保存処理の目的　地中から遺物を取り上げると、遺物を急激にあらたな環境にさらすことになり、著しく劣化を進行させる場合がある。

そうした劣化の進行をできるかぎり抑制して、適切な方法で安定させ、国民の共有財産として保存・活用できる状態にするのが保存処理の目的であり、埋蔵文化財の発掘調査をおこなう者としての重要な責務の一つである。

2 保存処理前の作業

A 一時保管と保存処理記録カードの作成

一時保管　取り上げた遺物の中から、保存処理を必要とするものを選別し、まず、付着している土を洗浄して除去する(12頁)。その後、本格的な保存処理をおこなうまでの間、適切な方法で一時保管する。たとえば、水漬けの有機質遺物の場合は、その状態を保ち、金属製品であれば、酸素と水を遮断した環境を作り出す。

しかし、このような状態にある遺物は、不安定で取り扱いにくく、徐々に劣化は進行する。したがって、そうした保管は、あくまでも一時的な措置であることを認識し、できるだけすみやかに保存処理を実施しなければならない。

保存処理の記録　遺物の安定化のためには、現状を正確に把握し、それに応じた保存処理の方法

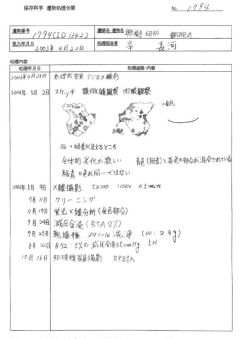

図89　遺物保存処理記録カードの例

図90　保存処理遺物データベースの例

を検討する必要がある。そのさいには、遺物ごとに保存処理の記録を残し、遺物とともに管理する。これによって、遺物に何らかの問題が生じた場合も、記録を参照して、適切な処置を施すことができる。

図89・90は、遺物の保存処理の履歴を記録するカードの例である。これは、保存処理を必要とする遺物が選別された段階で作成するのが望ましい。個々の遺物に対して、それぞれのカードを作成し、必ず実物とカードとを対照することができるようにする。

このカードには、保存処理に先立っておこなわれた洗浄方法や、一時保管の方法についても記録する。それらは、以後の事前調査やクリーニング、安定化処理のさいにも重要なものとなる。そして、これに、事前調査で明らかとなった遺物の現状に関する知見や、それにもとづいて施した保存処理についての記録を付加していく。

また、保存処理の過程では、各種の図面や写真などの記録が蓄積される。とくに、保存処理の前後の写真は重要であり、さまざまな角度からの撮影と細部の接写が求められる。そうした図面や写真などの記録類の内容と所在についても、このカードに記録する。

以上のような記録カードの必要性は、保存処理を外部に委託する場合でも変わらない。

B 事前調査

目 的 遺物の保存処理をする前には、必ず事前調査をおこなわなければならない。事前調査の目的は、遺物を構成している材料の材質と、その材料の劣化程度、遺物の構造を明らかにすることである。この結果をもとに、遺物に応じた保存処理法を検討することになる。

肉眼観察 事前調査の中でもっとも重要なものが、遺物の肉眼観察である(80頁)。それによって、遺物のどの部分をどのような手法で保存処理すべきかの手がかりが得られることがある。

肉眼観察では、保存処理記録カードに遺物をスケッチしながら、所見を記録する。実測図があれば、それを利用すればよい。構造分析や材質分析が必要となる部分については、その目的と手法も簡単に記しておく。

機器を利用した観察と分析 肉眼観察後におこなわれる調査は、観察的手法によるものと、機器分析的手法によるものに大別できる。

観察的手法は、より詳しく見る方法と、見えない部分を見る方法に分けることができる。前者には、実体顕微鏡などの光学顕微鏡を用いた観察、走査型電子顕微鏡を用いた観察などがある。後者には、遺物の内部の状況を写し出すX線透過撮影やXCT（X線コンピューテッドトモグラフィ）、中性子ラジオグラフィ、遺物の表面に残るわずかな墨書などを読むさいに用いられる赤外線画像観察などがある(81・82頁)。

機器分析的手法には、電磁波を用いる方法と分離技術を用いる方法がある。前者には、蛍光X線分析、X線回折分析、フーリエ変換赤外分光分析、紫外可視分光分析、蛍光分光分析、ラマン分光分析などの多くの方法がある。後者には、ガスクロマトグラフィ、液体クロマトグラフィなどの方法があり、それぞれ質量分析計と組み合わせることで定性定量分析が可能である(82・83頁)。

C クリーニング

金属製品の錆の除去 金属製品は、通常、各種の錆に覆われている。安定した錆に覆われたために腐食が抑制されることもあれば、錆が原因となって腐食が進むこともある。すなわち、錆には内部の金属を保護する錆と、進行性の錆がある。

クリーニングでは、進行性の錆は除去することが必要だが、内部の金属を保護する緻密な安定した錆は除去しないほうがよい。後者を除去すると、内部の新鮮な部分があらたに外気（酸素と

水)にさらされ、錆が進行してしまうことになる。

　金属製品のクリーニングでは、グラインダーやメス、彫刻刀、ニッパーなどを用いて錆を削り取っていく。エアブレイシブを用いてアルミナパウダーなどを噴きつけ、除去することもある。

　そのさいには、事前調査で撮影したX線透過撮影像などを参考にして、遺物の外形を確認しながら作業を進めていく。細かな部分のクリーニングなどでは、実体顕微鏡を使って作業をするほうがよい場合もある。

　なお、クリーニングの作業中にも、事前調査ではわからなかったことが判明することがあるので、観察を怠らないようにする。

鍍金層を覆う緑青の除去　鍍金層が緑青で覆われている金銅製品などの場合、上記の方法では、この緑青を除去して鍍金層を無傷で表出させることは、ほとんど不可能である。このような場合には、化学的なクリーニングをおこなう。しかし、化学的クリーニングは、習熟した者でなければ失敗することも多いため、専門家に依頼するのが望ましい。

　金銅製品の化学的クリーニングには、緑青を溶解する蟻酸やエチレンジアミンテトラアセテート3ナトリウムなどの水溶液が用いられるが、遺物を直接これらの溶液に浸すと、鍍金層の下の緑青も溶出し、結果として鍍金層が遺物から剥落してしまう。また、遺物内部の細かな間隙に入り込んだ溶液を除去しきれず、処理後にあらたな遺物の崩壊を生じる要因を残してしまうことになる。

　こうした問題を避けるために、上述の溶液を含ませた高吸水性樹脂を、遺物表面の緑青の上にのせ、表面の緑青を溶出させたのち、超純水で洗浄する。一度に除去できる緑青はかぎられているので、最終的に鍍金層を表出させるには、この操作を何回も繰り返さなければならない。

木製品の鉄分除去　木製品が、鉄分を多量に含む土壌環境中に埋まっていた場合、一時保管中に、酸化による赤錆が付着することや、黒色化することがある。とくに、硫酸イオンや硫化物イオンを含む土壌中に埋まっていた木製品では、保存処理後に潮解性の硫酸塩の結晶を生じ、最終的に硫酸が生成される事例が報告されている。

　このような事態を防ぐため、できるだけクリーニングの段階で、鉄分を除去する必要がある。鉄分の除去には、エチレンジアミンテトラアセテート3ナトリウム塩の水溶液を用いる。

3　保存処理の方法

A　無機質遺物の保存処理

軟質の土器　焼成温度の低い土師器など、軟質の土器は、乾燥によって表面が剥離したり、粉状化したりすることがある。

　こうした場合は、水溶性のアクリル樹脂エマルジョンを用いて、含浸処理をおこなう。含浸後は、エマルジョン液から取り上げ、湿らせた布などで手早く表面の樹脂をふき取る。アクリル樹脂エマルジョンは、硬化すると水に溶けなくなるが、アセトンなどの有機溶剤には溶ける。

鉄製品　鉄製品の錆の進行を抑制するには、錆びる原因を究明して、その因子を一つでも除くことが重要となる。一般に、金属の錆を進行させるものには、外的要因として酸素と水、内的要因として錆などに含まれる可溶性塩類がある。可溶性塩類は錆を促進させる作用があるので、鉄製品を安定化させるために脱塩処理をおこなう。

　脱塩処理には、アルカリ水溶液法、水酸化リチウム法、セスキ炭酸ナトリウム法、オートクレーブ法など、さまざまな方法がある。塩類の種類によっては、うまく脱塩できないものもあるため、生じている錆の形状などを観察して、適切な脱塩法を選択する。

　脱塩処理が終了したものは、アクリル樹脂など

の合成樹脂による含浸強化をおこなう。

銅・青銅製品　鉄製品と同様に、銅・青銅製品でも、塩化物イオンが腐食を促進させ、遺物を崩壊させる。出土した当時は安定しているように見えた青銅鏡でも、数年から十数年の間に孔食状の錆が大きく進行して、遺物全体が崩壊してしまうことがある。とくに青銅製品で起きるこのような現象は、ブロンズ病とよばれている。

ブロンズ病に対する処理としては、原因となる塩化物イオンを取り除く方法もあるが、鉄製品に比べると、色調変化など、遺物に損傷を与える危険もあって、困難な場合が多い。そこで、あらたな腐食が進まないように、新鮮な金属部分に防護皮膜を形成させ、塩化物イオンの攻撃から守る方法が開発・実用化されている。

この方法は、ベンゾトリアゾール法といわれ、現在では、出土した銅・青銅製品に一般的に利用されている。銅・青銅製品をアセトンで前処理したのち、ベンゾトリアゾールのエタノール溶液に含浸して処理する。含浸の終了後は、エタノールで十分に洗浄する。

こうして安定化処置を施した遺物は、アクリル樹脂などによる含浸強化をおこなう。

B　有機質遺物の保存処理

保存処理の流れ　有機質遺物として出土するものは、木製品が圧倒的に多く、しかも水漬け状態のものがほとんどである。ここでは、そのような状態の木製品に対しておこなう保存処理について重点的に述べることにする。

木材の保存処理でもっとも重要なのは、遺物の収縮や変形を生じることなく、保管・展示に耐えうる乾燥状態にすることである。そのために、多くの保存処理法が考案され、実用に供されてきたが、そのすべてに共通しているのは、保存処理が、薬剤含浸と乾燥・薬剤固化の二つの工程からなるということである。

薬剤含浸工程　薬剤の含浸には、水漬けの状態で水溶性薬剤を直接含浸する工程と、いったん前処理として、遺物中の水分を有機溶剤に置換したうえで、非水溶性薬剤を含浸する工程がある。非水溶性薬剤を含浸させる保存処理法は、溶剤・樹脂法ともよばれる。

薬剤含浸のおもな目的は、脆弱化した遺物の強化と形状安定化にある。遺物中に含まれる水分をすべて含浸薬剤に置換する場合は、薬剤の含浸工程そのものが脱水工程となる。この工程では、薬剤の遺物中への浸透と拡散が重要となる。

一般に、低い濃度の溶液に高い濃度の溶液を加えると、全体の濃度を均一にしようとして、溶質と溶媒の移動が生じる。ポリエチレングリコール含浸法を例にとると、溶質がポリエチレングリコール、溶媒が水ということになる。すなわち、遺物の内外の溶液濃度を均一にしようとして、遺物中の水が徐々に外に出ていくと同時に、ポリエチレングリコールなどの含浸薬剤が遺物中に浸透・拡散することで、薬剤置換が進行する。

薬剤の浸透と拡散は、薬剤の性質だけに依存するのではなく、遺物の種類・樹種・劣化状態などの性状にも大きく影響を受ける。水漬け状態で出土した木材の場合、とくにクスノキ、クリ、アカガシ亜属は、薬剤含浸処理が困難な三大樹種といわれている。また、材の中心部分の遺存状態がよいものほど、薬剤の浸透性は悪くなる。

乾燥・薬剤固化工程　薬剤含浸の終了した遺物は、つづいて乾燥・薬剤固化工程に移される。

水溶性薬剤で遺物中の水分をすべて置換する場合、最終的には、加熱により含浸薬剤を融かして液体とする。また、非水溶性薬剤でも、加熱によって液体となる含浸薬剤は、最終的には材中の有機溶剤をすべて置換することが可能である。

このように、水や有機溶剤などの溶媒をすべて含浸薬剤に置換した遺物を、処理槽から引き上げて冷却すると、含浸薬剤は固体となり、遺物は乾

燥した状態で強化される。

　ただし、含浸薬剤の濃度を100％まで上げずに、70～80％の濃度で遺物を取り出すこともある。その場合、遺物中に溶液組成で20～30％程度残っている水や有機溶媒を、自然乾燥により除去するか、温度調節により、水の一部を結晶水として薬剤の結晶化に利用し、残りを蒸発させる。

　いずれにしても、冷却による薬剤固化、あるいは残留する水や有機溶剤を乾燥によって除去する工程となる。

凍結乾燥　水や有機溶剤をかなりの程度含んだ状態で含浸工程を終了し、特殊な状況で乾燥させるのが凍結乾燥である。

　有機質遺物が乾燥により著しく収縮・変形するのは、水の表面張力が大きく作用している。液体の水から気体の水蒸気になるときには、大きな引っ張り力が生じる。これに対して、固体の氷から液体の水をへずに、直接、気体の水蒸気となる現象は、昇華とよばれている。昇華にさいしては、表面張力の作用はないと考えてよい。この昇華という現象を利用するのが、凍結乾燥である。

　凍結した遺物から水が昇華するのを促進する方法としては、凍結した遺物の表面に乾燥した空気を送り込み、昇華により飛び出してきた水分子をたえず除去する方法と、氷の蒸気圧以下に減圧することで、遺物より飛び出してきた水分子を除去する方法がある。前者は常圧における凍結乾燥であり、後者は真空凍結乾燥と呼ばれている。

薬剤重合反応　含浸させた薬剤を触媒や熱などを利用して重合させ、遺物を硬化させる方法である。シリコーン樹脂などを用いることで、縄などのきわめて脆弱化した遺物を、柔軟性をもたせた状態で保存することが可能となる。しかし、薬剤重合反応による処理自体は、不可逆的である。

C　保存処理業務の外部委託

仕様書の作成　遺物の保存処理を外部に委託する場合は、それぞれの遺物に最適な保存処理法を仕様書として定める必要がある。仕様書の作成にあたっては、それらの遺物を最終的にどのように保存・活用するのか、ということも十分に考慮しなければならない。

　保存処理後の保存・活用の方針によって、使用する薬剤や処理法、あるいは接合・補填の方法が異なってくるので、仕様書の作成には専門家の指導を受けることが望ましい。

　このほか、保存処理を委託したのち、処理途中の状況を確認できるような体制を整えておくことも必要である。そして、仕様書にない事項や、状況の変化に応じた処理法の変更に関する協議についても、契約書に明記する。

納品と保管　保存処理を外部委託して、納品された遺物は、保存処理をおこなった担当者から、保管や展示環境に関する説明を受け、適切な環境下で保管する。

　また、その後の経過を観察・記録する必要がある。保存処理後に生じるさまざまな問題は、保管環境によることも多いが、なかには保存処理の方法に起因するものもある。

　このような場合、保管環境の温湿度の測定記録や遺物の写真などをとっておくと、問題の原因を推定することができる。生じた問題については、専門家の意見を聞き、保存処理を受託した側と協議をおこなって、解決を図る。

第IV章

調査成果の検討

第1節
遺構の検討

1 目的と留意点

検討の目的　発掘調査の成果を公開し、広く共有するためには、遺構の評価や集落の中での位置づけについての解釈が求められる。そのためには、個々の遺構の種類や性格、時期を整理・検討する作業が必要となる。また、報告書作成にあたって、掲載する遺構や遺構出土遺物を抽出し、提示方法を決定するうえでも、これらの作業は欠かせない。

留意点　ここでは、遺構の検討のための具体的な項目を挙げる。ただし、これらの項目すべてを検討してからでないと報告書作成に着手できない、というものではない。

もちろん、検討項目は、調査条件や遺構の残存状況、調査研究の進展度、地域的特質によって異なることがある。また、報告書作成までの期間や経費の制約により、個々の遺構図や遺物実測図の作成と事実記載など、事実報告にかかわる作業を先行させる場合もある。あるいは、長期にわたる発掘調査や、開発事業の事情による部分的な発掘調査の場合は、事実関係を的確に記録した報告書の刊行を優先し、遺跡の内容解明がある程度進んだ段階で、詳細な検討をおこなうこともある。

以下、検討作業の基本的な要点を示しておくことにする。

遺構の検討は、分類一つをとっても、その遺跡や発掘区だけで完結するものではなく、周辺の前後の時代の遺跡のありかたを参考にすることも重要である。また、地域に残る民俗例や文献史料・絵図、あるいは同様の生活環境や社会構造にあるとみられる民族誌の事例などから、類例を検索する必要もある。

なお、当該遺跡はもちろん、その地域において特筆すべき遺構や類例の少ない遺構が検出された場合や、祭祀など特徴的な遺物出土状況が判明した場合は、周辺地域も含めて視野を広げた検討をおこなうことが望ましい。

2 遺構の分類

遺構の機能　遺構の機能を推測するうえでは、そこから出土した遺物が重要な手がかりの一つとなる。ただし、この場合も出土状況が問題であり、遺構から遊離した遺物は、その遺構とは直接結びつかないと判断すべきであろう。

また、人の活動と遺構との関係を直接的に示す資料が良好な状態で保存されているとはかぎらず、特定の活動と遺構が必ずしも一対一の対応関係にあるわけでもない。

したがって、遺構の機能を推定するには多くの困難がともなうが、遺跡の中での遺構の位置づけを考えるには、ある程度、機能を推定することが必要である。その場合、直接的な資料がないときでも、遺構の機能を推定するうえで、遺構の形態による分類が有効なこともある。

遺構の分類　遺構の分類では、竪穴建物や掘立柱建物、溝、土坑、井戸などの種別ごとに整理したのち、形態などを基準として、各種の遺構をさらに細分できる場合もある。

遺物の時期と遺構の分類が対応すれば、それらの分類は時期差を反映している可能性が高い。一方、同一時期の遺構の中で分類できるのであれば、それらは機能の違いなどを反映している可能性がある。このような分類の手続きと解釈は、遺物の検討にもつうじる。

こうした分類結果にもとづき、再度、微細な形態的特徴や構造・規模、発掘調査時の観察結果などを検討することによって、遺構の機能や用途、そこでおこなわれた人間活動をある程度推定できることも多い。

3 個々の遺構の検討

A　検討の手順と方法

検討の手順　個々の遺構の検討は、以下のように、遺物の分類とその時期区分や分布、機能の検討と似たような手順をたどる。

1) 遺構の属性（構成要素）ごとに、計測と分類などをおこなう（発掘編第Ⅴ章）。
2) それぞれの遺構の計測値による統計的グルーピングや分類単位間での組み合わせ、関連性を抽出する。
3) 2の検討作業にもとづき、ほかの情報との対応から、遺構とその検討結果の意義づけを図る。

　　たとえば、遺構の先後関係から、遺構の形態や構造の時間的変化をとらえる作業、あるいは出土遺物とその出土状況、さらに民俗例・文献史料・絵図、場合によっては民族誌的事例を参照して、遺構の機能や用途などを検討したりする作業がこれにあたる。

　　また、土坑内にブロックが多数認められ、人為的に埋め戻した可能性の高いブロック状堆積と、層界と調和的なラミナが認められ、自然に埋没した可能性の高いレンズ状堆積の分別（図91）など、遺構埋土の堆積状況から、構築方法や廃絶過程を復元することもある。

4) 3の結果と遺構の分布の対応関係を探り、総合的検討につながるような集落内の景観や各種遺構の構成、土地利用区分にかかわる特質をとらえる。ただし、実際の作業としては、あらかじめ検討手順3・4を意識して遺構を通観し、有意と思われる項目を選択したうえで検討するほうが効率的である。

計測の方法　遺構の計測は、遺構の規模や形態的特徴を、長軸・短軸方向の長さや深さ、高さなどとして数値化する作業である。そのさいには、実測図上の計測によるだけではなく、発掘作業時に遺構を直接計測することも大切である。

　また、細部の形態的特徴も、的確な計測点を設定することで、計測値の組み合わせとして示せる可能性がある。ただ、統一的な計測点の設定は難しく、同種の遺構群でどこまで首尾一貫して適用できるかという問題もある。

　なお、遺構の主軸方位は、方眼北からの振れの角度で、N—○°—EないしはN—○°—Wのように計測することが多い（10頁）。竪穴建物の場合、長軸方向を主軸方位とするのが一般的であるが、出入口や壁に直交するカマドなどが判明するときには、それを基準とすることもある。ちなみに、方位の表記は、方眼北から時計回りに測った方向角で示すこともできる。一方、平面形が円に近い遺構は主軸方位を示しにくい。

分類の基準　遺構の分類基準としては、配置や規模、構成要素、平面形、断面形、構築材料、構築技術などがある。上述のように、形態的特徴などを、分類ではなく計測値として示す方法も考えられ、いずれが適しているかは、検討対象に応じ

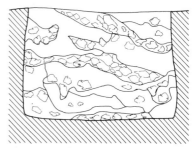

ブロック状堆積

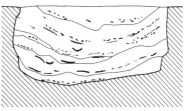

レンズ状堆積

図91　堆積状況の違い

第Ⅳ章　調査成果の検討

表11　遺構の属性と検討項目

			形態		規模の計測				構築方法			＊埋土	配置	その他
		有無	平面	断面	長軸・径	短軸・幅	深さ・高さ・厚さ	主軸方位	構造	技法	材料・材質	位置関係			
竪穴建物	竪穴部全体の形状		○	○	○	○	○	○					○		
	竪穴壁		○							○	○				
	床面									○	○		○		
	柱穴	○	○	○	○	○	○			○			○		
	礎石	○	○	○	○	○	○			○	○				
	床面小溝	○	○		○	○	○			△			○		
	壁際溝	○	○		○	○	○			△					
	竪穴外ピット	○	○	○	○	○	○			△			○	△	
	周堤	○	○		○	○	○			○	△				
	炉	○	○	○	○	○	△			○	○		○		
	カマド	○	○	○	○	○	○			○	○		○	△	
	梯子穴	○	○	○	○	○	○			△			○		
	張り出し・階段	○	○	○	○	○	○			○	○				
	ベッド状施設	○	○		○	○	○			○	△				
	排水溝	○	○	○	○	○	○			○	△		○		
	埋甕	○			○		○			○	○	○	△		土器の時期・器種分類・加工
掘立柱建物	全体の形状		○		○	○		○	○					○	平面形式（桁行・梁行の間数）
	柱掘方		○	○	○	○	△			○			○	○	
	柱抜取穴・柱切取穴	○	○	○	△	△	○			○			○		
	柱痕跡・柱根	○	○	○	○	○	○			○	○				
	根固め	○	△	△	△	△	△			○	○				
	地覆据付・抜取痕跡	○	○	○	○	○	○			○	△		○		
	雨落溝	○	△	△	○	○	○			○			○	○	位置は軒の出も含む
土坑	全体の形状		○	○	○	○	○	○		○				○	△
	底面の施設	○	○		○	○	○			○	○				
	土坑外ピット（上屋）	○	○	△	○	○	○		○				○	○	
溝	全体の形状			○	○	○	○		○				○	○	構造は開渠・暗渠などの区別、流れの方向、地形との関係
	護岸施設	○	△	△	○	○	○		○	○	○				
	横断施設	○	○	△	○	○	△			○	○		○		
	遮蔽施設	○	○		○	○	○			○	○		○		

△は状況による。
＊埋土は土質・色調・混入物・埋め戻し方などを検討。
計測位置・分類方法の詳細は発掘編の各節を参照のこと。

て判断する。

掘立柱建物は、複数の柱穴で構成されるので、その配置や柱穴の形状と規模などが分類の基準となる。また、竪穴建物では、主柱の数や配置とともに、竪穴部の形状と規模、カマドや炉の設置位置などを分類基準とすることができる。

これらの分類は、機械的におこなうのではなく、明確な目的意識をもったものでなければならない。その背後にある意味を考え、遺構を歴史的に位置づけるのに有効な分類であるかどうかを的確に判断しておこなう。

B 各遺構の検討

表11は、竪穴建物、掘立柱建物、土坑、溝について、構成要素と検討項目を示したものである。表に掲げた項目以外に、遺構が検出されたグリッドや座標上の位置、出土遺物についても検討項目に加える必要があり、とくに出土遺物は、層位や出土状況についても整理する。

竪穴建物の検討　竪穴建物の平面形は、柱や炉の配置と関連することが多い。図92に示した例は、平面形に炉と主柱穴の配置を組み合わせて分類をおこなった例である。また、竪穴建物の多くは上屋部の構造が不明なため、それを復元するには、壁や屋根にかかわる構成要素である壁際溝、竪穴外ピット、周堤、外周溝などの相互関係の検討が重要となる。

竪穴建物内での生活の空間を論じるときに、まず注目すべきなのは、床などの硬化面や、使用・設置状況をとどめる出土遺物である。さらに、これに加えて、床面、柱穴、炉、カマド、ベッド状施設、出入口などの諸施設との対応を検討することで、建物内での空間利用の復元も可能となる。

なお、竪穴建物は、同一地点での建て替えが認められることがある。その場合、図93のように、重複関係にある竪穴建物の平面図や断面図のほか、それぞれの竪穴建物の先後関係を表現する図の作成も考慮する。

掘立柱建物の検討　複数の柱穴から構成される

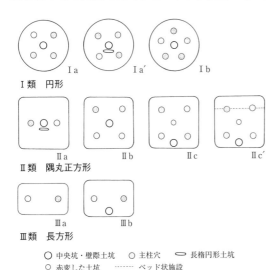

図92　竪穴建物の分類例

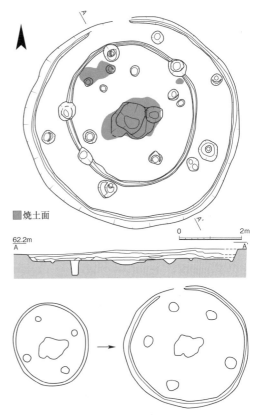

図93　重複した竪穴建物の表示例

第Ⅳ章　調査成果の検討

　掘立柱建物の建物構造を復元的に検討するには、柱穴の平面的な位置関係のみならず、個々の柱穴の特徴や相互の関係についての比較と分類が、重要な基礎作業となる。また、複数の建物の配置関係などの検討も必要である。

　図95は遺構図の表示例である。この図では、平面図・断面図とともに、建物の柱間寸法（単位m）を示した模式図も掲載して、理解を助けている。こうした模式図では、柱根や柱痕跡を残すものと柱を抜き取ったものなど、柱の処理方法の違いをあらわすのも効果的である（図94）。

　また、柱間寸法の実長に加えて、尺設定の復元が可能な場合は、模式図にそれらの表示を加えることもできる。

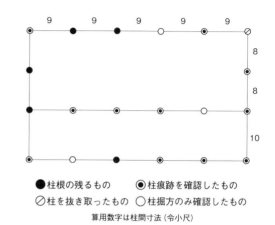

図94　掘立柱建物の模式図の例

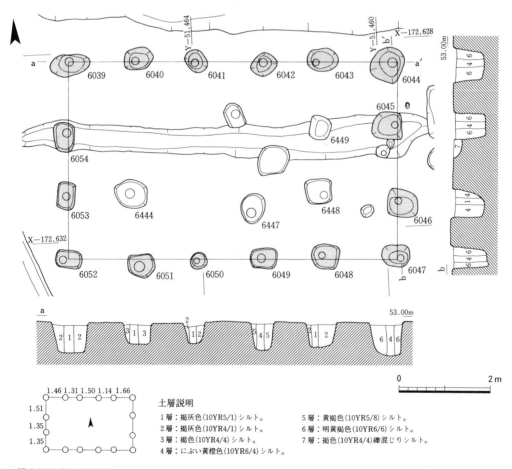

図95　掘立柱建物の表示例

溝の検討　溝の検討では、分類や計測値で示せる項目は少ないが、埋土の堆積状況にもとづき、遺跡内における位置と方向、ほかの遺構との配置関係などから、区画や用排水、貯水などの機能を明らかにすることが重要である。

土坑の検討　土坑とされる遺構は、用途によって形態や底面の構造などが異なる。検討項目は少ないが、その相互の関係が、時間的変化や機能を解明する手がかりとなる。

C　検討結果の表現方法

一覧表　以上のような検討結果を表示する方法として簡便なのは、遺構ごとに計測値や分類などを記載した一覧表である。ただし、基礎的な情報としては有効だが、件数や項目数が多い場合は煩雑になり、取捨選択が必要である。

ヒストグラム・散布図　計測値の分布状況や複数の計測値間の相関によるグルーピングが可能

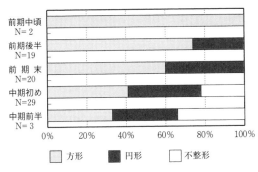

図96　貯蔵穴の分類と構成比

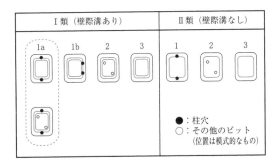

図97　方形土坑の分類例

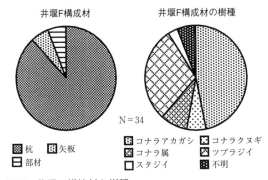

図98　井堰の構築材と樹種

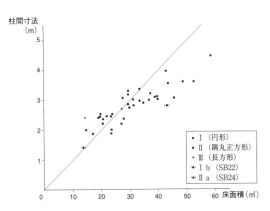

図99　竪穴建物の床面積と柱間寸法の相関

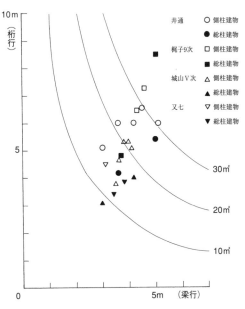

図100　掘立柱建物の桁行・梁行総長の相関

で、時期差やほかの形態的特徴との間で有意な関係が示せる場合は、ヒストグラムや散布図として示すことも効果的である。

図99は竪穴建物の床面積と柱間寸法の相関を、平面形の分類（図92と対応）ごとに、ドットの形態を変えて表現したものである。二次元の図であるが、3種類の情報を集約したものとなっている。同様に、図100は掘立柱建物の桁行総長と梁行総長の相関を、総柱建物と側柱建物に分けて表現したものである。

分析 このような計測値の分析には、各種の統計学的手法を用いた解析や、多くの計測値を用いた主成分分析・クラスター分析などの利用も考えられる。

円グラフ・表 形態的特徴と時期との相関や、異なる形態的特徴による分類単位間で有意な相関が認められる場合には、時期別の割合を示した円グラフや表などを用いて表現する。

図98は、水田への導水のために流路に設置した井堰について、構築材と樹種の構成比を円グラフで示したものである。

また、表12は、弥生時代から古墳時代にかけての時期区分と、竪穴建物の諸属性の存否などの関係を示している。図101は、遺跡内の竪穴建物のグルーピングと時期、カマド方向との関係を示したものである。

このほか、グルーピングや形態的特徴などによる分類単位が、遺跡内での遺構の分布状況と関係する場合には、遺構配置図に示す方法もある。このような、遺構の種類や分類別の分布については、今後、GISの応用により、地域単位や一つの遺跡内での分析を進めることも期待される。

表12　竪穴建物の属性と時期区分

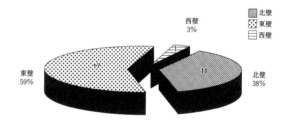

図101　竪穴建物のカマド方向と時期

4 時期の推定

推定の根拠　遺物の整理がある程度完了していれば、遺物の時期から遺構の時期を絞り込むことが可能となる。さらに、遺構の整理・集約と並行して、遺物の出土状況なども図面や写真で照合すれば、層序や遺構面と遺物との関係も確認でき、時期推定の妥当性を検証することができる。

たとえば、竪穴建物では、床面の土器や埋土中の土器の時期を比較し、どれにもとづいて、その竪穴建物の時期を決定するかを検討することになる。また、その竪穴建物における生活時の状態をとどめたまま放棄された遺物なのか、ほかで使用されたものが竪穴建物のくぼみに投棄されたのかもあわせて判断する。

掘立柱建物では、柱掘方に含まれる遺物は、その建物の建築時期がその遺物より遡らないことを意味する。一方、柱抜取穴から出土する遺物は建物の廃絶時以降に混入したものであり、廃絶時期の上限を示す(発掘編187頁)。

完形品や大型の破片などが含まれる場合は、その建物の造営時期や廃絶時期を示すことが多いが、先行する時期の遺物包含層や遺構が同一遺跡内に存在するときは、実際の造営時期や廃絶時期より遡る時期の遺物が入り込む場合もあり、慎重な検討を要する。出土状況や遺構の重複関係を考慮して、造営・廃絶時期の指標となる遺物を抽出することが求められる。

したがって、遺構の時期決定の根拠とした遺物については、出土位置や層位、残存状況などの検討結果を示し、その遺物が遺構の構築時のものなのか、廃絶時のものなのかを、判断した理由とともに明確に記す必要がある。

時期の限定　地域における土器などの編年や基本層序との対応、遺構の重複関係と配置などを整理し、遺構の時期や併存関係を把握する。

土器編年は、一般的には、ある程度かぎられた地域の土器を基準に組み立てられている。また、遺跡の基本層序が適用できるのは、その遺跡を中心とした小範囲であり、いずれも相対的な先後関係にとどまる。

このため、遺構の時期推定では、厳密に年代を決めるというより、まず相対編年の中に位置づけ、近接する時期ごとに遺構群をグルーピングすることが優先される。当然、すべての遺構の年代を決定することは容易ではなく、かぎられた期間内にそれを究明するのは事実上不可能であり、ある程度時間幅をもたせて、時期比定の確実性を保つことも重要である。また、どうしても時期が判断できない遺構もあるので、その場合はその理由を整理して明記する。

遺構の重複関係図の作成　遺構の重複関係を示す図を作成して、相対的な先後関係をあらわす方法もある。図102は、堂畑遺跡(福岡県・6〜8世

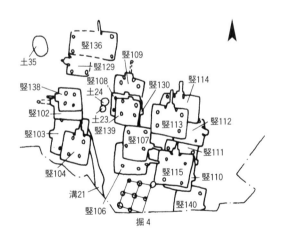

図102　竪穴建物の重複関係の整理

第Ⅳ章　調査成果の検討

紀）の竪穴建物の平面図と、その重複関係を矢印で示したものである。遺構の重複が著しい場合は、このような図を作成しつつ、出土遺物と照合して重複関係の認定に矛盾がないか、さらに重複関係と出土遺物から遺構の時期区分が設定できないかを検討することも有効であろう。

併存する遺構の抽出　基本層序や平面的位置関係から、併存する遺構群を抽出することも、遺構の検討作業の一環を占める。併存のもっとも確実な根拠となるのは、河川の氾濫による短期的な堆積土や、火山灰・土石流などの同一層に覆われている場合である。

しかし、このような例は実際には少ないため、遺構の併存に関する推定の多くは、出土遺物による時期比定とあわせて、各種の状況証拠を積み重ねておこなうことになる。たとえば、同一の地割や土地計画により構築された竪穴建物や掘立柱建物は、主軸を揃える可能性が高いと想定し、主軸方位の一致する遺構群を抽出するのも一つの方法である。また、柱筋を通した位置関係や相互の間隔に規格性が見られる掘立柱建物どうしも、併存していた可能性が高い。

図103は掘立柱建物の主軸方位の違いと出土遺物から、建物の変遷を復元したものである。時期を決定できる遺物が出土しなかった掘立柱建物については、建物の主軸方位や配置によって時期を推定している。

そのさいには、縮尺の小さい図面を用いた方位や距離の計測は不正確なため、少なくとも1/100以上の大縮尺図で計測する必要がある。

また、竪穴建物では周堤がその周囲に広がり、掘立柱建物では側柱列の外に軒先がのびる。したがって、主軸が一致するとしても、あまりにも近接する建物群は、併存したとは考えられないので、注意を要する。

一方、同時期の建物でも、周囲の地形条件に制約されて、方位を異にする場合もある。そのため、主軸方位による時期区分を絶対視することは避け、地形など遺跡固有の条件も考慮しつつ、総合的に判断することが大切である。

なお、掘立柱建物では、柱穴の形状や規模、埋土の特徴などが、同時期のものを抽出する手がかりとなることもある（発掘編170・173・182頁）。

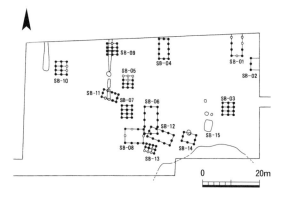

推定時期	建物	主軸方位
Ⅰ期　7世紀中頃	SB-15	
	SB-11	N-68°-W
	SB-12	N-69°-W
	SB-13	N-72°-W
	SB-14	N-75°-W
	SB-08	N- 2°-E
Ⅱ期　7世紀後半	SB-06	N- 1°-W
	SB-07	N- 0°-W
	SB-01	N- 1°-W
	SB-02	N- 1°-W
	SB-03	N- 0°-W
	SB-04	N- 0°-W
Ⅲ期　7世紀末	SB-05	N- 3°-E
	SB-10	N- 1°-W
	SB-09	N- 1°-W

図103　掘立柱建物の変遷

柱間寸法と尺度

古代にかぎらず、掘立柱建物などでは、柱間寸法を決めるさいに、一定の尺度を用いた例が数多く認められる。こうした場合、柱間寸法から使用尺度を復元することも可能である。

古代中国と日本の尺度　東アジアで使用された尺度の多くは中国に起源をもつが、1尺の長さは、戦国時代から秦漢代をつうじて、ほぼ0.23mの長さを保っていた。その後、魏晋代（0.24m前後）から南北朝にかけて尺ののびが顕著になり、全国を統一した隋が公定尺とした開皇官尺は、約0.296mの長さに達する。そして、この過程で、音律をととのえるための尺と実用尺が分離し、前者は唐小尺に、後者の開皇官尺はそのまま唐大尺へと継承されることになった。唐大尺は、唐小尺の1.2倍の長さである。

日本で奈良時代に使用された尺度は、基本的に唐大尺（いわゆる天平尺）であり、尺の実物も、東大寺正倉院に伝世するほか、各地で出土している。以後、これが、多少の寸法ののびをともないながら、日本では長く用いられることになった。すなわち、明治時代に1尺＝0.303mとして整理される曲尺である。また、近世以降は、別に呉服用として、曲尺の1.2倍の呉服尺や1.25倍にあたる鯨尺も併用されていた。

令大尺と令小尺　701年に施行された大宝令では、唐と同様に大尺（令大尺）と小尺（令小尺）の区別があり、1大尺＝1.2小尺という関係と、大尺は土地の測量に、小尺はそれ以外のすべてに用いることが定められている。そして、713年の法令（格）で大尺が廃され、小尺に一本化された。

令小尺は、現存する古建築や発掘遺構などから見て、1尺＝0.296m前後の唐大尺にあたることが確実である。一方、藤原京や平城京の地割など、713年以前の土地測量が、その1.2倍の令大尺（1尺＝0.355m前後）を用いておこなわれた事実も確認できる。大宝令の規定や、小尺への一本化を命じた法令が遵守されたことがうかがえる。

なお、令大尺は、それ以前から存在した高麗尺（起源については諸説があるが、東魏尺とは異なる）の系譜を引くとみるのが一般的である。ただ、いずれも尺の実物を確認した例はない。このため、高麗尺の存在を否定して、令大尺＝唐大尺とする説もあるが、少なくとも令大尺＝唐大尺説は成立しがたい。

柱間寸法と尺設定の復元　以上のように、8世紀以降の日本では、土地測量に令大尺が短期間使用されたのを除き、基本的に、令小尺が一貫して用いられた。したがって、建物を建てるさいに公定の尺度が使われたのであれば、それは令小尺に近い1尺＝0.30m前後のものだったはずである。

この場合、柱間寸法が尺単位の完数で設定されているときは、その復元は比較的容易である。おのおのの柱間寸法を0.3mで割ることで整数に近い値を得ることができ、これを尺単位に丸めたものが設計の尺数になる。逆に、柱間寸法を尺数で割れば、造営尺（単位尺）の実長を計算することもできる。

ただし、同じ尺設定とみられる柱間でも、個々の寸法にはばらつきが認められるのが普通である。したがって、造営尺を個々の柱間から復元するのは限界があり、桁行総長など、いくつかの柱間をまとめた寸法とその尺数から算出するほうが、有意性に富む数値が得られる。そのさい、信頼度を判断する手がかりとして、柱間寸法は、平均値だけでなく標準偏差を併記し、ばらつきの程度を示すことが望ましい（9頁）。

一方、柱間寸法を0.5尺きざみとするなど、尺単位の完数とならない例もある。また、桁行総長を尺単位で定め、等分したものなどでは、柱間寸法に端数を生じるときがある。あるいは、柱間寸法を「間」（柱間の数ではなく、長さの単位）で設定した場合、1間の長さは通常6尺だが、6.5尺や6.3尺のこともあり、必ずしも尺単位の完数が得られるとはかぎらない。このほか、公定尺以外の独自の基準を設けて柱間寸法を決めた場合も、当然、公定尺とは無縁なものとなる。

第2節
遺物の検討

1 目的と留意点

検討の目的　遺物は、遺跡や遺構の年代と変遷、そして性格や構造も明らかにしうる要素をもっており、その検討は、前節「遺構の検討」とともに基礎的で重要な作業である。

具体的には、整理等作業の各工程で観察・検討した成果をふまえながら、考古学的知見にもとづいて、器種の分類や組成、製作技法などを検討し、個々の遺物がもつ情報を客観的に把握する。そして、遺構の検討で得られた成果との整合性を保ちつつ、報告書作成に向けて記載すべき情報を選択・抽出し、図面や写真の提示方法を決定することになる。

たとえば、遺構の埋没が同時期と認識された場合は、そこでの器種構成や共伴遺物の時期と性格を知ることができ、さらに、在地では認められない土器や石器などが含まれていれば、他地域との交流関係などを推定することも可能となる。

留意点　遺物の検討は、洗浄・選別・接合・実測などの整理等作業の各工程でおこなった種々の観察・検討の成果を受けて実施する。

また、土器の胎土分析や石材の産地同定、樹種同定などの自然科学分析の結果を参照し、関係する遺物の種類や器種などを含めた検討をおこなう必要がある。

2 遺物の分類

分類の基本　遺物の分類は、遺物そのものの製作年代や使用年代を知るための基本的な作業であると同時に、遺跡や遺構を解釈するうえで欠かせない作業でもある。具体的には、材質や形態、用途などにもとづいておこなう（16頁）。

とくに、土器の場合は、遺跡の変遷を知る時間的なものさしともなり、報告書作成のうえでも重要な意味をもつ。したがって、遺構の重複関係から判明する先後関係なども参考にしつつ、地域ごとに確立されている編年があれば、それを利用しながら、個々の遺跡での土器編年をまとめる。

なかでも、器種分類では、遺物のさまざまな属性に注目した観察点が、分類基準の設定の基本となる。そして、器種別の細部形態や製作技法、胎土などによる細かな分類は、遺跡が存在する地域の編年の中で整理することで、遺物個々の時期的な変遷のみならず、遺跡の盛衰や細かな変遷、さらには地域性や交流関係、集団の移動といった現象を把握するための指標となる。

分類結果の集約　整理等作業の過程で得られた情報を、器種や形態、材質、製作技法などの属性ごとに整理する。そして、一覧表やグラフを作成するなどして遺物の分類を集約し、個別・全体的な傾向をまとめておく。

遺物一覧表に記載する属性の項目としては、次のようなものがある。

○遺物の種類
○番号（挿図番号、図版番号、取り上げ番号、登録番号など）
○位置（グリッド、層位、遺構など）
○遺存状態（残存部位、銹化の程度など）
○器種
○寸法（器高、口径、底部径、胴部径など）、容量、重量（質量）
○形態的特徴
○製作技法（成形法、木取り、鋳造法、調整手法）、色調、焼成（黒斑など）、胎土（混和材）
○材質
○使用痕跡（煤、焦げ、吹きこぼれなどの付着物、打撃痕、摩滅、擦痕など）や再加工
○特記事項（文様、彩色、記号、線刻、絵画など）

このほか、製作過程の各段階を示す資料など、

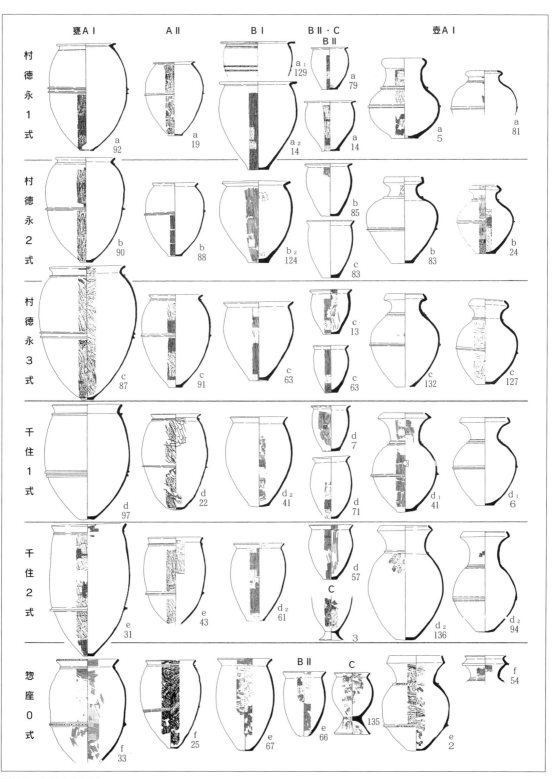

図104 土器の分類例

異なる属性による項目についても、それぞれの傾向を把握しておく。こうした検討が、本文や図版の構成、本文中での表現の方法などを考えるさいにも重要な意味をもつ。

通常、このようなさまざまな属性は、平均値や比率によって把握されることが多いが、その場合、資料数の多寡などによって統計の信頼性が左右されることを常に認識しておく必要がある。したがって、報告書には、統計の対象とした数量を必ず明記する(20頁)。また、平均値は外れ値の影響を受けやすいことに留意し、状況に応じて標準偏差も示すように心がける(9頁)。

分類の具体例　遺物は、同じ材質・器種であっても、形態や寸法により分類できるものが多いため、それぞれの器種ごとに、形態の違いや寸法の差についてもまとめておく必要がある。

土器を例にとると、第Ⅲ章で述べたように(21頁)、まず、時代・時期や材質、焼成法により、縄文土器、弥生土器、土師器、須恵器、陶磁器などに分けられる。さらに、個々の土器が、壺、甕、高杯(高坏)、鉢などの器種に分類され、器種ごとに、形態や製作技法、寸法、施文法などの差で細分されるのが一般的である。

器種の違いはもとより、製作技法や調整手法、施文法などの属性ごとに、時間的な変化や地域性が認められる場合が多いので、遺物の整理等作業の過程、とくに実測段階での観察結果を、個別の遺物ごとに整理する。そして、全体的な傾向や遺物群としての特徴、その遺跡で普遍的なものか特殊なものか、などについても検討する(図104)。

石器・石製品の場合は、その用途から、武器・狩猟具、工具、収穫具、調理具、祭祀具などのように分類するのが一般的である。そして、武器・狩猟具であれば、さらに形態や技法から打製石鏃や磨製石剣などに細別することになる。注意を要するのは、打製石器の製作時にできた剥片で、なかには微細な剥離もあり、二次的に使用された可能性が考えられる場合もある。こうした点についても十分に観察し、分類する。

形態・技法・寸法　器種や形態、製作技法・調整手法、寸法などの属性により、階層的に分類するが、個々の属性の選択や配列順序は、それをおこなう者や地域によって異なる場合もある。たとえば杯では、杯A・B・Cのように器種名や器形で分類し、寸法に違いがあるときは、さらにⅠ・Ⅱ・Ⅲと細分する方法がある。

ほかの遺物についても、さまざまな属性による分類がおこなわれているが、弥生時代の石器(有茎磨製石鏃)の例(図105)では、長鋒長茎のAと短鋒短茎のBに大きく分けられ、Aはさらに鋒部の形態の違いでⅠとⅡに、また寸法の差などにより、a・b…と分類されている。

このような属性の違いにもとづく細かな階層的分類は、遺物の器形別、寸法別、技法別その他の属性別の特性や構成比率、変遷などを把握するための基本的な作業であり、属性ごとに表やグラフを用いてグルーピングすることで、分類を容易に進めることもできる。寸法については、通常、実測など整理等作業で得られた計測値から相関を示す表を作成し、ドットのまとまりによって統計的

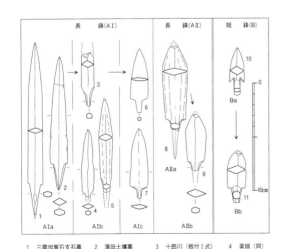

図105　磨製石鏃の分類例

Ⅳ-2 遺物の検討

にグルーピングすることがおこなわれている。

材質・色調　材質の違いは、形態差と同様に、製作地や遺物の移動といった交流関係に関する情報をもたらすこともあるので、土器の場合は、砂粒や砕いた土器粒（シャモット）などの混和材についても、肉眼で観察した結果をまとめておく。自然科学分析や同定は必要な範囲にとどめる。

また、石器の石材同定（47・49頁）や木製品の樹種同定などは必要に応じておこない、分析の方法や同定の基準なども明記する。分析結果の検証などに備えて、石材同定や樹種同定用のプレパラートを含めた標本を整理することもある。

色調は、材質の違いや風化・錆化とのかかわりが大きく、色調が製作・使用当時の色調を示しているとはかぎらない。しかし、現状を整理することにより、個体差や共通性を把握できるので、器種ごとの傾向を検討することは意味がある。

こうした材質や色調などの観察・分析結果は、標準土色帖やマンセル色票集など、客観的な基準にもとづき、まとめておくのが望ましい。

使用痕跡　遺物には、使用によって生じた剥離痕や擦痕、穿孔や破損など、製品の用途や使われ方を推測することにつながる痕跡が残っている場合があり（30・51・60頁）、それらの観察結果を総合的に検討する必要がある。

たとえば、石器の擦痕からは、利器として何に用いたのか、どの部位が用いられたのかを知ることができる。また、土器の口縁部などの擦れや内外面の剥離などからは、その使われ方を推定でき、穿孔や意図的な破壊からは、祭祀的な行為に用いられたことがうかがえる場合がある。

さらに、遺跡や遺構内での位置や出土状況、共伴する遺物との関係などを考慮しながら、遺物の用途や使われ方、意図的な破壊のされ方、廃棄のされ方などを総合的に検討することで、それらが出土した遺跡・遺構の性格の一端を明らかにすることにもつながる。

3　様相の把握

一括遺物　同時に埋まったとみなすべき状況で発見されたひとまとまりの遺物は、一括遺物とよばれ、同時性を示す遺物群として扱われることが多い。たとえば、竪穴建物の床面からまとまって出土した遺物群を、床面直上の一括遺物ととらえ、あたかも同時性をもつかのように扱うことがある。しかし、これらが示すのは、廃棄または埋没の同時性であって、製作の同時性ではない。

また、竪穴建物埋没後に上から掘られた土坑などを現地で認識できなかった場合、その土坑から出土した遺物や、埋土に混じっていた過去の遺物を、竪穴建物にともなう遺物と誤認することもあるので、注意を要する。

つまり、一括遺物としての認定は、発掘作業における遺物の出土状況の検討はもちろん、その後の整理等作業でなされる詳細な検討によるところも大きい。これらの手続きをへて、はじめて一括遺物の同時性が確認され、遺物編年をおこなううえでの重要な資料となる。

このようにして同時性が認められた遺物群としてのまとまりは、たとえば土器の器種構成にとどまらず、石器の組成や、材質の違った遺物どうしの共存関係を示すこともあるので、詳細に検討する必要がある。

様相の把握例　土器の系譜を加味した形態別の比率の分析例（図106、資料数は1号が236点、9号が139点、37号が122点）からは、在地の土器群と他地域に系譜をもつ土器群の比率をつうじて、相互の交流をうかがうこともできる。

この種の検討をおこなう場合、なによりもデータの客観性が重要であり、そのためには数量を明示することが欠かせない。そのさい、たとえば個体数の算定基準を破片数におくのか、それとも重量（質量）におくのか、破片数の場合は口縁部

第Ⅳ章　調査成果の検討

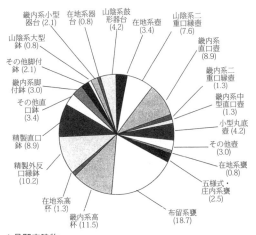

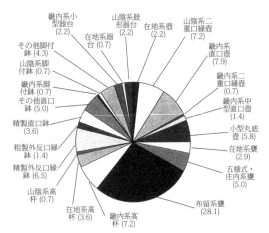

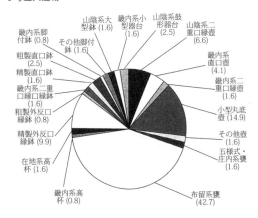

（数値は％）

図106　土器の比率の表示例

や底部片のみを対象とするのかなど、データの有効性に留意する。また、重量の場合は、重量比をそのまま個体数比に還元できないので、遺物の種類や器種ごとに、標準的な重さの完形品に換算して何個体分に相当するかを示すことなども考慮する（表13、126頁）。

　いずれにしても、こうした検討では、第三者による検討過程や結果の検証が可能なように、基礎データを含めて公表することが望ましい。

　一方、石器の場合は、器種や形態の分類に加えて、石材や剥片剥離などの製作技術の分類、完成品と製作途中で廃棄された未成品との比較などから、製作工程を復元できることもある。また、石材の同定は、その流通を探る手段となる。

　そして、土器や石器と同様の作業を、金属製品や木製品など、ほかの遺物でもおこない、これら各種の遺物の検討結果を総合して、遺跡における人間活動の把握と、その時間的な変化、周辺地域とのつながりなどを考える。

　以上のような検討は、層位や遺構、出土地点、遺跡、一地域などの一括遺物を単位として進められることが多い。そのさいには、検討の目的をふまえて、それぞれの単位がどのような様相を反映するかを十分に考慮する。

　これによって、遺物組成についての検討は、出土した遺構の性格のみならず、地域性や時期による組成の変化という、空間的・時間的な要素を示すものとなり、遺跡全体の動向を知る手がかりを得ることにもつながる。

4　時期の推定

遺物の編年　遺物は、個々の遺物やその遺物を出土した遺構について、先後関係や年代を知る大きな指標となる。とくに、土器は、縄文時代以降の遺跡・遺構の年代を知るものさしとして、もっともよく利用される。

個々の土器は、まず、一般に認められている既存の編年の中での位置づけを明確にする必要がある。また、編年が未確立な土器は、形態の変化のほか、発掘作業により把握した層序や遺構の重複関係などをふまえて考察する。

ただし、あらたな編年を構築するさいには、既存の編年と対比して示す必要があり、他地域からの搬入品やその影響を強く受けた土器が出土した場合は、関連する地域の編年との関係にも留意しながら、検討することが求められる。

相対年代と暦年代・絶対年代　出土層位や遺構の重複関係、遺物の形態変化にもとづく編年は、A→B→Cという時系列的な変化、つまり相対的な先後関係である相対年代を示すにすぎない。

そこで、これに具体的な暦年代（実年代）を与えるために、年代がわかっている別の資料と比較して、年代を付与する作業がおこなわれてきた。たとえば、北部九州では、弥生時代中期に盛行した甕棺の形態変化と、その棺内に副葬される漢式鏡から、甕棺およびそれと共伴する土器の暦年代が推定された。

しかし、このような例や、紀年銘のある木簡やその他の文字資料など、製作年代や供給年代が明らかな遺物をともなった例を除くと、一般には、暦年代が直接判明する遺物と共伴することはまれである。

一方、近年では、自然科学分析により測定された理化学的年代など、具体的な数字で示される絶対年代（数値年代）を探る試みも盛んにおこなわれるようになってきた。代表的なものとしては、AMS（加速器質量分析）法による放射性炭素年代法や年輪年代法、熱ルミネッセンス法などがある（83頁）。

これらは、測定方法上の特性や対象、データのもつ意味に違いがあり、また、測定結果を暦年代に換算するうえで注意しなければならない点もある。したがって、データを取り扱うさいには、それぞれの分析法の特性や限界を理解し、適切に利用する必要がある。

表13　遺物集計表の例

	器種（標準重量）[1]g	重量g	重量比[2]換算個体数	破片数	細片化[3]指数
須恵器	杯（90）	10,329	54.4	662	12.2
	高杯（550）	8,576	15.6	465	29.8
	杯or高杯（260）	22,099	85.0	2,581	30.4
	瓶（650）	2,085	3.2	75	23.4
	坩（250）	52	0.2	9	―
	壺（1,500）	7,110	4.7	475	101.1
	甕（7,000）	14,159	2.0	218	109.0
	壺or甕（3,000）	57,052	19.0	3,278	172.5
	𤭯（500）	901	1.8	82	45.6
	鉢（1,200）	551	0.5	7	―
	甕蓋（260）	16	0.1	1	―
	不明	1,876		498	
	小計	124,806	186.5	8,351	
土師器	杯（80）	37	0.2	10	―
	高杯（360）	277	0.8	29	―
	杯or高杯（270）	2	<0.1	1	―
	椀（210）	2,266	10.8	605	56.0
	壺（1,500）	3,815	2.5	516	206.4
	甕（900）	2,977	3.3	593	179.7
	壺or甕（1,200）	18,832	15.7	3,367	214.5
	羽釜（1,500）	3,410	2.3	151	65.7
	皿（30）	968	32.3	337	10.4
	甑（1,500）	674	0.4	100	250.0
	竈（6,000）	249	<0.1	6	―
	鍋（1,500）	165	0.1	2	―
	不明	4,820		3,266	
	小計	38,492	68.4	8,983	
その他	瓦器（300）	13,807	46.0	3,813	82.9
	陶磁器（250）	1,655	6.6	103	15.6
	瓦（3,000）	10,990	3.7	165	44.6
	石器・剝片	100		12	
	鉄製品	11		1	
	銅銭	5		3	
	土人形	32		1	
	小計	26,600	56.3	4,098	
	合計	189,898	311.2	21,432	

(1) 完形品1個体あたりの標準的重量。
(2) 「重量／標準重量」。0.1未満は計算から除外した。
(3) 「破片数／重量比換算個体数」。
　　破片数50未満の資料は計算から除外した。

遺物の数量表示

数量表示の方法　遺物の数量やその相対的な比率をあらわすには、各種の方法がある。一般によくおこなわれているのは、破片数を表示することだが、土器を例にとっても、総破片数以外に、口縁部や底部など特定の部位の破片数を示し、個体数復元の手がかりとするなど、いくつかの手法がある。一方、遺物の重量や質量を計測・表示することもおこなわれている。

破片数の表示　しかし、破片数表示は、その性質上、完形に近い大型の破片であれ、微小な破片であれ、同列に扱う点に問題を含んでいる。このため、具体的な遺物量をイメージしにくく、また土器の種類や器種、部位によって破損率や細片化の程度に差があったとしても、同じレベルでとらえざるをえない。この点は、遺構の種別により、あるいは遺構と包含層、包含層の中でも上位と下位の層の間で、細片化の度合いに違いがあるような場合についても同様である。

また、遺物が埋没後、発掘作業の時点でいくつの破片となって出土するかは、偶然性に左右される問題で、あらかじめ数値化することはできない。したがって、総破片数から個体数やその比率を直接導くことは不可能であり、データの利用にさいしては、そうした性質と限界を認識しておく必要がある。

もっとも、口縁部や底部などの特定の部位に着目して破片数を数える方法や、全周に対する残存率をそれに乗じる方法は、個体数やその比率を復元するうえでは有効な手段といえる。しかし、この場合も、体部などそれ以外の破片は捨象されてしまうことになる。

重量（質量）の表示　これに対して、重量や質量（以下、たんに重量と表記）で表示する場合は、遺物量が安定した一義的なデータとして示される。そこには破片数のような不安定な要素はなく、かつ条件の違いで細片化の程度に差があっても、影響を受けることがない。データの安定性と有意性でまさっていることは明瞭であろう。また、器種ごとなど、一括計量が可能なことも、作業の能率上、大きな利点である。

ただし、1個体あたりの重量が大きい遺物は、当然、破片の重量も大きくなるため、器種ごとの総重量をそのまま個体数比に結びつけることはできない。

重量比換算個体数の表示　そこで、重量を用いて個体数を反映させる方法として考えられるのが、遺物の種類や器種ごとに、完形品1個体あたりの標準（平均）重量を設定し、おのおのの総重量をそれで割った数値を示すことである。

つまり、標準的な重さの完形品に換算して何個体分に相当するか（以下、重量比換算個体数と表記）をあらわすことで、遺物の種類や器種により、1個体あたりの重量に違いがある場合でも、重量を個体数の比に還元することができる。

この方法は、分類さえ適切であれば、大量の遺物を扱うときでも迅速な処理が可能であり、特定の部位に限定されることなく、すべての資料を対象としうる。

なお、標準重量は、同一規格の完形品かそれに近い複数の個体から算出するのが望ましく、この設定に大きな問題がないかぎり、重量比換算個体数は、個体数の比率を示すきわめて有効な指標となる。ちなみに、算出に誤差があったとしても、標準重量として用いた数値を明示しておけば、再計算は容易である。

こうした表示がとくに効果的なのは、規格性の強い遺物であろう。土器でも、小型の器種はそれに該当することが多いが、とりわけ、種別ごとに重量がほぼ一定した瓦などでは、重量比換算個体数は個体数比を復元する最良の指標となる。

また、同じ器種の中にいくつかの規格が存在する場合は、規格ごとに標準重量を設定して計算することで、より実情を反映した個体数比が算出できる。その意味でも、分類は細かいほうが望ましいが、反面、どちらに属するかが不明なものも増す。それらは細分したものとは別にまとめ、おのおのの標準重量と推定個体数比にもとづいて、中間的な標準重量を与えることになる。

第3節
調査成果の総合的検討

1 情報の整理

作業の目的　発掘調査においては、さまざまな情報が得られる。それらは、たんに機械的に羅列すればよいというものではなく、選択して客観的に提示し、どの遺跡のどのような箇所を調査して、どういった成果が得られたのか、そしてそれはいかなる意味をもつのかを、わかりやすく正確にまとめる必要がある。

　また、発掘調査で得た情報は、その種別ごとに個々に整理するだけではなく、それぞれの情報に対する循環的な検討が必要であり、最終的には、相互の情報の関連性が明示できるように、まとめなければならない。こうした成果が、報告書の「総括」として結実することになる。

集落の構造と変遷　集落遺跡の場合、建物や井戸、溝など各種の施設が、どういった配置で共存し、機能していたのか、すなわち、当時はどのような景観であったのかを明らかにする。そのためには、本章第1・2節で述べたように、遺構と遺物の性格や時期的な変遷を個別かつ相互に検討しながら、遺跡の全体的な構造やその変遷過程を把握することが必要となる。

　これらは、作業工程の最後におこなうのではなく、発掘作業中から常に念頭において、ほかの作業と並行して進め、すべての情報が整理できた段階で、最終的に確認するのが望ましい。なお、遺構や遺物に対する総合的な検討を進める過程で、提示すべき情報に不足が認められたときは、随時、情報の再確認や追加などをおこなう。

　また、検出した遺構・遺物のうち、たとえば鍛冶炉や鉄滓、玉作り関係遺物のように、遺跡の性格を顕著にあらわす遺構や遺物については、遺構の分布状況や遺物の出土状況を整理し、集落域の利用形態を検討する。

　それらの評価にあたっては、自然科学分析や遺物に関する専門的知識が求められることも多く、分析の初期段階から着手し、検討のための時間を十分に確保することが重要である。

関連情報の収集　集落の全域を調査するときは別として、広大な集落遺跡では、発掘区は集落の一角の様相を示すにとどまることが多い。その場合、発掘区が集落全体の中でどのような位置にあたるのかを把握または推定する必要がある。

　このため、発掘で得られた微地形に関する情報のほか、過去の発掘調査を含めた周辺でのさまざまな調査成果なども整理・検討する。それによって、集落の範囲や拡大・縮小、性格を推定でき、集落の価値や重要性についての見通しが得られることも少なくない。

　また、発掘調査が継続して実施され、遺跡の内容がある程度把握されている場合には、それまでに得られた成果をふまえて評価をおこない、必要に応じて修正を加えていくことになる。過去の発掘区の位置や規模、検出されたおもな遺構をあわせて図示するなどして、常に遺跡全体の構造を把握することをめざし、成果をまとめる。

　現状での地形や遺物の分布状況、遺物の出土などに関する地元住民の情報を把握することも、遺跡の広がりを知るうえで有効である。これらは、現地で直接確認しておく。

　このほか、遺跡をとりまく地理的な環境や、当時の植生・動物相、近接して所在するほかの集落遺跡や墓域などについても十分に考慮する。古代以降の遺跡では、文献史料のほか、現存する絵図などに残された地割や小字などの地名も、検討の手がかりとなることが多い。

　なお、自然科学分析の成果は、当時の環境を復元し、製品の製作や流通を考えるうえでも欠かせないものであるため、遺跡の評価の中に的確に盛り込むようにする。

2 遺跡の評価

対比と検討　整理された情報は、地域の歴史を物語る基礎的なデータであり、次に、それがもつ意味を明らかにする作業が必要となる。

きわめて特殊なものでないかぎり、遺跡は、その地域や時代ごとの普遍性とともに、一方では固有の特色をもつ。それを把握するために、同時期のほかの地域の情報や、同一地域における前後の時期の情報と対比して検討することで、遺跡の個性や特質がより明確なものとなる。

なお、必ずしも網羅的に比較する必要はないが、地域の遺跡のありかたや特性、それをめぐる研究の到達点を把握しておくことは、地域史をふまえた総合的な検討をおこなううえで重要である。

具体的な検討内容　遺跡そのものの規模や、遺構の密度と内容、遺物の量やその組成、搬入品の多寡といった要素は、集落の性格を考えるさいの大きな手がかりとなる。

また、石器や鉄製品、玉類の生産がおこなわれている場合は、その集落が地域内で果たした役割を推定することができる。このほか、特徴的な遺物、たとえば古代の硯や銙帯、瓦塔からは、その集落が官衙的な性格をもっていた可能性や、仏教関連施設が含まれていたことを想定できる。

こうした手がかりをもとに総合的に検討し、過去の調査成果と比較することで、その遺跡がどういった性格・特性をもつのかを把握する。たとえば、どのような生業を基盤としていたのか、それが季節的な集落であるのか拠点的な集落であるのかは、もっとも重要な視点の一つである。

また、集落の変遷の画期がどこにあり、それはいかなる意味をもつのか、さらには、地域の中でその集落はどのような役割を果たしたのか、といった評価も必要である。

このようにして遺跡の内容と性格を明示し、それぞれの地域の歴史の中に位置づけることで、発掘調査の目的が達成されることになる。

その意味でも、総合的検討の欠落した、たんなる情報提示に終始することや、客観性に欠けた通説への無理な当てはめ、遺跡の過大評価などは慎まなければならない。

検討結果の表現方法　把握した集落の変遷過程や、きわめて特殊な遺構・遺物は、十分な記載によって説明することが不可欠だが、それに加えて、集落の変遷に関する模式図やグラフのほか、遺構復元図、類似情報の集成図や分布図などを提示することも、成果をわかりやすく的確に伝えるうえで効果的である。

そのためには、遺跡の特質がある程度明確になった段階で、検討した成果をどのような手法で表示するかを念頭におきつつ、柔軟に作業を進めていくことが求められる。

百間川原尾島遺跡（岡山県）では、10年間にわたって実施された発掘調査の成果を検討し、弥生時代後期前半から後半にかけての集落と水田の変化が復元された（図107）。

また、薬師堂東遺跡（福岡県）では、古墳時代後期から平安時代までの長期間にわたる集落の変遷が復元されており、時代ごとの建物の単位が明確に抽出されただけでなく、近接する同時期の遺跡との比較・検討も試みられている（図108）。

このように、発掘区の遺構・遺物を総合的に検討することに加えて、過去の調査成果や周辺の同時期・同種の遺跡との比較・検討をおこなうことにより、対象となる遺跡の、地域における位置づけや歴史的な意義づけが可能になる。

なお、こうした一連の作業を進めるにあたっては、常に客観性を保つように留意し、必要に応じて専門家との意見交換や議論をおこなうなど、広く共通理解を得るように心がけたい。

Ⅳ-3 調査成果の総合的検討

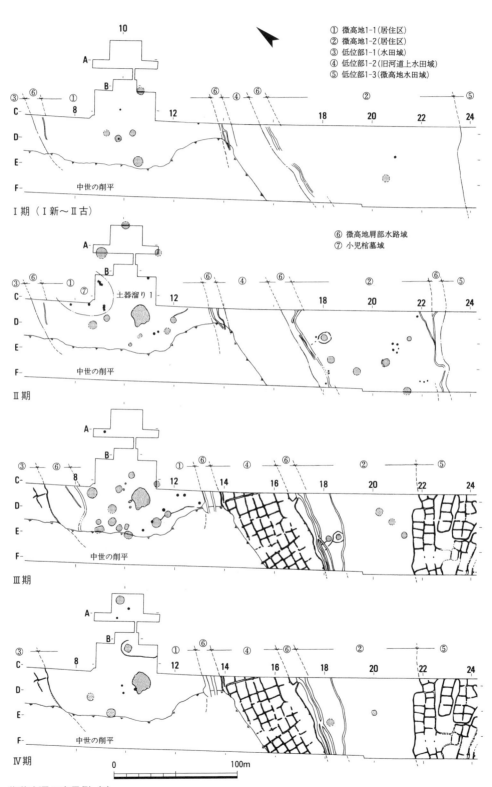

図107 集落変遷の表示例 (1)

第Ⅳ章 調査成果の検討

図108 集落変遷の表示例（2）

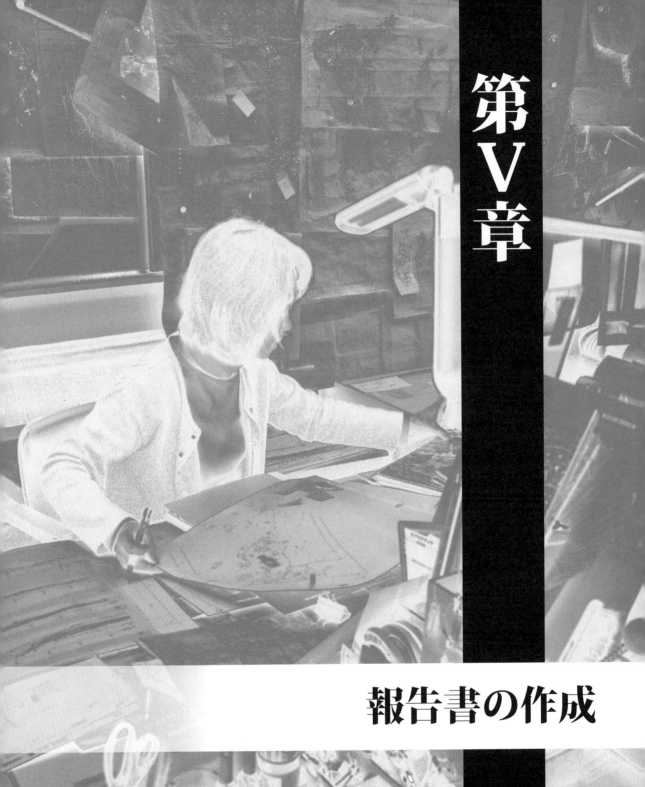

第Ⅴ章

報告書の作成

第1節
構成と規格

報告書の構成　報告書の作成にあたっては、事実とそれに対する所見の記述や、図面・写真などの資料を、体系的かつ合理的に構成し、利用しやすいものとなるように注意する必要がある。その基本的な体裁は、ほぼ以下のとおりである。

　　表紙
　　見返し
　　扉（本扉）　　　　　　　　　　　　（改丁）
　　口絵（省略可）　　　　　　　　　　（改丁）
　　　　　　　　　（扉の対向位置に置くこともある）
　　序文（省略可）　　　　　　　　　　（改丁）
　　例言（凡例）　　　　　　　（改丁または改頁）
　　目次　　　　　　　　　　　　　　　（改丁）
　　　　　　　　　　　（ここまでを前付という）
　　中扉（省略可）　　　　　　　　　　（改丁）
　　本文　　　　　　　　　　　（改丁または改頁）
　　中扉（省略可）　　　　　　　　　　（改丁）
　　図版　　　　　　　　　　　（改丁または改頁）
　　あとがき（省略可）（これ以降を後付という）
　　　　　　　　　　　　　　　　　（改丁が原則）
　　報告書抄録　　　　　　　　　　　　（改頁）
　　奥付　　　　　　　　　　　（改丁または改頁）
　　見返し
　　裏表紙

以上の項目は、状況によっては整理統合することもできるが、扉、例言、目次、本文、図版、報告書抄録、奥付は不可欠である。また、それぞれの項目により、改丁（次の奇数頁から始める）と改頁の扱いが異なる。

判型の選択　報告書の作成では、まず、どのような判型にするのかを決定する。報告書が行政資料としての性格をもつことを勘案すると、国際標準であるA列の定型規格を選ぶべきであろう。実際、かつての報告書は、大部分がB列5番すなわちB5判（182×257mm）であったが、現在では、とくに理由がないかぎり、A4判（210×297mm）が主流となっている。

A4判は、B5判に比べて紙面が大きく、頁あたりの情報量が増すなど、好都合なことも多い。ちなみに、本や紙の規格は、A4判、四六判、菊判のように「判」を用いてあらわすので、「A4版」

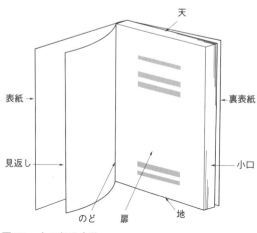

図109　本の部分名称

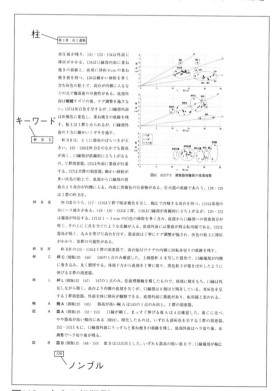

図110　本文の組版例（偶数頁）

V-1 構成と規格

という表記は誤りである。

　判型の大きさは、たんに情報量に関係するだけでなく、文字の組版(版組み)や挿図・写真のレイアウトとも関係するため、選択のさいにはその点についても注意を要する。

　たとえば、B5判であれば縦書きでも見やすいが、A4判になると、文章は基本的に横書きでないと読みにくい。また、横書きでも、A4判の版面いっぱいに小さな文字を並べると、1行の文字数が増して読みにくくなる。この場合は、左右2段組みにするか、1段組みでは文字を多少大きめにするなどして、読みやすくなるように工夫する。また、小口側(頁を開く側、図109)にキーワードなどを配し、本文の左右幅を圧縮するのも、読みやすさや検索のしやすさなどの点で効果的である(図110)。

組版　横書きと縦書きでは、頁が左右のどちらに進むかが異なるが、いずれも、開いた場合の進行方向側には奇数頁がくる。つまり、報告書の基本である横書きの場合は、向かって右側が奇数

扉

目次

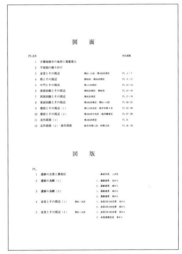
図面・図版目次

挿図目次　　　　　　　　　中扉

写真図版

図111　頁の組版例

133

頁となる。なお、通常、本文より前にはノンブル（頁番号）をつけないことが多いが、つける場合は、本文まで通してつけるか、ローマ数字などの別の表記を用いる。これらの原則は、一般の書籍と共通する。

つづいて、版面の大きさと位置、つまり1頁内に本文や図表を印刷する範囲とその場所を決める。各頁の余白の設け方で、報告書の印象は大きく変わる。

版面は、基本的に、頁の外枠を相似形に縮小したものとし、柱やノンブル、キーワードなどをその余白に配置する（図110）。ただし、余白の使い方によっては、頁の中での本文の版面の位置や大きさを若干変更することもある。

のど側（頁を綴じている側）の空きは、小口側の空きと等しくすることもあるが、一般に前者をやや広くするほうが読みやすく、本としての見た目もよい。また、とくに分厚い報告書では、開くときの利便性を考慮して、のど側の空きを十分にとるようにする。

図版にも、本文と同様に版面がある。そこでも、A4判はB5判に比べて大きいスペースが得られるが、その分だけ高品質の写真が要求されることになる。

なお、図版の版面は、本文の版面に合わせる必要はなく、むしろ一回り大きくするほうがよい。写真図版のレイアウトや原稿の作成については後述する（146頁）。

文字の大きさと字数・行数　組版と版面が決まれば、次に、使用する文字の大きさと1行の文字数、1頁あたりの行数を定める。当然のことながら、これらの選択にさいしても、読みやすさに十分配慮する。

本文の文字の大きさは、A4判であれば、9〜10.5ポイント（13〜15級）が適当で、それを下回らないほうがよい。ちなみに、1ポイント（ポ、P、ptと略記）は0.3514mm（JIS）または0.3528mm（DTP）、

表14　文字のポイントと級数

ポイント	級数換算	級数	ポイント換算	mm換算
		7	4.98	1.75
5	7.03			1.76
		8	5.69	2.00
6	8.43			2.11
		9	6.40	2.25
7	9.84			2.46
		10	7.11	2.50
		11	7.83	2.75
8	11.24			2.81
		12	8.54	3.00
9	12.65			3.16
		13	9.25	3.25
		14	9.96	3.50
10	14.06			3.51
		15	10.67	3.75
11	15.46			3.87
		16	11.38	4.00
12	16.87			4.22
		17	12.09	4.25
		18	12.81	4.50
14	19.68			4.92
		20	14.23	5.00
		22	15.65	5.50
16	22.49			5.62
		24	17.07	6.00
18	25.30			6.33
		28	19.92	7.00
20	28.11			7.03
22	30.92			7.73
		32	22.27	8.00
24	33.73			8.43
26	36.55			9.14
		38	27.03	9.50
28	39.36			9.84
		44	31.30	11.00
32	44.98			11.24

＊1ポイント＝0.3514mm、1級＝0.25mm。
＊換算値は、いずれも小数第三位を四捨五入した。

1級（Qと略記）は0.25mmである（表14）。ただし、2段組みの場合は、これより少し小さくてもかまわない。また、註の文字は、本文よりポイントを下げるだけでなく、行間も詰めるようにする。

1行の文字数は、A4判1段組みの場合、40字から45字程度とし、多くても50字を超えないようにしたい。また、行間が詰まった文章も読みにくいので、文字の大きさに応じた行間寸法を確保で

きる行数を選択する。

分冊の適否　本来、報告書は分冊にせず、1冊の体裁で刊行されることが望ましいが、発掘面積や遺構・遺物の量が膨大で、頁数が1冊として適正な範囲を超える場合は、本文編と図版編を分けるなど、分冊にすることもある。当然、分冊とした場合でも、相互の対応がとれているようにしなければならない。

なお、かつては、印刷のインクが対向頁に色移りしたり、裏に透けたりするなどの理由から、写真図版は片面印刷が主体であったが、現在ではそうした点は克服され、両面印刷が主流となっている。そのため、図版の頁数は大幅に圧縮できるようになった。

挿図と写真図版　以前は、ほとんど文章だけからなる本文の後ろに、写真や図表をまとめた報告書も多かったが、今では、本文中に各種の図表や写真を自由にはめ込みながら、頁を作成するのが主流となっている。これにより、読みやすさが増すとともに、写真図版の頁数を圧縮する効果も得られている。

しかし、本文中で用いる写真は挿図の一つであり、写真図版とは明確に区別する必要がある。本文中の挿図写真は、遺物であれば細部に見られる製作技法の痕跡や裏面の状態など、文章や実測図だけではわかりにくいものを示す場合に有効である。一方、遺構であれば、発掘作業の経過や掘り下げ途中の状況を写したものなどが選ばれる。

これに対して、写真図版には、遺跡や遺構の記録写真と遺物の写真を一次資料として厳選し、アート紙やコート紙（アート紙よりもコート剤の塗工量が少ないもの）に鮮明に印刷する。カラー図版の選択も、後述する台割りを念頭におきつつ、十分に考慮する。

遺構・遺物の実測図と写真を後ろにまとめて載せるときは、見開き頁に対向させて写真図版と実測図を並べる方法もある。そのさい、横組みでは、図版番号の入った写真図版を右頁、実測図を左頁に配置する。

この組み方は、写真と実測図が対比しやすいという利点があるが、遺物の場合、破片資料では対比が難しく、すべての遺物の写真が揃わないことも多いので、注意を要する。また、遺構の場合は、遺跡のどの範囲をどの方角から写したものであるかを略図で示すと、わかりやすい（図112）。

折り込み・付図　遺構図や土層図などが細長くなるときに、折り込みの頁を設ける例がしばしば見受けられる。しかし、それらは、見開き頁にまたがらせるか、何分割かするなどの工夫しだいで、情報を遺漏なく伝えられることが多い。折り込み頁の使用はなるべく避けるようにする。

同様に、付図を本文や図版とは別につけることについても、分割して掲載できないか、そうした場合の欠点は何かをよく考え、その必要性の有無を十分に検討する。

付図をつける場合は、本体から離れて散逸しやすいため、たんにはさみ込むのではなく、裏表紙の裏に袋を糊づけして入れる。そのさいも、個々の付図には報告書名を印刷しておくようにする。

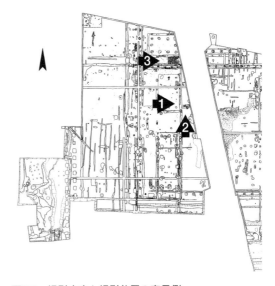

図112　撮影方向と撮影位置の表示例

第2節
文章の作成

適切な文章表現　構成や規格が決まれば、報告書に掲載するべき内容を文章化する。

　文章は、簡潔でわかりやすいものとするように努め、不要な修飾語やもってまわった表現は避ける。長すぎる文も、意味がとりにくいので、好ましくない。また、文中には適宜、読点を加え、改行をおこなうなどして、読みやすさに配慮する。このほか、無意味な受動表現の多用も慎むとともに、推測的な表現は極力排し、客観的な記述を心がける。

執筆要項　執筆にあたっては、前述の規格と一体となる執筆要項（要綱）を定め、執筆者がそれを守って文章を作成することができるようにする。また、執筆要項の内容が正しく執筆者に伝わるように、レイアウト（割りつけ）用紙（146頁）や頁見本を準備しておくと、作業がしやすくなる。これらは、混乱を避け、のちの編集・校正段階での負担を軽減することにもつながる。

　そのため、執筆要項には、報告書の規格に関することのほか、図版の入稿形態、註の形式、数字や英字、年号、単位記号の表記方法、用語の統一、文体、語尾や送りがなのつけ方、漢字とひらがなの選択などが、きめ細かく盛り込まれていることが望ましい。

　また、章や節の見出しの字体や行取りの指示も必要である。章や節より下位の階層に属する見出しをおくことも多いが、あまりに複雑な階層分けは煩雑となるので避ける。下位の項目は、改行せずに小見出しを立てて太字にし、1字ないし2字をあけて文章を続ければよい。

　このほか、外字や特殊文字、記号の作成が必要なときは、その位置を明示し、使用する文字・記号の一覧を作成する。

　註には、脚註や後註、頭註、割註（わりちゅう）などいくつかの形式があるが、各頁の下部に本文と対応させて入れる脚註は、編集の手間が増すことを認識しておく必要がある。章または節の末尾に、後註としてまとめるのが、利用者にとっても読みやすく、編集作業も容易である。

　註の文字は、本文より小さくして、明確に区別する。本文と註を同じ段数で組む場合は、註の行頭を本文より下げるようにする。本文が1段組みであれば、註を2段組みにする方法もある。なお、註も一つの文章なので、引用した文献名を挙げる場合も、文末には必ず句点をつける。

　一方、引用文献や参考文献だけを別にまとめるときは、本文中に「(山中 1995)」のように表記し、巻末か章や節の末尾に、著者名と発行年、書名などを記す（この場合の句点は不要）。同じ年に複数の文献がある場合は、「(山中 1995a)」のようにアルファベットで区別する。

　文献の並べ方には、五十音順やアルファベット順、年代順などいくつかの方法があるが、和文が主体であれば、一般に五十音順がわかりやすい。

原稿の作成　400字詰め原稿用紙で何枚、と表現するように、多くの日本人にとって、原稿量と原稿用紙での枚数換算は切り離すことができない。したがって、執筆を割りふる場合も、400字詰め原稿用紙で分量を指定することが多い。

　しかし、当然のことながら、文章の原稿が同じ枚数であっても、仕上がりの頁数には差が生じる。これは、改行にともなう本文の空きの量なども関係するが、それ以上に、文章以外の挿図や表の分量が大きく影響するからである。

　よって、編集にあたり、それぞれの頁数を正確に把握するためには、図表を含めた仕上がり頁数を指定するか、申告させるほうがよい。手書き原稿の場合でも、レイアウト用紙に挿図のコピーを貼りつけるなどして、その分の文字数を計算し、頁数の見当をつけるようにする。

　それをしないときは、原稿中に挿図の位置を指定し、編集者や印刷所が挿図を割りつけていくこ

図113　本文と表・註の組版例

とになるが、文章との位置関係など、細かな調整は難しい。

したがって、手書き原稿であっても、結局はワープロなどによるデジタルデータへの変換を求められることが多く、近年では手書き原稿を直接受けつけない印刷所も増えている。

原稿の提出　文字原稿は、後述する挿図や表などの各種データとともに、レイアウト用紙上の割りつけ見本を添えて提出する。デジタルデータの場合は保存形式を明記し、汎用性のある形式で保存したテキストデータも加えておく。挿図や写真のデータはファイルに整理して保存し、キャプションと整合した、わかりやすい名称をつける。

DTP　DTP（DeskTop Publishing またはDesk Top Prepress）とは、編集用のソフトウェアを使用し、コンピューター上で版下と頁の作成作業を進めることをいう。

とくに、本文中にさまざまな大きさと種類の挿図や表がある場合に効果的であり、版面を決めて文章や図を適切に組み合わせ、コンピューター上で編集していくことができる。図の複写や切り貼りなどをする必要もない。

また、DTPでは、最初から仕上がりをイメージしながら文章を作成することが可能で、通常の入稿の場合、校正刷りが出てはじめて確認できるような、細かなレイアウトやトリミング、キャプションなどの検討も前もっておこなえる。

そのため、編集作業の効率化と校正の簡略化、ひいては入稿から印刷までの大幅な時間短縮を図ることができる。こうした点でも、今後ますます主流となっていくとみられる。

しかし、使用する字体やソフトウェアが完全に一致しないかぎり、DTPで作成したとおりに印刷することはできない。そうした限界を念頭におき、意図したとおりに出力できているかを、印刷所の校正で確認する必要がある。

また、DTPでは、これまで印刷所が担当してきた作業のかなりの部分を自分でおこなうことになるので、コストの縮減にはつながるものの、作成する側の負担と要求される知識が増す。たとえば、頁作成に使用したデータの管理方法などについても十分に理解しておかなければならない。

同時に、印刷所との間で十分な意思疎通を図らないと、失敗やトラブルを招きかねないため、どこまでを印刷所に委ねるのかを、あらかじめ詳細に定めたうえで、契約することが望ましい。

引用と著作権　報告書の記述にあたっては、みずからの文章内容の補強・補完や裏づけなどの目的であれば、公表された他人の著作物（図表や写真を含む）を引用（著作権法第32条）することができる。

ただし、本文の内容に直接関係ないものや、引用する必然性がないもの、あるいは引用する部分の量が本文より多いような場合には、著作者（著作権者）の許可が必要である。

さらに、引用にさいしては、「出所の明示」が義務づけられている（著作権法第48条）ので、著作物の題名、著作者名、出版社名などを表示する必要がある。

「出所の明示」は、引用した著作物とあわせて表示することが原則だが、便宜的方法として、引用した箇所に註記を付し、巻末などの備考欄で出所を示すことも認められている。

なお、行政目的調査の報告書は、作成・刊行する組織の職員が、業務として当該報告書の文章などを執筆・作成したものであり、その組織が著作者であり、著作権を有する。一方、掲載されている文書や写真などが外部に委託・依頼して執筆・作成されたものであれば、当該部分の執筆などをおこなった者が著作者であり、著作権を有することになる。

文章などの引用における著作者名の表示や、許可を得るさいの著作者（著作権者）については、注意が必要である。

第3節
図表の作成

A　図の作成

図の配置とキャプション　報告書の図は、単独の図としての見やすさを失わずに、説明に対応させてわかりやすく配置し、組み合わせることが求められる。その仕上がりは、報告書の完成度や読者に与える印象にも大きな影響を及ぼす。

図のキャプションは図の下に置き、本文との違いが明確にわかるように、文字の大きさは本文より小さめにする。

地図・遺構図　地図や遺構図などを1頁大または頁の左右全体にわたって掲載する場合は、通常、図の大きさを版面に一致させるか、わずかに図のほうを小さくする。

図の横幅が大きく、縦横を90°回転させて掲載するときは、左右いずれの頁にあっても、図の天は、必ず表紙のある側、つまり横書きだと左側、縦書きだと右側に置く。これは、幅の大きな遺物図などでも同様である。そのさいのキャプションの位置は、頁の下側（地）におく場合と、図に対して地となる側におく場合があるが、キャプションの収まり具合などを考えつつ、報告書の中で統一を図る。

また、全体の遺構図の中から抜き出した1/100以上の大縮尺の遺構図や土層図などは、座標を入れただけでは、どの部分に相当するのかがわかりにくいことがしばしばある。その場合、全体のどの部分にあたるのかを示すために、補助的な図を小さく脇に添えるか、全体を細分した図面割りなどを別に用意すると親切である（図114）。当然のことながら、こうした工夫は遺構の写真図版においても必要となる。

図中の各種情報の表記　遺構図の中には、座標とともに、遺構記号や番号、方位、縮尺、標高などの情報も挿入する。これらは、図面自体の情報を読み取る妨げとならないように配置する。

方位記号にはさまざまな種類がある。多くは、北がどちらの方向にあるのかを示す簡単なものだが、平面直角座標が表記された図でも、一目で方位が認識できるので、原則として表示する。なお、方位は、方眼北（座標北、GN）または真北（TN）を用いることとし、磁北（MN）の使用は避ける（発掘編71頁）。

等高線の間隔は図によって異なるが、基本となる主曲線に対して、数本（通常は5本）ごとに設ける計曲線は太く表現する。また、等高線の標高は、分散して貼り込むのではなく、近接した場所に、できるだけ揃えて貼ると見やすい。

なお、既存建物などの輪郭線は、全周を同じ線で表現するのではなく、左上から光が当たったことをイメージして、陰になる右側と下側の輪郭を太くするなどの工夫を加えることがある。

平面図・断面図・見通し図　報告書では、複数の図面、たとえば平面図と断面図や見通し図を組み合わせて一つの図とすることが多い（図115）。

そのさい、四角形の建物の各辺の断面図や見通し図は、平面図の四方に配置するのが一般的である。このとき、断面図の天地が逆転しないように、発掘作業の段階から、断面図の作成方向にも配慮するのが望ましい。また、反転トレースにより、天が上となるように配置することもできる。

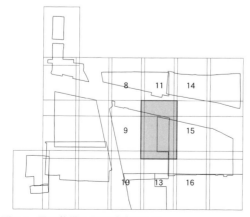

図114　図の位置を示す補助的な図

第Ⅴ章　報告書の作成

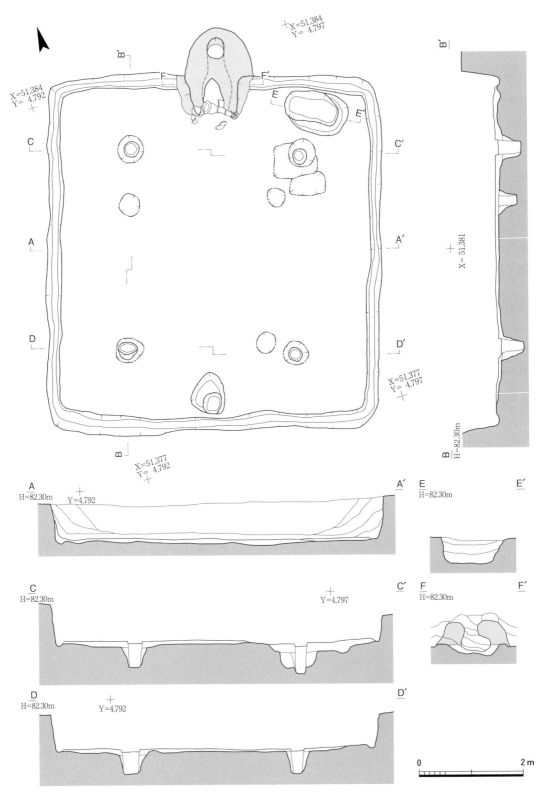

図115　平面図と断面図の組み合わせ例

なお、断面図を四分法で記録した場合も、同様に、反転トレースをおこなって、一続きの断面図に仕上げ、平面図に添える。

一方、図に対して建物の方向が斜めとなるなど、平面図の四方に断面図を配置するのが難しいときは、断面の計測位置を示し、断面図や見通し図を平面図の下側などにまとめて配列することもある。長いトレンチや調査区の断面図なども、天がまちまちにならないよう注意する。

遺物図　遺物図は集合させて組むのが基本であり、そのレイアウトの良否は報告書の仕上がりに大きく影響する。

作業は、まず報告する内容にしたがって、掲載する遺物を選ぶことから始める。一括で出土したものはなるべくまとめて載せ、材質や種類ごとに分ける。ただし、量が少ない場合は、複数の種類の遺物を1枚の図にまとめることもある。それらは、当然、本文の記述の順序を考慮しつつ進める必要がある。

レイアウトにあたっては、実測図を複写機などで縮めたものを切り抜き、レイアウト用紙かその2倍大の方眼紙などの上で配列するか、コンピューター上で所定の枠内に配置していく。

一般に、図の下の方に大型の遺物を置くと、視覚的に安定感が生まれる。これは、写真の場合も同じである。土器の破片のように天地があるものは、特殊な事例を除き、口縁部を上方に、胴部や底部を下方に配置するようにする(図116)。

通常、図の上端は版面に合わせるか、それよりわずかに下げた位置におく。一方、下端の空きは、キャプションの分量やスケールバーの位置を考慮して決めていく。そして、隣り合う図との間隔がほぼ等しくなるように並べていく。

このとき、それぞれの図の間隔は、やや窮屈に見える程度が、結果的にちょうどよい配置となることが多い。これは、レイアウト用紙上での見かけの配列が、切り代の影響を受けるためであり、

仮貼りしたのち、必ず複写して、全体のバランスを確認する。

ただし、機械的にすべての間隔を揃えるのではなく、隣り合う遺物図との関係から、位置を調整したほうがよい場合もある。また、同種の遺物を上下に並べるときは、中心線を一致させるのが基本なので、その結果、左右の空きに広狭の差が生じることはやむをえない。

個々の遺物には、原則として、右下に番号をつける。この番号は、報告書全体で通し番号にする場合と、図や遺構・遺物のまとまりごとにつける場合がある。

なお、破片のため、図の間隔があきすぎるようなときは、余白に応じて破線の復元部分を伸ばすことによって、バランスのとれた図にすることも

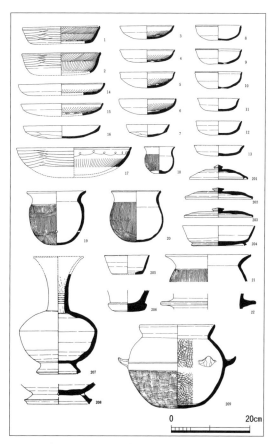

図116　土器のレイアウト例

第Ⅴ章　報告書の作成

できる（図117）。また、図の量が1頁に満たないときは、間隔をあけるのではなく、図幅を縮めるか、下に余白をとるようにする。

縮尺　縮尺は、一つの図ではなるべく揃えるのが望ましい。縮尺の異なるものを同じ図面に入れる場合は、対応が明確に把握できるようにする。縮尺は、キャプションに「1/100（1：100）」「1/4（1：4）」などと表示するだけでなく、図中の適当な位置に、対応するスケールバーを置く。

縮尺は、遺構や遺物の種類によって変わってくる。報告書では、その後の利便性を考えて、切りのよい縮尺にするのが原則である。土器の場合、かつては1/6が主流であったが、現在は1/4が多く用いられている。また、細部の表現が必要となる遺物では、1/3、1/2、原寸大などの縮尺を選択することもある。

スケールバーにも一定の規範があり、どのような長さであれ、目盛りの最小単位はできるだけ1、10、100…となるように心がける（図118）。

トレース　野外で作成した測量図や遺構図、あるいは整理室などで作成した遺物の実測図が鉛筆描きであれば、印刷物にするにあたって、墨入れなどの加工が必要となる。そのための作業がトレースである。

今日では、製図ペン（製図用ペン）や丸ペンあるいは烏口を用いたインクによる製図はすたれる方向にある。代わって、コンピューター上でのデジタルトレースが普及しつつあるが、まず、製図ペンの場合の基本的要点を述べる。

製図ペンによるトレースは、なめらかで継ぎ目やはみ出し、インクの溜まりなどがない、きれいな線でなければならない。そうした線が描けるようになるには、相応の経験が必要である。

1枚の図につき、1枚の版下を作成することになるが、そのさいには、個々の図としてバランスがとれていることはもちろん、報告書全体においても統一性とまとまりが求められる。このためには、線の太さや表現方法に関する約束事を、あらかじめ定めておく必要がある（図119）。

製図ペンで描く場合、通常、遺物では3〜4種類の線を使い分ける。一般に、トレースは仕上がりの2倍大程度でおこなうと、作業がしやすく、精細に仕上がる場合が多い。土器を例にとると、輪郭線には0.3〜0.4㎜、その中の稜線や文様にはそれより細い線を使用し、調整痕のような微弱な表現は0.1㎜などとする。

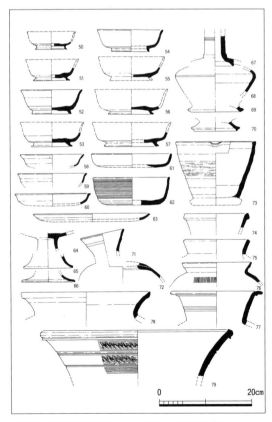

図117　補助線を利用した土器のレイアウト例

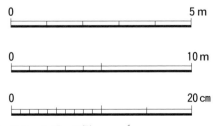

図118　スケールバーの例

V-3 図表の作成

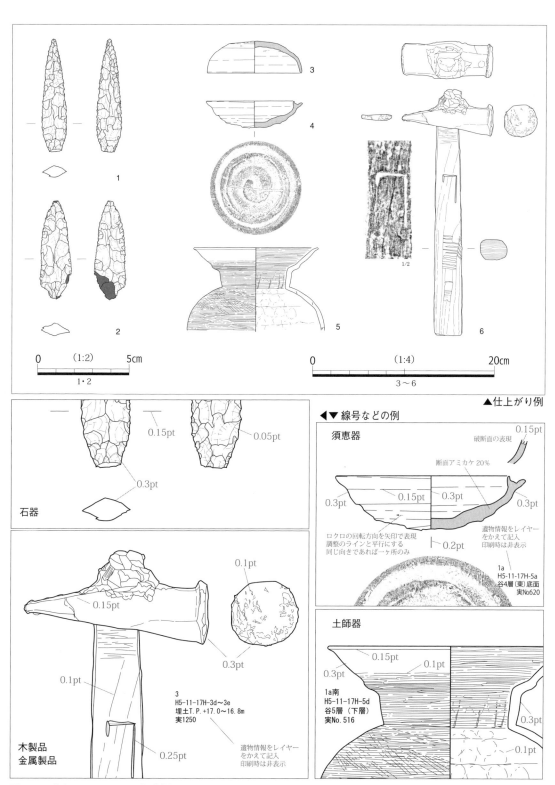

図119　デジタルトレースの指定例

143

製図ペンを用いるとき、破線や一点鎖線を細かく止めながら描くと、端が玉状にふくれ、間隔も不均等になりやすい。そこで、いったん実線で描いてから、白い絵具や修正液、電動消しゴムなどで消すか、カッターナイフで削り、目的の線に加工するほうが、仕上がりがよい。

遺物の断面は、塗りつぶす場合と塗りつぶさない場合があるが、現在では塗りつぶさない例が増えている。また、塗りつぶすときも、インクではなく網フセとするのが一般的である。

そのさい、断面の網フセの濃度を変えて、遺物の材質の違いを表現することも可能である。たとえば、同じ形態に作られた奈良時代の土師器と須恵器に対して、土師器の断面濃度を落とし、両者の違いを明示することもできる。

また、こうした網フセの使用は、断面の面積が大きく、黒く塗りつぶすと違和感を与えるような遺物に対しても効果的である。

ちなみに、調整のハケ目や条痕などを実物どおりに表現してある実測図であっても、そのままトレースする必要はない。その部分が黒くつぶれてしまうことがしばしばあるからである。同様なことは、鉄の地金に張った薄い金銅板などの断面表現などにも当てはまる。無理に忠実に図化するのではなく、ときには状況に応じて模式的に示すことも必要となる。

なお、印刷のさいには、全体に対して平均的なスミの濃さが選択されるので、描線が薄いか、あまりに細いと、かすれる線や消える線が出てくる。逆に、濃い場合は、黒くつぶれてしまうことがある。そうならないように、描線の太さや濃さと密度には十分に気を配る。

デジタルトレース　製図ペンや製図用器具の需要の低下もあって、デジタル図化が今後の製図の主流となることは間違いない。

デジタル図化は、計測機器の進歩にともない、遺構実測の面でも進んでおり、遺物の実測においても、最初からデジタルデータとして作成することが増えている。

しかし、実際には、観察と図化を切り離すことは難しい。そのため、手描きの実測図をスキャナーでコンピューターに取り込み、それを見ながら、マウスやペンタブレットを用いて、ベクターデータとしてトレースすることが多い（図119）。

これにより、一度でき上がると、自在に線の太さや縮尺を変更することができ、多彩な応用も可能となる。また、DTPで版下を作成する場合のレイアウト変更なども容易になる。

網フセ・網オトシの利用　土層図の地山など、ある特定の層位を表示する場合や、遺物や遺構図の一定の範囲を指示する場合に有効なのが、網フセである。製版時に、必要な部分に5％から100％

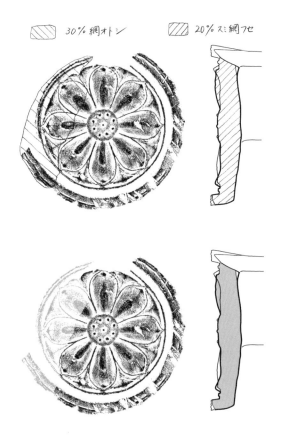

図120　網フセ・網オトシの指示と仕上がり例

までの無地網をのせることで、効果的にその範囲を指示できる。

網フセは、図を印刷寸法にしたのちにおこなうので、図の拡大・縮小にかかわらず、きれいに仕上がる。ただし、スミの濃淡により差を明示するには、網の階調は10％間隔が限度であろう。

また、遺跡地図など、図の背景が煩雑となるときは、背景となる図の調子を落とし（網オトシ）、遺跡の印や名称だけをスミ100％（コツまたはベタという）の濃度で目立たせたりすると、わかりやすくなる（167頁図134）。表記に区別をつけるときは、文字自体を網オトシすることもできる。

あるいは、上層と下層の遺構図を、濃淡を変えて区別するなど、網オトシを効果的に用いれば、多色刷りを省くことも可能となる。

いずれにしても、これらの指示は、1枚の版下見本上でおこなえるので簡便である（図120）。

かつては、無地網を利用せず、スクリーントーンを切り抜いて版下に直接貼ることもよくおこなわれたが、網点のつぶれのほか、汚れや剥がれのため、仕上がりが悪くなることもしばしばあった。現在は、スクリーントーンが製造中止となっていることもあり、網フセ・網オトシを活用するのが一般的である。

B 表の作成

表は、煩雑な記述を避けるときや、一覧表のかたちで比較しやすくする場合に有効な手段である。とくに、対象となる個々の属性のまとめや、文章にする必要のない基礎的データの提示に適した表現方法といえる。

表に使用する文字は、本文より小さくするのが一般的であり、A4判やB5判では8ポイント・7ポイント（12級・11級）がよく使用される。

仕上がりの大きさ　表を組むには、文字とともに空きを加えた各欄の幅と高さを計算する作業が必要となる。さらに、表の天地や左右の空きを確

○○遺跡発掘調査一覧

発掘次数	発掘期間	発掘面積㎡	掲載頁
431	2008.04.01～06.26	633	112
432	2008.04.12～10.22	936	112
434	2008.05.07～06.16	112	156
436	2008.06.26～11.18	880	112
437	2008.07.01～11.26	397	112
438	2008.09.24～12.22	547	112
439	2008.07.01～08.11	20	148
440	2008.11.19～09.02.06	255	128
441	2008.08.18～08.29	42	110
442	2008.09.01～09.25	101	146
443	2008.09.24～10.01	12	110
444	2008.10.06～10.20	66	110
445	2008.11.04～11.05	9	155
447	2008.10.22～10.29	18	155
448	2009.01.06～03.23	1,100	160
449	2009.01.13～01.19	28	110
450	2008.12.02～12.17	20	150
453	2009.02.02～02.03	12	110
455	2009.03.16～03.18	58	110

図121　表組みの例

保しなければならない。いずれにしても、表の仕上がりの大きさを決めるこうした作業をへずに、組版は進められないので、自分で計算できない場合は、表をいち早く印刷所に作成させる必要がある。これらの作業も、DTPならば比較的容易におこなうことができる。

仕　様　表は1ヵ所にまとめるよりも、それぞれの文章に対応した頁に挿入するほうが、わかりやすいことが多い。

表の左右の枠や罫線は、すべてに入れる必要はなく、とくに横罫の多用は慎むようにする。左右の枠を示さずに、罫線を一部に使っただけの表も見やすく、作成の手間もかからないので、効果的である（図121）。

なお、横書きの場合、表のキャプションは表の上に置き、凡例を設けるときは、表の下につけるのが原則である。また、表中に引用するデータの参考文献などは、表に書き込まず、別に一覧として示すほうが、煩雑さを避けられる。

第4節
レイアウトと編集

A レイアウト

レイアウト作業 作成した図や表は、本文や写真とともに、レイアウト用紙またはコンピューター上で配置を決め、頁を作っていくことになる。

本文中の挿図や表は、基本的に版面に収めるが、やむをえず版面をはみ出す場合でも、裁断時に切れないようにするのはもちろんのこと、見にくくならないように心がける。

図表の左右が版面よりやや小さい程度であれば、版面の中央に置き、横に本文を入れないほうがよい。一方、1段組みで版面よりかなり小さいときは、図表をのどか小口のどちらかに寄せ、横に本文を追い込むことになる。その場合、図表は小口側に置くほうが目につきやすく、本を広げた状態で見やすいという利点もある。

ただし、偶数頁（左頁）の小口側（左側）にそうした図表を置くと、本文の文頭が揃わず、小見出しなども目立ちにくくなることは避けられない。そのため、奇数頁（右頁）と偶数頁にかかわらず、図表はすべて頁の右側に寄せ、文頭を揃えるレイアウト方法もある（132頁図110）。

図表が版面に収まらない場合は、見開き頁を使うなどして、折り込み頁とするのは極力避ける。やむをえず折り込み頁を設ける場合は、裏を白とし、2頁分と数える。

また、報告書全体のどの部分にあたるのかが、開いてすぐわかるように、各頁の本文の版面の外に、柱を置くことが望ましい。柱には、両方の頁に設ける両柱と、片方の頁だけの片柱があるが、報告書では、偶数頁に章、奇数頁に節を示す両柱の形式がわかりやすい。

途中にいくつか中扉をつけて、内容の区切りを明確にするのも有効である。ただ、紙を変えて仕切りとする場合は、後述の台割りを意識して、無駄のない箇所への挿入を心がける必要がある。

レイアウト用紙 レイアウト用紙は、薄い色で各種寸法や版面の枠とともに印刷したものが一般的である（図122）。各頁の仕上がりは、このレイアウト用紙の上に、挿図と文章を配置することでイメージできる。

もっとも、そのさいに、一字一句の配置にまでこだわった見本を作るのは意味が乏しい。印刷までの作業の過程で、文字配置はしばしば変わることがあるからである。そのため、文章のレイアウトはあくまでも概略にとどめ、細かい部分は校正段階で調節するようにする。

図版のレイアウト 図版についても、版面を設定し、それに沿ってレイアウトするのが原則である。また、図版も両面印刷が主流である以上、単頁ではなく、見開きでのレイアウトを考えるようにする。無駄のない、見やすく効果的なレイアウトを心がけたい。

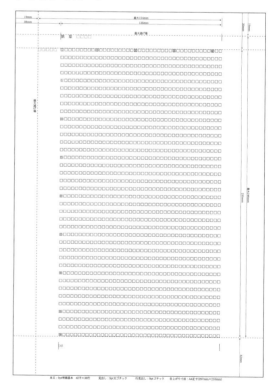

図122 レイアウト用紙の例

本文中の挿図とは別に、図面をまとめて組む場合は、写真図版の前に置くのが基本である。図面の中では、地形図や遺構全体図などを最初に置き、次に、本文の記載順にしたがって遺構図を掲載する。遺物図は遺構図の後ろにまとめる。

写真のレイアウトでは、写真の焼付を図版用レイアウト用紙に直接貼り込むのではなく、それらを複写（拡大・縮小）して配置する。あるいは、レイアウト用紙に写真が印刷される範囲を罫線で囲み（こうした罫線は印刷されないので、アタリ罫という）、大きさと位置を指定する。複数の写真を掲載する場合は、上下・左右の間隔も指示する。

また、キャプションの位置や文字の大きさも重要な要素であり、大きすぎる文字は避ける。キャプションは、写真の中に入れるのではなく、余白部分に配置するのが基本である。写真を複写して二次的に利用するさいにも役立つからである。

やむなく写真中に文字を入れるときは、「白マドあけスミ文字」「白くくりスミ文字」「白抜き文字」、「スミのせ文字」の4種類を、状況に応じて使い分ける（図123）。

見やすいレイアウトにするためには、同じ大きさの写真を続けて並べるだけではなく、大きさと配置に変化をもたせるようにする。また、縦位置と横位置の写真を織りまぜるのも効果的である。

たとえば、1頁目は縦位置の全景1枚とし、2頁目は横位置の中景を上下に2枚並べ、3頁目は部分写真を縦横合わせて3〜6枚程度組み込む。写真の扱いには差をつけ、単調な繰り返しになるのを避けるとともに、重要で強調する必要があるものを大きく載せるようにする。

台割り　製本の工程を考えると、台割りについての知識をもっておく必要がある。通常、本の各頁は、折って裁断する前の複数頁分を、1枚の紙に同時に印刷する。たとえば、A1判がとれる用紙1枚には、片面8頁分の版下が並べて印刷される。つまり、表裏合わせれば16頁分が印刷されることになる（図124）。

このとき、製版や印刷に要する工程や手間は、

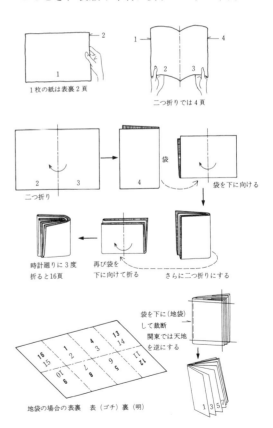

白マドあけスミ文字入れ　　白くくりスミ文字入れ

白抜き文字入れ　　　　　　スミのせ文字入れ

図123　写真への文字入れの例　　　　　図124　折り丁と頁の関係（横組みの場合）

そのうちの1頁分だけ使う場合も全部を使う場合も基本的に変わらないので、版の数がどれだけになるかという計算が重要である。経費の点でも、製版数はなるべく少なくし、16頁か最低でも8頁単位となるように工夫することが望ましい。

かりに、扉から本文の終わりまでを同じ上質紙に、続く中扉と図版をアート紙に印刷するとして、それぞれの頁数が16の倍数に一致すれば、無駄のない効率的な印刷ということになる。同時に、製本時に16頁（アート紙などの厚い紙は通常8頁）ずつ綴じることができるので、強度も増す。これらは、本文でも写真図版でも変わらない。

また、こうした台割りの知識は、多色刷りのさいにも必要となる。本文や挿図中に2色刷りを使用するときや、カラー図版を作るときには、それらが同じ版の中に収まるよう、十分に計算して配分する。わずかであっても、一つの台割りの中におさまらず、次の版にまたがってしまうと、それだけ経費がかかることになる。

B　編集と入稿準備

入稿準備　レイアウトが決まれば、それを印刷所に正確に伝えるための入稿準備作業に入る。不十分な仕上がりのままで入稿すると、校正段階で時間と経費を費やすことになるので、内容や仕上がりについてよく吟味し、執筆要項どおりになっているか点検することを怠ってはならない。

文章表現や言い回し、図の表現などに、執筆者間で大きな不統一がないか調べることも不可欠であり、編集者による改変を要することもしばしばある。また、挿図や図版についても、縮尺やスケールバー、キャプションなどが適正に指示されているかを確認しなければならない。

ちなみに、方位や記号など、何度も繰り返し使用するようなものは、あらかじめ執筆者と相談のうえ、編集者が統一して付与するほうがよい。

このほか、目次と本文、挿図などの通し番号も、全体を理解している編集者が確認する必要がある。校正段階での番号のふり直しは、ミスを誘発しやすいので、入稿段階で挿図の分量が未決定などという事態が生じないようにする。

印刷の段取りなどの事情で、全体の分量が確定する前に逐次入稿を求められる場合も、必ず予定の分量は把握しておく。例言や報告書抄録、奥付などの作成も、全体を見て編集者が担当する。

いずれにしても、編集者が早い段階で全体を把握しておけば、頁数や本文、挿図、写真などの増減についても、執筆者と調整することで、適切な報告書の作成が可能となる。

図面類の版下　図面類の入稿では、版下に直接指示を書き込むことは避け、別に複写したものを用意して記入する。あるいは、版下に薄いトレーシングペーパーをかけて、その上から色鉛筆などでキャプションやトリミング、縮小率、図中に入れる文字などを指定する（図125）。なお、キャプションは、本文の原稿とは別に、テキストデータとして用意しておくのがよい。

2色刷りあるいは多色刷りの図を作る場合は、おのおのの版下を作る必要がある。そのさいには、必ず四隅に、重ねあわせのための目印（トンボ）をつける。ただし、2色刷りや多色刷りは、網フセや網オトシによっても伝えにくい図に限定すべきであり、かつ使用にあたっては、台割りや製版数なども考慮しなければならない。不必要な色刷りは、経費がかかるだけでなく、報告書の二次的利用にも悪影響を及ぼす。

図面をデジタルデータ化して入稿する場合は、線画であれば1,200dpi以上の高解像度でスキャンしたものを用意し、汎用性の高いソフトウェアで編集できる状態で保存する。そのさい、モノクロ2値でスキャンするほうがデータ量は軽減されるが、細線などがとんだり、かすれたりするおそれがあるので、600dpi程度の解像度でグレースケール化する方法もある。

V-4 レイアウトと編集

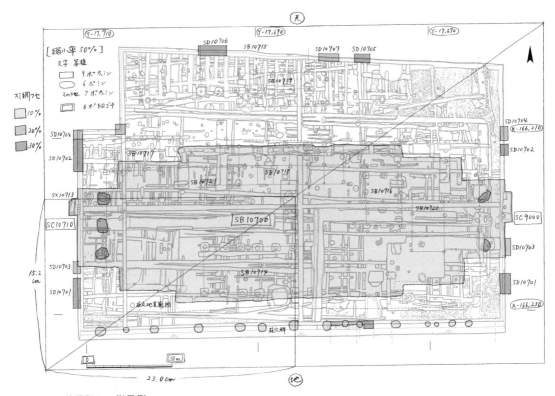

図125　入稿用版下の指示例

写真原稿　白黒の写真原稿は、基本的に、製版段階での拡大や縮小はおこなわず、使用する大きさに焼きつけたものを原稿とする。やむをえず拡大・縮小する場合でも、80〜120%程度の範囲にとどめておく。

拡大率が大きくなれば、写真のピントが甘くなり、縮小率が大きくなれば、細かな部分がつぶれてくる。とりわけ、6×7cm判などの密着焼付や手札判を、そのまま版下にして拡大すると、必ずピントの甘い写真になるので、気をつけなければならない。

使用する写真は、密着焼付のみで選ぶのではなく、必ずフィルムをルーペで観察し、ブレやボケがないかを確認する。とくに、拡大率が大きくなる35mmなどの小型フィルムになるほど、注意を払う必要がある。

挿図に写真を用いるときも、図版と同様に、使用する大きさに仕上げた焼付にトレーシングペーパーをかぶせてトリミングなどを指定し、挿図番号を書き添える。指示を記入するさいには、筆圧で写真が傷まないようにする。

写真のデジタル入稿　デジタルデータで入稿する場合は、画像サイズと解像度に十分注意する。画像サイズが小さく、解像度の低い画像を拡大して使用することは避けなければならない。一般に、非可逆性のJPEG形式は、印刷用のデータとしては不向きであり、とくに画像を操作して保存を繰り返すと、画質が著しく低下する。非圧縮ないし可逆圧縮のTIFF形式が適当であろう。

図版用にデジタルデータを作成するさいには、印刷線数の倍の解像度にし（175線で印刷するのであれば350dpi）、画像サイズも実際に印刷する大きさにしておく必要がある。低い解像度、小さなサイズで撮影された画像データを大きくしても、

第Ⅴ章 報告書の作成

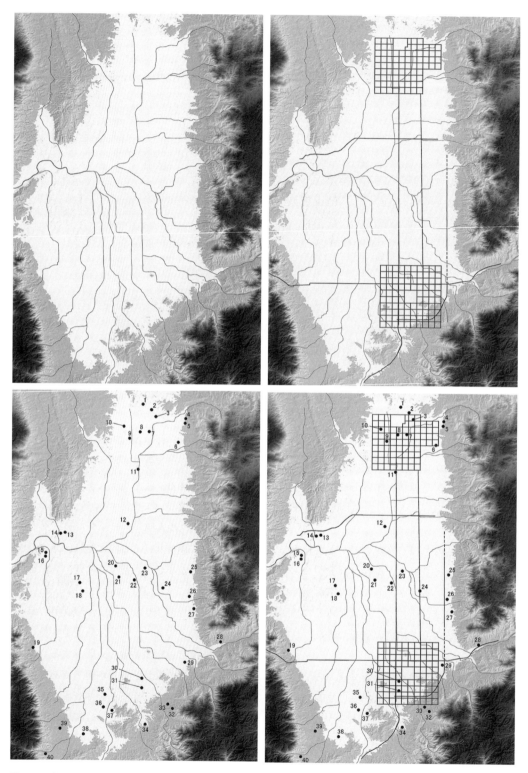

図126 デジタル入稿用の画像と仕上がり例（右下）

決して画質がよくなることはない。この点は、スキャナーで写真を取り込む場合も同様である。「デジタルデータだから何でもできる」という考えは改めなければならない。

写真の構図　写真は、構図的にすぐれていることが望ましく、必要に応じてトリミングをおこなう。たとえば、天地・左右の空きは、広すぎても狭すぎてもバランスが悪く、遺物であれば、天地のアキは5（天）：5（地）〜6：4とすることが多い。基本的には、天を広く地を狭くし、安定感をもたせる。一方、左右の空きは、とくに意図しないかぎり、均等とする。

　また、大きな遺物を大きく見せる場合は空きを少なくし、反対に小さな遺物では空きを大きくとる。こうすることで、同じサイズの写真でも、相対的に大きさの違いをあらわすことができる。

写真の縮尺　写真は、実測図ではあらわせない質感や立体感、遠近感を表現するものであり、レンズの特性上、手前は大きく、後方は小さく写る。そのため、前後の縮尺は異なり、およその大きさしか示せない。したがって、縮尺を記す場合も、約1/2、約1/3などの表記にとどめる。

写真間の空き　隣り合う写真どうしの間隔は統一する。間にキャプションを入れない場合は、1〜4㎜程度とすることが多い。キャプションを入れる場合は、文字の大きさや行数によっても変化するが、8〜15㎜程度が適当である。

切り抜き写真と背景濃度　俯瞰写真は、もともと影を出さないように撮影しているため、切り抜きをおこなってもさしつかえない。

　一方、立面写真は、切り抜きをしないのが基本だが、最近では、画像処理技術の進歩により、経費は要するものの、立面写真の切り抜きも可能になった。その場合、背景濃度を揃えるため、撮影時にできた影も同時に切り抜き、背景濃度を一定にする画像処理をしたのち、貼りつける。

　ただし、あくまでもこの手法は、撮影は成功したものの、遺物の色合いや濃さが違うために背景濃度が揃わなかった場合の処理であり、あらたな影などを創作してはならない。背景濃度は、スミ網で5％程度が適当であり、濃度を一定にすることは見やすさにもつながる。

遺物集合写真　集合写真は、個々の遺物写真という考え方ではなく、あくまで図版全体の効果を上げるものと位置づける。

　集合写真1枚で遺跡の性格や傾向などを表現することもでき、とくに縦位置1頁大で掲載すれば効果的である。しかし、見下ろすことによる遺物の重なりなどが生じ、すべてが表現できない場合もある。

口絵写真　遺跡の全景や代表的な遺構・遺物を紹介するカラーの口絵写真を、扉の前に掲載することがある。その遺跡や遺物を強く印象づけるものとなるが、巻頭に置くのであれば、効果の点でも、1頁にとどめるのが基本であろう。複数頁にわたる場合は、本文の後ろの写真図版の冒頭部分にまとめたほうがよい。

　口絵写真は、台割り上、製本時に単頁のはさみ込みとなるため、それだけ経費がかさみ、本の強度にも多少影響する。したがって、報告書に必ず必要というわけではなく、その採用は編集方針に委ねられる。

第５節
入稿と校正

印刷の流れ　入稿準備がととのった原稿は、本文と図表・図版の版下、レイアウト用紙やキャプション・写植などを指示した資料に仕様書を添えて、印刷所に入稿することになる。ここでは、入稿前後から本が納品されるまでの基本的な流れを示しておく（図128）。

仕様書の作成　入稿された原稿は、仕様書にもとづき、印刷所で加工される。仕様書がなければ、印刷所による本作りは進まない。

したがって、仕様書には、規格に始まって、印刷・製本や納期など、入稿した原稿が本の体裁をなすまでのさまざまな工程や、成果品の形態を書き込んでおかなければならない（図129）。

また、図表・写真の点数や入稿形態、校正の回数や内容なども、きめ細かく記入する必要があり、それが十分な内容であるほど、刊行までの工程がスムーズになる。

当然、経費もこれにもとづいて算出される。よって、入稿後に仕様書の内容と異なる変更をおこなう場合は、別途経費を要することがある。

校　正　印刷所から組版を終えた初校（最初の校正刷り＝ゲラ）が戻ってきたのち、それを点検する校正を開始する（図127）。

周到に用意した原稿でも、通常、初校では訂正すべきさまざまな箇所が見つかる。初校段階で直すところが多くなると、結果として、１回分校正が増えることにもなりかねない。そうならないためにも、入念な原稿作りが要求される。

いずれにしても、校了までには何度かの校正をおこなうことになる。校正回数は、執筆者校正１回（初校）、編集者校正２回（再校・三校）とするのが望ましい。

初校では、まず、本文や版下などが入稿時の指示どおりになっているかを確認する。そうなっていなければ、指定にしたがってやり直してもらうことになる。

その後、丁寧に原稿と照合していくが、そのさいには、字句の訂正とともに、字間調整や行末・行頭の禁則処理の調整もおこなう。また、遺構記号や遺構番号、縮尺を確認するほか、数字や年号の表記方法、目次と本文の対応、見出しを含めた文字の字体や大きさなどにも留意する。

再校では、初校の指示どおり直っているかを確認したうえで、再度、全体の仕上がり状態を点検する。現在のコンピューターによる組版では、自動的に処理される部分が多く、かつ毎回新組となるので、初校で訂正がなかった箇所も含めて、十分に点検することが必要である。

三校では、おもに、再校で指示したとおりになっているかを確かめる。未修正部分などがあった場合も、基本的には、該当箇所に付箋をつけ、印刷所の責任で修正・校了させる責了（責任校了）にとどめる。

校正にあたっては、校正記号を用いて赤字で指示する。挿図や図版のキャプションや写植なども

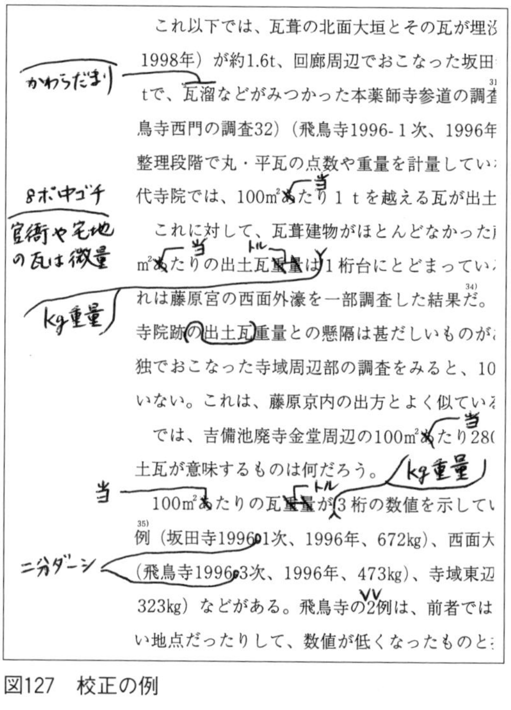
これ以下では、瓦葺の北面大垣とその瓦が埋没
1998年）が約1.6t、回廊周辺でおこなった坂田
tで、瓦溜などがみつかった本薬師寺参道の調査
鳥寺西門の調査32）（飛鳥寺1996-1次、1996年
整理段階で丸・平瓦の点数や重量を計量してい
代寺院では、100㎡あたり１ｔを越える瓦が出土
これに対して、瓦葺建物がほとんどなかった
㎡あたりの出土瓦重量は1桁台にとどまってい
れは藤原宮の西面外濠を一部調査した結果だ。
寺院跡の出土瓦重量との懸隔は甚だしいものが
独でおこなった寺域周辺部の調査をみると、10
いない。これは、藤原京内の出方とよく似てい
では、吉備池廃寺金堂周辺の100㎡あたり28
土瓦が意味するものは何だろう。
100㎡あたりの瓦重量が3桁の数値を示してい
例（坂田寺1996-1次、1996年、672kg）、西面大
（飛鳥寺1996-3次、1996年、473kg）、寺域東辺
323kg）などがある。飛鳥寺の2例は、前者では
い地点だったりして、数値が低くなったものと

図127　校正の例

V-5 入稿と校正

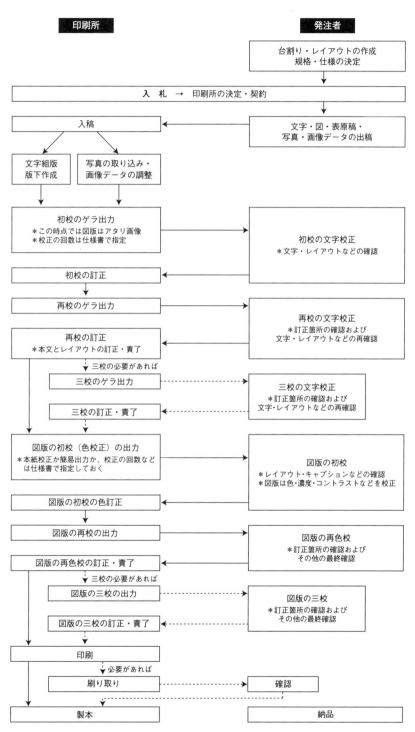

＊入校時以降の大幅な変更は別途経費がかかる。
＊図版の入稿はなるべく本文と同時に渡す。図版数が多いと訂正に時間がかかるので、早めに入稿する。再色校正時には本紙による出力
　が望ましいが、本紙による色校正ができない場合は、本紙刷りと色目が違わないように印刷所と密に連絡を取り、十分注意を払う。
＊上記のフローチャートは文字校正が先行しているが、文字と図版で同時に進行する場合もある。

図128　印刷の流れの例

第Ⅴ章　報告書の作成

仕　様　書

（1）　『○○遺跡発掘調査報告』は、下記の仕様にもとづき製作するものとする。
（2）　本仕様書に明示のない事項や疑問点は、本書担当係員の指示に従うものとする。

1．品　　　名　　『○○遺跡発掘調査報告』△△△△報告書第□□集

2．印 刷 部 数　　△△△部

3．規　　　格　　Ａ4判　（見本書『□□遺跡発掘調査報告』20△△年△月発行）

4．印 刷 仕 様　　表　　紙　　　　　　　4頁（片面白、1色刷）
　　　　　　　　　扉　　　　　　　　　　2頁（裏白、1色刷）
　　　　　　　　　序　　文　　　　　　　2頁（1色刷）
　　　　　　　　　例言・目次　　　　　　8頁（1色刷）
　　　　　　　　　本　　文　　　　　　164頁（1色刷）
　　　　　　　　　中　　扉　　　　　　　2頁（裏白、1色刷）
　　　　　　　　　カラー図版　　　　　 14頁（4色刷）
　　　　　　　　　白 黒 図 版　　　　　32頁（2色刷）ダブルトーン
　　　　　　　　　報告書抄録　　　　　　1頁（1色刷）
　　　　　　　　　奥　　付　　　　　　　1頁（1色刷）

5．原　　　稿　　・カラー図版：カラー写真34点（うち4×5ポジ16点、画像データTIFF形式 RGB 18点）
　　製 版 方 法　　　80～120％の拡大・縮小あり（別途指示原稿あり）。
　　　　　　　　　・白黒図版：白黒写真210点（うち紙焼き原稿100点、白黒ネガ50点、画像データJPEG
　　　　　　　　　　形式 RGB60点＝白黒写真として使用するため要データ変換）。
　　　　　　　　　・本文挿図：白黒写真25点（うち紙焼き原稿25点）、最大Ａ2までの図面78点（うちトレ
　　　　　　　　　　ース図面50点、□□□で作成したデジタルデータ28点）。トレース図面は50％縮小使
　　　　　　　　　　用、写植、網フセ・網オトシなど含む。高解像度（1,200dpi以上）でスキャニングし
　　　　　　　　　　て、原図通りに表現する。
　　　　　　　　　・表　　組：20点の表組あり、原稿はデジタルデータで入稿

6．文 字 組　　本文横組1段、9ポ明朝体（42字×38行）、表組・註・挿図キャプションは8ポ明朝体を
　　　　　　　　　原則とする。その他は原稿により別途指定。
　　　　　　　　　文字原稿はテキストデータでの入稿（キャプションなど含む）。

7．印 刷 方 式　　オフセット印刷
　　　　　　　　　図版（カラー写真）　　350線相当の高精細印刷
　　　　　　　　　図版（白黒写真）　　　350線相当の高精細印刷　ダブルトーン黒がち
　　　　　　　　　挿図（白黒写真）　　　150線シングルトーン
　　　　　　　　　1色刷は墨、表紙の1色は特色刷、4色刷はプロセスカラー

8．用　　　紙　　表　　紙　　レザック66　　　　四六判　　215.0 kg
　　　　　　　　　見 返 し　　上質紙　　　　　　菊判　　　62.5 kg　　環境適合用紙
　　　　　　　　　本 文 等　　上質紙　　　　　　菊判　　　62.5 kg　　環境適合用紙
　　　　　　　　　図　　版　　マットアート紙　　菊判　　 111.0 kg　　例：サテン金藤

9．校　　　正　　文字校正は3回まで。
　　　　　　　　　色校正は3回までとし、図版ページは本紙での色校正、その他のページは簡易校正。た
　　　　　　　　　だし、結果によってはこの限りでない。

10．製　　　本　　糸かがり綴じ並製本、見返し前後

11．納 入 期 日　　平成○○年○月○○日

12．そ　の　他　　このほか、作業遂行上疑義が生じた場合は、担当係員と協議すること。

図129　印刷仕様書の例

基本的に同じだが、本文とともにレイアウトしたさいの見やすさなど、細かい点にも気を配る。

　なお、そうした校正の指示が正確に印刷所に伝わるよう、受け渡しのさいには、印刷所の担当者に逐一説明することが望ましい。また、付箋を貼るなどして、見落としがないようにする。

写真図版の校正　　写真図版の校正は、本文と異なる部分もあるが、初校（現在ではプリンターによる出力が主流となっている）では、おもに写真の位置や大きさ、傾き、拡大・縮小率、文字の位置と大きさが入稿時の指定どおりになっているか、などを確認するのが基本である。

　写真の色校正に関する詳細は別に譲り（156頁）、ここでは概略を述べる。

　まず、作業する場所の環境を整える必要がある。プリントや印刷物などの反射原稿、とくにカラー写真の校正は、適切な照明光源と照度の下でおこなわなければならない。

　一般的な白色・昼白色の蛍光灯では演色性（ランプなどが物体を照らしたとき、その物体の色の見え方に及ぼす光源の性質）が悪く、色が正しく見えない。普通の蛍光灯は、赤色成分の欠けた白色のため、プリントや印刷物上での赤系統の色は鮮やかさを失い、沈んだ色に見える。とくに、遺跡や土器など褐色やベージュ系の色は、赤色を多く含むので、問題となる。

　色を正しく観察するためには、周辺の蛍光灯を「色評価用NEDL－演色AAA昼白色」（各電機メーカー共通の規格）のランプに替えればよい。この蛍光灯下で見るのが本来の色で、印刷所での色評価も同様の環境でおこなわれる。

　次に、透過原稿であるカラーリバーサルフィルムの観察には、カラーフィルム観察用のビューワーが必要である。空にかざしたり、普通の蛍光灯にかざしたりするのは避けなければならない。空にかざすと、青空の場合、青い透過光の下で観察することになってしまう。

　なお、白黒とカラーとにかかわらず、入稿の前には、写真の濃度やコントラスト、色彩が適当であるかどうかを判断しておくのが望ましい。それらが正しくなければ、入稿時に指示する。これによって、初校の段階でとりあえず揃った調子や色になり、校正の負担が軽減する。

図版校正の具体例　　白黒の写真図版の校正では、濃度やコントラスト、つまり写真の調子を把握しなければならない。淡すぎないか濃すぎないか、コントラストが強すぎないか弱くないか、を的確に判断する。

　具体的な例をあげると（図版5下）、1は淡すぎる、2は濃すぎる、3はコントラストが強すぎる、4はコントラストが弱すぎる、5は淡すぎてコントラストが強い、6は淡すぎてコントラストが弱い、7は濃すぎてコントラストが強い、8は濃すぎてコントラストが弱い。ちなみに、9が適正な調子である。

　それぞれに対する指示は、次のようにする。1は濃度が低い（淡い）ので、「濃度を濃く（上げる）」。2は濃度が高い（濃い）ので、「濃度を淡く（下げる）」。3はコントラストが強すぎるので、「コントラストを弱く（下げる）」。4はコントラストが弱い（低い）ので、「コントラストを強く（上げる）」。5は1と3との複合であるから、「濃度を上げ、コントラストを下げる」。6は1と4の複合であるから、「濃度とコントラストを上げる」。7は2と3の複合なので、「濃度とコントラストを下げる」。8は2と4の複合なので、「濃度を下げ、コントラストを上げる」。

　適正な濃淡やコントラストがわからなければ、見本を示し、このような濃度とコントラストにしてほしい旨を印刷所に伝えるのが簡便である。

　なお、カラーの写真図版の校正では、白黒写真と同様に、濃度（とくに黒の濃度・k版）とコントラストに加えて、どんな色にどの程度偏っているのかを判断する。

色校正の基本

三原色　カラー写真やカラー写真印刷は、減色法の三原色（色材の三原色）の混合によって、画像を再現している。したがって、色校正をおこなうためには、まずこの三原色を理解する必要がある。

三原色とは、Y（イエロー）・M（マゼンタ）・C（シアン）である。Yは黄だが、M・Cは、それぞれ赤・青とは異なる。日常的に用いる赤、青、黄というよび方は、色校正時には的確でなく、正しい色の表現をしなければならない。もっとも、近年では、Y・M・Cともなじみの多い表記となりつつある。

補色　次に、これにもとづいて、補色を理解する。補色とは、等量混合すると無彩色になる関係にある色のことである。Yの補色はB（ブルー、M＋C）、Mの補色はG（グリーン、Y＋C）、Cの補色はR（レッド、Y＋M）である。

たとえば、Mの補色であるGは、YとCの混合によってできる。したがって、MとGの混合はM＋Y＋Cとなり、減色混合により無彩色となる。つまり、補色とは、混合すると減色法の三原色がすべて含まれる関係の色ということができる（図版6下）。

校正方法　そこで、色校正にあたっては、過剰の色に対する補色のフィルターを用いて観察する。すると、フィルターにより過剰な色が吸収されて中和するため、適切なバランスとなって見える。以上が理解できれば、色補正の色指定は比較的簡単である。

ただし、印刷所と共通した色のものさしがない状態で、「〜色を少し」のように指示することは避けなければならない。正しい指定をおこなうためには、共通の色のものさしが必要となる。

具体的には、写真撮影用の色補正CCフィルター（Color Compensating Filter、アセテート製とゼラチン製がある）を用意する。

このフィルターは、濃度が淡いほうから025、05、10、20、30、40、50の7種類があり、Y・M・C・B・G・Rあわせて42枚ある。また、これらを組み合わせることで、もう少しバリエーションは増える。なお、メーカーにより、種類と数値のよび方は若干異なる。

写真や印刷物の校正にさいしては、これらのフィルターを目の前にかざして観察し、どの色にどの程度偏っているのかを見きわめて、補正を指示する。

校正の指示　たとえば、初校でYが強いとき（図版6-1）は、Yの補色であるBの適正な濃度フィルターを選んで観察する。05B（同-2）では弱く、20B（同-4）では強すぎ、10Bのフィルターでちょうどよければ、＋10B（同-3）と指示する。＋10Bと指示した場合は、濃度が上がり、濃くなる。逆に－10Yとすると、濃度が下がり、淡くなることになる。

補正値が05程度であればほとんど問題ないが、補正数値が大きくなればなるほど、こうした影響が出るため、「淡くならないように」「濃くならないように」などの指示も同時におこなう。

ただし、初校時にフィルター濃度が40を超えるような印刷物は、適切に印刷されていないか、原稿の写真に問題があるので、そのまま校正をおこなっても、適正な色にするのは難しい。

色校正においては、印刷所でも同様なフィルターを用意し、共通のものさしの下で色を判断するのが望ましい。印刷所がそれらを用意できないときは、フィルムや印刷物とともにフィルターも渡して指示する。

なお、多くの印刷所では、色を指示するさいに、キ版（Y）、アカ版（M）、アイ版（C）というよび方がされているので、気をつける必要がある。

反射原稿の場合、フィルターは目の前にかざして観察する。印刷物の上に、直接フィルターを置いてはならない。印刷物の上に置くと、入射した光と反射する光が2回フィルターを通過することになり、倍の濃度になってしまう。

一方、ライトビューワーなどに置いたポジ原稿の場合は、通過する光は下方からの1回のみであり、フィルターを写真の上に置いても適正な指示ができる。

第6節
印刷と製本

A　印刷方法の選択

印刷の種類　印刷には、大きく分けて、凸版印刷（活版印刷など）、平版印刷（オフセット印刷やコロタイプ印刷など）、凹版印刷（グラビア印刷など）、孔版印刷（スクリーン印刷など）の四つの方式がある。報告書を作成するにあたっては、印刷技術についても知識をもっておくのが望ましい。とくに、現在主流の印刷方法である平版オフセット印刷については、十分に理解する必要がある。

オフセット印刷　オフセット印刷では、版につけられたインクを、一度、ゴムブランケットなどの中間転写体に移したのち、紙などの被印刷体に印刷する。水と油性インクの反発を利用した印刷方式といえる。大半が平版を用いておこなわれるため、通常は平版オフセット印刷を指すことが多い。版には、アルミニウムの版材に感光剤を塗布したPS版（Pre-Sensitized Aluminum Plate）を使用するのが一般的である（図130）。

　オフセット印刷の利点は、写真などの階調を網点の大小で表現するさいの調子再現性がよく、鮮明な印刷が可能なことである。また、版が直接紙に触れないので、摩耗が少なく、大量印刷にも適している。

　一方、同じオフセット印刷でも、PS版でなく、ピンクマスターとよばれる紙版などを使うのが軽オフセット印刷である。しかし、網点がつぶれやすく、写真を含む報告書には向かない。

コロタイプ印刷　かつての報告書の図版は、大型カメラで撮影したネガフィルムを原板とするコロタイプ印刷が主流であった。これは、オフセット印刷と異なり、網点を使用しない連続階調のため、再現性が非常によく、保存性もすぐれていた。しかし、印刷材料の製造中止などにより、品質の低下が指摘されている。

高精細印刷　コロタイプ印刷に代わるものとして、近年では高精細印刷が用いられるようになった。高精細印刷には、スクリーン線数300線以上の高精細スクリーンによるものと、同じ大きさの微細な点を不規則に配置して濃淡を表すFMスクリーニング（Frequency Modulation Screening）、両者の特性を融合したハイブリッドスクリーニングによるものがある。

スクリーン線数　オフセット印刷の印刷精度は、単位あたりの線の数（lpi）であらわされる。一般に、文字が主体の雑誌や書籍が150線程度なのに対し、写真が大きな比重を占める報告書では、最低でも175線が必要である。また、写真などでより細かな表現を望むのであれば、300線以上の高精細印刷が要求される。これらは、仕様書に明記しておかなければならない。

B　紙・製本・装丁の選択

紙の選択　印刷の方式とともに重要なのが、紙

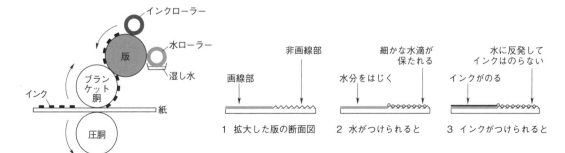

図130　オフセット印刷のしくみ

の種類である。当然、保存性にすぐれた中性紙を選択すべきだが、報告書では、通常、本文や挿図に使用する紙と、写真を主とした図版に使用する紙を2種類使い分ける。扉や中扉にかぎって特殊な紙を使うのは、製本強度などの点からも、なるべく避ける。

本文や挿図には非塗工の上質紙が適しており、写真図版には、上質紙をベースにコート剤を塗工したコート紙やアート紙を使うことが、印刷階調の再現性のうえでも望ましい。ちなみに、本文中の挿図写真は、図版とは性質が異なるので、本文をコート紙やアート紙に印刷する必要はない。

なお、紙には、抄いたときの繊維の方向による紙の目があり、本として仕上がった状態で、それが縦方向（綴じ目と平行の方向）に流れていないと開きにくくなってしまう。よって、A4判の縦長の報告書では、全判（A1判がとれる大きさ）で横目（Y目）の紙を使用しなければならない。ちなみに、B5判の場合は、全判（B1判がとれる大きさ）で縦目（T目）の紙を選ぶことになる。

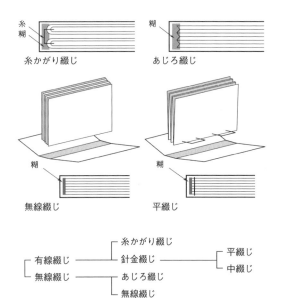

図131　綴じ方の種類

製本と装丁の選択　印刷が終了したのち、最後に、本としての体裁を整える作業に入る。

綴じ方には、糸かがり綴じ（糸綴じ、糸かがり）、針金綴じ（平綴じと中綴じがある）、無線綴じなどの種類があるが、報告書でよく使われるのは、糸かがり綴じと無線綴じである（図131）。

そして、表紙のつけ方などから、並製本（仮製本）と上製本（本製本）に大別される。これらのうち、どれを採用するかは、仕様書に指定しておかなければならない。

糸かがり綴じは、折り丁（印刷された紙を頁順に折りたたんだもの）ごとに糸でかがる、もっとも強固な綴じ方である。一方、無線綴じは、糸や針金を使わず、接着剤のみで固定する。これには、背の部分を切断して糊づけする方式と、折り丁の状態で背に切り込みを入れて糊づけする方式（あじろ綴じ）がある。あじろ綴じは糸かがり綴じに劣らない強度をもつが、前者でも、通常は背に何らかの加工をして強度を増す工夫を施す。

報告書の場合、本を大きく開くことができるのが望ましく、長期間の保存と活用に耐える必要があることも考えると、糸かがり綴じなどの頑丈な綴じ方を選ぶのが望ましい。とりわけ、頁数が多い報告書では、そうした配慮が必要となる。背に切り込みをいれずに、糊だけで接着するような無線綴じは避ける。

また、装丁は華美にならないようにする。そのため、とくに理由がないかぎり、並製本とするのが基本である。

なお、機関や対象ごとに、報告書がシリーズとして刊行されているものなどでは、既刊の報告書との整合性を考慮することも必要となる。配架した場合の書名の位置や副書名のつけ方、装丁の整い方などにも十分留意したい。もっとも、意図的に色や帯を変えて変化をつけることや、シリーズの特性を強調することが効果的な場合もある。

第VI章

報告書の記載事項

第1節
報告書の構成

　報告書には、当該発掘調査にかかわる行政措置の記録と、発掘作業および整理等作業をつうじて得られた学術的成果を、過不足なく記載しなければならない。報告書の内容は、これらの情報を的確に理解できるようにする。

　報告書の一般的な構成は、表紙、前付（まえづけ）、本文、図版、後付（あとづけ）からなる（132頁）。

A　表　紙

表表紙　原則として、扉の記載事項を掲載し、書名、発行者、発行年を明記する。また、必要に応じて、発掘調査の原因や遺跡の内容を端的に示す副書名のほか、発行機関としてのシリーズ名や番号なども表示し、報告書の性格と内容が的確にわかるように工夫する（図132）。

　基本的に、書名と副書名のいずれかには遺跡名を入れる。また、データベース化や検索の利便性も考えて、ローマ数字などは避け、算用数字を用いる。表紙に示す事項は、相互に区別しやすいように、文字の大きさや字体にメリハリをつける。

背表紙　表紙と同様の内容とするのが原則だが、文字が小さくなりすぎないよう、報告書の厚さに応じて、盛り込む情報量を調整する。この場合でも、遺跡名は明記することが望ましい。

裏表紙　表表紙に記載した内容を、英文などで表記することもある。

B　前　付

扉　標題紙として位置づけられる。書名などの書誌データを作成するさいは、ここに記載された事項が優先的に扱われることが多い。

例　言　当該発掘調査をおこなうことになった事業名、調査地の所在（都道府県名や番地まで記載する）、調査主体、調査期間（発掘作業および整理等作業の期間）、報告書の執筆者と編集者名、経費負担のありかた、記録類や出土品の保管場所などを記述する。発掘作業と整理等作業の体制、指導・協力に対する謝辞などを記述することもある。

　このほか、報告書で用いた座標系や方位、標高の表示方法、遺構・遺物実測図の縮尺など、報告書を利用するうえで必要な事項も記述する。

目　次　報告書全体の構成が把握しやすいように、本文は章・節・項の構成を、図や写真では遺構の名称や内容などを示す。また、検索が容易におこなえるように語句を統一するほか、わかりやすさを考慮して、文字の大きさにはメリハリをつけ、字体や段組みについても工夫する。

C　本　文

　本文については次節以降で扱う。英文など外国語の要旨を入れる場合は、本文の末尾に置く。

D　図　版

　口絵にカラー図版を用いることもあるが、基本的な構成としては、カラー、白黒の順とし、本文の記述順にしたがって、遺跡全景、個々の遺構、遺物の順とするのがわかりやすい。また、図面を写真図版の前に組み込む場合も同様である。

E　後　付

報告書抄録　発掘調査の基本的情報である調査組織および発掘担当者、得られた成果などを、所定の様式（表15・16）にしたがって、一覧のかたちで巻末に掲載する。

奥　付　書名、発行者（住所）、発行年月日、印刷所（住所）を記載する。

　これらは報告書データベースの作成などにも供されることから、検索に対応できる書式や内容であることが求められる。したがって、表紙、扉、報告書抄録、奥付などに記載する書名、副書名、シリーズ名と番号、編集機関名などは、内容と表記を統一しておきたい。

Ⅵ-1 報告書の構成

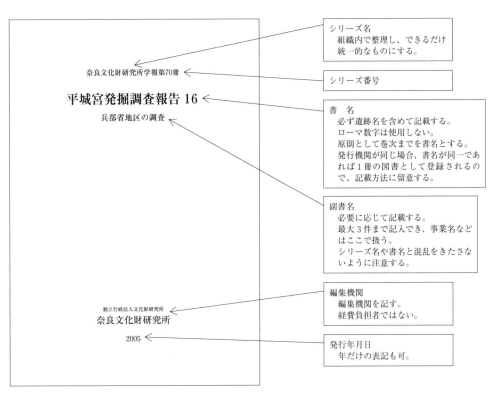
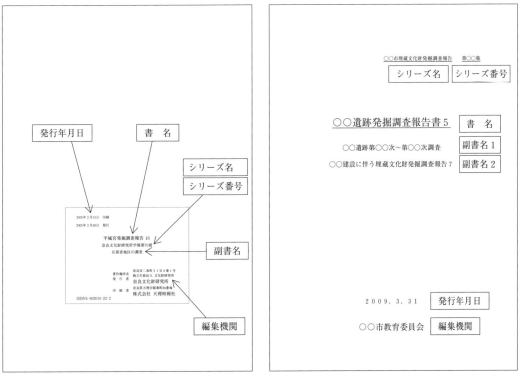

図132　報告書の扉・表紙と奥付の例

第Ⅵ章　報告書の記載事項

表15　報告書抄録の例

ふりがな	へいじょうきゅうはっくつちょうさほうこく							
書　　名	平城宮発掘調査報告 10							
副 書 名	古墳時代 1							
シリーズ名	奈良国立文化財研究所学報							
シリーズ番号	第39冊							
編著者名	佐藤興治(編)　狩野久　菅原正明　須藤隆　吉田恵二　土肥孝　井上和人　町田章　沢田正昭　光谷拓実							
編集機関	奈良国立文化財研究所							
所 在 地	〒630-8577　奈良県奈良市二条町2-9-1　　　TEL　0742-30-67○○　　FAX　0742-30-67△△							
発行年月日	1981年3月24日							

ふりがな 所収遺跡名	ふりがな 所在地	コード 市町村	コード 遺跡番号	北緯	東経	発掘期間	発掘面積 ㎡	発掘原因
へいじょうきゅうせき 平城宮跡 (第48次)	ならけんならしさきちょう 奈良県奈良市佐紀町	29201	192	34°41′24″	135°47′52″	19680523 ～ 19681003	1,980	学術目的調査
へいじょうきゅうせき 平城宮跡 (第101次)	ならけんならしさきちょう 奈良県奈良市佐紀町	29201	192	34°41′43″	135°47′30″	19780107 ～ 19780412	1,294	学術目的調査

所収遺跡名	種別	主な時代	主な遺構	主な遺物	特記事項
平城宮跡 (下層遺跡)	集落	古墳時代	自然流路2、堰2、埴輪棺1	古式土師器、須恵器、埴輪、木製農耕具、建築部材、小型素文鏡	平城宮東朝集殿院下層ならびに佐紀池下層で検出した2本の自然流路から、古墳時代前期の土器・木製品が多量に出土。

要　約	平城宮跡の背後に広がる平城山丘陵には、佐紀盾列古墳群とよばれる、古墳時代前期から後期にかけて築かれた大型前方後円墳をはじめとする多数の古墳が存在している。これらを構成する古墳の一部は、平城宮造営にともない削平されたことが過去の調査で明らかになっており、また、宮やその周辺の発掘調査ではしばしば埴輪片が出土するなど、付近に複数の古墳とそれに関連する集落が存在することが想定されていた。しかし、特別史跡平城宮跡の下層にあるため、本格的に発掘調査をする機会に恵まれず、その実態は不明であった。今回の調査では、奈良時代の遺構が希薄な部分において古墳時代の自然流路などを検出することができ、多量の古墳時代の土器や木製品が出土した。これらの成果は、平城宮造営以前に存在した集落の実態を知るうえで注目されるだけでなく、集落と佐紀盾列古墳群との関係、さらには古墳造営のありかたを考えるうえでも重要である。また、同時期の遺跡は、奈良盆地中南部では調査が進められているものの、盆地北部では事例に乏しく、比較材料にも恵まれていなかった。今回の調査は、奈良盆地における古墳時代の土器編年等を考えるうえでも重要な成果といえる。

表16　報告書抄録の記載要領

1−1	ふりがな	書名にふりがなを付す。読みはひらがなを原則とするが、かたかなでも可。ローマ数字、括弧付き数字、丸付き数字などは、すべて算用数字に替えて記入する。
1−2	書　名	主たる書名を記入する。できるだけ遺跡名が入った部分を書名として拾う。とくに書名がなくシリーズ名のみの場合は、本欄にもシリーズ名を記入する。
1−3	副書名	主たる書名以外に副書名（副題）がある場合は、その副書名を記入する。
1−4	シリーズ名	書名とともにシリーズ名がある場合は、そのシリーズ名を記入する。
1−5	シリーズ番号	そのシリーズの巻次を記入する。
1−6	編著者名	主たる執筆者から順次記入する。
1−7	編集機関	編集機関を記入する。
1−8	所在地	編集機関の所在地と電話番号を記入する。郵便番号も記入。
1−9	発行年月日	発行年月日を西暦で記入する。編集機関と発行機関が異なる場合には、発行年月日の前に発行機関の項目を設ける。
2−1	所収遺跡名	掲載遺跡名を記入する。必ずふりがなを付ける。
2−2	所在地	遺跡所在地を、都道府県以下、大字程度まで記入する。ふりがなを付し、「町」や「村」もそれが「ちょう」「そん」と読むのか「まち」「むら」なのか、わかるようにふりがなを付ける。広範囲にわたる遺跡の場合、掲載発掘区が属する主たる所在地名を記入する。
2−3	市町村コード	遺跡の所在する市町村を、総務省が定めた「全国地方公共団体コード」により、都道府県コード＋市区町村コードの5桁で記入する。JISコードと同じ。
2−4	遺跡番号コード	市区町村別の遺跡コードを記入する。未決定の場合は、空欄とする。各市区町村内で同一コードが複数の遺跡に重複しないよう留意する。
2−5・6	北緯・東経	遺跡のほぼ中心と思われる位置を、世界測地系の度分秒の単位で記入する。経緯度の算出には、国土地理院ホームページの基盤地図情報閲覧サービスなどを利用する。
2−7	発掘期間	西暦を使用し、合計8桁で記入する。発掘期間は埋戻しも含めた実際の発掘作業期間とし、整理等作業の期間は含めない。発掘作業が数次にわたる場合は、分けて記入する。
2−8	発掘面積	発掘対象面積ではなく、実際の発掘面積を平方メートル単位で記入する。
2−9	発掘原因	発掘調査の原因を記入する。地方公共団体が実施する場合、分布調査、試掘・確認調査、保存目的調査、記録保存調査、活用目的調査のいずれかとなる。
3−2	種　別	掲載遺跡についてその種別を、以下を参考にして記入する。「集落・洞窟・貝塚・宮都・官衙・城館・交通・窯・田畑・製塩・製鉄・その他の生産遺跡・墓・古墳・横穴・祭祀・経塚・社寺・散布地・その他」
3−3	主な時代	各遺跡の主たる時代を記入する。細別時期や世紀が判明する場合、併記も可。
3−4	主な遺構	各遺跡で検出された主な遺構と遺構数を記入する。
3−5	主な遺物	各遺跡で検出された主な遺物について記入する。可能であればその数量も記入。
3−6	特記事項	発掘調査成果、遺跡の性格など、特記すべき項目を記入する。
3−7	要　約	発掘調査の成果、遺跡の意義などを500字程度に要約する。

全般的留意事項
・報告書抄録は、原則として発掘調査報告書の作成者が、報告書に記された遺跡・調査・内容に関する情報と書誌情報を、本様式に従って抄録し、報告書中に掲載するものである。
・抄録は発掘調査報告書の巻末への掲載を原則とするが、例言・凡例の後や、奥付、裏表紙などの余白利用でも可とする。本文目次に抄録の掲載頁や位置を明記することが望ましい。
・所収遺跡数が多い場合は複数頁を使用し、そのさいには使用頁数の節約を図る。
・追加項目として「発掘調査主体、資料の保管場所、書誌的情報（頁数・判型）」など独自に必要項目を加えたり、副書名やシリーズ名がない場合は不要項目を削除したりしてもよい。ただし、報告書の判型にかかわらず、できるだけ記載様式の統一性の維持に努める。

（註）本書の「報告書抄録の記載要領」は、平成16年10月29日報告『行政目的で行う埋蔵文化財の調査についての標準』の50頁「報告書抄録《記載要領》」を改訂している。

第2節 調査の経過

1 調査にいたる経緯

A 目的

記述の意義　埋蔵文化財の発掘調査にいたるまでには、その調査の目的が何であれ、さまざまな経緯がある。発掘調査が不可逆的であることを考えれば、その目的が記録保存調査か保存目的調査かを問わず、調査を必要とした経緯は、報告書の前提ともいうべき重要事項であり、できるかぎり詳細に報告する必要がある。

記録保存調査　記録保存調査は、本来的には現状のまま保存すべき埋蔵文化財がやむをえず現状保存できなかった場合、次善の策として、記録を作成することを目的としたものである。

したがって、それにいたるまでには、事業者等と行政との間で、さまざまな調整が繰り返されることになる。こうした調整の経緯を記述することにより、国民共有の財産である埋蔵文化財を記録保存するにいたったことについての説明責任を果たすことになる。

保存目的調査　保存目的調査の場合は、重要な遺跡として発掘調査することになった経緯を、史跡整備にともなう調査については、その調査をおこなうにいたった経緯を説明することが、基本的要件である(181頁)。

B 項目と内容

事業計画の概要　記録保存調査の原因となった開発事業などの計画の内容および実施時期について記述する。

埋蔵文化財保護部局への照会　事業者等から保護部局に対して、埋蔵文化財の有無などに関する照会がいつおこなわれたか、文化財保護法にもとづく届出・通知がいつ出されたのかを記述する。

また、調整の結果、いつ、どのような指示を事業者に対しておこなったかも記述する。

調整　調査にいたるまでの事業者との調整の経緯を、できるだけ詳細に記載する。なぜ記録保存調査の実施にいたったのか、調査範囲はどのような理由で決定されたのか、あるいはどういった計画変更がおこなわれたのか、という点の説明が必要である。また、将来に備えて遺構を保存した場合は、その範囲や方法などについても、図を用いてわかりやすく記述する。

試掘・確認調査の結果報告　試掘・確認調査を実施したときは、その成果も報告する。

具体的には、開発面積に対する試掘・確認調査面積の割合がわかるように、トレンチなどの位置を1/500～1/1,000程度の地形図に示し、検出した遺構や出土遺物を、時代別、種類別に図示する。

そして、対象区域内の遺構や遺物のありかたから、遺跡の構造を確かめ、発掘作業の要点を明らかにしたうえで、どのように発掘作業工程・手順を組み立てたのかも記述しておく。

また、記録保存調査を進める過程で、費用や工程の見直しが生じた場合は、その理由と内容を記すことも必要である。

なお、開発計画以前の試掘・確認調査や近接地でおこなわれた発掘調査の成果をふまえ、調整が進められる場合もあるため、これらについても記述しておきたい。

発掘作業と整理等作業の体制　発掘作業から整理等作業をへて報告書作成にいたるまでの体制、つまり、そうした作業の主体者や構成員については、この「調査にいたる経緯」の中で記述することが望ましい。

また、報告書の作成までには数年を要することもあるので、その間に組織の改編や人事異動による体制の変更があった場合も、漏れなく記すように注意したい。

2 発掘作業の経過

A 目的

　発掘作業は、事実の確認と仮説の検証を繰り返しながらおこなわれる。

　埋蔵文化財の発掘作業は、不可逆的な行為であると同時に、あらかじめ地下に埋蔵された状態を詳細に知ることができないという特質がある。そのため、作業工程が進むにつれて、新しい事実が確認されると、その事実にもとづいて仮説を組み立て、その検証のためにさらなる発掘を進める、といった手順が繰り返されることになる。

　したがって、こうした事実の確認と仮説の検証が、どのような時間的経過を追ってなされたかを記録することが必要である。

B 項目と内容

発掘作業の工程　発掘作業は発掘編で示したような流れで進められるが (56頁)、その概要を報告する。工程ごと、あるいは日々の作業単位ごとの作業内容や進め方、それぞれの時点での課題や解明のために講じた措置、第三者による指摘や助言のほか、発掘作業運営上の問題と解決のための措置、事業者との調整などを、過不足なく記載する。

　記載方法としては、発掘作業全体の流れの概略を記述するとともに、日誌抄を添付することもある。日誌抄には、日々の検討や検証、発掘担当者の考えの推移などが、時系列に沿って記述されていることが望ましい。

調査の要点　遺跡の評価に直接かかわる重要な遺構や遺物を、いつ、どのように検出・確認し、既知の成果とどう関係づけたか、また調査方針をどのように決定・修正したか、という点を記す。

　結果的に見通しに誤りがあったとしても、忠実に記録することが重要である。報告書に盛り込まれる事実も、発掘担当者の解釈や判断によって明らかにされたものであり、そうした点も記述することで、記録の信頼性が裏づけられる。

指導委員会・現地説明会など　おもに保存目的調査では、通常、現地での調査成果がある程度まとまった段階で、指導委員会が開催される。これについても、いつ、どのようなかたちで開催され、いかなる指導がなされたかを記載する。

　このほか、現地説明会や報道機関への発表をおこなうことも多いが、それらの日時や参加者数、発表の内容についても記述する。

3 整理等作業の経過

A 目的

　整理等作業は、発掘作業で得られた記録をまとめ、遺物を資料化して、報告書に仕上げる工程である。これに関する記載では、時間的な流れよりも、報告書に盛り込む成果を、どのように取捨選択し、まとめていったのか、その過程を記すことが求められる。また、とくに重要な成果は、作業のどの段階に、どういった経緯でとりまとめたかを記述する必要がある。

B 項目と内容

整理等作業の工程　整理等作業の工程については、作業の流れの概要を報告するとともに、どのような考え方にもとづき、調査成果の集約や取捨選択を実施したのか、という点を記す。

　具体的には、報告書に掲載した出土遺物が、遺物全体の中でどういった位置づけをもち、どの程度の割合を占めるのか、遺構の検討をどのように進めたのか、などの記述が必要となる。

　また、遺跡や遺物に関する指導委員会を実施した場合や、第三者に出土遺物などの検討・分析を依頼した場合は、それについても記載する。

第3節
遺跡の位置と環境

1 目 的

　遺跡の位置や環境は、その遺跡の性格を推定し、評価をおこなううえで、きわめて重要な意味をもつ。したがって、この項目では、報告書を利用する第三者に、遺跡の地理的・歴史的な立地と環境を明確に伝える必要がある。

　そのさいには、現地を知らない者を対象とすることを前提とし、全体として冗長になるのを避けつつ、年表や地形図などの図表を効果的に活用して、簡潔に記述することが求められる。

　以下、地理的環境と歴史的環境にかかわって、不可欠な記載事項を列挙する。ただし、遺跡のありかたは多様であり、状況に応じて追加や省略が必要となる。

2 地理的環境

遺跡の位置　現在の行政上の地域・地名を簡潔に記述し、遺跡位置図を添付する。遺跡位置図は都道府県図中に遺跡の位置をドットで示す。

　幅広い利用者の便宜を図るため、日本のどの位置かがわかる日本地図やその部分図などをつけることが望ましい(図133)。

遺跡の範囲　遺跡分布図上の遺跡の範囲と、実際の状況について記述する(図134)。

遺跡周辺の地形環境　山地や河川などとの位置関係を記述する。また、微地形に関しては、遺跡の立地する地形面と地形分類を、地形分類図や微地形図などを用いて記述する。

　沖積地に立地する遺跡や、後世に大きく改変されている場合などでは、各時代で地形環境が大きく異なるので、必要に応じて時代ごとに、過去の調査や研究成果をふまえた記述を加える。

　地形分類図は、既存の「土地条件図」などの地形分類図でもよいが、地形環境分析の研究データがあれば、最新の成果を利用する(図137)。

　微地形図は、各行政機関が作成している1/2,500

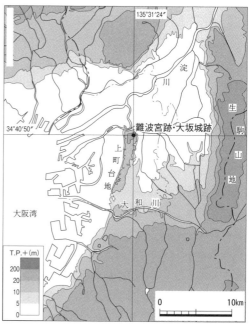

図133　遺跡位置図の例

の地形図などを活用する。この場合、地形を把握できる等高線が重要であり、可能なかぎり古く、正確な地形図を用いる。なお、必要な等高線のみを抽出して図化した地形図も、遺跡の立地を知るうえで有効である(図136)。

図のほかに、空中写真なども、地形環境を概観するうえで有効な手段となる。この場合も、できるだけ古く、かつ鮮明なものを用いることが望ましい(図135)。

空中写真は、国土交通省国土地理院のホームページ内の国土変遷アーカイブで画像が確認できるほか(http://archive.gsi.go.jp/airphoto/)、(財)日本地図センターのホームページから、撮影年度や範囲などを確認して、購入することも可能である(http://www.jmc.or.jp/)。

なお、国土地理院が所管する地図や空中写真の使用にさいしては、使用サイズや使用目的などに応じて、国土地理院の承認が必要な場合もあり、事前に確認を要する。

3 歴史的環境

周辺の遺跡　時代ごとに記述するが、報告する遺跡にかかわる部分は、ほかの時代よりも詳細な説明が必要である。複合遺跡については、時代ごとに項目を立てて記述することが望ましい。

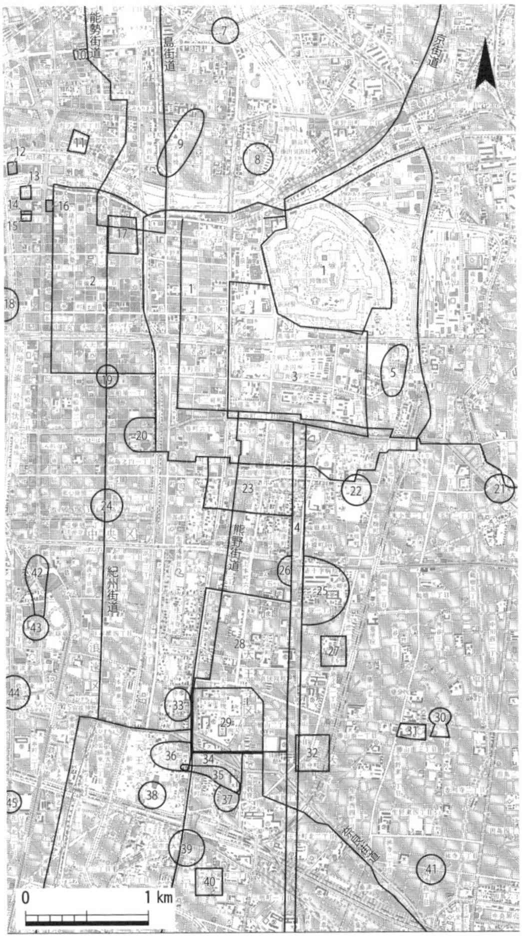

図134　遺跡分布図の例(部分)

図135　空中写真の例

第Ⅵ章 報告書の記載事項

　記述にさいしては、遺跡が所在する行政区画のみで完結させるのではなく、近隣市町村も含めて扱う。遺跡分布図は、各行政機関が発行している最新の図にもとづいて作成し、近隣市町村もあわせて表示する。

　なお、遺跡分布図は、のちの引用や活用を考慮して、網オトシなどによるトーンやコントラストの調整を工夫し、できるだけ白黒表現でわかりやすく作図する（図134）。

歴史事象　史料などに記載のある遺跡に関しては、これまでの文献史学の研究成果などにもとづき、歴史事象を簡潔に記述する。

　この場合も、遺跡の歴史的環境を特徴づける写真や、理解を助けるための図表などがあれば、添付することが望ましい。

　また、歴史事象の記載にあたり、文章では煩雑となるときは、年表などを有効に活用すると、わかりやすくなる。

図136　微地形図の例

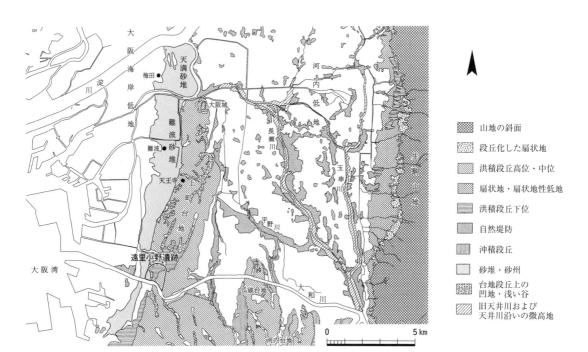

図137　地形分類図の例

第4節
調査の方法と成果

1 調査の方法

A 目的

　発掘調査の目的や課題に対して、どのような方法を選択し、実行したのか、調査にあたっての基本方針を記載するとともに、どういった意図をもち、どのような方法で調査を進めたのか、という点を主眼として、具体的に記述する。

B 項目と内容

発掘区とグリッドの設定　発掘区の設定方法や面積、発掘区内のグリッドの設定方法について記述する（図138）。また、グリッドの設定を作業工程のどの段階でおこなったのか、使用した測量機材は何か、調査組織が直接実施したのか、外部委託したのか、などについても具体的に記す。

表土の掘削と遺構の検出　包含層以下は人力で掘り下げるのが原則だが、表土の掘削には、重機を使用する場合と人力の場合がある。試掘・確認調査で層序を把握してから、包含層や遺構面の数cm上まで掘削し、遺構面はジョレンなどで精査して遺構確認作業をおこなうのが一般的である。

　そうした発掘の方法とともに、掘り下げ途中に出土した遺物をグリッド単位で取り上げたのかどうかなど、遺物の取り上げ方や遺物の出土量についても記載する。また、複数の遺構面を発掘したときは、下位の遺構面までの掘り下げに用いた方法と、その間の土層の遺物の取り上げ方、遺物の出土量なども記載する。

発掘作業　個々の遺構の発掘方法については、個別遺構の報告で記述するが、基本的な遺構の掘り下げ方法、たとえば竪穴建物における四分法の採用や土坑における半截などは、ここで述べる。また、それにともなう写真撮影や図面作成の方法、遺物の取り上げ方などについても記載する。

　つまり、ここでは、遺構の掘り下げのさいの基本方針や、どの場合にどういった掘り下げ方法を選択したのかを明記することをつうじて、遺構の掘り下げや記録作成の時点における問題意識や、そうした方法を採用したことによる成果と課題を示すようにする。

写真撮影　主として、空中写真をはじめとする全景写真や部分写真の撮影を、作業工程のどの段階でおこなったのかという点と、その目的や意図を記述する。

　また、そのさいに使用した撮影機材と使用フィルムも記録する。使い分けをしている場合は、たとえば4×5in判の白黒フィルムとカラーリバーサルフィルムというように、その内容を記述する。フィルムカメラとデジタルカメラについても同様に、使い分けた場合は記述する。

自然科学分析　自然科学分析に関しては、目的や方針などの記述がなく、分析結果だけが巻末に掲載されている例が認められるが、このような取扱いは基本的に避けなければならない。

　分析の方法についても、発掘作業時に分析担当者が現地で試料採取し、分析をおこなったのか、あるいは発掘作業終了後に試料を渡して分析したのかなど、試料採取方法の検証も可能なように、採取方法を正確に記録する。

　もちろん、個々の詳細な説明はそれぞれの分析の項目でおこなうので、ここでは、全体的な方針や経過などをまとめる程度でよい。

整理等作業　整理等作業の流れを時系列的に記すとともに、作業過程でおこなった資料の取捨選択の基準、また、遺構番号など発掘作業で作成した記録類を変更した場合には、その考え方などを記す。整理等作業の過程で実施した検討会や、専門家への意見聴取などについても、その時期と見解を含めて記載する。

第Ⅵ章　報告書の記載事項

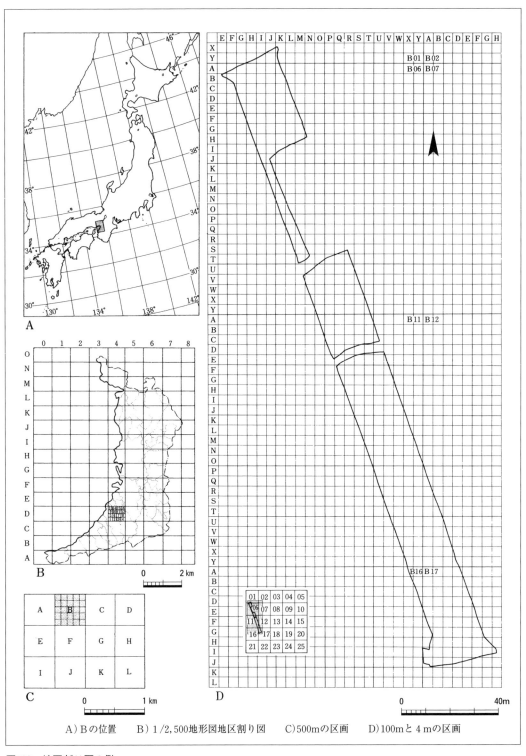

A）Bの位置　　B）1/2,500地形図地区割り図　　C）500mの区画　　D）100mと4mの区画

図138　地区割り図の例

2 層　序

A　目　的

　遺構や遺物の個別の記述に先立ち、遺跡の成り立ちを理解するために欠かせない層序について、発掘作業で観察した事実と確実な資料にもとづき、図表を用いて客観的に記述する。

B　項目と内容

　土層名、層厚、分布、生成環境、遺構面、包含遺物、年代などを記述する。層序の上位の土層から下位の土層へ順に記述するのが一般的である。

土層名・層厚・分布　「土層の命名方法」（発掘編100頁）を参考にして記す。層相は通常、側方へ変化するので、発掘区のどこに、どのように分布するかも含めて、変化のようすも記述する。

生成環境　土層の生成環境は、人間の生活環境を検討するさいに不可欠の要素であり、正確に記しておきたい。

　たとえば、土層名の表記が砂質シルト層であっても、自然堤防堆積層の場合もあれば、古土壌、作土層、盛り土層などの場合もある。このいずれにあたるのか、そう判定した根拠は何かがわかるように、観察結果を記すことを心がける。

　記述にあたっては、発掘編第Ⅳ章第1節（94頁）や「土層をより深く理解するために」（同111頁）のほか、参考文献に掲げた堆積学の解説書を参照されたいが、発掘作業中など野外で観察したさまざまな堆積現象が何よりも参考になる。

　遺跡でみられる土層の生成環境は、層序や堆積、土壌生成、人間活動などをもとに総合的に判定するものである。しかし、すべての土層に対して、運搬営力と生成環境を判定するのは容易なことではない。そうした発掘作業中に判定できなかった堆積環境については、その後に得られた情報も総合し、総括など適切な箇所に、検討項目として別項を立てて記述する。

　水域で堆積した土層は水成層としてまとめられ

表17　基本層序表の例

層序区分			層序模式図	岩相	層厚(cm)	自然現象自然遺物ほか	おもな遺構・遺物		C.14yB.P	時代
沖積層（難波累層）	最上部	NG0層		現代盛土	—					近代・現代
		NG1層		現代作土	15-25		↓小溝群・畦間	青花・唐津・瀬戸美濃・備前など	(400)	近世
		NG2層		含礫灰褐～黄褐色シルト質砂	6-24	濃 淡 地震 暗色帯	↓小溝群・畦間・島畠	瓦質土器・陶磁器 瓦器（C-Ⅳ～Ⅴ期）		室町
		NG3層		含礫淡黄褐～灰色粘土質シルト	12-20			瓦器（C-Ⅲ期）		
		NG4A層		含礫黄灰色中粒砂	8-15		←水田面 ↓小溝群・畦間	瓦器 黒色土器 陶磁器 須恵器 土師器 瓦器（C-Ⅱ～Ⅲ期）		鎌倉
		NG4B層	i	暗灰褐色礫質砂～シルト 10～45cm	褐灰色砂シルト	av. 20				
			ii		含礫黄灰色中粒砂	av. 5				
			iii		灰色砂質シルト	av. 15		←水田面 ↓小溝群・畦間	瓦器（C-Ⅰ～Ⅱ期）		
		NG4C層	i		明黄褐色砂質シルト	av. 20		▽掘立柱建物　←水田面	平安Ⅰ～Ⅲ期	(800)	平安
			ii		にぶい黄褐色シルト質砂	av. 20					
		NG5A層		灰色砂礫、シルト質粗粒砂薄層を狭在	10-80		←鋤跡	平城宮Ⅴ～Ⅵ		奈良
		NG5B層		青灰色細粒～極細粒砂	2-8			平城宮Ⅲ	(1300)	
		NG6A層	i		暗青灰色砂・粘土質シルト	≦20	タニシ	←ヒトと偶蹄類の足跡 ←水田面	↑：上面検出遺構 ↓：下面検出遺構 ●：地層内検出遺構 Cb：炭　SI：土壌		飛鳥
			ii up.		暗緑灰色中粒～細粒砂	≦5					
			ii lw.		粘土質シルト薄層と極細粒砂薄層の互層	av. 10					
		NG6B層	i		礫・砂混り黒褐色～暗灰色シルト質粘土	≦15	タニシ	←水田面	飛鳥Ⅲ～Ⅳ		
			ii		灰色粘土・シルト・細礫質粗粒砂	≦5			飛鳥Ⅲ		
		NG7A層	i		砂混り灰色粘土	—	←乾痕	←水田面			
			ii		砂混り黒褐色シルト質粘土	av. 15		↓掘立柱建物	飛鳥Ⅰ・TK209	(1400)	
	上部	NG7B層	o		明褐色砂礫～暗オリーブ灰色粘土質シルト	≦250		←土手	TK10		古墳後期
			i		黒褐色砂・礫質粘土・黒色シルト	≦35		長原古墳群	埴輪Ⅴ期・TK23・47～MT15	(1600)	古墳中期 古墳前期
			ii		褐色極粗粒砂・粘土質シルト互層	≦170		←水田面	埴輪Ⅱ期 TK216		
		NG8A層		暗褐色粘土質シルト	—		↓方形周溝墓・竪穴住居	布留式・庄内式・畿内第Ⅴ様式	(1750)	弥生後期
		NG8B層		青灰～黄灰色砂・礫・粘土	≦40		←方形周溝墓・溝	畿内第Ⅲ～Ⅳ様式・凸基式石鏃	(2000)	弥生中期
		NG8C層	i		暗褐色砂質シルト	av. 10		←水田面・溝・ヒトの足跡	木葉形石鏃 石器製作址・畿内第Ⅱ様式・石斧		
			ii		にぶい黄褐色極粗粒～中粒砂	av. 25					
			ii'		灰色シルト質粘土	av. 10					弥生前期
			ii		黄褐色シルト質粘土	≦15					

第Ⅵ章　報告書の記載事項

るが、堆積環境により、河川や湖沼などの陸水成層、沿岸成層、海洋成層などに分類され、さらに細かく区分される。水成層と認識した場合は、もう一歩踏み込んで、河道や氾濫原の堆積層なのか、湖沼や三角州の堆積層なのか、干潟の堆積層なのか、まで記述することが望ましい。

遺構の層位　遺構がどの層から掘り込まれたり構築されたりしているのかを述べることが重要である。遺構の層位は、「遺構面と遺構埋土の着目点」(発掘編108頁)を参考に、おもな出土遺物と年代も含めて記述する。基底面の遺構は、本来の遺構面が属する土層が推定できる場合は、その土層のところに記す。

出土遺物　包含層の遺物も、土層の生成環境や生成年代を検討する材料となるので、おもな種類や年代を記述する。

層序記述の例　ここでは、川の堆積層と古土壌の記述例を示す。

　例1　第○層：灰白色(5Y7/2)極粗粒～中粒砂層で、発掘区の東南部を中心に分布し、層厚は80cm以下である。最大層厚部では、最下部に中礫を含み、幅50～80cm、深さ10～15cm程度のトラフ型斜交層理が顕著で、上方細粒化する河成層である。前置葉理の傾斜から復元される古流向は、北西から南東である。縄文中期の船元Ⅱ式土器を含む。

　例2　第△層：細礫大の炭を含む暗褐色(7.5YR3/3)の礫混り砂質泥からなる分級の悪い古土壌で、層厚は20～30cmであった。礫は長径15～20cm程度の亜角礫・球状の大礫が目立ち、礫種は花崗岩と砂岩であった。本層上面では、土坑SK311～325や竪穴建物SB326～334など、畿内第Ⅴ様式土器をともなう多数の遺構が見つかった。

C　図表と記載事項

図表の種類　層序の項では、図表は基本層序表(基本層序図)と土層図(土層断面図)を掲載し、必要に応じて、模式断面図、柱状対比図、ブロックダイアグラム、パネルダイアグラムなどもつけることがある。

基本層序表　発掘作業で作成した基本層序表の層序区分や模式柱状図、色・粒度、層厚、おもな遺構と遺物などについての各項目を充実させるほ

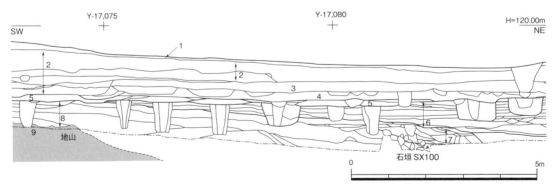

第1層　腐植土混じり表土層
第2層　盛り土層
第3層　作土層
第4層　遺物包含層
第5層　土器・炭・巨礫を含む褐色シルト質砂の客土層
　　　　(7世紀代整地層Ⅲ期)
第6層　黄褐色・褐色砂質粘土の客土互層(7世紀代整地層Ⅱ期)
第7層　石垣崩壊時の埋土と堆積層
第8層　黄褐色・黒色砂質粘土の客土互層(7世紀代整地層Ⅰ期)
第9層　地山

図139　土層図(層序断面図)の例

Ⅵ-4 調査の方法と成果

か、整理等作業や自然科学分析をつうじて明らかになった年代や時代、遺跡や環境の変遷を書き加えて示す（表17）。

土層図　土層図には、層序断面図と層相断面図がある（発掘編101・110頁）。

層序断面図は、土層の重なりを把握しやすいので、広域の調査地全体や、連続する調査地に分布する土層の連続性や層厚変化を示すのに向いている（図139）。しかし、パターンや層界線だけでは堆積相の変化は読み取れず、それを読み取るためには、層相断面図が有効となる。

そこで、たとえば断面の全体は小縮尺の層序断面図で示し、堆積相を示したい断面は大縮尺の層相断面図で表現するなど、それぞれの表現方法の特徴を生かして掲載する。

土層図の縮尺　1/20で実測した層相断面図を、そのままトレースして判読できるのは、1/50程度までである。これより小縮尺になると、砂粒や礫を少なくするなどの単純化が必要になる。

断面図の垂直・水平比は1：1で示すのを基本とする。しかし、水平距離の長い断面を図示すると、水平方向に対して垂直方向がごく薄くなり、

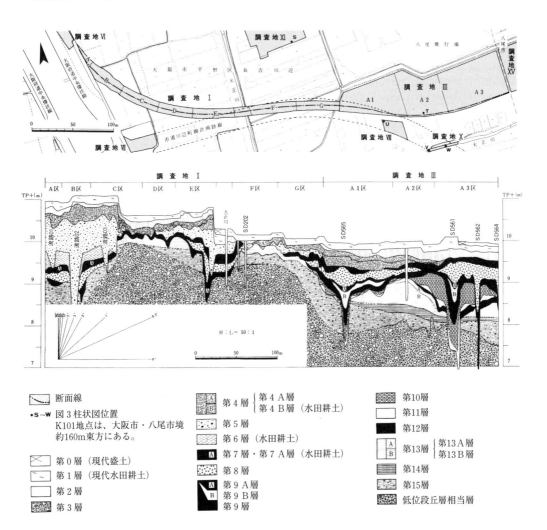

図140　垂直・水平比を変えた土層図の例

第Ⅵ章　報告書の記載事項

層序関係が把握しにくい図面となる。こうした場合には、垂直・水平比を２：１や５：１など、層序関係を把握しやすい比率に変えて表現する方法もある(図140)。

土層図には、土層名・鍵層名、遺構名、水平線と標高、地区割りや目標物、断面の向き、スケールバーと縮尺、変倍比などを示す。また、断面図を作成した位置は、平面図に記号や線で表示するなどして、わかるようにしておく。

模式断面図　層序断面図や層相断面図とは別に、模式断面図を描く場合がある(図141)。模式断面図は、土層の重なりや層相変化の概要を簡便に示す図である。ただし、一つの壁面の断面図を簡略化するのではなく、発掘区に分布する土層の相互関係を漏らさず描画することが望ましい。

柱状対比図　柱状図を用いた柱状対比図は、長い路線の調査地や、線状に並んだ複数の発掘区の層序や堆積相の変化を示すのに効果的である（発掘編102頁）。

パネルダイアグラムなど　区画整理にともなう道路部分の発掘のように、縦横に土層断面の記録がとれれば、ブロックダイアグラム（図142）やパネルダイアグラム（図143）を作成することもできる。これらの図は、三次元の土層分布を二次元に表現したものであり、土層の分布と層序関係を視覚的に把握しやすい。

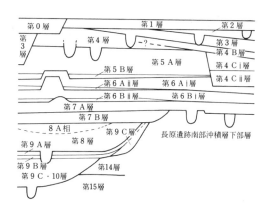

図141　模式断面図の例

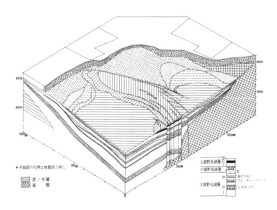

図142　ブロックダイアグラムの例

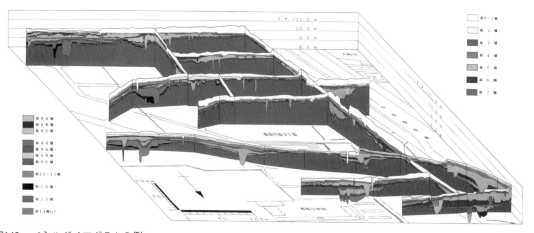

図143　パネルダイアグラムの例

3 遺 構

A 目 的

　発掘作業の終了後は、事実上、遺構を二度と観察することができない。そのことを十分認識したうえで、遺構の形態や埋没状況、出土遺物との関係、使用時の属性などを、項目ごとにそれぞれ記述する。

　遺構の情報は、各種の検討をへて、時期や機能別に分類される。それらを、遺構が存在した意味とともに、歴史的に位置づけて記載する。

　そのさいには、遺構の性格や内容に応じた記述の方法を選択する。たとえば、竪穴建物や掘立柱建物をはじめ、遺跡を構成する主要な遺構は、個々の内容についても詳細に記述するが、小規模な溝や性格不明の土坑などは、必ずしも個々の内容を逐一述べる必要はなく、全体の傾向を記せばことたりることもある。

B 項目と内容

遺構の概要　検出された遺構を、層位別、地区別などに区分し、時系列に沿って整理したのち、その遺跡の主体となる時期を優先させて、順次報告する。また、地形図に発掘区を組み込んで遺跡の広がりと立地を示し、過去の発掘調査成果もできるだけふまえたうえで記述する。

個別遺構の記述　遺構の形態や規模などの基本的情報のほか、より詳細な属性についても、発掘作業の過程で確認された事実や、その評価を盛り込んで記述するように努める。遺構名は、種別を示す遺構記号と遺構番号の組み合わせによって示す（発掘編241頁）。

　そして、遺構の位置、形態や規模、埋土の堆積状況、機能面や加工面の形成状況といった基本情報のほか、遺構検出時の状況やそれに関する理解、遺構の調査過程で発生した問題点や判断の変化などについても記述する。

　また、重複または近接した遺構との先後関係や残存状況、遺構間の遺物接合に関しても明示する。こうした記述にさいしては、図面や写真との対応関係もわかるようにする。

C 図 表

遺構全体図　まず、全体の状況が把握できるように、発掘区の遺構をすべて掲載した図を示す（図144）。おおむね1/200〜1/500程度の縮尺を選択することが多い。そのさいには、切りのよい縮尺を選択し、スケールバーや方位も入れる。

　発掘面積が広大なときなど、1枚の図面に収まらない場合は、一部を重複させた複数枚で構成して、相互の位置関係をあらわす図をつける。付図は、紛失しやすいため、できるだけ避ける。

　なお、調査の時点で攪乱として扱ったものに関しては、土木ケバで表記するなど、遺構との違いが区別しやすいように表現を工夫する。

遺構配置図　主要な遺構について、配置や構成が一目でわかるように、模式的に示した図を作成する。複数の時期に分かれるときは、それらの時期ごとに作成することもある。

個別遺構図　個々の遺構については、平面図と断面図・立面図、埋土の堆積状況を示した土層図などを作成する。断面図には、見通せる範囲の壁面や床面などの機能面の形状、機能面と密接に関連するとみられる遺物の出土状況を、見通しとして加えることもある。

　基本的には、平面図の主軸を垂直または水平方向に合わせ、断面図や土層図は、平面図と軸線を揃えて配置することが望ましい。

　重複する遺構は、竪穴建物の建て替えなどでは一つの図で示すこともあるが、時期や機能が大きく異なる場合は、個別にそれぞれ遺構図を掲示する。竪穴建物のカマドや炉などは、全体の遺構図

第VI章　報告書の記載事項

から独立させて、より大きな縮尺で詳細図を示すこともある。

遺物出土状況図　遺物の出土状況によっては、遺物やそれと関連する遺構の性格や機能などを推測するために、出土状況を平面図や断面図・立面図でも記録する。これらの縮尺は、1/10～1/20程度とすることが多い。

遺物が多量なときなどは、その水平位置と高さを記録し、ドットマップで示すこともある。この場合、材質や種別などの属性ごとに、ドットの形を変えて区別することもできる。

これらは、発掘作業で記録した情報を機械的・網羅的に載せるのではなく、遺物の分布や接合関係などに意味があり、遺跡や遺構を理解するうえで必要と判断されたものにかぎって掲載する。

表　遺構の規模や形状など、さまざまな属性については、一覧表に整理して示すのも、相互の比較や、全体をつうじた特徴の把握のうえで効果的である（9頁）。遺構の属性は多様なため、表の項目は遺構の種別ごとに選択することになる。

図144　遺構全体図の例

4 遺　物

A　目　的

　遺物の報告は、通常、実測図や写真、表と文章によっておこなう。いうまでもなく、遺物は、それが出土した遺構や土層の時期を示すのみならず、遺跡の性格やほかの遺跡との関係を知るうえでも重要な意味をもつ。そのため、第Ⅲ章で述べたように、十分な観察や検討をおこなったのち、報告すべき遺物を選別し、学術的な水準に即したかたちで報告する必要がある。

　また、遺物は、発掘作業後に消滅してしまうことも多い遺構とは異なり、将来にわたって再検討が可能な資料である。したがって、遺物の報告にさいしては、かぎられた時間と経費の中で、必要な観察結果や項目をわかりやすく簡潔にまとめることに努める。

　なお、十分なデータの提示や記載ができなかった場合も、将来に向けて、資料の検索や再検証作業が可能になるように配慮する。

B　項目と内容

出土遺物の概要説明　遺物の報告にあたっては、まず、前提となる作業や遺物全体の概要を記すとともに、記述の方針や用語、表現方法などについて決定し、それらを明記する。

　具体的には、遺物の整理や図化・製図の方針と方法、報告書に掲載する遺物の選定基準、観察の方法などを最初に示したうえで、遺物の器種分類の基準や実測図の表現法を例示し、遺物観察における用語や概念を説明する。

　そして、遺物の種類と数量、そのうち図化した遺物の数量や比率、さらに報告書に掲載した遺物の数量や比率などを明示する。この場合、上記の数量や比率は、全体に対してだけではなく、遺構や層位、地区ごとなどに分けて、それぞれ示しておくと、遺跡での状況と遺物整理との関係が把握しやすい。

遺物の観察記録　遺物についての観察記録は、遺物報告の中でもっとも基本的かつ中心的な部分であり、発掘された遺跡の時期や性格、歴史的評価を判断するための基礎データとなる。

　したがって、数量や遺存状態、遺物に残された製作技法や使用痕跡などを、遺漏なく正確に、また簡潔に整理する必要がある。

　これらの情報の多くは、何よりもまず実測図によって、視覚的かつ直接的に認識されるのが望ましい。本文は、図や表で表現できない部分を中心に記述し、重複した説明をおこなうことはなるべく避けるようにする。

　ただし、ある程度の規格性をもつ遺物を報告するときは、観察結果にほとんど差違が現れないことも多い。そのような場合は、個々の遺物を観察表に掲載するよりも、本文で一括して報告するほうがよい。

遺物の記述項目　個別の遺物を観察し、データを記載するさいに必要となる項目は、およそ次のようになる。これらは、観察表を作成する場合もそのまま適用できる。

- 遺物の種類
- 番号（挿図番号、図版番号、取り上げ番号、登録番号など）
- 出土位置（グリッド、層位、遺構など）
- 遺存状態（残存部位、銹化の程度など）
- 器種
- 寸法（器高、口径、底部径、胴部径など）、容量、重量（質量）
- 形態的特徴
- 製作技法（成形法、木取り、鋳造法、調整手法）、色調、焼成（黒斑など）、胎土（混和材）
- 材質
- 使用痕跡（煤、焦げ、吹きこぼれなどの付着

物、打撃痕、摩滅、擦痕など）や再加工
　○特記事項（文様、彩色、記号、線刻、絵画など）

分　類　　器種分類の基準や、観察表などで使用する形態上または技法上の分類基準は、できるだけ基準資料とともに提示する。

　土器の場合、器種分類の基準は、当該遺跡で報告する遺物のみを代表例として挙げることが多いが、当該地域における典型的な完形品を掲載するほうが理解しやすい。

実測図と拓本　　上記のように、実測図は、遺物についての情報をもっともよく伝える手段であり、遺物報告にとって不可欠の存在である。

　また、拓本は、写真ではあらわしにくい微妙な凹凸の表現が可能な場合もあり、細部の文様や調整手法を拓本で示すなど、実測図と併用することで、理解を助けることができる。

写　真　　写真は、実測図では表現できない遺物の質感や胎土、器表面の調整や保存の状況、遺存状況などを、第三者に客観的に伝えることが可能である。報告書への掲載にあたっては、その特性を生かすべく、大きさやレイアウトに配慮し、わかりやすさを心がける。

遺物報告の方法　　遺物報告の構成や表現には、以下のような方法があり、報告書に遺物の報告を掲載するさいには、これらを組み合わせた4通りの方式が考えられる。

　○構成
　　遺構ごとに遺物の説明をおこなう方式
　　遺物の記述を遺構とは別にまとめる方式
　○表現
　　文章による方式
　　観察表による方式

　このうち、遺構ごとに遺物の説明をおこなう方式は、それぞれの遺物を、遺構や出土状況と一体的に把握できる、という大きな利点がある（図145）。その反面、レイアウトや編集作業が煩雑となるのが難点である。

　一方、遺物の記述を遺構とは別にまとめる場合も、遺物は遺構や層位ごとにまとめて報告するか、少なくとも遺構や層位との関係が把握できるかたちで報告する。そうした関係を明示せずに、遺物の種類や器種ごとに記述するのは、対象とする遺物がごく僅少か、単一の包含層からの出土など、特殊な場合にかぎるべきである。

　なお、観察表方式による表現は、簡潔さと利便性においてすぐれており、観察項目を統一的かつ網羅的にまとめられる利点もある。反面、遺物ごとに観察項目を取捨選択できないため、余白を生ずるなど、いたずらに紙幅を費やすこともある。そうした無駄を防ぐには、観察項目を細分しすぎないことが重要である。

C　遺物の統計的処理と分析

統計処理　　遺物全体の傾向や特徴をあらわす手段として、近年は、統計的処理やそれにもとづく分析をおこなう事例が増えている。

　これらは、データの分析方法の実践的な提示であるから、目的を明らかにし、有意と考えられる項目や、全体および個々の資料数などを十分に検討したうえで、選択的におこなう必要がある。漫然とした統計処理は、たんに報告書の内容を煩雑にする結果となりかねない。

グラフによる表現　　こうした結果は、グラフなどを用いてわかりやすく表現することが、第三者の理解を助けるうえで望ましい。

　具体的な事例としては次のようなものがある。

　○器種別構成比（形態別、技法別、寸法別、文様別など）
　○材質別構成比
　○製作地別構成比
　○その他（使用痕跡別、遺存状況別など）
　○複合的分析として、上記の項目の遺構別や時期別または機能別構成比、器種や材質、製作地の相関関係など

Ⅵ-4 調査の方法と成果

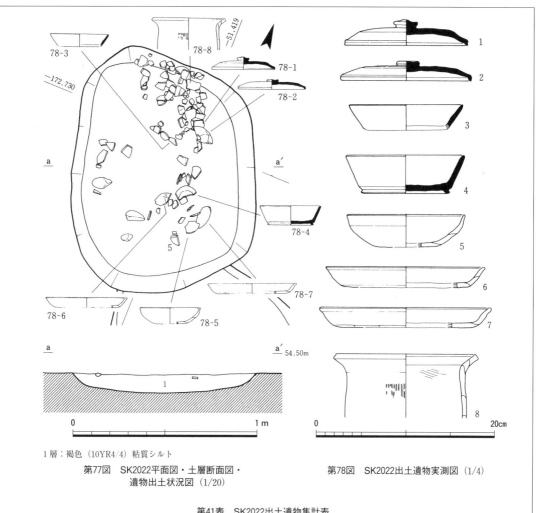

1層：褐色（10YR4/4）粘質シルト

第77図　SK2022平面図・土層断面図・
　　　　遺物出土状況図（1/20）

第78図　SK2022出土遺物実測図（1/4）

第41表　SK2022出土遺物集計表

器　種	須　恵　器							土　師　器					合計
	杯	杯蓋	甕	甕or壺	壺	不明	小計	杯	高杯	甕	不明	小計	
破片数	23(口7)	4	1(口)	6	1	4	39	48(口7)	1(脚)	26	27	102	141
重量 g	120.6	14.2	16.6	84.3	9.1	3.6	248.4	220.8	5.7	161.3	25.9	413.7	662.1

SK2022（第77図、図版22、第30表）

　B11HUに位置し、SX5041・SX5059と重複する。中心座標はX-172,730.2・Y-51,419.1である。長軸長1.32m・短軸長1.03mの隅丸方形を呈する土坑で、遺構検出面からの深さは0.10mである。埋土は褐色（10YR4/4）シルトの1層からなる。壁面の立ち上がりは緩やかで皿状を呈する。土坑はSX5041よりも新しいが、SX5059との前後関係は確認することができなかった。出土遺物から、土坑の時期は8世紀中頃と思われる。

　出土遺物（第78図、図版43・44、第41・72・95表）

　第78図1～8に図示した遺物のほかに、第41・72表に掲げた遺物が出土した。遺物の大半は土坑底面より出土した。
　第78図1・2の須恵器杯蓋は底面に伏せた状態で出土した。いずれも完形に近い。その他の遺物も本来は完形であったものと思われるが、遺構の削平が激しいため、遺存状態は良好とはいえない。

図145　遺構ごとの遺物報告の例

5 自然科学分析

A 目 的

　自然科学分析の成果は、ほかの考古学的な成果とともに、遺跡の総合的理解に寄与する。そのため、これらは、報告書の最後に「付編」や「自然科学分析編」として別扱いするのではなく、本文で記述すべき項目である。

　自然科学分析は、その目的に応じて多種多様な方法が存在し、それぞれ報告する項目や内容も異なる。ここでは、自然科学分析の報告に共通する部分を中心に述べることとする。

B 項目と内容

　自然科学分析の成果を報告するさいに重要なことは、第三者による検証や評価が可能なように記述することである。また、分析を外部委託した場合でも、分析の目的や、試料を採取した層位と出土状況、分析の方法、考察については、分析担当者だけではなく、発掘担当者と共同して執筆することが必要なこともある。

　さらに、保存処理をおこなった場合は、どのような保存処理の方法を採用したのかについて記載することが望ましい。

目 的　発掘調査にあたって、自然科学分析をおこなった目的を記述する。

試 料　分析した試料について記述する。そのさいには、試料の出土状況や採取した層位、保存状態も記載する。取り上げや保存処理で薬品類を使用した場合には、それに関しても記録しておくのが望ましい。このほか、分析に用いた試料は、分析結果の信頼性と第三者による検証を保証するため、保管している場所を明記する。

方 法　分析結果の信頼性を保証するうえでも、分析方法が適切であったのか、検証を可能にする必要がある。そのため、試料採取の方法や分析方法を記述する。採取した土壌を選別した場合には、土壌の質量や体積、土壌選別の方法、用いたフルイの目などについても記述する。

結 果　分析結果とともに、第三者による検証が可能なように、基礎的なデータも提示する。

　たとえば、放射性炭素年代法では、あらたな補正法や較正曲線などの改訂に備えて、較正年代だけでなく、もとになった^{14}C年代や較正に用いたデータもあわせて記述する。

　動植物遺存体など、同定をおこなう分析では、同定一覧の結果とともに、同定の根拠を示す記述や写真を添えて報告する。

　分析結果が複雑なデータや多量のデータとなるときは、図表を用いてわかりやすく示す。花粉分析の場合は、柱状図、花粉・胞子群の出現頻度、花粉帯区分から構成される花粉ダイアグラムとして図示することが多い。

　また、膨大なデータを定量化して提示するときには、定量化の方法を明示する。たとえば、動物遺存体の報告では、MNI（最小個体数）やNISP（同定資料数）などのいくつかの算定方法があり、資料の状況に応じて使い分ける。

　なお、分析した試料の計測値の提示にさいしては、計測点や計測方法がわかるように図示するか、文章で記述することが望ましい。また、古人骨の報告で身長などを推定する場合には、推定に用いた計算式を明示する。

考 察　分析結果として提示したデータにもとづき、考察した結果を記述する。このとき、総括としてまとめられるような、簡潔な要約を設けることもある。

　また、将来の発掘調査などに備えて、今後の課題についても触れ、それらにおける自然科学分析の効果的な活用方法を提言しておくことも有意義である。

6 保存目的調査の報告

　遺跡を現状保存することを目的とした発掘調査や、史跡に指定されている遺跡を発掘調査する場合は、記録保存調査以上に、発掘調査の実施について国民に対する説明義務を負う。これは、将来にわたって保存することを前提とした遺跡を、部分的であれ、解体するためであり、その理由の提示は、調査をおこなう者に課せられた責務である。したがって、それらの報告書では、以下に述べる点に留意して記述する。

調査の目的と経過　現在おこなわれている保存目的調査には、主として現状保存をめざした、重要遺跡の範囲・内容を確認するための調査や、史跡整備のための調査などがある。

　いずれの場合も、調査のおもな目的を明確に述べるのは当然のこととして、なぜ調査をおこなう必要性が生じたのかを、その経過とともに明示しなければならない。とくに、このような調査は、複数年次にわたって計画的に実施されることが多いだけに、過去の調査成果をたんに羅列するだけでなく、以下の点に留意する。
- それぞれの調査が、どのような検討をへて実施されたのか
- どういった理由で発掘地点が選定されたのか
- 当該調査が、全体の計画の中でどう位置づけられるのか
- 今後、どのような調査が計画されているのか

こうした点をふまえて、年次単位で発掘区がわかるような図面と、調査成果や問題点を整理した表などを添付して記述する。

　なお、保存目的調査は、通常、指導委員会などを設置して実施することから、委員会の構成や、検討経過などについても記載する。

調査方針　保存目的調査の場合は、検出した遺構をどの程度掘り下げるか、また、遺物をどの程度取り上げるかなど、遺構の状況や遺存状態および調査目的に応じて、方針が決定される。事前に検討されたこれらの方針は、調査の目的に密接にかかわるものであり、それと対比できるようなかたちで、遺漏なく記述する。

発掘区の選定　保存目的調査であっても、遺跡の解体や現状改変をともなうことから、発掘区は必要最低限にとどめるだけでなく、もっとも効果的な場所を選定しなければならない。それらは、過去の発掘調査成果や分布調査、遺跡の立地条件や文献史料の検討など、多角的な分析にもとづいて決定されるべきであり、こうした検討過程の記載も重要な要件となる。

調査方針の変更　発掘作業の進展にともなって、事前に立案した調査方針を変更せざるをえないこともある。その場合は、どのような理由で方針を変更したのかを明記する。

記　録　報告書に記載する内容は、基本的に記録保存調査と大差はないが、保存目的調査では、将来的に再発掘がおこなわれる可能性をふまえて、どの遺構をどの程度掘り下げたのか、また遺物はどの程度取り上げたのかを、文章と図面・写真を効果的に用いて記載する。

埋め戻し　保存目的調査では、一般的に真砂土や砂で埋め戻すことが多いが、そのさいに発掘作業で掘り上げた土を利用したのかなど、埋め戻しに用いた土や、崩壊を避けるために講じた措置についても記述する。

展望と課題　調査の対象となった遺跡に対する今後の調査計画や、保存された遺跡を将来的にどのように取り扱うのか、調査成果を将来的な保存と活用の中でどう生かしていくのか、今後、保存すべき範囲を拡大する必要があるのか、といった点についても必ず記載する。

　また、当初の目的に対して、どのような成果が上げられ、どのような問題点が残ったのか、ということについてもまとめなければならない。

第5節
総　　括

A　目　的

　調査成果の事実記載だけでは、報告書の利用者は、発掘調査の成果全体を的確に理解することが難しい。そこで、調査成果を総合的に検討した結果を「総括」としてまとめる。

　従来、この項目は「考察」と称されることが多かったが、遺跡の理解に直接かかわらない独立した内容や個人的な論文などとは性格を異にすることから、報告書の目的・意義をふまえて、「総括」と呼称することとした。

B　項目と内容

総括の意義　報告書は、総括を示すことではじめて、発掘調査をおこなった埋蔵文化財を、それぞれの地域に不可欠な歴史的・文化的遺産として位置づけることができる。その意味でも、総括は、報告書の中できわめて重要な位置を占める。

　総括では、発掘作業や整理等作業を担当した発掘担当者あるいは調査組織が、学術的成果にもとづき、以下の事項について、考古学的手法などを用いて整理・記述する。

発掘調査で得られた事実関係の整理　遺跡の評価をおこなう前段階の作業として、以下の視点で調査成果をわかりやすく要約する。

- 発掘作業から整理等作業までの過程で把握した遺構群や遺物群、および遺構と遺物の相互関係
- 遺構と遺物それぞれの時期区分や、おのおのの地域における編年体系の中での位置づけ、および機能・用途
- 自然科学分析の成果もふまえた、遺跡全体の構造や性格
- 遺跡の展開と遺跡の立地との関係
- 上記の事実関係にもとづく、遺跡の構造や時期的変遷などに関する客観的事実の整理

地域の中での歴史的評価　以上のような事実関係の整理をふまえて、調査の成果を当該遺跡が所在する地域の歴史の中で位置づける。また、内容によっては、さらに日本の歴史の中での位置づけをおこなう場合もある。

課　題　調査成果とそれを受けておこなった検討の中で生じた課題や、今後の発掘調査を進めるにあたっての留意点をまとめる。

C　留意点

客観性　これまで、総括に相当する内容については、本文の記載から離れ、一般の論文のような内容と体裁で記載される事例も散見された。しかし、繰り返し述べてきたように、行政措置としての発掘調査の報告書である以上、公的な性格をもち、客観的な事実にもとづく内容と適切な体裁であることが求められる。

総合性　また、遺跡によっては、自然科学分析の担当者や関連分野の研究者に依頼した原稿を掲載する場合もあるが、総括においては、こうしたすべての成果をふまえて、原稿をまとめることが求められる。

　なお、継続的な調査では年次ごとに、あるいは大規模な調査では数年に分けて、報告書を刊行することがしばしばある。こうした場合であっても、事実関係に関する整理は、それぞれの報告書でおこなう必要があるが、地域の中での歴史的評価については、最終年次の報告書で記述することも考えられる。

分　量　総括に記載する文章の量は、通常、写真を除いた本文（図面を含む）の、おおむね数％から10％程度とするのが望ましい。ただし、総括をおこなうために、遺構・遺物の編年や類例の検討などの考古学的分析が不可欠なときは、このかぎりでない。しかし、その場合でも、適量の範囲で収めるように心がける。

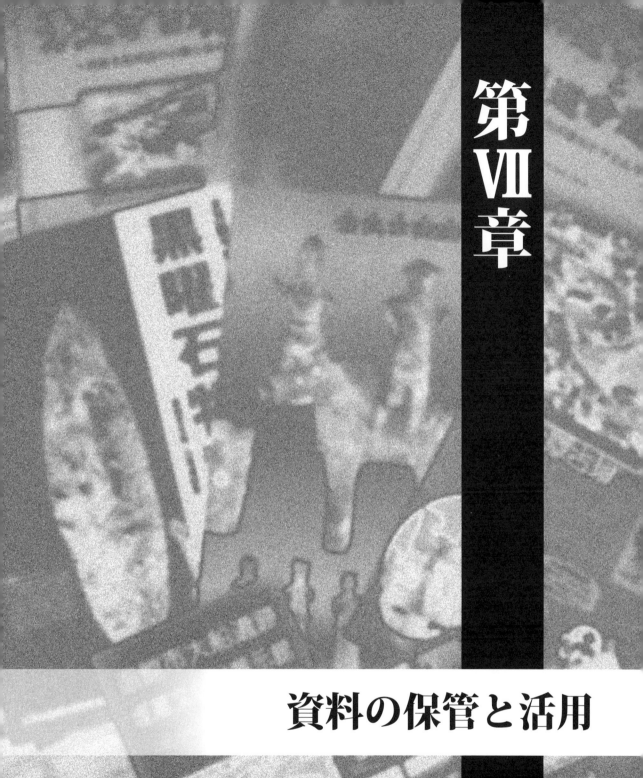

第VII章

資料の保管と活用

第1節
記録類の保管と活用

1 記録類の保管

目　的　発掘調査の記録類は、その遺跡に関する資料として、もっとも基礎的なものである。いかなる理由による発掘調査であっても、それは遺跡の現状を大きく改変する行為であり、程度の差こそあれ、必ず解体をともなう。

記録類は、ある意味、その代償ともいうべき性格をもち、同時に、人類の過去を明らかにするための重要な情報ともなる。よって、地方公共団体などの責任のもとで、恒久的かつ適切な保存管理と公開をおこなうことが必要である。

記録類は、発掘調査で作成した一次資料と、報告書に代表される二次資料に区分できる。報告書は、発掘調査の成果の中心をなすものであり、これらは、教育委員会やそれが設立した調査組織、大学等研究機関だけではなく、当該地域をはじめとする図書館や博物館、公民館など、活用が見込まれる施設で、分散して保管することが求められる（2頁）。

一方、一次資料には、報告書作成に使用した基礎資料のほか、報告書には掲載しなかった資料も含めて、さまざまな情報が記録されている。これらについても、将来にわたり、確実に保管していく必要がある。

複製の作成　発掘調査で作成した記録類は、不慮の事故などによる破損や消失を防ぐために、作業用の複製を作成し、原本は別に保管して、作業には使用しないようにするのが望ましい。

また、調査終了後、時間が経ってからの改変は極力避ける。作業上の必要などによって改変する場合は、原本ではなく、作業用の複製に対しておこない、その履歴を記録する。なお、複製は、紙のほかに、利用者の環境や作業内容に応じて、デジタルデータに変換することも考えられる。

記録媒体の種別　現状で、こうした記録類には、紙以外にデジタルデータの形式が存在する。また、種別としては、たとえば平面図や断面図のような遺構・遺物の実測図、遺構カード、日誌などがある。ここでは、媒体ごとに、保管にあたっての留意点を述べる。

紙媒体資料の保管　紙に記された資料は、記録としてもっとも一般的なものである。長期の保存に備えて、伸縮が少なく、変質しにくい中性紙を利用する。原本は乾燥した冷暗所で保管し、災害などによる記録の消失を防ぐために、複写を別の場所に保管するのが望ましい。また、検索や管理を簡素化するために台帳の作成をおこなう。

近年の情報技術の向上により、図面などの情報をデジタルデータに変換することがおこなわれるようになっている。しかし、そうした手順で変換されたデータは、あくまでも複製であり、記録媒体の変化や複製時のエラー、磁気などによるデータの消失といった問題がある。紙媒体の原本が存在する場合は、デジタル化したのちも、原本は必ず保管することが求められる。

デジタルデータの保管　デジタルデータは、情報の活用や複製などの点ですぐれており、将来的にも、利用の度合いはいっそう高まるものとみられる。しかし、それを支えるハードウェア、ソフトウェアともに急速な進歩をみせる技術分野であり、将来の方向性を想定することは難しい。

保管・管理の面では、利用を主眼とした形式での保存に加え、汎用性のある形式により保存することが必要である。特定の機種やOSに依存したデータ形式のみでの保存は避ける。

現状では、文章はプレーンテキスト、表などはCSV形式などによる保存が望ましい。画像については、DXF形式、SVG形式、TIFF形式、JPEG形式、PNG形式、PDF形式などがあるが、データの利用方法に応じて選択したい。画像の保存形式

には、著作権などの問題が生じているものもあるので、そうした点にも配慮する。

また、不慮の事故によるデータの消失に備えてバックアップをとることはもちろん、媒体の変化や世代更新に合わせて、データ形式を変換する作業（データコンバート）を常に継続しなければならない。現状では、デジタルデータのみでの保存は危険性が高く、紙に出力するなどしたバックアップも、あわせて保持する必要がある。

なお、当初からデジタルデータとして取得された情報に関しては、のちの変更や改変の危険性を防ぐために、電子署名やタイムスタンプなどの活用も考えることが求められる。

2 写真の保管

埋蔵文化財の写真は、報告書の刊行をもってその役目を終えるわけではなく、刊行後も遺跡・遺物の客観的情報の検証や活用ができるように、将来にわたって保存する。もちろん、報告書に使用しなかった写真原版もその対象となる。

写真画像を効果的に保存するためには、以下のような知識と設備をもつことが必要である。

写真の劣化　適正に現像処理された白黒写真画像については、すでに150年以上の保存の実績がある。しかし、生物的・物理的・光化学的破壊などの影響を徐々に受け、劣化が進行する。

もっとも多いのが、カビの発生である。日本はカビの発生しやすい環境にあるので、とくに注意を要する。さらに、フィルム使用時の擦り傷や、乾燥しすぎによるひび割れなどにも注意する。

白黒写真の多くは、古くなると褐色を帯びてくるが、これは、適正な現像処理がおこなわれなかったことによるものである。また、酸化による画像の劣化が起こることもある。

一方、カラー写真は、有機染料や有機化合物を用いているため、退色や劣化は避けられない。

また、近年、スチール缶などに密閉保管されたTAC（トリアセテートセルロース）ベースのフィルムが変質する、いわゆるビネガーシンドロームが問題となっている。これは、ベースのアセチル基が分離して酢酸を形成するとともに、ベースの可塑剤がフィルム表面に移動し、フィルムがべたつく現象である。最後には加水分解がおき、形がなくなってしまうが、いったんこれが起こると止めることができない。発見した場合は、新鮮な空気に当て、ほかのフィルムと隔離する必要がある。

現在、一般に流通しているカラーリバーサルフィルムの現像後の寿命は、一部を除き、暗所保管で10～20年程度とされる。一方、最近のカラープリントは、適正な処理がなされれば、暗所保管で100年程度の寿命があるといわれている。

保存条件　写真画像の長期保存は、適切な現像処理と保管条件の両者を備えて、はじめて実現できる。ただし、写真画像の劣化には、現像処理や取扱いの不具合のほか、保管条件の変化や包装材の適否など、数多くの要因があり、予測することは不可能である。そのため、定期的な点検が欠かせない。

現像済み写真材料と未使用写真材料の理想的な保存条件は同じである。それは、清浄な空気による換気と遮光、低温・低湿が確保され、有毒ガスの影響を受けず、結露や火災、水害などの事故に対しても配慮されていることである。

長期保存のための保管条件はフィルムの種類により若干異なるが、最低でも、温度が白黒フィルムで20℃以下、カラーフィルムは2℃以下、湿度は40%前後である。

温度24℃、湿度40%での状態を1とした色素の相対退色率は、温度が12℃では1/5、7℃では1/10、−26℃であれば1/1,000になる。このように、保管温度が低いほど退色は少ない。これらの保管条件の詳細については、ISOやJISによる規格を参照されたい。

しかし、上記の保管条件を確保するためには、24時間、空調設備で温度と湿度を一定の範囲（10℃～15℃・湿度40～50％）に保つとともに、直射光が当たらず、窓のない保管専用の小部屋を準備することが求められる。

当然、フィルムは、温・湿度の変化の大きい普通の部屋や光が射す棚の中で保管してはならない。また、虫類の被害を防ぐため、図面や図書類とともに保管することも避ける。

包材　フィルムの包材は、酸や過酸化物を含まないことが重要である。酸や過酸化物を含んだものを使用すると、変退色やフィルムベースの化学分解を起こす原因になる。

臭いのするビニール材料は、可塑剤が多く、包材には適していない。また、硫酸紙も変色を助長する。フィルムを入れる袋の材質は、ポリエステルやポリエチレンがよいとされるが、可塑剤が含まれているものは不適当である。

白黒のロールフィルム（中・小型フィルム）は、35㎜は6コマ、6×7cm判などは2～4コマにカットして、同様の材質の写真用ネガ袋に入れ、長期保存用バインダーに綴じて保管する。

4×5inなどの大判フィルムも、同様の材質でできた袋に入れ、中性または弱アルカリ性の紙のアーカイバルボックスに、立てて保管する。

35㎜リバーサルフィルムは、できればマウントせずに、ポリエステルやポリエチレン袋に入れ、長期保存用バインダーに収納する。マウントした場合は、PET材でできたスライドファイル（20枚程度入る）に入れて、上記のアーカイバルボックスに、立てて保管する。

一般に、現像所などの外注先が使用するフィルムやプリントの包材や、普通に市販されているアルバム類は、長期保存用としては作られていない。長期保存を考えるのであれば、専用の包材を選ぶ必要があり、米国のIPI（Image Permanence Institute）によるPAT（Photographic Activity Test、写真活性度試験）に適合したものが望ましい。

接着剤　接着剤は、吸湿性のものは避け、ポリビニルアセテートかセルロースアセテート系のものを使用する。有機溶剤を含む接着剤は、長期保存のためには好ましくない。

また、セロハンテープや両面テープなどで留めて保管する例も散見されるが、これらは、時間がたてば必ず酸化・黄変してくるので、写真を貼りつけるのには適していない。

デジタルデータの保存　デジタルデータの保存で、まず問題となるのは、画像を直接、目で確認できないことである。デジタルデータ自体は劣化しないが、データを格納している媒体はやがて劣化する。しかし、外見からそれを判断するのは困難であり、気がつかない間に劣化が進行して、データが読み出せなくなることがある。

さらに、再生装置や記録媒体の規格変更や製造中止によって、データが再生できなくなることもしばしばある。そうした事態が生じないように、規格変更などのたびに、それに合わせたデータコンバートをおこなわなければならない。この作業に要する費用と手間は膨大なものとなることを、十分に認識しておく必要がある。

デジタルデータの記録媒体（CD±R、DVD、DATなど）も、保管環境によって保存性は大きく変わる。一般的には、銀塩写真と同様に、有害ガスがなく、低温・低湿で、とくに紫外線が当たらないことが必要となる。また、磁気を利用したDATやフロッピーディスクなどは、磁気からも遮断しておかなければならない。

現実的で効果的な保管方法は、画像保管用のサーバーを利用し、複数台のハードディスクにデータを分散させて保管することである。記録媒体を利用する場合でも、複数の複製を作り、別々の場所に分散させて保管する。

そして、検索が容易にできるように、縮小画像をつけたデータベースを構築することが望まし

い。それらは、単独のコンピューターでの運用は避け、サーバーとネットワークを介したWebベースのものなど、できるだけ特定のソフトウェアに頼らない形式を選択するとともに、データの所在を常時明らかにしておく。

写真の使用　保管されたフィルムを使用するさいには、結露が生じないように、密閉した袋に入れて室温に戻す。

フィルムを扱うときは、直接手で触れるのではなく、手袋などを着用して、手の脂や汗などから守る。こうした注意を怠ると、指紋などの痕がフィルムに残って、変退色を引き起こす。やむをえず素手で触れる場合は、フィルムの上下を指ではさむようにして、できるだけ指との接触面積を少なくする。

カラーリバーサルフィルムについては、デュープを作成し、フィルム原本は使用しないのが原則である。また、原本をスキャンしたものを使用する方法もある。この方法は、原本を傷めることなく利用できるという利点があるが、適正な画像データが作成できるかどうかが課題となる。

なお、近年は、コンピューターとソフトウェアの著しい発達により、誰もが簡単に画像処理がおこなえるようになった。そのため、劣化画像の復元のほか、写真の色調や濃度、コントラストの調整なども可能となっている。

しかし、これらの処理をおこなうにあたっては、画像処理ソフトに関する知識と適切な対応とともに、写真画像の信頼性を損なうような改変を避ける倫理観が求められる。

3 記録類の活用

パンフレット類　保管された記録類は、国民共有の財産として、広く活用されなければならない。

図面や写真などの記録類については、前節で述べた調査成果の活用方法（187頁）に加えて、パンフレットやリーフレット、概説書などのわかりやすい資料を作成し、文化財に対する理解を深める工夫をおこなうことが重要である。

三次元データなどの活用　また、最近では、三次元計測などの技術を用いて、資料のより詳細な記録を作成し、さまざまな角度から観察をおこなうことも可能となっている。利用者は、おもに、VRML・STL・PDFなどの形式によって保存されたデータを、ビューワーソフトウェアで閲覧するが、こうした技術も急速に普及しており、今後、広範囲で活用を進めることが望ましい。

データベース　一方で、幅広く資料の活用を図るためには、調査成果の概要が把握できるようなデータベースを充実し、希望者が検索・利用可能な体制を構築することが求められる。

たとえば、報告書には、その基礎データを一覧表のかたちで示した報告書抄録（162頁）がつけられ、効率的に情報を取得するうえで有益なものとなっている。奈良文化財研究所では、これにもとづく「報告書抄録データベース」や、「遺跡データベース」を公開している。

また、地方公共団体やそれが設立した調査組織による各種のデータベースも公開されている。今後も、可能なかぎり、これらのデータベースに遺跡や調査成果についての情報を登録し、広く共有していくことが必要である。

ネットワークによる情報共有　調査成果や報告書の内容を、ネットワークを介して公開し、共有する試みも進みつつある。

そのさいには、印刷物をたんにデジタルデータに置き換えるのではなく、検索や再利用の容易さといった、デジタルデータの特性を生かしたものとするほうが利用価値は高い。とくに、実測図や属性表などの図表類は、そういった利用しやすい形式での公開が望まれる。

第2節
出土品の保管と活用

1 出土品の保管

A 出土品に対する考え方

基本的な考え方　平成9年に、文化庁次長から「出土品の取扱いについて」という通知（以下「平成9年通知」という。）が出された。これにもとづき、各都道府県で「出土品取扱い基準」が定められ、それにしたがって出土品の保管・管理が進められている。平成9年通知では、出土品を次のように区分し、それぞれの保管方法などについての指針が定められている。

①文化財としての価値が高く、展示・公開等による活用の機会が多いと考えられるもの
②文化財としての価値、活用の頻度等において①の区分に次ぐもの
③文化財としての価値、活用の可能性・頻度が比較的低いもの
④整理途中のもの

その後、平成15年には、文化庁次長から、出土品の保管状況などの実態調査をふまえて、今後あるべき保管施設・方法を示した「出土品の保管について」が通知された。

これらの通知における基本的な考え方は、出土品に対して十分な分析・検討をおこなったうえで、その価値や活用頻度を勘案し、選別・保管するというものである。したがって、たんなる収納ではなく、将来的な活用を想定した適切な保管・管理が必要とされている。

地方公共団体の責務　以上の考え方によると、地方公共団体は、調査組織のいかんにかかわらず、出土品を適切に保管・活用できるように管理することが求められる。そして、必要に応じて指定をおこない、さらなる活用に供することも重要な責務となる。

B 保管方法の基本

混交・劣化の防止　出土品には、土器・土製品や石器・石製品をはじめ、金属製品、木製品・大型部材、動植物遺存体など、さまざまな種類がある。それらは、当然、発掘作業中から、個々の性格に合わせた保管を心がけなければならない。

そうした出土品の取扱いについては、これまで述べてきたとおりであるが、報告書作成後の出土品に関しても、混交や劣化を防ぐための措置が必要である。

選別・保管の基本的な考え方　出土品に対する選別は、整理等作業における報告書掲載予定遺物の抽出や、報告書作成後の掲載遺物と非掲載遺物の分別など、発掘作業から報告書作成後までの間で、随時おこなわれる。

また、長期的な保存のために特別な施設や保存処理を要する木製品や金属製品の場合、初期の段

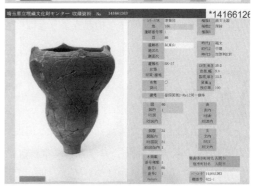

図146　出土品の管理台帳の例

階でおこなわれる選別が、将来的な取扱いを決定することが多い。これらの、報告書作成にいたる諸段階での選別に関しては、本書の各章で述べてきたので、ここでは、報告書作成後の選別・保管について述べることとする。

具体的な方法　報告書作成作業が終了した時点で、出土品は、報告書に掲載されたものと未掲載のものに分別される。前者のうち、遺構出土のものは遺構ごとに、遺構外出土のものは出土地区や出土層位ごとに整理して収納する。

収納のさい、もっとも注意すべき点は、台帳などの作成をつうじて、それぞれの出土品を第三者でも検索可能な状態にしておくことである（図146）。報告書に掲載した出土品については、報告書の図や写真と対応できるようにするのはもちろん、出土品についての基本的な情報に加えて、その収納位置や収納コンテナなども、すぐに検索できるようにしておかなければならない。

同時に、出土品の資料的価値や見込まれる活用頻度などに応じて、収蔵施設や収納方法を変える必要がある（図147）。とくに活用頻度が高いと考えられるものは、しかるべき収蔵施設で保管するとともに、1点ずつを対象とした個体管理をおこなって、活用履歴などを把握し、定期的に点検することが望まれる。

未掲載出土品の取扱い　報告書に掲載しなかった破片などは、遺構や層位ごとにポリ袋などに入れ、遺跡名や遺構名を記入したカードを同封して、コンパクトに収蔵することを基本とする。

未掲載の破片であっても、資料的価値の高い出土品と共伴したものなど、学術的に重要な資料が含まれることがあり、それらは、ほかの未掲載出土品とは異なった扱いが求められる。

ただし、そうした場合でも、かぎられた収納空間を過度に圧迫することがないよう留意しなければならず、必ずしも、資料的価値が高い出土品と同様に扱う必要はない。

保管のありかた　出土品の保管施設については、防災や防犯などの観点から、プレハブ工法や木造による仮設施設では不十分であり、恒久的構造を備えた恒常的施設の設置が必要となる。

火災・自然災害への配慮　こうした保管施設に収蔵していても、火災や震災などの不測の事態が起こることもあり、それらへの対策も講じておくのが望ましい（図147）。収納棚の前にロープを張っていたため、阪神・淡路大震災のおりにも、転倒が最小限にとどまったという事例がある。

また、プラスチック製のコンテナでは、火災にあうと、コンテナと内容物が溶着してしまう。近年では、防災に配慮した木箱が市販されているので、とくに重要な出土品については、そうした木箱に収納することも考えられる。

落下防止策を施した収納棚

収納展示棚

図147　出土品の保管例

C 保存処理後の出土品の保管

保存処理に対する考え方　物質は必ず劣化し、いずれは崩壊・消失にいたる。出土品の保存処理は、あくまでも劣化を遅くするための処置であり、劣化を永久に止めることはできない。ましてや、過去の状態に回帰させることは不可能であり、現状維持が限界となる。したがって、保存処理されたのちも、それらの出土品は劣化の過程にあることを認識しておくことが必要である。

もっとも、保存処理によって、出土品の劣化はかなり抑制されるので、目に見えて進行するわけではない。また、保管環境を整備し、定期的な検査と、必要に応じた修復処置をおこなうことで、劣化をさらに遅らせることが可能である。

保管環境の重要性　たとえば、木製品の場合、ポリエチレングリコールを使って保存処理したものを高温高湿の環境におくと、含浸させたポリエチレングリコールが水分を吸って溶出し、結果的に変形や収縮が生じる。また、鉄製品は、適切に保存処理したものであっても、錆汁が出て錆が進行することがある。いずれも、処理方法そのものの問題ではなく、保管環境が大きな影響を及ぼすのである。

このような保管時の劣化を最小限にとどめるには、温度と湿度を一定に保つことができる保管環境の整備が求められる。同時に、出土品に応じた個別の対応も重要である。とくに、酸素と水分は保管時の劣化に大きく作用するため、この両者を遮断する方法を考えれば、かなり良好な保管環境を作り出すことができる。

こうした観点から考案されたのが、通気性のきわめて低い特殊なフィルムでつくった袋に入れ、脱酸素剤および乾燥剤を用いて保管する方法である。これは、出土品の種類や大きさに応じた適用が可能だが、永久的なものではなく、その後も保管状況を確認することが必要である。

いずれの方法であっても、保存処理された出土品が、いかなる環境でも安定したものになっているわけではないことを認識し、たえず状況を確認しながら保管していかなければならない。

2 出土品の活用

出土品の価値判断　出土品には二面性がある。資料の解釈によって生まれる考古学的・歴史学的価値と、資料そのものがもつ美術・工芸品としての価値である。

前者は、その多くが、専門家の手による検討が重ねられた結果、歴史的な意味や内容・価値などを与えられるものである。一方、後者は、資料そのものがもつ美的価値であり、その造形美ゆえ

図148　収蔵施設の公開

図149　ショッピングモールでの展示

に、多くの人々をひきつける。

発掘調査は、報告書が刊行された段階で、そのすべての工程を終えたことになるが、出土品をはじめとする成果物は、その後も情報を適宜公開し、活用していく必要がある。

活用に対する方針　平成19年に、埋蔵文化財発掘調査体制等の整備充実に関する調査研究委員会から、「埋蔵文化財の保存と活用―地域づくり・ひとづくりをめざす埋蔵文化財保護行政―」が報告された。ここでは、埋蔵文化財の保存と積極的活用に向けての提言がなされるとともに、その具体的な方向性も示されている。

この中で、出土品は、埋蔵文化財の保存と活用のための素材と位置づけられ、それらに関する調査研究が不可欠であると述べられている。

つまり、出土品の活用とは、それ自体の活用はもちろんのこと、作成した記録類も含めて、遺跡や地域に関する総合的な検討のうえに立ち、国民・地域住民にとってわかりやすく、親しみやすい事業を推進することである。

したがって、出土品の活用についても、収蔵や展示といった分野にとどまるのではなく、調査研究をふまえて、より広い視野に立った計画・立案が必要となる。

活用の具体例　出土品などの調査成果の活用については、地方公共団体が中心となって、積極的な取り組みがおこなわれている。

たとえば、最新出土品展の開催や学校での出前授業、生涯学習の一環としての歴史講座やシンポジウム・講演会の開催など、さまざまな方法が試みられ、成果を上げている（図148～152）。

これらの事例が示すように、出土品をはじめとする調査成果は、世代を越えた多くの人々の眼に触れ、身近なものとして認知されることで、その価値を高めるものである。

そうした意味でも、調査成果を積極的に活用し、国や地域の歴史と人々の生活の足跡、それを支える文化財の重要性について、多くの人々の理解を得るとともに、文化財保護意識の向上に貢献する取り組みが求められている。

図150　小学校への出前授業

図151　体験学習（復元石斧による伐採）

図152　地域の遺跡を題材にした創作劇

HANDBOOK for ARCHAEOLOGICAL EXCAVATION
Organization and Documentation

TABLE of CONTENTS

Preface

Chapter Ⅰ Principle of Organization and Documentation ·············· 1

  1. Report of archaeological excavation ·············· 2

  2. Process of organization and documentation ·············· 3

Chapter Ⅱ Records and Organization of Archaeological Features ·············· 5

  1. Principle organization of excavation records ·············· 6

  2. Organization and compilation of archaeological features and stratigraphy ·············· 8

Chapter Ⅲ Organization of Archaeological Materials ·············· 11

  1. Cleaning, sorting, noting, and registration ·············· 12

      Column: Principle of classification of artifacts ·············· 16

  2. Piecing together archaeological artifacts ·············· 17

  3. Aim and principle of measuring and drawing ·············· 19

      Column: Metrical approach to archaeology ·············· 20

  4. Examination, measuring, and drawing of pottery and earthen objects ·············· 21

    ◆ Digital measuring and reproduction ·············· 40

  5. Examination, measuring, and drawing of stone tools and objects ·············· 42

  6. Examination, measuring, and drawing of metal objects ·············· 55

  7. Examination, measuring, and drawing of wooden objects and large timbers ·············· 60

  8. Natural scientific analyses ·············· 74

      Column: Nondestructive analysis ·············· 85

    9. Restoration ··· 86

    10. Photography ·· 89

    11. Conservation of artifacts ·· 104

Chapter IV Examination of Archaeological Investigation ············· 109

    1. Examination of archaeological features ·· 110

        Column: Gauge and pillar interval ·· 119

    2. Examination of artifacts ··· 120

        Column: Quantitative analysis of artifacts ··· 126

    3. Synthetic examination of archaeological investigation ································ 127

Chapter V Making Report ·· 131

    1. Format and standard ·· 132

    2. Text and description ·· 136

    3. Figures and Tables ··· 139

    4. Layout and editing ··· 146

    5. Submitting and proofreading ·· 152

        Column: Principle of color proof ··· 156

    6. Print and binding ·· 157

Chapter VI Contents of the Report ··· 159

    1. Composition of the report ··· 160

    2. Process of investigation ··· 164

    3. Background of the site ··· 166

    4. Method and result of the investigation ··· 169

    5. Conclusion ·· 182

Chapter VII Storage and Utilization of Archaeological Materials ············ 183

    1. Storage and utilization of records and information ····································· 184

    2. Storage and utilization of artifacts ·· 188

Table of Contents (English)	192
Plates	195
Appendices	203
Law for the Protection of Cultural Property (excerpt)	204
Standard for Administrative Investigation of Buried Cultural Property (Report)	210
Guideline for Treatment of Excavated Materials (Report)	239
Guideline for the Process from Acknowledgement of Buried Cultural Property to Archaeological Excavation Prior to Development (Report)	248
Guideline for Estimation Standard for Excavation of Buried Cultural Property (Report)	259
Guideline for Storage of Excavated Artifacts (Report)	271
Conservation and Utilization of Buried Cultural Property (Report)	276
Industrial Safety and Health Act (excerpt) and its Order (excerpt) and Regulation (excerption)	288
Bibliography	290
Sources of Figures and Tables	293
Index	301
Postscript	315

遺物の撮影例（1）　図版1

出土遺物の集合写真（上野原遺跡）

図版2　遺物の撮影例（2）

接合した剥片（上白滝5遺跡）

玉作り関連遺物の集合写真（曽我遺跡）

遺物の撮影例（3）　図版3

木製品の集合写真（青谷上寺地遺跡）

図版 4　撮影方法と現像処理

2灯直射光　　　　　　　　　　　　　　　2灯拡散光

光を拡散させることで影の強弱を強調（98頁）

鏡を使用しない写真　　　　　　　　　　　鏡を使用した写真

鏡の使用（100頁）

 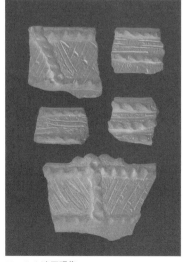 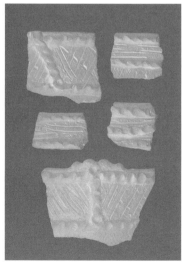

フィルム現像オーバー　　　　　フィルム適正現像　　　　　　フィルム現像アンダー

フィルム現像処理と露光量（103頁）

白黒写真の焼付と校正　　図版 5

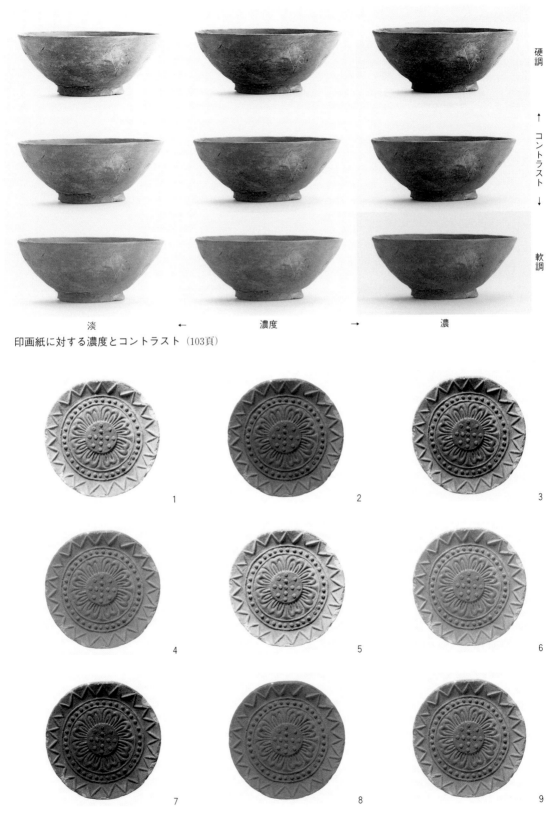

印画紙に対する濃度とコントラスト（103頁）

白黒写真図版の校正（9が適正、155頁）

図版6　　カラー写真の色校正

1．初校時の色

2．+05B

3．+10B

4．+20B

色校正（156頁）

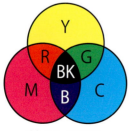

減色混合（印刷物）　　　　　　　　　加色混合（光）

色材の三原色混合

遺構図版の例　　図版 7

1．僧房SB340　北東から

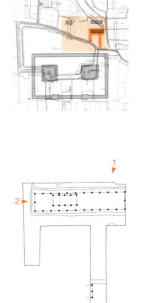

2．僧房SB340　西から

201

図版 8　遺物図版の例

付　編

文化財保護法（抜粋） …………………………………… 204
行政目的で行う埋蔵文化財の調査についての標準（報告） ………… 210
　　別紙1　発掘作業の標準 ………………………………… 226
　　別紙2　整理等作業の標準 ……………………………… 230
　　別紙3　発掘調査報告書の標準 ………………………… 234
出土品の取扱いについて（報告） ………………………… 239
埋蔵文化財の把握から開発事前の発掘調査に
　至るまでの取扱いについて（報告） …………………… 248
埋蔵文化財の本発掘調査に関する積算標準について（報告） ……… 259
出土品の保管について（報告） …………………………… 271
埋蔵文化財の保存と活用（報告）
　―地域づくり・ひとづくりをめざす埋蔵文化財保護行政― ……… 276
労働安全衛生法（抜粋） …………………………………… 288
労働安全衛生法施行令（抜粋） …………………………… 288
労働安全衛生規則（抜粋） ………………………………… 288

付　編

文化財保護法（抜粋）

(昭和25年5月30日法律第214号)
最終改正：平成19年3月30日法律第7号

第1章　総則（第1条－第4条）
第2章　削除
第3章　有形文化財
　第1節　重要文化財
　　第1款　指定（第27条－第29条）
　　第2款　管理（第30条－第34条）
　　第3款　保護（第34条の2－第47条）
　　第4款　公開（第47条の2－第53条）
　　第5款　調査（第54条・第55条）
　　第6款　雑則（第56条）
　第2節　登録有形文化財（第57条－第69条）
　第3節　重要文化財及び登録有形文化財以外の有形文化財（第70条）
第4章　無形文化財（第71条－第77条）
第5章　民俗文化財（第78条－第91条）
第6章　埋蔵文化財（第92条－第108条）
第7章　史跡名勝天然記念物（第109条－第133条）
第8章　重要文化的景観（第134条－第141条）
第9章　伝統的建造物群保存地区（第142条－第146条）
第10章　文化財の保存技術の保護（第147条－第152条）
第11章　文化審議会への諮問（第153条）
第12章　補則
　第1節　聴聞、意見の聴取及び不服申立て（第154条－第161条）
　第2節　国に関する特例（第162条－第181条）
　第3節　地方公共団体及び教育委員会（第182条－第192条）
第13章　罰則（第193条－第203条）

附則

第1章　総　則

（この法律の目的）
第1条　この法律は、文化財を保存し、且つ、その活用を図り、もつて国民の文化的向上に資するとともに、世界文化の進歩に貢献することを目的とする。

（文化財の定義）
第2条　この法律で「文化財」とは、次に掲げるものをいう。
　一　建造物、絵画、彫刻、工芸品、書跡、典籍、古文書その他の有形の文化的所産で我が国にとつて歴史上又は芸術上価値の高いもの（これらのものと一体をなしてその価値を形成している土地その他の物件を含む。）並びに考古資料及びその他の学術上価値の高い歴史資料（以下「有形文化財」という。）
　二　演劇、音楽、工芸技術その他の無形の文化的所産で我が国にとつて歴史上又は芸術上価値の高いもの（以下「無形文化財」という。）
　三　衣食住、生業、信仰、年中行事等に関する風俗慣習、民俗芸能、民俗技術及びこれらに用いられる衣服、器具、家屋その他の物件で我が国民の生活の推移の理解のため欠くことのできないもの（以下「民俗文化財」という。）
　四　貝づか、古墳、都城跡、城跡、旧宅その他の遺跡で我が国にとつて歴史上又は学術上価値の高いもの、庭園、橋梁、峡谷、海浜、山岳その他の名勝地で我が国にとつて芸術上又は観賞上価値の高いもの並びに動物（生息地、繁殖地及び渡来地を含む。）、植物（自生地を含む。）及び地質鉱物（特異な自然の現象の生じている土地を含む。）で我が国にとつて学術上価値の高いもの（以下「記念物」という。）
　五　地域における人々の生活又は生業及び当該地域の風土により形成された景観地で我が国民の生活又は生業の理解のため欠くことのできないもの（以下「文化的景観」という。）
　六　周囲の環境と一体をなして歴史的風致を形成している伝統的な建造物群で価値の高いもの（以下「伝統的建造物群」という。）
2　この法律の規定（第27条から第29条まで、第37条、第55条第1項第四号、第153条第1項第一号、第165条、第171条及び附則第3条の規定を除く。）中「重要文化財」には、国宝を含むものとする。
3　この法律の規定（第109条、第110条、第112条、第122条、第131条第1項第四号、第153条第1項第七号及び第八号、第

165条並びに第171条の規定を除く。）中「史跡名勝天然記念物」には、特別史跡名勝天然記念物を含むものとする。

（政府及び地方公共団体の任務）

第3条　政府及び地方公共団体は、文化財がわが国の歴史、文化等の正しい理解のため欠くことのできないものであり、且つ、将来の文化の向上発展の基礎をなすものであることを認識し、その保存が適切に行われるように、周到の注意をもつてこの法律の趣旨の徹底に努めなければならない。

（国民、所有者等の心構）

第4条　一般国民は、政府及び地方公共団体がこの法律の目的を達成するために行う措置に誠実に協力しなければならない。

2　文化財の所有者その他の関係者は、文化財が貴重な国民的財産であることを自覚し、これを公共のために大切に保存するとともに、できるだけこれを公開する等その文化的活用に努めなければならない。

3　政府及び地方公共団体は、この法律の執行に当つて関係者の所有権その他の財産権を尊重しなければならない。

第2章　削　　除

第5条～第26条　削除

第3章　有形文化財

第27条～第70条　　（省略）

第4章　無形文化財

第71条～第77条　　（省略）

第5章　民俗文化財

第78条～第91条　　（省略）

第6章　埋蔵文化財

（調査のための発掘に関する届出、指示及び命令）

第92条　土地に埋蔵されている文化財（以下「埋蔵文化財」という。）について、その調査のため土地を発掘しようとする者は、文部科学省令の定める事項を記載した書面をもつて、発掘に着手しようとする日の30日前までに文化庁長官に届け出なければならない。ただし、文部科学省令の定める場合は、この限りでない。

2　埋蔵文化財の保護上特に必要があると認めるときは、文化庁長官は、前項の届出に係る発掘に関し必要な事項及び報告書の提出を指示し、又はその発掘の禁止、停止若しくは中止を命ずることができる。

（土木工事等のための発掘に関する届出及び指示）

第93条　土木工事その他埋蔵文化財の調査以外の目的で、貝づか、古墳その他埋蔵文化財を包蔵する土地として周知されている土地（以下「周知の埋蔵文化財包蔵地」という。）を発掘しようとする場合には、前条第1項の規定を準用する。この場合において、同項中「30日前」とあるのは、「60日前」と読み替えるものとする。

2　埋蔵文化財の保護上特に必要があると認めるときは、文化庁長官は、前項で準用する前条第1項の届出に係る発掘に関し、当該発掘前における埋蔵文化財の記録の作成のための発掘調査の実施その他の必要な事項を指示することができる。

（国の機関等が行う発掘に関する特例）

第94条　国の機関、地方公共団体又は国若しくは地方公共団体の設立に係る法人で政令の定めるもの（以下この条及び第97条において「国の機関等」と総称する。）が、前条第1項に規定する目的で周知の埋蔵文化財包蔵地を発掘しようとする場合においては、同条の規定を適用しないものとし、当該国の機関等は、当該発掘に係る事業計画の策定に当たつて、あらかじめ、文化庁長官にその旨を通知しなければならない。

2　文化庁長官は、前項の通知を受けた場合において、埋蔵文化財の保護上特に必要があると認めるときは、当該国の機関等に対し、当該事業計画の策定及びその実施について協議を求めるべき旨の通知をすることができる。

3　前項の通知を受けた国の機関等は、当該事業計画の策定及びその実施について、文化庁長官に協議しなければならない。

4　文化庁長官は、前2項の場合を除き、第1項の通知があつた場合において、当該通知に係る事業計画の実施に関し、埋蔵文化財の保護上必要な勧告をすることができる。

5　前各項の場合において、当該国の機関等が各省各庁の長（国有財産法（昭和23年法律第73号）第4条第2項に規定する各省各庁の長をいう。以下同じ。）であるときは、これらの規定に規定する通知、協議又は勧告は、文部科学大臣を通じて行うものとする。

（埋蔵文化財包蔵地の周知）

第95条　国及び地方公共団体は、周知の埋蔵文化財包蔵地について、資料の整備その他その周知の徹底を図るために必要な措置の実施に努めなければならない。

2　国は、地方公共団体が行う前項の措置に関し、指導、助言その他の必要と認められる援助をすることができる。

（遺跡の発見に関する届出、停止命令等）

第96条　土地の所有者又は占有者が出土品の出土等により貝づか、住居跡、古墳その他遺跡と認められるものを発見したときは、第92条第1項の規定による調査に当たつて発見した場合を除き、その現状を変更することなく、

付編

遅滞なく、文部科学省令の定める事項を記載した書面をもって、その旨を文化庁長官に届け出なければならない。ただし、非常災害のために必要な応急措置を執る場合は、その限度において、その現状を変更することを妨げない。
2 文化庁長官は、前項の届出があつた場合において、当該届出に係る遺跡が重要なものであり、かつ、その保護のため調査を行う必要があると認めるときは、その土地の所有者又は占有者に対し、期間及び区域を定めて、その現状を変更することとなるような行為の停止又は禁止を命ずることができる。ただし、その期間は、3月を超えることができない。
3 文化庁長官は、前項の命令をしようとするときは、あらかじめ、関係地方公共団体の意見を聴かなければならない。
4 第2項の命令は、第1項の届出があつた日から起算して1月以内にしなければならない。
5 第2項の場合において、同項の期間内に調査が完了せず、引き続き調査を行う必要があるときは、文化庁長官は、1回に限り、当該命令に係る区域の全部又は一部について、その期間を延長することができる。ただし、当該命令の期間が、同項の期間と通算して6月を超えることとなつてはならない。
6 第2項及び前項の期間を計算する場合においては、第1項の届出があつた日から起算して第2項の命令を発した日までの期間が含まれるものとする。
7 文化庁長官は、第1項の届出がなされなかつた場合においても、第2項及び第5項に規定する措置を執ることができる。
8 文化庁長官は、第2項の措置を執つた場合を除き、第1項の届出がなされた場合には、当該遺跡の保護上必要な指示をすることができる。前項の規定により第2項の措置を執つた場合を除き、第1項の届出がなされなかつたときも、同様とする。
9 第2項の命令によつて損失を受けた者に対しては、国は、その通常生ずべき損失を補償する。
10 前項の場合には、第41条第2項から第4項までの規定を準用する。

（国の機関等の遺跡の発見に関する特例）

第97条　国の機関等が前条第1項に規定する発見をしたときは、同条の規定を適用しないものとし、第92条第1項又は第99条第1項の規定による調査に当たつて発見した場合を除き、その現状を変更することなく、遅滞なく、その旨を文化庁長官に通知しなければならない。ただし、非常災害のために必要な応急措置を執る場合は、その限度において、その現状を変更することを妨げない。
2 文化庁長官は、前項の通知を受けた場合において、当該通知に係る遺跡が重要なものであり、かつ、その保護のため調査を行う必要があると認めるときは、当該国の機関等に対し、その調査、保存等について協議を求めるべき旨の通知をすることができる。
3 前項の通知を受けた国の機関等は、文化庁長官に協議しなければならない。
4 文化庁長官は、前2項の場合を除き、第1項の通知があつた場合において、当該遺跡の保護上必要な勧告をすることができる。
5 前各項の場合には、第94条第5項の規定を準用する。

（文化庁長官による発掘の施行）

第98条　文化庁長官は、歴史上又は学術上の価値が特に高く、かつ、その調査が技術的に困難なため国において調査する必要があると認められる埋蔵文化財については、その調査のため土地の発掘を施行することができる。
2 前項の規定により発掘を施行しようとするときは、文化庁長官は、あらかじめ、当該土地の所有者及び権原に基づく占有者に対し、発掘の目的、方法、着手の時期その他必要と認める事項を記載した令書を交付しなければならない。
3 第1項の場合には、第39条（同条第3項において準用する第32条の2第5項の規定を含む。）及び第41条の規定を準用する。

（地方公共団体による発掘の施行）

第99条　地方公共団体は、文化庁長官が前条第1項の規定により発掘を施行するものを除き、埋蔵文化財について調査する必要があると認めるときは、埋蔵文化財を包蔵すると認められる土地の発掘を施行することができる。
2 前項の規定により発掘を施行しようとする場合において、その発掘を施行しようとする土地が国の所有に属し、又は国の機関の占有するものであるときは、教育委員会は、あらかじめ、発掘の目的、方法、着手の時期その他必要と認める事項につき、関係各省庁の長その他の国の機関と協議しなければならない。
3 地方公共団体は、第1項の発掘に関し、事業者に対し協力を求めることができる。
4 文化庁長官は、地方公共団体に対し、第1項の発掘に関し必要な指導及び助言をすることができる。
5 国は、地方公共団体に対し、第1項の発掘に要する経費の一部を補助することができる。

（返還又は通知等）

第100条　第98条第1項の規定による発掘により文化財を発見した場合において、文化庁長官は、当該文化財の所有者が判明しているときはこれを所有者に返還し、所有者が判明しないときは、遺失物法（平成18年法律第73号）第4条第1項の規定にかかわらず、警察署長にその旨を通知することをもつて足りる。
2 前項の規定は、前条第1項の規定による発掘により都道府県又は地方自治法（昭和22年法律第67号）第252条の

19第1項の指定都市若しくは同法第252条の22第1項の中核市（以下「指定都市等」という。）の教育委員会が文化財を発見した場合における当該教育委員会について準用する。
3　第1項(前項において準用する場合を含む。)の通知を受けたときは、警察署長は、直ちに当該文化財につき遺失物法第7条第1項の規定による公告をしなければならない。

（提出）

第101条　遺失物法第4条第1項の規定により、埋蔵物として提出された物件が文化財と認められるときは、警察署長は、直ちに当該物件を当該物件の発見された土地を管轄する都道府県の教育委員会（当該土地が指定都市等の区域内に存する場合にあつては、当該指定都市等の教育委員会。次条において同じ。）に提出しなければならない。ただし、所有者の判明している場合は、この限りでない。

（鑑査）

第102条　前条の規定により物件が提出されたときは、都道府県の教育委員会は、当該物件が文化財であるかどうかを鑑査しなければならない。
2　都道府県の教育委員会は、前項の鑑査の結果当該物件を文化財と認めたときは、その旨を警察署長に通知し、文化財でないと認めたときは、当該物件を警察署長に差し戻さなければならない。

（引渡し）

第103条　第100条第1項に規定する文化財又は同条第2項若しくは前条第2項に規定する文化財の所有者から、警察署長に対し、その文化財の返還の請求があつたときは、文化庁長官又は都道府県若しくは指定都市等の教育委員会は、当該警察署長にこれを引き渡さなければならない。

（国庫帰属及び報償金）

第104条　第100条第1項に規定する文化財又は第102条第2項に規定する文化財（国の機関又は独立行政法人国立文化財機構が埋蔵文化財の調査のための土地の発掘により発見したものに限る。）で、その所有者が判明しないものの所有権は、国庫に帰属する。この場合においては、文化庁長官は、当該文化財の発見された土地の所有者にその旨を通知し、かつ、その価格の2分の1に相当する額の報償金を支給する。
2　前項の場合には、第41条第2項から第4項までの規定を準用する。

（都道府県帰属及び報償金）

第105条　第100条第2項に規定する文化財又は第102条第2項に規定する文化財（前条第1項に規定するものを除く。）で、その所有者が判明しないものの所有権は、当該文化財の発見された土地を管轄する都道府県に帰属する。この場合においては、当該都道府県の教育委員会は、当該文化財の発見者及びその発見された土地の所有者にその旨を通知し、かつ、その価格に相当する額の報償金を支給する。
2　前項に規定する発見者と土地所有者とが異なるときは、前項の報償金は、折半して支給する。
3　第1項の報償金の額は、当該都道府県の教育委員会が決定する。
4　前項の規定による報償金の額については、第41条第3項の規定を準用する。
5　前項において準用する第41条第3項の規定による訴えにおいては、都道府県を被告とする。

（譲与等）

第106条　政府は、第104条第1項の規定により国庫に帰属した文化財の保存のため又はその効用から見て国が保有する必要がある場合を除いて、当該文化財の発見された土地の所有者に、その者が同条の規定により受けるべき報償金の額に相当するものの範囲内でこれを譲与することができる。
2　前項の場合には、その譲与した文化財の価格に相当する金額は、第104条に規定する報償金の額から控除するものとする。
3　政府は、第104条第1項の規定により国庫に帰属した文化財の保存のため又はその効用から見て国が保有する必要がある場合を除いて、独立行政法人国立文化財機構又は当該文化財の発見された土地を管轄する地方公共団体に対し、その申請に基づき、当該文化財を譲与し、又は時価よりも低い対価で譲渡することができる。

第107条　都道府県の教育委員会は、第105条第1項の規定により当該都道府県に帰属した文化財の保存のため又はその効用から見て当該都道府県が保有する必要がある場合を除いて、当該文化財の発見者又はその発見された土地の所有者に、その者が同条の規定により受けるべき報償金の額に相当するものの範囲内でこれを譲与することができる。
2　前項の場合には、その譲与した文化財の価格に相当する金額は、第105条に規定する報償金の額から控除するものとする。

（遺失物法の適用）

第108条　埋蔵文化財に関しては、この法律に特別の定めのある場合のほか、遺失物法の適用があるものとする。

第7章　史跡名勝天然記念物

第109条～第133条　（略）

第8章　重要文化的景観

第134条～第141条　（略）

付編

第9章　伝統的建造物群保存地区

第142条～第146条　（略）

第10章　文化財の保存技術の保護

第147条～第152条　（略）

第11章　文化審議会への諮問

第153条　（略）

第12章　補則

第1節　聴聞、意見の聴取及び不服申立て

（聴聞の特例）
第154条　文化庁長官（第184条第1項の規定により文化庁長官の権限に属する事務を都道府県又は市の教育委員会が行う場合には、当該都道府県又は市の教育委員会。次項及び次条において同じ。）は、次に掲げる処分を行おうとするときは、行政手続法（平成5年法律第88号）第13条第1項の規定による意見陳述のための手続の区分にかかわらず、聴聞を行わなければならない。
　一・二　（略）
　三　第92条第2項の規定による発掘の禁止又は中止命令
　四　第96条第2項の規定による同項の調査のための停止命令若しくは禁止命令又は同条第5項の規定によるこれらの命令の期間の延長
　五　（略）
2　文化庁長官は、前項の聴聞又は第43条第4項（第125条第3項で準用する場合を含む。）若しくは第53条第4項の規定による許可の取消しに係る聴聞をしようとするときは、当該聴聞の期日の10日前までに、行政手続法第15条第1項の規定による通知をし、かつ、当該処分の内容並びに当該聴聞の期日及び場所を公示しなければならない。
3　前項の聴聞の期日における審理は、公開により行わなければならない。

（意見の聴取）
第155条　文化庁長官は、次に掲げる措置を行おうとするときは、関係者又はその代理人の出頭を求めて、公開による意見の聴取を行わなければならない。
　一・二　（略）
　三　第98条第1項の規定による発掘の施行
2　文化庁長官は、前項の意見の聴取を行おうとするときは、その期日の10日前までに、同項各号に掲げる措置を行おうとする理由、その措置の内容並びに当該意見の聴取の期日及び場所を当該関係者に通告し、かつ、その措置の内容並びに当該意見の聴取の期日及び場所を公示しなければならない。
3　第1項の意見の聴取においては、当該関係者又はその代理人は、自己又は本人のために意見を述べ、又は釈明し、かつ、証拠を提出することができる。
4　当該関係者又はその代理人が正当な理由がなくて第1項の意見の聴取に応じなかつたときは、文化庁長官は、当該意見の聴取を行わないで同項各号に掲げる措置をすることができる。

第156条～第161条　（略）

第2節　国に関する特例

第162条～第181条　（略）

第3節　地方公共団体及び教育委員会

第182条・第183条　（略）

（都道府県又は市の教育委員会が処理する事務）
第184条　次に掲げる文化庁長官の権限に属する事務の全部又は一部は、政令で定めるところにより、都道府県又は市の教育委員会が行うこととすることができる。
　一～五　（略）
　六　第92条第1項（第93条第1項において準用する場合を含む。）の規定による届出の受理、第92条第2項の規定による指示及び命令、第93条第2項の規定による指示、第94条第1項の規定による通知の受理、同条第2項の規定による通知、同条第3項の規定による協議、同条第4項の規定による勧告、第96条第1項の規定による届出の受理、同条第2項又は第7項の規定による命令、同条第3項の規定による意見の聴取、同条第5項又は第7項の規定による期間の延長、同条第8項の規定による指示、第97条第1項の規定による通知の受理、同条第2項の規定による通知、同条第3項の規定による協議並びに同条第4項の規定による勧告
2　（略）
3　都道府県又は市の教育委員会が、第1項の規定により、同項第六号に掲げる事務のうち第94条第1項から第4項まで又は第97条第1項から第4項までの規定によるものを行う場合には、第94条第5項又は第97条第5項の規定は適用しない。
4　都道府県又は市の教育委員会が第1項の規定によつてした次の各号に掲げる事務（当該事務が地方自治法第2条第8項に規定する自治事務である場合に限る。）により損失を受けた者に対しては、当該各号に定める規定にかかわらず、当該都道府県又は市が、その通常生ずべき損失を補償する。
　一・二　（略）
　三　第1項第六号に掲げる第96条第2項の規定による命令同条第9項
5　前項の補償の額は、当該都道府県又は市の教育委員会

が決定する。
6　前項の規定による補償額については、第41条第3項の規定を準用する。
7　前項において準用する第41条第3項の規定による訴えにおいては、都道府県又は市を被告とする。
8　都道府県又は市の教育委員会が第1項の規定によつてした処分その他公権力の行使に当たる行為のうち地方自治法第2条第9項第一号に規定する第一号法定受託事務に係るものについての審査請求は、文化庁長官に対してするものとする。

第185条　（略）

（修理等の施行の委託）

第186条　文化庁長官は、必要があると認めるときは、第38条第1項又は第170条の規定による国宝の修理又は滅失、き損若しくは盗難の防止の措置の施行、第98条第1項の規定による発掘の施行及び第123条第1項又は第170条の規定による特別史跡名勝天然記念物の復旧又は滅失、き損、衰亡若しくは盗難の防止の措置の施行につき、都道府県の教育委員会に対し、その全部又は一部を委託することができる。

2　都道府県の教育委員会が前項の規定による委託に基づき、第38条第1項の規定による修理又は措置の施行の全部又は一部を行う場合には、第39条の規定を、第98条第1項の規定による発掘の施行の全部又は一部を行う場合には、同条第3項で準用する第39条の規定を、第123条第1項の規定による復旧又は措置の施行の全部又は一部を行う場合には、同条第2項で準用する第39条の規定を準用する。

第187条～第192条　（略）

第13章　罰　則

第193条～第196条　（略）

第197条　次の各号のいずれかに該当する者は、20万円以下の罰金に処する。
　一　（略）
　二　第96条第2項の規定に違反して、現状を変更することとなるような行為の停止又は禁止の命令に従わなかつた者

第198条　次の各号のいずれかに該当する者は、10万円以下の罰金に処する。
　一　（略）
　二　第98条第3項（第186条第2項で準用する場合を含む。）で準用する第39条第3項で準用する第32条の2第5項の規定に違反して、発掘の施行を拒み、又は妨げた者
　三　（略）

第199条～第201条　（略）

第202条　次の各号のいずれかに該当する者は、10万円以下の過料に処する。
　一～五　（略）
　六　第92条第2項の規定に違反して、発掘の禁止、停止又は中止の命令に従わなかつた者
　七　正当な理由がなくて、第128条第1項の規定による制限若しくは禁止又は施設の命令に違反した者

第203条　次の各号のいずれかに該当する者は、5万円以下の過料に処する。
　一　（略）
　二　第31条第3項（第60条第4項（第90条第3項で準用する場合を含む。）、第80条及び第119条第2項（第133条で準用する場合を含む。）で準用する場合を含む。）、第32条（第60条第4項（第90条第3項で準用する場合を含む。）、第80条及び第120条（第133条で準用する場合を含む。）で準用する場合を含む。）、第33条（第80条、第118条及び第120条（これらの規定を第133条で準用する場合を含む。）並びに第172条第5項で準用する場合を含む。）、第34条（第80条及び第172条第5項で準用する場合を含む。）、第43条の2第1項、第61条若しくは第62条（これらの規定を第90条第3項で準用する場合を含む。）、第64条第1項（第90条第3項及び第133条で準用する場合を含む。）、第65条第1項（第90条第3項で準用する場合を含む。）、第73条、第81条第1項、第84条第1項本文、第92条第1項、第96条第1項、第115条第2項（第120条、第133条及び第172条第5項で準用する場合を含む。）、第127条第1項、第136条又は第139条第1項の規定に違反して、届出をせず、又は虚偽の届出をした者
　三　（略）

付編

行政目的で行う埋蔵文化財の調査についての標準（報告）

平成16年10月29日
埋蔵文化財発掘調査体制等の整備充実に関する調査研究委員会

【目　次】

はじめに

第1章　調査標準に関する現状と課題
　1　記録保存のための発掘調査
　　（1）調査標準に関するこれまでの経緯と現状
　　（2）調査標準についての行政的位置付け
　　（3）発掘調査の方法・内容に関する標準についての基本的な考え方
　2　保存・活用のための発掘調査
　3　試掘・確認調査
第2章　記録保存のための発掘調査に関する標準
　1　記録保存のための発掘調査に関する基本的事項
　　（1）発掘調査の性格と内容
　　（2）発掘調査に関する基本的事項
　　（3）発掘調査の工程と調査体制
　　（4）調査手法の開発・改良
　2　発掘作業
　　（1）発掘作業の基本方針
　　（2）発掘作業の工程とその内容
　3　整理等作業
　　（1）整理等作業の基本方針
　　（2）整理等作業の工程とその内容
　4　発掘調査報告書
　　（1）報告書の意義
　　（2）記載事項とその内容
　　（3）記載に当たっての留意事項
　　（4）体裁
　　（5）刊行
　　（6）保管・活用
第3章　保存・活用のための発掘調査に関する標準
　1　保存・活用のための発掘調査に関する基本的事項
　2　発掘作業
　3　整理等作業
　4　発掘調査報告書

【別紙1　発掘作業の標準】

　1．発掘前段階の作業
　　（1）測量基準点の設置
　　（2）現地踏査・掘削前地形測量
　　（3）発掘区・グリッドの設定
　2．表土等の掘削
　3．遺物包含層の掘削
　4．遺構調査（竪穴住居の場合）
　　（1）遺構検出
　　（2）遺構埋土掘削
　　（3）遺構の記録
　5．遺構調査（竪穴住居以外の場合）
　　（1）掘立柱の遺構
　　（2）土坑
　　（3）溝
　　（4）井戸
　6．理化学的分析・日常管理等
　　（1）理化学的分析
　　（2）日常管理

凡例
　（1）この別紙は本文の内容を補足するものであり、両方合わせて標準を構成するものである。
　（2）「4．遺構調査」の工程は竪穴住居を例として記述し、掘立柱の遺構と土坑・溝・井戸に特有で、特に注意を要する項目については「5．遺構調査（竪穴住居以外の場合）」に記載した。
　（3）成果品には、記録保存上必須であるもの、発掘作業の進行上必要なものと、報告書作成段階で使用するものとがあるが、ここでは前二者を中心に記した。「5．遺構調査（竪穴住居以外の場合）」については、成果品を省略した。
　（4）労務管理や器材類の点検等、複数の工程に関係する留意事項は省略した。

【別紙2　整理等作業の標準】

　1．記録類と遺構の整理
　　（1）調査記録の基礎整理
　　（2）遺構の整理・集約
　　（3）遺構の検討

2．遺物の整理
　　（1）洗浄・乾燥・注記
　　（2）接合
　　（3）実測
　　（4）遺物全体の検討
　　（5）復元
　　（6）写真撮影
　　（7）理化学的分析
　　（8）保存処理
3．調査成果の総合的検討
4．報告書作成作業
　　（1）文章作成
　　（2）トレース・版下作成
　　（3）割付・編集
　　（4）印刷
5．保管・活用に備えた作業

凡例
（1）この別紙は本文の内容を補足するものであり、両方合わせて標準を構成するものである。
（2）この標準は、作業工程の順に記述しているが、遺物の状況等によっては作業工程が逆になる場合や省略できる場合、複数の工程を並行して進める場合もある。
（3）整理等作業は一般に発掘作業の後に行われるが、作業工程によっては発掘作業と並行して行うと効果的なものがある。
（4）各作業工程における成果品については省略した。

【別紙3　発掘調査報告書の標準】
1．報告書の構成と記載事項
　　（1）報告書の構成
　　（2）報告書の記載事項とその内容
2．記載に当たっての留意事項
　　（1）全体に関する留意事項
　　（2）個別の留意事項

凡例
（1）この別紙は本文の内容を補足するものであり、両方合わせて標準を構成するものである。
（2）報告書第3章の記載内容では、文章・図・写真・拓本・表の順に説明しているが、実際の報告書における体裁・割付は、文章と図や写真等が近接した位置に配置されない場合もある。

参考資料（略）

はじめに

　埋蔵文化財は我が国あるいは全国各地域の歴史や文化の成り立ちを理解する上で欠くことのできない国民共有の貴重な歴史的財産であり、将来の文化の向上・発展の基礎をなすものである。そして埋蔵文化財は、先人たちが営んできた生活の直接的な証であり、文字による記録だけでは知ることのできない、各地域の長期にわたる豊かな歴史と文化を生き生きと物語る。そのため、地域にとっての誇りと愛着をもたらす精神的拠り所となるとともに、個性豊かな地域の歴史・文化環境を形作る重要な資産でもある。
　したがって、埋蔵文化財を、開発事業との円滑な調整を図りつつ、また、国民の理解と協力を得ながら、適切に保護し、活用することは文化財行政上重要な課題である。
　「埋蔵文化財発掘調査体制等の整備充実に関する調査研究委員会」（以下「委員会」という。）は、埋蔵文化財の適切な保護と開発事業との円滑な調整の推進を図る上で行政上必要とされる事項について、基本的な方向を検討することを目的として、平成6年10月に設置された。検討に当たって、各地方公共団体等における実態を踏まえ、より審議を深めるために、都道府県・市町村の教育委員会又はその関係機関の実務担当者からなる協力者会議があわせて設置されている。
　委員会でこれまで検討してきた事項については、『埋蔵文化財保護体制の整備充実について』（平成7年12月）、『出土品の取扱いについて』（平成9年2月）、『埋蔵文化財の把握から開発事前の発掘調査に至るまでの取扱いについて』（平成10年6月）、『埋蔵文化財の本発掘調査に関する積算標準について』（平成12年9月）、『都道府県における地方分権への対応及び埋蔵文化財保護体制等についての調査結果について』（平成13年9月）及び『出土品の保管について』（平成15年10月）として報告されており、これらの報告を踏まえた文化庁の通知等により、各地方公共団体において所要の施策が実施されてきているところである。
　このたびの検討課題は、「行政目的で行う埋蔵文化財の調査についての標準」である。
　行政目的で行う調査には、現状のまま保存を図ることができない埋蔵文化財について、その記録を作成するために行う発掘調査のほか、遺跡の現状保存を前提とし、保護・活用の施策に必要な情報を得るため、あるいは遺跡の整備・活用を進めるために行う発掘調査等がある。発掘調査は遺跡の内容を解明する上で不可欠なものであるが、それはどのような目的であれ調査対象の遺跡の解体・破壊を伴うという側面をもつものである。遺跡から我が国あるいは地域の正しい歴史や文化を復元し、貴重な遺跡を将来にわたって保存していくためには、必要な発掘調査が適切に行われる必要がある。全国において年間数千件行われる、このような、行政目的による発掘調査の適切な遂行を確保する

付　編

ためには、発掘調査の内容や方法に関する標準が必要である。

　検討は、平成13年11月から、委員会を3回、協力者会議を11回開催して行われた。

　本委員会としては、この検討結果をこの報告書にまとめ、提言するものであるが、本標準は、現実に行われている調査をそのまま是認しようとするものではなく、求められる埋蔵文化財の調査のあり方を示したものである。今後、文化庁及び各地方公共団体において、この報告を踏まえた施策を進め、埋蔵文化財の保護の推進が図られることを期待するものである。

　最後にご協力いただいた委員・協力者、関係機関に感謝申し上げる。

第1章　調査標準に関する現状と課題

　埋蔵文化財の保護を進める上において、遺跡の発掘調査は必要不可欠の措置であり、かつ、きわめて重大な意味をもっている。遺跡の多くは地下に埋蔵されており、発掘調査を行うことなしにはその内容を解明することができない反面、発掘調査自体が必然的にその解体・破壊を伴うという側面がある。そのため、国民共有の貴重な財産である埋蔵文化財について適切な保護措置を講じるためには、発掘調査を適切に行うことが必要である。

　埋蔵文化財行政上の目的で行われる発掘調査は、①記録保存のための発掘調査、②保存・活用のための発掘調査、③試掘・確認調査に分けられる。

　①記録保存のための発掘調査　　開発事業との調整の結果、現状で保存を図ることができない埋蔵文化財について、その内容を記録にとどめるために行われる発掘調査であり、文化財保護法第57条の2［第93条。平成16年の法改正後の条名である。以下同じ。］第2項でいう「埋蔵文化財の記録の作成のための発掘調査」と同義である。現在行われている発掘調査の大半を占めており、多くは当該開発事業の事業者の経費負担により行われている。

　②保存・活用のための発掘調査　　重要な遺跡について史跡指定その他の保護の措置を執るため、あるいは史跡指定されている遺跡の整備・活用を図るために行われる発掘調査である。

　③試掘・確認調査　　埋蔵文化財包蔵地の所在や範囲の把握、開発事業と埋蔵文化財の取扱いの調整、あるいはその調整の結果必要となった記録保存のための発掘調査の範囲及び調査に関する期間・経費等の算定等のための知見・資料を得ることを目的として行われる発掘調査である（平成10年9月29日付け文化庁次長通知「埋蔵文化財の保護と発掘調査の円滑化等について」（以下「平成10年通知」という。）参照）。

　これらの発掘調査の内容や方法は、当然、その目的と対象とする遺跡に応じたものでなければならない。また、これらはいずれも行政上の措置として行われるものであることから、それを実施する地方公共団体等の間で大きな差異がないようにするため、それぞれについての標準的な考え方と方法がなければならない。

　なお、③の試掘・確認調査については、平成10年通知においてその目的・意義等について示されており、この報告では検討対象としては取り上げていない。

　ここで示す標準は、基本的には、行政上行われる発掘調査等を対象とするものであるが、埋蔵文化財が国民共有の財産として将来にわたり保存していく必要のあるものであり、学術研究を目的にした発掘調査であっても、埋蔵文化財の解体・破壊を伴うという側面があることから、この標準に示されている事項に配慮することが適当である。

　まず、以下にそれぞれの発掘調査について、その標準に関する現状と課題を整理しておく。

1．記録保存のための発掘調査

（1）調査標準に関するこれまでの経緯と現状

　昭和30年代までは発掘調査が少なく、これを行う組織、調査員も限られていたため、発掘調査の内容や方法に関する標準については大きな問題にならなかった。大規模な開発事業の全国的な展開を迎えて、昭和41年、文化庁（当時は、文化財保護委員会）は、地方における調査員の養成と資質の向上を目的として、『埋蔵文化財発掘調査の手びき』を編集・刊行し、専門的な知識と技術の普及を図った。これは発掘調査の準備と実施、出土品の整理、調査結果の整理・公開等についてはじめて総括的にまとめられた手引書であり、以来、発掘調査の実施に当たって活用されてきた。しかし、本書は記録保存のための発掘調査について求められる事柄、範囲を直接念頭に置いたものではなく、また現状では、近年の発掘調査の規模拡大や調査技術、関連機器の進歩等に対応していないところも生じてきている。

　その後、全国的な発掘調査の増加とともに、それに対応するために地方公共団体では、専門職員の増員や埋蔵文化財調査センター等の調査組織の増加といった、発掘調査体制の整備が行われた。それに伴って発掘調査の内容もしだいに多様化が進み、地方公共団体の埋蔵文化財調査センター等では、作業内容を標準化するために独自の手引き（マニュアル）を作成するところもでてきた。しかし、その内容は地域で伝統的に行われてきた方法を基礎としており、地域ごとで差異がみられる。また、都道府県において、管内の市町村（特別区を含む。）まで含めて統一的に適用する調査標準を策定した事例はほとんどなく、市町村ごとで調査内容に差異がみられる場合もある。

　本委員会が平成12年に行った『埋蔵文化財の本発掘調査に関する積算標準について』の報告においては、発掘調査の作業内容が経費・期間に直接関係する要素であること

から、事例として集落遺跡を対象とした発掘調査の作業工程及び記録類等の成果品についての標準を示した。しかし、この標準は、あくまでも経費等の一般的積算方法を求めるために全国で行われている発掘調査についての平均的な方法・内容を示したものであり、発掘調査の目的や意義を踏まえて調査や記録の作成等の方法・内容を正面から検討したものではないため、ここでいう発掘調査の標準としては十分なものではなかった。

現状では、全国各地で行われている記録保存のための発掘調査の方法・内容は、同種・同規模の遺跡を対象とする場合であっても、各地域における伝統、調査員の資質、確保できた調査の期間・経費等の要因により、必ずしも同じではない。そのため、中には発掘調査を行ったにもかかわらず調査対象の埋蔵文化財に関する必要な情報が把握されておらず、適切な記録保存措置が執られたとはいえないものや、必ずしも必要でない作業が行われて、結果として経費や期間の増大につながっている事例もある。

また、発掘調査の件数・規模が著しく増大した現在では、膨大で多様な遺跡の情報について的確な整理・分析・集約や調査成果に基づいた遺跡の内容・歴史的意義等の総括が行われていない場合、調査成果の活用が困難なことにもなるので、これらについての適切な対応が求められている。

（2）調査標準についての行政的位置付け

文化財保護法第57条の2〔第93条〕及び第57条の3〔第94条〕の規定により、周知の埋蔵文化財包蔵地において工事を行う場合、事業者は、都道府県又は指定都市の教育委員会（平成11年のいわゆる「地方分権一括法」による文化財保護法改正以前は文化庁長官）に届出又は通知を行い、それに対し都道府県又は指定都市の教育委員会（以下「都道府県教育委員会等」という。）は、工事前に「埋蔵文化財の記録の作成のための発掘調査の実施その他の必要な事項」（法第57条の2〔第93条〕第2項）を指示又は勧告することができることとされている。記録保存のための発掘調査は、埋蔵文化財の現状保存を図ることができない場合に、多くの場合、この指示・勧告を受けた事業者が地方公共団体やその設置する埋蔵文化財センター等の発掘調査機関等（以下「地方公共団体等」という。）に委託して行われている。

地方公共団体等によって行われる記録保存のための発掘調査の具体的な方法・内容は、従来、それを行う地方公共団体等の判断に任されてきたが、発掘調査事業の拡大に伴って、全国的には地方公共団体等の間で量的・質的な差異が生じてきた。現状保存できない埋蔵文化財についての記録は、その遺跡に代わって国民の文化的資産として後世に残されなければならないものであるから、常に一定の質が確保されている必要がある。

また、記録保存のための発掘調査の方法・内容は、事業者の負担する経費の額や調査に要する期間の長さに直結するものである。それに要する経費は原則として事業者の負担となることから、地方公共団体等によって方法と内容に大きな差異が生ずることは避けねばならない。

これらのことから、記録保存のための発掘調査について地方公共団体等が準拠すべき一定の標準が必要であると考えられるに至った。

（3）発掘調査の方法・内容に関する標準についての基本的な考え方

上記（2）のことから、埋蔵文化財がもっている歴史的な情報を的確に把握し記録するという記録保存のための発掘調査の目的を、地域や調査主体間において大きな差異を生ずることなく達成するためには、発掘調査の方法・内容に関する標準を定め、それに準拠することとする必要がある。

発掘調査の方法・内容を示す標準は、記録保存のための発掘調査が法令に基づいて全国共通に執られている措置であることや、調査対象である埋蔵文化財の内容に大きな差異がないにもかかわらず発掘調査の方法・内容が地域ごとに異なることにより、特に事業者の負担に多寡が生ずるのは適切ではないこと等から、国において、全国に共通のものとして定める必要がある。

また、この標準は、単に調査や記録・資料作成作業の手引きではなく、記録保存のための発掘調査の基本理念や調査方法の原則を示し、それに基づいた作業工程とその目的・意義等の基本事項を明らかにしたものでなければならない。

標準作成に当たっては、これまで全国各地で行われてきた多数の発掘調査によって蓄積されてきた手法・知見を踏まえ、広く活用できるものとなるよう留意する必要がある。

各都道府県においては法第57条の2〔第93条〕第2項に定められている記録保存のための発掘調査の指示等の事務執行における基本的な指針として、この標準に準拠して、「基準」を定める必要がある。この場合、各地域における遺跡のあり方等の特性上、この標準以上の内容が必要と判断される場合があれば、都道府県や地域ブロック単位で、その内容を一部修正し、あるいはより具体化したものとすることが適当である。

なお、本委員会が平成12年の報告で発掘調査等の経費の積算に関して示した作業工程等の標準は、結果としてここで検討された内容と大きく異なるものではないが、従前の各都道府県の基準と本標準との間で積算の結果が異なる場合には、都道府県において従前の基準を改訂する必要がある。

実際の発掘調査において各現場担当者が標準に従って適切な作業を行うためには、具体的な作業の手順や内容を示した手引きによることが有効と考えられるので、標準に即した全国に汎用できる手引書を作成することが今後の課題である。

また、発掘調査の方法・内容は、遺跡の種類によって異

付　編

なることから、標準は遺跡の種類ごとに定めるのが望ましいが、当面、最も一般的に存在する集落遺跡に関するものを作成することとし、今後、必要に応じて官衙・寺院跡、古墳、貝塚、窯跡等の生産遺跡、低湿地の遺跡等についても標準及び作業の手引きを作成することが望ましい。

2．保存・活用のための発掘調査

　行政上必要な発掘調査としては、上記1の現状保存を図ることができない埋蔵文化財について記録保存措置を執るための発掘調査のほかに、重要な遺跡についてその保護を目指して遺跡の内容や範囲を把握するため、あるいは史跡として保護されている遺跡の整備・活用や保存・管理上の必要に伴い遺跡の内容を把握するため等の目的により行われるものがある。このような趣旨・目的による発掘調査は、遺跡の保護や史跡整備事業の進展に伴って各地方公共団体において活発に行われるようになってきている。

　保存・活用のための発掘調査は、当然、記録保存のための発掘調査とは方法・内容が異なる。また、保存・活用の措置には、多様な目的と内容があり、さまざまな段階や局面がある。たとえば遺跡の保存を目指して範囲・内容を確認する段階と、保存が決定しさらに整備活用の具体的方法を検討する段階とでは、目的はもとより、それぞれ行うべき方法や作業内容も異なる。

　現状では、保存すべき遺跡の範囲を決定しなければならない段階での調査であるのに中核部分のみを発掘したり、あるいは遺跡の内容や価値付けを明確にしなければならないのに内容の確認が不十分で保存の措置を決定できない等、それぞれの段階や局面に応じて明確な目的をもった適切な調査が行われていないものがある。また、遺跡の保存に配慮せず、遺構の埋土まで完掘してしまう等、記録保存のための発掘調査とほとんど同じ方法で行い、その遺跡に関する重要な情報が失われてしまっている場合も見受けられる。あるいは、重要な遺跡を対象とする調査であるにもかかわらず、体制が不十分であったり、整理作業や報告書作成が行われていない事例等もみられる。

　これは、調査員が記録保存のための発掘調査しか経験していないことが原因の一つであると考えられることから、まず保存・活用を目的とする発掘調査についての理念や方法等についての標準を定め、それを徹底することによって適切な調査が行われるようにするとともに調査目的に即した調査体制の構築・整備を行うことが必要である。

　なお、史跡整備に伴う発掘調査については、文化庁が委員会を設けて検討し近く刊行する予定の『史跡等整備のてびき』においても言及されているが、本報告書では史跡等整備に伴うものを含めて広く埋蔵文化財の保存・活用のために行われる発掘調査全般に係る標準を検討対象とすることとした。

3．試掘・確認調査

　試掘・確認調査は、主に開発事業と埋蔵文化財の取扱いを調整する場合に、遺跡等の内容・価値等を事前に把握して協議し、その結果必要となった記録保存のための発掘調査の範囲の決定や期間・経費等の算定を行うために必要な資料を得るため実施されるものである。

　この調査に関する現状と課題及び改善方策については、平成10年6月の本委員会報告『埋蔵文化財の把握から開発事前の発掘調査に至るまでの取扱いについて』において示されており、この報告を受けた平成10年通知においては、その重要性とそれに関する留意点が以下のように述べられている。

①記録保存のための発掘調査に関して必要な事項を決定、算定するためには、あらかじめ当該埋蔵文化財の範囲・性格・内容、遺構・遺物の密度、遺構面の数と深さ等の状況を的確に把握しておくことことが求められる。また、開発事業に対応して埋蔵文化財の所在地において盛土等を行うに際しても、一定の記録を残しておくことが求められる。

②このため、それぞれの目的に応じて必要な知見や情報を得るために、十分な分布調査や試掘調査（地表面の観察等からは判断できない場合に行う埋蔵文化財の有無を確認するための部分的な発掘調査）、確認調査（埋蔵文化財包蔵地の範囲・性格・内容等の概要までを把握するための部分的な発掘調査）を行うことが必要である。

③各地方公共団体においては、試掘・確認調査の重要性及び有効性を十分認識し、これを埋蔵文化財の保護や開発事業との調整等の仕事の中に的確に位置付け、その十分な実施を確保できる職員の配置等の体制整備を図るとともに、より効率的な試掘・確認調査のための方法の改良等に努める必要がある。

　なお、開発事業が計画されている区域においてあらためて分布調査や試掘・確認調査を行う場合は、事業者その他の関係者の十分な理解を得ておくことが必要である。

　各地方公共団体においては、この通知の趣旨に従って試掘・確認調査を的確に行い、開発事業と埋蔵文化財保護との円滑な調整に成果をあげている。今後とも平成10年通知の趣旨の徹底と試掘・確認調査の適切な実施が期待される。

第2章　記録保存のための発掘調査に関する標準

1．記録保存のための発掘調査に関する基本的事項
（1）発掘調査の性格と内容

　行政上の措置として記録保存のための発掘調査を行うものであり、地方公共団体は、発掘調査の実施を適切に管理し、それに伴う記録類及び出土遺物について適切に保管・活用を図らなければならない。

発掘調査は、①現地における発掘調査作業（以下「発掘作業」という。）、②調査記録と出土品の整理作業から報告書作成までの作業（以下「整理等作業」という。）を経て、③発掘調査報告書（以下「報告書」という。）の刊行に至る一連の作業によって完了する。

①発掘作業

現状保存を図ることができない埋蔵文化財について、土壌の特徴を見極めながら掘削し、そこに埋蔵された遺構と遺物の存在及びその相互関係を明らかにするとともに、それらの記録を作成する作業である。遺跡を解体・破壊しつつ行われる作業であり、後にやり直すことや再検証することは不可能な性質のものである。

②整理等作業

発掘作業でとられた記録と出土した遺物について、考古学の手法を中心に既往の学術的な成果に基づいて整理、分析し、最終的には遺跡の内容をまとめた報告書の作成を目的として行うものである。さらに、遺跡に関する基本的な資料である記録類と出土遺物を将来にわたって保管し、公開と活用を図ることに備えるための作業でもある。

③報告書

現状保存を図ることができなかった埋蔵文化財に代わって後世に残す記録のうち最も中心的なもので、発掘調査の成果を周知し活用できるようにするものである。内容は行政的に講じた措置の記録と学術的な成果の記録からなる。

標準は、この発掘作業、整理等作業、報告書それぞれの作業あるいは内容について定める必要がある。

（2）発掘調査に関する基本的事項

発掘調査は、今日の考古学等の水準を踏まえた上で、必要な作業を、問題意識をもって、調査目的に対して必要な範囲で実施しなければならない。調査に当たっては、発掘作業から整理等作業に至るまで、必要性に疑問がある作業は避け、遺跡に関する有用な情報の記録を可能な限り客観的で正確かつ必要十分な形で後世に残すことができるようにしなければならない。

（3）発掘調査の工程と調査体制

発掘調査は、発掘作業から報告書刊行に至る合理的な進行体系と個々の仕事の作業量等を見極めて策定した計画のもとで、適切な順序により進めなければならない。特に記録保存のための発掘調査においては、遺跡の内容や規模に応じた適正な経費と期間を踏まえて、遺構調査やその記録作成、あるいは遺物の実測等の時間や手間を要する工程に比重を置く等、全工程を見通してバランスのとれた作業配分で進めなければならない。そのために、各工程の目的・意義や作業内容とそれに要する作業の質及び量の程度等は、各調査員が十分に理解してこれに当たる必要がある。

また、調査の各工程と作業は、内容的に一定の水準を保ったものでなくてはならない。そのため、発掘調査を担当する調査員は「専門的知識・技術の面で、調査の対象となる遺跡について発掘調査を実施するのに十分な能力と経験を有し、発掘調査の現場の作業を掌握して発掘調査の全行程を適切に進行させることができるとともに、発掘調査報告書を適切に作成できる者」（平成12年11月17日付け文化庁長官通知）でなければならないものとされている。本標準に基づいた作業を行う上でもこの要件は不可欠であり、調査員についての資質の向上に努める必要がある。

さらに、発掘調査を円滑に進めるためには、調査全体の進行及び安全管理、経費・施設・人員等の確保のための組織的対応が不可欠であるから、適切な体制作りも必要である。

（4）調査手法の開発・改良

発掘調査の手法は、効率性・経済性、考古学や関連分野の研究進展等の観点から、これに関連する機器や用具の技術開発にあわせて、あらたな開発や改良を進めることも必要である。とりわけ進展が著しいデジタル技術に関しては、測量や記録、報告書の作成、報告の媒体、公開・活用等において、すでに適宜取入れられているところであり、今後、さらにそれらを導入した調査やその成果の公開・活用に関する手法の開発・改良を行うことも必要である。なお、デジタルデータについては保存方法等の課題も指摘されており、それに留意した対応をとることが求められる。

2．発掘作業

（1）発掘作業の基本方針

（ア）遺跡の種類・立地に対応した発掘作業

発掘作業は、遺跡を構成する主要な要素である遺構と遺物の関係を解体することになるものであるから、後の分析、検討にとって有用な情報を細心の注意をはらって確認・把握し、記録しなければならない。

通常、遺跡はその種類や立地環境によって一様ではなく、それぞれに応じた発掘作業方法がある。集落遺跡と古墳や窯跡では作業方法が異なるし、台地上に立地する遺跡は遺構検出面が比較的浅く、遺構面も単一であることが多いのに対し、低湿地に立地する遺跡は遺構面が複数であることが多く、有機質遺物の出土にも注意をはらわねばならない等々の差異がある。このような遺跡の種類・立地の差異に対応できるような、発掘作業が必要である。

（イ）発掘作業方法の適切な選択

発掘作業における各工程の作業は、同じ比重をもっているわけではない。遺跡の本質的な構成要素である遺構と遺物の所在とそれらの有機的な関連を明らかにすることが重要であり、それに関連した工程に重点を置く必要がある。

その上で、各工程内の作業については、期待される成果

と作業に要する労力を勘案して、最も有効かつ効率的な方法を選択し適用しなければならない。たとえば、遺物包含層の掘削においては、遺構との関係の強弱に応じた方法を選択し、包含される遺物の取扱い方に差をもたせる等の工夫が必要である。全工程の中でも遺構を掘削する「遺構調査」の工程は最も重要であるから、十分な時間を充て慎重に作業する必要がある。遺物は埋土内における状況等によってその資料的価値を的確に判断し、それに応じた取上げ方法を採る必要がある。

(ウ) 目的に即した作業の実施

　発掘作業における各工程の作業は、作業自体が目的化している傾向もみられるので、本来はどのような趣旨や目的で行うものであるかを正しく認識した上で行わなければならない。選択した作業方法によって得られる結果が、発掘調査全体の中で後の作業や最終の成果にどのように生かせるかを考え、必要十分な作業の実施に努めなければならない。

(エ) 客観性と正確さの確保

　学術的な活用にも供しうる成果をあげる発掘作業とするためには、その水準を一定の高さに保ち、後の検証に耐えうるように正確で客観的に実施する必要がある。そのため、層位の把握や遺構の重複関係の確認等の重要な工程にとどまらず、発掘作業計画の立案の段階から日々の進行、発掘成果の検討に至るまで、複数の調査員で検証する等、正確さと客観性を保つことが必要である。

　やむをえず1人の調査員で発掘作業を行う場合においては、過程の要所において第三者の検証を受ける等の配慮が必要である。

(オ) 的確な記録・資料の作成

　発掘作業の各工程においては、確認した事実や得られた成果の適切な記録を残すことが必要である。単に記録が詳細であればいいというものではなく、後の整理や分析及び報告書作成に有効で無駄のない記録とするために、最善の方法を採らなければならない。

　遺物の出土位置の記録は、出土状況によって資料的価値を正しく判断し、その価値に応じた記録方法を選択する必要がある。遺構完掘段階の記録は基礎的な資料であるため、必要な情報を的確に、可能な限り漏れなく捉えた実測図、写真等を作成する必要がある。

(2) 発掘作業の工程とその内容

　発掘作業の基本的な工程・内容を大別すると、(ア)発掘の前段階の作業、(イ)表土等及び遺物包含層の掘削、(ウ)遺構調査、(エ)理化学的分析・日常管理等となる。このうち(エ)の作業は(ア)から(ウ)の作業と並行して行われるものである。

　以下、各作業工程についての要点を述べ、具体的な内容については「別紙1」に記すこととする。

(ア) 発掘前段階の作業（別紙1「発掘作業の標準」1参照）

　まず、試掘・確認調査等の知見と周辺地域におけるこれまでの調査成果に基づき、発掘調査の範囲・工程等の計画を決定するとともに、具体的な発掘の方法について検討する。

　次に、調査対象地の正確な位置を記録するため、標準の座標に基づいた基準点を確保する。

　また、調査地周辺の微地形や遺物の散布状況等は、古墳等地上に顕在している遺構だけでなく、地下遺構についても有用な情報を示していることが多いため、十分な現地踏査を行った上で、特に旧地形が残っている場合は、掘削前に地形測量・写真撮影を実施することが望ましい。

　それらの作業の後、遺構や遺物の出土位置等を表す基準枠となるグリッドを基本とする発掘区の設定を行う。

(イ) 表土等及び遺物包含層の掘削（別紙1「発掘作業の標準」2・3参照）

　調査の主目的である遺構を検出するために、表土及び遺物包含層（以下「包含層」という。）上面までの土（「表土等」という。）、さらに包含層について土壌とその内容や性格を遺物の出土状況等から的確に見極めながら効率的に掘削する。遺跡における掘削の具体的な方法は、そこに包含された遺物の取上げとその出土状況の記録に関する取扱い方法とに密接に関連するものであり、包含される遺物の性格・意味に応じた適切な方法を選択する必要がある。

①表土等の掘削

　表土等は、通常は遺物をほとんど含まないが、含んでいる場合もそれは二次的な堆積や攪乱によるものであり遺構との関連は薄いため、重機等を用いた効率的な掘削を原則とする。

②包含層の掘削と遺物の記録

　包含層とは、遺構面上に堆積した遺物を含む層である。包含層には、遺物が遺構面の上におおむね原位置に近い状態で所在して遺構との関連が特に強いものと、二次堆積によるものや後世の形成に関わるものとがあり、ここではそれぞれ「一次的包含層」と「二次的包含層」と呼ぶ。包含層出土の遺物は遺構内出土遺物に次いで意味のある資料であり、特に一次的包含層の出土遺物はより重要である。

　包含層の厚さ、遺構面の深さ、遺構の分布状況及び遺物の包含状況等については、試掘・確認調査によりある程度の見通しは得られているとしても、確実な予測をもって適切な方法を選択して掘削を行うためには、あらかじめ正確に把握しておくことが重要である。そのためには、必要な箇所に適宜トレンチを設定して、包含層の性格や遺構の分布の概略等の知見を得た上で全体の掘削を行うことが有効である。

　二次的包含層の掘削は大型の用具（スコップ・じょれん・唐グワ等）により行うが、遺物が少ない場合等は調査員立会下で重機によって薄く剥取ることとし、遺物は主としてグリッドごとに層位単位でまとめて取り

上げることを基本とする。一次的包含層は大型の用具又は小型の用具（移植ごて・草削り・手グワ等）により掘削し、遺物については、下層に予想される遺構との関連が特に強いと判断される場合等に限って、必要に応じて三次元的な位置を記録し（以下「ドットマップの作成」という。）又は出土状況を実測する（以下「出土状況の実測」という。）。

(ウ) **遺構調査**（別紙1「発掘作業の標準」4・5参照）

遺構調査は発掘作業の中核をなす工程であり、十分な時間を充てて慎重に作業する必要がある。遺構に関しては、調査によってその機能や性格、構築法や時期、補修・改変を含む使用状況、廃棄の時期や状況・過程等を解明することが求められる。そのためには、形状・規模や構造等及び遺構内の埋土（覆土）の基本層位と各土層のあり方及び遺物の包含状況を正しく把握することが重要である。たとえば、形状や規模等から竪穴住居と判断される場合、埋土のうち上層の自然堆積層部分は、住居の廃絶後に形成されたもので、そこに含まれる遺物により廃絶時の時期や状況が示唆され、また、住居の床面に据えられた土器により住居の構築・使用の時期や住居と土器の使用状況が推測される。発掘作業時において、これらのすべてを必ずしも解明できるわけではないが、それを念頭において掘削し記録の作成等を行い、のちの整理等作業に備える必要がある。

以下、作業ごとの要点を記すが、別紙1においては普遍的な遺構である竪穴住居の場合（標準4）とそれ以外の遺構の場合（標準5）に分けて示すこととする。

①**遺構検出**

土壌の色調・質・硬さ・混入物等を慎重に見極めながら、遺構の所在を把握し、その規模・平面形態等を明らかにする。さらに、埋土の状況や遺構の配置状況、伴う遺物等にも注意をはらい、遺構の性格や時期を推定する。重複する遺構がある場合は、相互の新旧関係を確認して時期的変遷を把握する。遺構を検出した段階で、遺構番号を付したり遺構配置を検討するために、簡略な配置図を作成することが有効である。

②**遺構掘削**

遺構の掘削は、漫然と上層から遺物を検出しながら掘り下げるのではなく、解明すべき点を意識しながら、一定の見通しをもって適切な方法により行わなければならない。掘削は遺物の記録及び取上げと並行して行うものであり、それと密接に関連する埋土の基本層位と遺物の包含状況等について、あらかじめある程度把握しておく必要がある。遺構上面の平面的な観察を入念に行うほか適宜トレンチを設定する等して断面からそのあり方を把握することも有効である。基本層位は、各土層が自然堆積か人為的埋め土かをそのあり方から見極め、竪穴住居では床面直上層と上層の自然堆積層等を識別することが重要である。それにより、具体的な掘削方法と遺物の取扱い方法、さらにその手順についての見通しが得られる。

掘削は、把握された埋土の基本層位ごとに、遺物の出土状況に留意しつつ、小型用具により慎重に行わなければならない。遺物は、出土状況に特別な意味が認められない限り、基本層位と遺構内の小地区ごとの一括で取り上げることを基本とする。廃棄された遺物についても、個別の遺物の出土位置は偶然の結果であることが多いため、層位ごとに取り上げることを基本とする。一方、たとえば住居床面に据えられたことが確認できる土器やカマドに使用された土器等、意識的に置かれた遺物や遺構を構成する遺物については遺構との関連が分かるように出土状況の実測を行って取上げ、住居との関連が強いと考えられる床面直上のもの等は出土状況の実測又はドットマップの作成を行うこととする。ドットマップの作成を行う場合においても遺物が属する層位は重要であり、基本層位の記録は必須である。

なお、玉類・種子類等の微細な遺物の出土が予想される場合においては、遺構内の埋土ごと取り上げて、その洗浄を行って遺物を採取することもある。

竪穴住居における柱穴、貼床、周溝等、遺構に伴う付属施設の確認も怠ってはならない。

③**遺構の記録**

遺構調査の過程及びその完掘後に実測と写真撮影を行って、客観的かつ正確な記録として図面（実測図）と写真を残す。図面は寸法を正確に示すことができ、対象を選択して必要なものだけを表現することができるのに対し、写真は寸法を正確に表現できないが、画面内のものはすべて記録され、記録者の主観が入り込むことが少ないという特徴がある。

実測には各種の方式があるが、それぞれの特性や利点、欠点を十分認識し、遺構の特徴を的確に表現できる方法を採用する必要がある。写真は遺跡の状況、性格や遺構の特徴を十分表現し、精緻な情報を記録した、後世の使用と保存に耐えうるものを撮影する必要がある。

記録保存のための発掘調査において、遺構完掘時の記録は重要な成果品であり、かつ基本資料であるため、図面と写真それぞれの特質を理解し、必要な情報を十分記録できる方法を採らなければならない。

(エ) **理化学的分析・日常管理等**（別紙1「発掘作業の標準」6参照）

遺跡の性格を総合的に明らかにするため、必要で有効な場合は、土壌や遺物について適切なサンプリングを実施し、理化学的分析を行う。

発掘作業においては、日誌や写真により作業進行の記録を残す。日々の成果と課題を整理することにより、以後の調査を円滑に進めることができ、後の検討及び追跡のため

付　編

の資料ともなる。

　安全対策は発掘作業の全工程にわたって必須である。発掘作業はその性格上、常に土砂崩壊、感電、高所からの転落等の危険を伴うため、労働安全衛生法等に基づいた安全基準を遵守して事故のないように配慮しなければならない。

　なお、適当な時期に現地説明会等を行って発掘調査成果の公開・普及に努めることも重要である。

3．整理等作業
（1）整理等作業の基本方針
（ア）作業対象の選択と作業の実施

　整理等作業は、発掘作業で明らかにされた遺跡と遺物の内容を踏まえて、適切な方法を検討して実施計画を立案する必要がある。

　発掘作業は、遺構・遺物のすべてが作業対象となるものであるのに対し、整理等作業は、遺物については、報告書に掲載されるものを対象として行う作業が多く、遺構についても報告書における取扱いによって必要な作業内容が異なるものである。そのため、整理等作業は、報告書に掲載する資料をどれだけ選択するか等によって作業量が大きく変動することとなる。したがって、その選択は、作業の各工程において、目的に応じ、考古学的な知見・手法に基づき適切に行う必要がある。

　とりわけ、遺物は遺跡を理解する上で重要な資料であり、遺物に関係する整理等の作業は多大な作業量を要する上に、接合・実測・復元等中核をなす作業は専門的な知識と熟練した技術が不可欠である。そのため、考古学的な観察、分類を適切に行った上で、資料の価値に応じて報告書に掲載するものを正しく選択する必要がある。

　従来、発掘調査の規模拡大による整理等作業の大規模化に伴い、各作業工程の目的や意義が十分理解されないまま機械的に進められる傾向もみられるが、作業対象の遺物等の選択が適切に行われなかったり、不必要あるいは不適切な作業方法が採られることがないよう、あらためて目的と意義を正しく認識して作業を進める必要がある。

（イ）作業の担当者

　整理等作業は、発掘作業についての情報・成果を正確に把握した上で行わなければならないことから、発掘作業を担当した調査員が行うことが望ましい。特に図面と写真の確認・点検等を行う「調査記録の基礎整理」の工程は原則として発掘作業を担当した調査員が行う必要がある。

　ただし、一定の水準を確保し、内容に応じて効率よく作業を進める上では、必要に応じて発掘担当者以外の者の協力を得ることが効果的である。

　作業対象についての分類・選択に際しては複数の調査員が関わる等、客観性を確保するための体制が必要である。

（ウ）作業の実施時期

　発掘調査の結果を正確に報告書に反映させるためには、発掘作業についての認識・記憶が確実で鮮明なうちに整理等作業に着手し、報告書を可能な限り早く作成することが必要である。また、調査成果を迅速に公開することも必要である。

　これらのことから、後述4で示すとおり、報告書は発掘作業終了後おおむね3年以内に刊行することを原則とすることとしているので、それにあわせて整理等作業を行う必要がある。

　なお、「調査記録の基礎整理」は発掘作業中の遺構等との照合等が必要であり、出土遺物の種類や時期等の情報は発掘作業を進める上でも大いに参考になるものであることから、「調査記録の基礎整理」や遺物の洗浄等は発掘作業と並行して行い、すみやかに観察を行うことが原則である。

（2）整理等作業の工程とその内容

　整理等作業の基本的な工程・内容を大別すると、（ア）記録類と遺構の整理、（イ）遺物の整理、（ウ）調査成果の検討、（エ）報告書作成作業、（オ）保管・活用に備えた作業となる。基本的には（ア）による遺構と（イ）による遺物の整理検討を受けて、（ウ）で両者をあわせた総合的な検討を行い、（エ）の報告書の作成に至る。ただし、これらの各工程の作業は必ずしもすべてが明瞭に区別されて、順番に行われるものではなく、内容によっては複数の工程を並行して行ったり、順序を逆にして行う方が適切な場合がある。

　以下、各作業工程についての要点を述べ、具体的な内容については別紙2に記すこととする。

（ア）記録類と遺構の整理（別紙2「整理等作業の標準」1参照）

　記録類の整理の工程は、主として遺構に関する調査記録の整理、検討等を行うものであり、①調査記録の基礎整理、②遺構データの整理・集約、③遺構の検討の工程がある。

　「①調査記録の基礎整理」では、発掘作業で作成された図面・写真・日誌等の記録類について、整理等作業に確実かつ効率的に活用できるよう内容を十分確認・点検して台帳等を作成する。

　「②遺構の整理・集約」では、前段階の工程で整理された各種の記録類をもとにして、遺構単位ごとに、その種類、規模や形状、新旧関係等のデータを整理し、集約する。

　「③遺構の検討」では、整理、集約された結果をもとに遺構の種類・性格・時期、遺構群全体における位置付け等をおおよそ検討し、報告書における各遺構や遺構出土遺物の取扱い等の概略を決める。

（イ）遺物の整理（別紙2「整理等作業の標準」2参照）

　遺物の整理の基本的な作業工程としては、①洗浄・乾燥・注記、②接合、③実測、④遺物全体の検討、⑤復元、⑥写真撮影、⑦理化学的分析、⑧保存処理等がある。これらは、遺跡の特徴や遺物の状態により必要のない場合や、いくつかの工程を並行して進めたり、あるいは順序を逆にして行

うのが適当な場合もある。
　遺物は、遺跡や遺構の時期や性格等を示す重要な資料であり、その出土状況によっては、遺構の埋没過程、一括遺物の器種構成等のほか、共伴遺物の時期や性格等を示すこともある。また、単独でも編年や地域性等を示す資料としての価値を有している。したがって、遺物の整理とその分析は、発掘調査の成果を示す上できわめて重要な作業である。
　遺物を客観的に示す方法としては、実測図・写真・拓本等の二次元的な表現に、文章や属性表等を加えて説明するのが原則である。実測図は、最も多くの情報を表現することのできる基本となる手法である。写真は実測図では表現できない遺物の質感や量感、製作技法、遺存状況等を示すためには有効であり、拓本は凹凸のある文様や製作技法を墨の濃淡によって簡便に表すのに適している。それぞれの特性に応じたものを選択し、これらを組み合わせて総合的に遺物の全容を正しく示す必要がある。したがって、遺物の出土量や種類ごとの比率等全体の傾向について正確に把握した上で、それぞれの工程において作業の対象とすべきものを適切に選択して作業を進めることが基本である。
　各作業を作業員が行ったり業者に委託して行う場合、特に実測については、調査員が、成果品が適切に完成しているかどうかを確認する必要がある。
　以下、各作業についての要点を示す。

①洗浄・乾燥・注記
　遺物を正確に観察できるように、付着している土壌等を洗浄して乾燥させたのち、遺物の出土地点等の必要な情報を直接書き込む作業である。注記は乾燥後に遺物全体を観察し、後の作業上及び保管・管理上必要なものについて行う。

②接合
　遺物の破片を接合して本来の器形に近づける作業である。これにより遺物の器種・器形・時期等をより正確に判断することが可能となり、関連する各遺構の同時性等を知る上で有効なこともある。この後に実測や写真撮影等の作業が続くことになるので、破損しやすいものについては石膏等で補強を行うこともある。
　また、この作業工程は遺物の全般的な観察を行う機会でもある。作業は、遺構から出土した遺物等資料的価値が高く、報告書に掲載すべきものを優先して効果的に進める必要がある。

③実測
　遺物を観察しながら計測し図化（実測図を作成）する作業である。個別の遺物を最も詳細に観察する機会でもあり、重要な意義をもつ工程である。実測図は、資料の中では遺物の細部にわたる特徴等を含めて最も豊富な情報量を表現することが可能なものであり、その有効性が一般に広く定着しているものであることから、報告書には不可欠のものである。

　実測は、単純に実測が可能なものすべてについて行うのではなく、その遺跡や遺構を理解する上で有用な情報を有する遺物を選択して行う。遺物はすべて何らかの資料的価値を有しているが、出土した遺構や層位、その状況及び遺物そのものの内容によってその資料的価値は異なる。また、遺物全体について種類・器形、文様、製作技法等を十分観察して考古学的な分類を行った上で、同種・同類のものについては典型的、代表的なものを選択する等の観点も必要である。これらのことから、実測する遺物の選択は、たとえば遺構に伴って出土し一括資料としての価値を有するものは器種構成を可能な限り正確に示すように留意して行い、住居床面直上や溝最下層から出土したもの等、遺構の時期を示す資料を重視する。
　なお、報告書においては出土遺物全体の概要と実測図を掲載した遺物の位置付け、選択の考え方もあわせて説明する必要がある。

④遺物全体の検討
　ここまでの各工程において遺物の観察と検討が行われてきているが、これらの成果を受けてあらためて遺物全体について、考古学的な知見に基づきながら、器種・製作技法・胎土等の分類、遺物の編年等を検討する。それを踏まえて報告書に記載する必要がある遺物をあらためて検討する。

⑤復元
　接合した遺物の欠落部分を石膏等の補填材で復元する作業で、遺物本来の姿を理解しやすくするものである。原則として、写真を報告書に掲載するものを対象として行う。土器等の場合、復元後はその断面や内面が観察できなくなるため、実測後に行うことが原則である。

⑥写真撮影
　実測図では表現できない遺物の質感や量感、製作技法、遺存状況等を示すために、報告書に写真を掲載する遺物を撮影する作業である。すべての遺物を撮影する必要はなく、前記③同様の観点で撮影対象を選択する必要がある。撮影はしかるべき性能を備えた機材と適切な方法により行う必要がある。

⑦理化学的分析
　考古学的な手法や分析では明らかにしにくい年代測定や環境復元、材質・原産地の鑑定・同定等の分析を行うものである。これにより発掘調査の成果が豊かになり、遺跡の総合的理解に役立つ。ただし、分析は必要不可欠な範囲について、有効性が確認されている方法で行うことが必要である。

⑧保存処理
　出土したままの状態では整理等作業や保管に支障をきたすような脆弱な遺物について、保存のための科学

的な処理を施す作業である。遺物の材質や状況に応じて、形状や質感が大きく損なわれないような方法により行う必要がある。

（ウ）調査成果の総合的検討（別紙2「整理等作業の標準」3参照）

発掘調査の成果を報告書にまとめるために、「（ア）記録類と遺構の整理」の工程における「③遺構の検討」と「（イ）遺物の整理」の工程における「④遺物全体の検討」の検討成果をあわせて、あらためて総合的に検討する工程である。これにより、報告書の「調査の方法と成果」に記述する個別の遺構・遺物についての基本的内容がまとめられる。その上で考古学上の研究成果を踏まえつつ、必要に応じて周辺の遺跡の情報も収集する等して、遺跡全体の構造や性格、時期的な変遷や展開過程、さらには地域における歴史的位置付け等、報告書の「総括」につながるような総合的検討を行う必要がある。

（エ）報告書作成作業（別紙2「整理等作業の標準」4参照）

印刷物としての報告書の形にまとめるための作業である。報告書作成の基本的な作業は、①文章作成、②トレース・版下作成、③割付・編集、④印刷等である。

「①文章作成」では後述4の発掘調査報告書の記載内容を参照して文章を作成する。「②トレース・版下作成」では報告書に掲載するために遺構や遺物の実測図をトレースし、さらに他の図面、写真も含めて印刷用の版下を作成する。「③割付・編集」では印刷物とするために文章及び図面や写真の配置を割付し、全体を編集する。「④印刷」は仕様を決め発注して印刷物にする工程である。

記録保存のための発掘調査にあっては、報告書の内容の如何によって調査事業そのものの成否が左右されることをしっかり認識して各作業を進める必要がある。

（オ）保管・活用に備えた作業（別紙2「整理等作業の標準」5参照）

発掘調査で作成された記録類及び整理等作業で作成された資料類や出土遺物は、調査に関する資料として、また、成果の活用のために重要かつ不可欠のものであり、将来にわたって保存・活用していく必要のあるものであることから、後世に残す必要のあるものについて、遺跡が所在する地方公共団体で確実に保管し、必要に応じて希望者が利用できる状態にしておく必要がある。そのため、地方公共団体以外の調査主体が行った調査の場合にあっては、調査完了後、資料類・出土遺物を遺跡所在地の地方公共団体へ移管することとする等により上記の措置が可能なようにする必要がある。

公開すべき記録・資料や遺物は、文化財の普及・活用活動等を通じて積極的に公開し、国民が埋蔵文化財に親しみ、国や地域の歴史についての理解を深めるために活用する必要がある。

4．発掘調査報告書

（1）報告書の意義

記録保存のための発掘調査における報告書は、埋蔵文化財のうち、現状で保存できなかったものに代わって後世に残る記録の中で最も中心となるものであり、埋蔵文化財に代わる公的性格をもった重要な存在である。

したがって、報告書は、発掘作業から整理等作業によって得られた情報を的確に収録したものでなければならないのは当然であるが、それとともに、将来にわたってこれを活用する場合のために理解しやすいものでなければならない。

その作成に際しては、事実及び所見の記述と図面・写真等の資料を体系的・合理的に構成し、利用しやすいものとなるよう細心の注意をもって当たる必要がある。

（2）記載事項とその内容（別紙3「発掘調査報告書の標準」1参照）

報告書は、記録保存に関して行政的に講じた措置の記録と、発掘作業及び整理等作業を経て得られた学術的な成果の記録からなる。

報告書に掲載する基本的な項目は、①経過、②遺跡の位置と環境、③調査の方法と成果、④理化学的分析、⑤総括、⑥報告書抄録等がある。④の理化学的分析は必要な場合に加わるものである。

以下、各項目の記載事項についての要点を述べ、具体的な内容については「別紙3」に記すこととする。

①経過

その発掘調査を必要とするに至った開発事業等と埋蔵文化財保護との調整、調査体制、調査活動、調査後の保護措置等、開発事業との調整から調査完了に至る一連の事実を記述する。（地方公共団体以外の者による調査の報告書にあっては、行政的に講じた措置の記録は、関係した地方公共団体から提供する等の対応が必要である。）

②遺跡の位置と環境

その遺跡の歴史的な意味を把握する上で不可欠の要素であり、調査対象遺跡を含む一定地域の基本的な地形と自然環境、他の遺跡のあり方等について把握できるよう記述する。

③調査の方法と成果

報告書の中核をなす部分であり、通常、最も多くの分量を占める。発掘作業と整理等作業の方法について記述した上で、検出・把握できた遺構の状況、遺構と遺物の関係、遺物全体の出土量・内訳、個々の遺物の要点等の事実を、遺構・遺物の図面や写真を示しながら記述する。調査員が作業途上に思考したことを含め、発掘作業から整理等作業を通して得られたことを的確に記述する。

④理化学的分析

発掘調査の成果をより総合的に理解するために行っ

た年代測定、自然環境、産地同定等に関する分析結果がある場合に記載する。ただ単に分析データを掲載するだけではなく、分析を行った目的や意図を記述し、その成果を「総括」に生かすことが必要である。

⑤総括

「調査の方法と成果」の事実記載だけでは発掘調査の成果全体を的確に理解することができないため、その発掘調査によって把握された遺構・遺物から、遺跡全体の構造や性格、時期的変遷等の客観的事実の整理及びその遺跡が地域の歴史の中でもっている意味、位置付け等を記述する。従来、この項目は「考察」と称されることが多く、その意義付けが明確ではなかったが、その目的・意義を明確に示すために「総括」と呼称するものである。

⑥報告書抄録

発掘調査の基本的情報である調査組織及び調査員、遺跡で得られた成果等を所定の様式の一覧にして巻末等に付するものである。報告書データベースの作成等の利用にも供される。

(3) 記載に当たっての留意事項（別紙3「発掘調査報告書の標準」2参照）

報告書に必要な事項が記載されていないものや過剰な情報が未整理のまま掲載されているものがあることから、その作成に当たっては、遺跡を理解する上で必要な遺構や遺物の実測図のうち掲載するものを選択しなければならない。すべての遺構について個々の規模や土質等を表示することや、遺物実測図で示されている製作技法等を再度重複して表にも記載する等のことのないように、報告すべき事項、表現する文章、掲載する資料等について、全般にわたって調査組織全体で綿密な検討を行い、当該遺跡に関する情報を的確かつ簡潔に表すよう努めなければならない。

また、個々の遺構、遺構相互の関係、層位関係、遺構と遺物の関係等について、総体に矛盾のないように整合した説明を行い、その説明と図や写真等の資料との関係が検索しやすく、使いやすいものとなるように、利用する側の立場に立って理解しやすい構成・表現を工夫しなければならない。特に調査面積が大規模で遺構・遺物が膨大に検出されたため報告書に記載すべき事項が多い場合等にあっても、必要な情報を簡潔にまとめるよう努めなければならない。

なお、報告書においては文章による記述が主要な部分を占めるのであるから、客観的事実と調査員の所見を体系的・論理的に表現し、理解しやすい明解な文章表現を心がけなければならない。

(4) 体裁

報告書は、現状保存できなかった遺跡の内容を示す唯一の記録刊行物であることから、長期間にわたって保存が可能な印刷方法、製本方法、紙質等を適切に選択する必要がある。ただし、過剰に華美な体裁のものとすることは避けなければならない。

現在の報告書は印刷物が一般的であるが、デジタル技術は急速に進歩し普及しつつあり、それを導入した報告書のあり方についても、今後、検討する必要がある。

(5) 刊行

現状保存できなかった遺跡の記録を広く活用できるようにするためには、報告書は印刷物として複数作成され広く配布されて、所要の場所において保管・公開される必要がある。そのことは、行政における情報公開にも資するものである。以上のことから、現在、発掘調査成果の公表は報告書の刊行と配布によって行うのが一般的である。

報告書の刊行は、発掘調査単位で行うのが通常であるが、刊行の形は個々の独立した印刷物で行う必要はない。同じ遺跡で発掘調査が数次にわたる場合にはそれらの報告書を同一の印刷物にまとめて掲載したり、対象面積が狭小で得られた情報が少ない場合には年報等に掲載する等、調査の進行や規模等に応じて適切な方法を選択することも考えられる。

報告書の刊行部数は、後述する報告書の活用の観点から必要と判断される数とする必要がある。

報告書の刊行は、報告書の完成が発掘調査の完了であること、調査成果は可能な限りすみやかに公表する必要があることから、発掘作業終了後おおむね3年以内に行う必要がある。発掘作業が長期にわたる場合、あるいは整理等作業が長期に及ぶ場合等、やむをえない事情により3年以内に刊行できない場合は、概報（報告書の刊行に先立ち、主に遺構に関する事項を中心に調査成果の概要を記した刊行物。後に報告書が刊行されることを前提に刊行するもの。）を刊行したり、調査の概要を調査機関の年報に掲載する等の措置を執ることが必要である。

現状では、すべての発掘調査について報告書が刊行されているわけではなく、概報を刊行しただけで報告書刊行が行われていなかったり、成果の公表がまったく行われていない場合もある。その原因としては、整理等作業や報告書の作成・刊行に要する経費や時間が確保できない等の予算や体制の問題と、概報の刊行で調査成果の公表責任を果たしたとする等調査主体側の意識に起因するものがある。それらについては、埋蔵文化財行政全体の課題として改善を図る必要がある。

(6) 保管・活用

報告書は、調査対象遺跡の所在する都道府県及び市町村において保管し活用に供する必要がある。したがって、地方公共団体は、自ら刊行した報告書のほかに管内で行われた発掘調査に係る報告書を将来にわたって確実に保管するとともに、自らの刊行した報告書については、関係の地方

公共団体・文化財関係調査機関・図書館・博物館・大学等へ配布し、発掘調査の成果を国民が広く共有し、活用できるような措置を講ずる必要がある。当該報告書に係る遺跡の所在地においては、地域の図書館、博物館、公民館等に重点的に配布し、地域住民が利用しやすいよう配慮することが望ましい。このことは地方公共団体以外の調査組織が行った発掘調査の報告書についても同様であるから、関係地方公共団体は、報告書の入手・保管・配布等の指導その他の措置を執る必要がある。

また、報告書の配布を受けた機関においては、確実に保管し、かつ、利用希望者に公開できるように管理する必要がある。

なお、全国にわたって発掘調査成果の概要や報告書の刊行状況等を把握する手段として、報告書データベースの整備と公開が必要であり、このために、独立行政法人文化財研究所奈良文化財研究所が公開しているデータベースの充実を図る必要がある。

報告書は、発掘調査の結果を客観的に記録したものではあるが、内容は専門的であり、それによって必ずしもすべての国民が調査成果を地域の歴史に結びつけて理解できるものではない。したがって、地方公共団体においては、住民向けのわかりやすいパンフレットや概説書等の普及資料の作成、遺物・関係資料の展示、講演会等を積極的に実施し、埋蔵文化財の価値、発掘調査の意義等に関する理解の向上に努めなければならない。

第3章 保存・活用のための発掘調査に関する標準

1．保存・活用のための発掘調査に関する基本的事項

学術上の価値が高く、また地域の歴史にとって重要な遺跡について、その保存を図るために、あるいは史跡指定されている遺跡について、その保存・活用のために遺構の復元・整備等の措置を講ずる上で必要な発掘調査（以下「保存・活用のための発掘調査」という。）の意味については、第1章2において述べたとおりである。

保存・活用のための発掘調査は、当然、第2章で述べた記録保存のための発掘調査とはその理念をまったく異にするため、調査内容、方法等も異なるところがある。

保存・活用のための発掘調査は、歴史的な位置付けと価値を明確にして遺跡を保存・活用していく上での基礎資料を得ることを目的として実施される。この発掘調査の対象となる遺跡は、通常、国や地方公共団体あるいは地域にとって歴史上、学術上の価値が非常に高く、将来の人々にとっても貴重な財産であり、将来に向かって保護していく必要のあるものである。

一方、発掘調査は遺跡の理解のために必要なものとはいえ、それによって結果的に遺跡自体の解体・破壊をもたらすという一面がある。将来、調査地周辺の調査研究の進展等により、遺構の規模や重複関係、性格等の既往の成果について再検討を行う必要が生じたり、調査技術の進歩により現在では明らかにできないことが確認できる可能性もある。そのため、将来の調査・研究に支障とならないように、また文化財を保護するという観点からも、遺跡を遺構と遺物や土壌相互の関連からなる環境を含めた総体的なものとして、可能な限り現状のままで残しておくことが求められる。そのような点から調査範囲は、調査目的を達成できる範囲で、発掘により失われてしまう遺跡の主要な要素を最小限とするという観点で限定し、遺跡の全面を悉皆的に発掘することを避け、遺跡の重要な情報を含んでいる遺構埋土の保存にも配慮することを心がける必要がある。

保存・活用のための発掘調査に求められる最も重要な基本原則は、遺跡を可能な限り将来に残して保存することを前提にした上で、発掘調査する必要性に関して明確な目的意識をもって臨み、その時点でとりうる最上の体制と手法によって、十分な計画と準備を整えて行うことである。現代人の興味、関心のみで安易に発掘を進めることは慎まなければならない。

そのような観点から、調査計画の策定、調査の実施、調査結果の評価等を適切に行うために、専門家・学識経験者を構成員とする指導委員会を設け、その意見を聴くことが必要である。また、学術的、行政的に指導・支援する都道府県や国との連携も不可欠である。

保存・活用のための発掘調査にあっても、調査の結果得られた成果の記録と報告書の刊行が必要であることはいうまでもなく、整理等作業、発掘調査報告書の刊行までの手順を確実に実施しなければならない。

2．発掘作業
（1）発掘作業の基本方針

調査で確認すべき事項は、その調査の目的によって異なるが、通常、①遺跡の所在、②遺跡の範囲、③遺跡の内容である。

①の遺跡の所在確認は、遺構を反映した起伏や遺物の散布等によって地表面の観察により把握できる場合と、地表面からは把握できない場合がある。発掘によらないで所在確認が可能な場合は、できる限りそれによるべきである。所在だけではなく範囲・内容の確認においても、地表面に現れている情報はきわめて重要であり、その詳細な観察は基礎的な作業であることを認識する必要がある。

②の遺跡の範囲確認は、試掘溝等による調査を要する場合が多い。試掘溝の位置等については、現地形の把握や遺物の散布状況、周辺地域におけるこれまでの調査成果を参考にし、目的達成のために必要で最も効果的なものとなるよう周到に検討する必要がある。

③の遺跡の内容把握は、遺構を確認し、遺物の出土状

況、時期・内容等をあわせ見極めながら解釈・判断することになるが、調査の目的や遺跡の種類等に応じて調査の範囲や方法は多様である。綿密な計画と調査作業の的確な進行管理が必要である。

いずれの場合においても、上記1の基本原則に則して行わなければならないのはいうまでもない。

（ア）遺跡の状況に応じた調査方法

調査対象となる遺跡には、①すでに史跡に指定されて法的な保護を受けている遺跡、②史跡指定を目指し、重要遺跡として確認調査を要する遺跡、③重要な遺構等を一部発見したものの遺跡の内容や価値付けが不明で、将来的な保護のために内容確認を要する遺跡、④記録保存のための発掘調査を始めたものの、重要性が判明して保存・活用調査に転換した遺跡等多様な種類と置かれている段階があるとともに、調査進行上の段階もさまざまである。

調査は、このような遺跡の種類、状況とその時点で把握しなければならない情報を総合的に勘案し、最適の範囲と内容で行わなければならない。したがって、調査は、遺跡の種類・性格や状況、調査の進行段階等に応じた適切な目的と必要な成果を設定し、上記①から④の場合についておおむね以下のような点に留意して進めることが必要である。

①の場合

すでに史跡に指定されている遺跡は法的な保護下にあり、発掘調査自体が重大な現状変更に当たる。遺跡の内容や性格と中核をなす主要な遺構がすでに明らかになっており、重要性が定まっているものが多い。

整備によって保存と活用を図るためや管理上の施策の決定や見直し等のため、さらなる内容確認のために調査を要する場合には、遺跡の保存に十分に留意して、既往の調査成果とこれから把握しなければならない知見を整理し、明確な目的を設定した上で所要の範囲について調査を行う必要がある。

②の場合

史跡指定を目的とする等、重要な遺跡として確認調査を要する遺跡は、遺跡の内容等がある程度明らかになっているもので、重要性は史跡に準ずる。

保護すべき範囲の決定、価値の確認等は必須であるが、調査に関する留意事項は上記①と同様であり、遺跡の保存に十分に配慮しながら調査を行う必要がある。

③の場合

遺跡の内容や価値付けがまだ不明で確認調査を要する遺跡は、必要に応じて上記①、②に比べてある程度広範囲を対象とした調査を実施して、遺跡の範囲と内容、主要な遺構の配置、年代等を把握しなければならないので、それらの要請に応じた計画のもとに合理的な調査を行わなければならない。

④の場合

記録保存のために調査を開始した遺跡においても、遺跡の重要性と価値が明確になり現状保存へと遺跡の取扱い方針を変更する場合には、その後の調査は保存・活用のための発掘調査に切り換え、上記②に従った調査を行わなければならない。

（イ）遺跡と遺構の内容に対応した調査方法

検出される遺構にはさまざまなものが想定されるが、その内容に応じて最も適切な調査方法を選択することが必要である。

古墳の埋葬施設等、その遺跡の中核となる重要な遺構あるいは類例が少なく今後の発見もあまり期待できない重要な遺構については、発掘調査そのものがその遺跡の最も重要な核心部分を解体することとなるので、豪華な副葬品の出土や顕著な発見を期待して安易に発掘を行うことは慎まなければならない。

集落遺跡における竪穴住居等のように普遍的な遺構については、調査目的を考慮した上で発掘の対象を限定し、古代の官衙や寺院等、遺構の配置や構造について一定の規則性が知られている遺跡については、全面的ではなく所要の箇所のみを発掘することによって目的を達成できることが多いので、過剰な調査にならないようにする等の配慮が必要である。また、旧石器時代遺跡、貝塚、捨て場、窯跡の灰原等、明確な掘り込みをもたず、完掘すると失われてしまう遺跡や遺構は、発掘区を慎重に定め、調査によって必要以上の範囲を破壊しないように留意する必要がある。

なお、発掘調査が多年度にわたり継続的に行われる遺跡にあっては、具体的な発掘の方法、遺構の取扱い等に関する指針を定めておくことが望ましい。

（ウ）整備に伴う調査

保存・活用のための発掘調査にあっては、予定している保存・活用の内容によって調査の範囲や方法が異なるものであることは前述のとおりである。中でも遺跡を整備し保存と活用を図るための資料と知見を得る目的で行う調査の場合は、遺構を立体復元するか、あるいは平面表示にとどめるかといった整備の内容と手法によって必要とする情報が異なるため、あらかじめ目指している整備の目的に即した調査の範囲や内容等を選択する必要がある。なお、整備事業の中には、城郭の石垣等の修理のように、遺跡の本質的価値の保存上、遺構そのものの全面的な解体と徹底した調査が必要になるものもある。

（エ）遺跡の保存

いずれの調査の場合においても、検出した遺構の掘削は最小限にとどめ、後に再検証が可能な状態を保持しておく必要がある。また、遺構面が複数ある場合にどの面が遺跡の本質的な価値をもち保護を要するものであるかを正しく判断する必要がある。上層が主要な遺構面である場合は、上層の遺構の保存を図るため、下層への掘り下げは行わないことが原則である。主要な遺構面の上層の遺構についてもその内容に応じて保存に配慮しなければならない。

付　編

また、調査中は遺構が損傷しないようにシートで覆う等の保護措置を施すことが必要であり、当然、遺構の保護に悪影響を与える気象条件の時期は調査を避けなければならない。また、調査後の埋め戻しはすみやかに行う必要がある。

遺構を構成する遺物は可能な限り取り上げないで現状で保存するが、脆弱で保存処理が必要な遺物や重要な遺物については、取り上げるかどうか、取り上げる場合はその方法や保存措置について、遺跡と遺物の状況を判断した上で慎重に決定する必要がある。

　（オ）調査の公開と普及

　この種の発掘調査の対象となる遺跡の性格上、発掘調査の成果の公開・普及は重要であり、報告書の刊行だけでなく、現地説明会や調査成果の報告会等の開催、成果をわかりやすくまとめたパンフレットや概説書の作成等を行うことが必要である。

（2）調査の方法等

　保存・活用のための発掘調査においては、上記2（1）（ア）で述べたように、記録保存のための発掘調査の場合と異なり、対象となる遺跡の状況や調査の目的は多様であり、求められる方法もそれに従って変わることになる。したがって、詳細な作業標準を示すことは困難なため、この報告では基本的な方針を示すにとどめたが、実際の調査に当たっては遺跡の状況を正しく判断し、適切な方法を選択する必要がある。

　（ア）事前調査、計画、発掘区の設定

　保存・活用のための発掘調査は、調査組織が主体性をもって一連の作業を進めなければならない。そのためには、事前の準備と調査計画の策定が重要である。

　発掘調査に着手する前に、まず、対象となる遺跡に関するこれまでのあらゆる情報を十分に把握・整理し、その時点で欠けているものが何であり、それをどこまで解明するかという明確な目的を定めなければならない。

　遺跡の範囲や遺構のある程度の分布等を把握するためには、現地踏査が有効である。古墳や城館等は地表面の観察で遺構の把握が可能であり、遺物の散布状況から遺跡の存在や範囲、時期等をある程度把握できる場合が多い。このほかボーリング棒による探索や物理探査が有効な場合があり、状況に応じてこれらの手法を選択することも考えられる。

　その上で、目的を達成するために必要な調査の範囲・内容・方法等を盛り込んだ計画を策定する。その場合、発掘調査が遺跡に与える影響と予想される成果とを勘案して最も適切な範囲と方法を選択し、整理等作業や報告書刊行、遺跡の整備と活用までを視野に入れた全体計画や年次計画等を策定する必要がある。

　発掘区は事前に策定した調査計画と調査目的に応じて適切な範囲で設定しなければならない。調査範囲が広いほど、あるいは遺跡の中核部を調査するほど得られる成果も相対的に大きくなるのは当然であるが、保存・活用のための発掘調査は、あくまでも目的とする課題を解明するために必要な限度での調査であることを忘れてはならない。必要とされる最小限の調査をもとに、その成果と従前の調査成果、他の類例、それらを総合した広い視点での分析研究等によって遺跡の全体像を的確に判断し、目的とする成果を得るように努めなければならない。

　（イ）表土等及び包含層の掘削

　発掘区の基本的な土層を把握した後に、それに基づいて表土等と包含層をそれぞれ順次掘削する。遺構検出の工程に至るまでの包含層掘削と遺物の取上げについても、記録保存のための発掘調査において求められる効率性の観点だけではなく、一定の慎重さも必要である。遺構面まで掘削した後、土層観察用ベルトも必要に応じ掘削するが、基本的なものについては原則として保存する。

　（ウ）遺構調査

　保存・活用のための発掘調査においても、遺構の調査は最も重要な工程である。遺構の状況や配置、あるいは年代等が遺跡の重要性と価値付けを左右する場合が多いため、特に入念に行わなければならない。

　①遺構検出

　　遺構の検出に当たっては、その結果が遺跡の価値付け等を大きく左右するため、特に入念に行わなければならない。

　②遺構掘削

　　記録保存のための発掘調査の場合とは基本的に目的と手法が異なることを十分認識して当たらなければならない。

　　遺構の埋土は重複関係や堆積状況あるいは遺構の性格等を示すものであり、これを完掘してしまえば再検証することが不可能となることから、埋土を残すことがきわめて重要である。検出した遺構については、調査の目的や掘削の進行段階及び遺構の種別に応じ、遺構面の平面検出のみで止めるかさらに掘り下げるかを慎重に判断しなければならない。掘り下げる場合も、遺構内の埋土をできる限り保存することに留意する必要がある。たとえば掘立柱建物の柱穴は、柱痕跡や柱抜取穴及び深さ、あるいは重複関係の確認等の目的で必要な場合についてのみ断割りを行うこととし、その場合も、完掘はせず埋土の保存に留意しなければならない。

　　なお、計画段階での予想を越える重要な、あるいは多量の遺構や遺物が出土した場合等、事前に想定した状況と大きく異なる事態が現出した場合には、調査を中断して計画を検討しなおす等の対応をとることも重要である。

　③遺構の保護措置

　　遺構を保護するため、調査後はすみやかに埋め戻す

必要がある。埋め戻しは検出した遺構面の上を一定の厚さの砂等で覆い、不透水層を作らないようにして、遺構を保護するとともに将来の再発掘に備えて掘削が及んだ面を明確に識別できるようにする。

3．整理等作業
（1）整理等作業の基本方針
　保存・活用のための発掘調査にあっても、必要な期間と経費を確保した上で迅速かつ確実な整理等作業と報告書刊行が必要である。基本方針は記録保存のための発掘調査に準ずるが、重要な遺跡を対象とすることから、入念に作業を行う必要がある。
　また、記録類と遺物は確実に保管し、積極的に活用を図らなければならない。

（2）整理等作業の工程とその内容
（ア）遺物の整理
　遺物の整理に当たっては、遺跡や遺構の埋土を完掘していない場合があるため、出土した遺物が本来埋蔵されている遺物のすべてではないということを認識した上で、より少ない情報から全体を判断し、復元していく必要がある。
　遺物の復元は、重要な遺跡の基礎資料として展示・公開する機会も多いため、適切な対象を選んで実施する。

（イ）調査成果の総合的な検討
　調査の目的に即して、当該年度の調査成果が遺跡全体の中でどのように位置付けられるか等や、それまでの成果のまとめと今後の課題を整理する。特に遺跡の性格や価値付けに関わる点に関し、重点的に検討を行うことが必要である。また、同一の遺跡を継続して調査する場合も多いことから、単年度の調査のまとめに止まらず、成果の総合的な検討を行い、成果と今後の課題を整理した上で以後の調査計画をあらためて策定する必要がある。

4．発掘調査報告書
（1）基本方針
　保存・活用のための発掘調査においても、報告書の刊行までを視野に入れた事前の計画の策定が重要である。刊行の時期は、記録保存目的の発掘調査に準ずる。
　特に遺跡の整備に伴う調査は、通常、整備内容を計画するための資料を得る目的で行われるものであるが、復元を含めた整備の根拠となる発掘調査の情報を十分に分析・検討した上でその成果をまとめ、公開しなければならないことから、整備事業は、報告書を刊行した後に実施することが原則である。ただし、やむをえず発掘と整備事業を並行して実施しなければならない場合は、報告書刊行前であることを十分認識し、事業対象の一定区画ごとの調査成果をまとめて、それに基づいて整備計画を立案するという基本的な進め方は、確保する必要がある。

（2）報告書の内容
　その遺跡を調査することになった経緯と当該調査の行政上、学術上の具体的な目的と意義、それに応じた調査方法、そしてその結果得られた調査成果、そこから導かれる遺跡の評価、重要性まで含めて記載する。また、遺構をどの程度まで掘削したかの記載も必要である。
　「総括」では、過去の調査成果と当該調査により得られた成果による遺跡の総合的な評価を中心に記述する。その際、過去の発掘区の位置や規模及びそこで検出された主な遺構をあわせ表示する等して、常に遺跡全体を俯瞰して成果をまとめることが重要である。
　また、同一の遺跡を継続して調査する場合は、必要に応じて過去の調査で出土した遺物を掲載したり、成果の再検討を行うことも必要である。継続的な調査の場合、各年次ごとの概報は必須のものであり、報告書は一定期間内のうちで調査成果がある程度まとまった段階で刊行する必要がある。

付　編

別紙1　発掘作業の標準

1．発掘前段階の作業
（1）測量基準点の設置
目的と意義

　本発掘調査の対象地を正確かつ客観的に表示し、記録することは不可欠であるため、基準となる座標系に基づいた「点」を確保する作業である。この点は、以後の作業においても、グリッド設定等の基準となる。基準となる点には、三角点等の恒常的に設置されている点（以下「測量原点」という。）と、調査区内に設置する標準の座標と標高を備えた仮設的性格の強い点（以下「実測基準点」という。）とがある。

作業方針と留意事項

○周辺の構造物や土地区画等を実測基準点に代用すると、発掘区の正確な位置を記録することができないことから、基準となる座標系に基づいた実測図を作成する。そのため、実測基準点を設置するための測量原点を確保する。

○測量原点は3〜4級程度の精度のものとし、発掘区付近にない場合はあらたに打設する。測量業者や事業者に依頼して打設する場合もあるが、行政機関が設置している各種の基準点で要件を備えたものを測量原点として活用することもできる。

○実測基準点は発掘作業の全期間を通じて設置し、グリッドの設定や遺構の実測等に使用するもので、正確なものを発掘区近辺に設置する。大規模な調査等の場合には、10〜50m間隔のグリッド杭を実測基準点として利用することもある。

○基準となる座標系は、平成15年4月から従前の国土座標に替わって世界測地系座標を使用することとされたことから、測量原点は世界測地系座標で表示する。
　　（従来の国土座標による測量成果については、国土地理院が公開している変換ソフトTKY2JGD等を利用し、世界測地系座標に変換することができる。）

成果品

・測量データ
・実測基準点及びその成果表

（2）現地踏査・掘削前地形測量
目的と意義

　調査対象地の状況は、土地の起伏が遺構を反映していることや、地割が遺跡のあり方を示していること、あるいは遺物が遺構の存否や時期、内容を示すことがある等、遺跡に関して有用な情報を示していることが多い。そのため、現地踏査を実施することと、地形や地割等を記録した地形図が必要である。それによって遺物の散布状況と微地形を把握することができ、地下遺構の位置や広がりについてもおよその目安がつき、発掘作業を的確かつ円滑に進めることができる。

作業方針と留意事項

○試掘・確認調査の際等に現地踏査を行い、遺構の概略、残存状況やおよその年代を把握する。

○周辺の地形を示す地形図として、都市計画図（1/2,500）や、事業者が作成したもの（1/500〜1/10,000）等、活用できるものもある。その場合は、地下遺構を反映した地形の微妙な起伏や、土地の区画等の必要な情報が入っていないことがあり、必要に応じて適宜補足測量する。

○古墳の墳丘や城館跡の土塁や堀等、地表面が遺構の形状を反映していると考えられる場合は、地形図の作成が必須である。場合によっては、調査地を含めた周辺の地形の状況がわかる範囲について作成する。等高線は、遺跡の地形の特徴を客観的に示すことができる程度の精度で記録する。

成果品

・発掘区の位置、立地、周辺環境を示す地形図（1/100〜1/10,000程度）
・掘削前地形図（1/100〜1/1,000程度）
・掘削前全景写真

（3）発掘区・グリッドの設定
目的と意義

　試掘・確認調査等・の成果に基づき決定した本発掘調査が必要な範囲について、遺構や遺物の出土位置等を表す基準枠となるグリッドを基本とする発掘区の設定を行う。グリッドの設定には、大きさや方向等にある程度の統一した基準を設ける方が以後の作業進行において効率的である。

作業方針と留意事項

○グリッドは基準となる座標系に沿って設定することを基本とする。ただし、地形や発掘範囲の形状等の条件により、それらに適応したグリッドの設定が適している場合は、グリッド設定の基準を座標で示すことができるようにしておく。

○グリッドの大きさは2m・4m・5m・10mが一般的な単位であるが、古代の遺跡を中心に3m単位も用いられている。遺跡の状況にもよるが、同一地域では同じ基準に基づくのが望ましい。発掘区内には、グリッド杭を打設する。

成果品

・地区割図
・地区の入った発掘区配置図

2．表土等の掘削
目的と意義

調査対象地の表土等（表土及び遺物包含層上面までの層）を除去する。この層は発掘作業の主な対象となる遺構面とそれに伴う包含層の上面に堆積したものであり、調査の直接的な対象ではないことから、効率的に行う。

作業方針と留意事項
- 包含層を誤って重機で掘削してしまったり、重機掘削すべき表土等を厚く残して後の作業効率が落ちたりしないよう、包含層の高さや範囲等の所在状況を正しく把握してから作業にかかる必要がある。そのため、試掘・確認調査等の成果も参考にして、適宜サブトレンチを設定する等して遺跡の基本層序を確認し、包含層上面を面的に的確に捉える。
- 原則として、調査対象時期の包含層上面近くまでは重機による掘削とし、その後で、人力による掘削、清掃を行って、包含層上面を検出する。窯跡や貝塚等、表土層に大量の遺物を含む場合には、それが遺構を強く反映するものであるため、人力による掘削を行って遺物を取り上げる。
- 出土遺物は遺構との関係は不明確であり、詳細な出土位置の記録等は必要でない。
- 遺構面が重複しその間に無遺物層をはさむ場合、無遺物層は表土等と同じ取扱いをする。

成果品
- 写真

3．遺物包含層の掘削
目的と意義

遺構を検出するため、その上に堆積している包含層を掘削する。包含層を正確に掘削するためには、試掘、確認調査での所見等を参考にして、遺構面までの層序を確認する必要がある。そして、その層位に従って掘削し、遺物を取り上げる。包含層出土の遺物は遺構内出土遺物に次いで意味のある資料で、層位や遺物の出土位置等は、遺構との関係に応じて的確に記録する必要がある。

作業方針と留意事項
- 発掘区の基本層序を認識するため、発掘区内に適宜土層観察用ベルトを設定する。その後、発掘区壁面や土層観察用ベルト沿いにサブトレンチを掘削し、層序の確認を行う。一次的包含層か二次的包含層かを、遺物の時期、形状や土質等に注意して見極める。
- 遺物の取上げ方法と出土位置の記録方法は掘削方法の選択と密接に関連しており、グリッドごとの層位単位で取り上げる場合、ドットマップの作成を行う場合、出土状況の実測を行う場合がある。
- 二次的包含層の掘削は、遺物を取り上げながら、大型の用具等による掘削とし、遺物の取上げはグリッドごとの層位単位とする。
- 一次的包含層の掘削は、大型又は小型の用具による掘削とする。遺物の取上げは、2～5ｍ単位のグリッド、層位単位を基本とする。本来の位置に近いと考えられ、出土状況に重要な情報が認められる場合は、さらに小単位のグリッドによる取上げや、ドットマップの作成、あるいは出土状況の実測を行うこともある。出土地点の位置と標高を層位図にそのまま投影しても、層位は必ずしもそのまま対応するものではないため、位置を記録する場合でもあわせて層位を記録することが必要である。写真は、重要度に応じた記録方法を採る。
- 一次的包含層と認識しているものの中に、掘り込まれた遺構の最上部や当時の生活面である旧地表面が含まれていることもある。下層の遺構と関連があると想定される遺物集中区は遺構に準じて取り扱う等、状況に応じた対応を行う。
- ドットマップ作成に関しては、遺物の出土状況を分析した上での歴史的意義の解明等の成果が必ずしもあげられていないという現状がある。単なる位置記録のみではなく、遺跡を理解するためにそのデータをどのように利用できるかの意義付けを認識しながら取上げ方法を選択し、後の整理等作業と報告書作成に生かしていく必要がある。（なお、本委員会協力者を対象とした実態調査によれば、ドットマップ作成は市町村よりは都道府県、西日本よりは東日本で実施することが多い。）

成果品
- 出土状況図・ドットマップ（1/10～1/20）
- 写真

4．遺構調査（竪穴住居の場合）
（1）遺構検出
目的と意義

遺跡を構成する主たる要素である遺構の所在を明らかにするために行う、基礎的かつ重要な工程である。この工程の成否が、発掘調査の成果に密接に関わるもので、技術と経験が求められる。遺構の存在そのものを見落とさないようにしながら、慎重に実施することが肝要である。

作業方針と留意事項
- 遺構面を的確に把握した後、じょれん・移植ごて・草削り等の用具で遺構面を削る等して精査し、土の質や色調のわずかな差異に注意しながら、遺構の平面形を確認する。
- 重複関係が認められる場合、土の性質の差により可能な限り平面で新旧関係を確認する。竪穴住居では改築を行っていることがあるのでその痕跡を見落とさないよう注意を要する。
- 遺構を検出した後は、遺構配置略図を作成した上で、

付編

遺構の規模や発掘区内での配置あるいは相互の関係等を明確にして作業を進める。検出した遺構には適宜遺構番号を付け、遺構配置略図にも番号を記入する。
成果品
・遺構配置略図（1/50～1/200）
・写真

（2）遺構埋土掘削
目的と意義
　発掘作業において、遺構の詳細な状況や年代等を明らかにするための最も重要な工程である。遺構内の遺物は最も有意な情報をもつため、遺物の出土とその状況に留意しつつ慎重に掘り下げる。
作業方針と留意事項
○土層観察用ベルトで原則4分割し、サブトレンチを設定する等して、埋土の堆積状況や遺物の包含状況から貼床や埋立等の人為的埋め土か、自然堆積かを的確に見極めながら、基本層位を確認する。重複関係がある場合は相互の関係がわかる形で土層観察用ベルトを設定し、新しい方の遺構から掘削して遺物を分別する。
○小型の用具を用い、遺物の出土状況と層位の関係に注意しながら、慎重に掘削する。遺物はすぐに取り上げず、出土状況を確認してから、遺構の構築から廃絶までのどの段階のものかを的確に判断し、それに応じた適切な記録を作成した上で取り上げる。記録と取上げの方法には、遺構内の小地区ごとに層位単位の一括、遺物を埋土とともに柱状に残す等してのドットマップの作成、出土状況の実測等の方法がある。原則として、出土状況に特別な意味が認められない限り、土層観察用ベルトで区分した地区ごとに基本層位単位の一括で取り上げる。位置の記録は、写真で代用する場合もある。
○柱穴・カマド・炉・貯蔵穴・貼床・周溝等の付属施設を精査、検出し、住居の構造を明らかにする。貼床をもつ場合は床面下の調査まで行う。住居の形態、構造には時代差・地方差・個体差があるので、適切な調査方法を採ることが必要である。
○住居の埋没過程が復元できるように留意しつつ、土層観察用ベルトの壁面を観察、分層し、サブトレンチで確認した基本層位について、埋土の掘り下げにより得られた情報を含めてあらためて詳細に観察し、検討する。その後、土層観察用ベルトの実測、写真撮影を行う。土層断面図には堆積状況の所見も記入し、土層断面図の層位と遺物を取り上げた層位の対応関係の記録も必要である。
成果品
・出土状況図・ドットマップ（1/10～1/20）
・土層断面図（1/10～1/20）
・写真

（3）遺構の記録
目的と意義
　遺構の記録は発掘調査においては基本資料であり、とりわけ完掘時のものは重要である。そのため、図面と写真の表現方法の特性を生かした上で、必要な情報が十分表現された正確な記録を作成する。
作業方針と留意事項
○実測は必要な情報を取捨選択して図面に的確に表現するという技術が必要なため、十分な訓練を受けた者が行わなければならない。そして最終的には遺構の状況を熟知した調査員が点検を行う必要がある。実測の方法には遣り方を組んでの人手による測量、平板測量、トータルステーション等を用いたデジタルデータ化、空撮図化等の方法があり正確さを保証できる適切な方法を採用する。平板測量は小範囲の実測には有効で、状況に応じて活用する。空撮図化は校正を調査員が確実に行う必要があり、図化に十分反映しきれない遺構の細部は人手による測量をする。（なお、本委員会協力者を対象にした実態調査によれば、東日本と西日本とでは実測に対する考え方に差がみられる。人手による測量の比率は東日本4割に対し西日本8割であり、調査員が実測に関わる比率は東日本5割に対し西日本10割である。）
○写真は遺跡や遺物の最も克明な記録を保存する手段の一つである。多量の情報を正確、簡便に記録できるという利点があるが、使用する器材、フィルムの差により、成果品の品質に著しい差が生じる。そのため重要なものについては、文化財についての精緻な情報を記録し保存できるよう、その時点で採用しうる最善の方法で優れた記録を残すことが肝要である。大型のカメラを使用し、記録できる情報量はカラー写真が優れているが、保存性を考慮して銀塩の白黒写真を撮影することが望ましい。なお、現像に当たっては不適切な処理を行うと保存性が低下するため、適正な処理を行う。また、写真に関するデジタル技術は急速に進歩しており、用途によっては効果的に使用することも考えられる。
成果品
・実測図（1/10～1/20）、空撮図化図面（1/20～1/100；1/50程度）
・写真

5．遺構調査（竪穴住居以外の場合）
（1）掘立柱の遺構
目的と意義
　柱穴の集合として検出される掘立柱の遺構について、どの柱穴同士が組み合うのかを判断し、重複関係がある場合は、新旧関係を検討、確認する。また、柱穴の掘形だけではなく、柱痕跡や柱抜取穴も把握するように努める。

作業方針と留意事項
- 巻尺や間ざお（板等に目盛りを刻んだ簡易な計測用の道具）等を用いて柱間を計測し、規模や配置、埋土の質の差等に留意しつつ柱穴の組合せを検討する。掘立柱の遺構としては建物や塀等があり、建物の場合は廂や床束の確認までが必要である。一定の正確さを保った遺構配置略図を参考にしながら、現場で確認する作業は必須である。検出に当たっては、遺構配置略図をもとに遺構想定案を検討し、それに基づいて柱穴が未検出である部分を集中して探索すると効果的である。
- 検出した建物や塀同士で、複数箇所で重複関係がある場合は、いずれの箇所においても矛盾がないかを確認する。重複関係は平面での確認を基本とするが、断割りを併用する場合もある。遺構検出時にすぐに掘削してしまうと再検討が困難となるため、注意が必要である。
- 柱痕跡や柱抜取穴を確認し、それらは柱掘形と峻別して掘削する。掘立柱の遺構は近世までみられるが、柱穴の規模や柱間寸法等は時代・時期によって多様であり、小型の柱穴においてはすべてにわたって土層断面図や個別実測図等の詳細な記録をとる必要はない。
- 遺物は柱掘形と柱痕跡、柱抜取穴ごとに分けて、それぞれの一括で取り上げることを原則とする。柱掘形は建設時、柱抜取穴は解体時に掘った穴で、埋土内の遺物はそれぞれ建設時期と廃絶時期を示すことが多い。意図的に埋納した地鎮に関わる遺物、礎盤に使用したもの等、重要な意味があるものは遺構との関係がわかるように出土状況の実測を行う。
- 柱穴の断割りで確認すべき項目は、平面で柱痕跡や柱抜取穴が不明確であった場合における断面観察による確定、重複関係の再確認及び柱穴の埋土や深さ、底の状況の確認である。必要なデータをとった後には柱穴を完掘し、遺物を採取することが原則である。

（2）土坑
目的と意義
　土坑には、墓坑・埋納土坑・廃棄土坑・貯蔵穴・落とし穴、特殊なものには便所遺構・土器焼成坑等の種類があるが、性格が不明なものも多い。そのため、形態や埋土の特徴等から性格を正しく判断し、それに応じた調査方法を採らなければならない。土坑内の遺物は一括性が高い場合が多く、有意な情報をもつが、その性格によってもつ意味が異なる。
作業方針と留意事項
- 適宜土層観察用ベルトを残し、埋土の各層位が人為的に埋めたものか自然堆積かを見極めた上で、主に小型の用具で層位に注意しながら掘り下げる。人為的に埋めた土坑の場合は、細心の注意をはらって遺物の出土状況の確認をする。墓坑・埋納土坑・便所遺構・土器焼成坑等は特に注意して調査を行い、必要な場合は分析用のサンプリングを実施する。
- 遺物は、土坑内の小地区ごとに層位単位の一括で取り上げることを原則とする。墓坑や埋納土坑等、意図的に置いたものは出土状況の実測まで行う。

（3）溝
目的と意義
　一般に溝と呼んでいる遺構には、人工的に開削したものと自然流路がある。前者は敷地の区画や地割溝、排水路等の性格をもち、関連する遺構の存続期間を示す場合も多い。有機質遺物を含む多量の遺物が期待される点でも重要である。
　溝の存続期間は、規模にもよるが比較的長いものが多く、段階的に埋没していくため、遺物の一括性は比較的乏しい。また、改修及び溝さらえを行っていることも多いので、地点ごとに層位を正確に認識し、溝の変遷を表す層位の単位の把握が重要である。
作業方針と留意事項
- 適当な間隔でサブトレンチを設定し、基本層位を確認する。遺物の出土量や溝の規模に応じて、大型、小型の用具を選択して層位単位で慎重に掘り下げる。
- 溝の全長は比較的長いため、地点によって堆積状況に差があることも多く、注意が必要である。溝出土遺物は基本的に廃棄されたものであることと、出土位置は水流の作用に左右され、出土状況は有意な情報をもたないことが多いことから、地区、層位単位に一括で取り上げることを原則とする。特に重要な意味があるものについては、位置を記録することもある。
- 自然流路の場合は、サブトレンチを設定して層位や遺物の包含状況を確認し、どの範囲まで調査対象とするかを決定する。
- 有機質遺物は脆弱なものが多く、取上げには慎重を要する。また、有効な場合適宜土壌サンプルを採取して必要な理化学的分析を行う。
- 実測図作成に際しては、溝の改修、岸の崩壊等、溝の変遷が表現できるように留意する。

（4）井戸
目的と意義
　井戸は水を得るための施設であり、遺跡を残した集団の生活に関わる重要な遺構である。有機質遺物を含む多量の遺物が出土することが多い。井戸には、素掘りのもの、井戸枠を残すもの、井戸枠が抜き取られているものがある。掘形、井戸枠内及び井戸枠抜取穴を、埋土の状況から平面・断面で峻別することが重要である。
作業方針と留意事項
- 平面で精査して規模や形状から井戸かどうかを判断

付 編

し、掘形、井戸枠内埋土、井戸枠抜取穴を確認する。
○平面で確認した輪郭に基づき、土層観察用ベルトで層位を確認しながら、大型、小型の用具を選択して、掘形・井戸枠内・井戸枠抜取穴の層位ごとに慎重に掘り下げる。井戸さらえを行っていることも多いので、層位の判定時にはそのことを十分認識する必要がある。また、掘削時や廃棄時に祭祀を行っている例もあり、出土遺物や堆積状況から慎重に見極める。遺物は、掘形・井戸枠内・井戸枠抜取穴ごとで、それぞれの層位単位に一括で取り上げることを基本とするが、状況に応じて位置を記録したり、出土状況の実測を行う。
○井戸枠内のみならず、掘形の平面、断面の精査まで確実に行って井戸の構築法を明らかにし、全体状況の入った断面図を作成する。
○井戸は深いものが多く、湧水もあるため、壁が崩壊する危険性が非常に高い。また、酸素欠乏の危険もあるため、作業の安全管理には十分に注意する。

6．理化学的分析・日常管理等
（1）理化学的分析
目的と意義

理化学的な分析では、考古学的手法とは異なるさまざまな結果が得られ、大きな成果も期待できる。主なものとして、①放射性炭素(^{14}C)、火山灰、考古地磁気等による年代測定、②花粉、樹種、珪藻、プラントオパール等による古環境の復元、③その他の土壌分析（植物遺体の検出、寄生虫卵による便所遺構の確認等）がある。

作業方針と留意事項

○遺跡の内容やあり方からみて、有効な分析対象を適切に選択する必要がある。サンプリングは、分析担当者とよく問題点を整理し、包含層や遺構埋土等、発掘作業の全期間にわたり適切な対象について行う。将来の分析資料とする意味で、多数のサンプルを採取することもある。
○分析の実施に当たっては、遺跡の理解に必要で、有効性が確認されている方法による分析を、採取したサンプルの中から選択して行う。
○プラントオパールや火山灰等の分析の場合は、分析結果を発掘作業に生かすことを心がける。

成果品
・サンプル採取位置図、写真
・分析成果品

（2）日常管理
目的と意義

発掘調査全般を安全かつ確実に実施するためには、調査活動全体の日常的な管理が重要である。進行状況を客観的な形で残すためには、日誌類の作成を行う。調査に伴って発生するさまざまな成果や課題を日々検証し、記録することによって、以後の調査を円滑に進めることができ、後の整理等作業の際にも参考となる。

作業方針と留意事項

○日誌類は調査全般を通した唯一の記録であり、行政的な記録を兼ねるものであるため、後に作業の経過がたどれるように留意する。調査日誌には、作業経過、成果、課題、特記すべき遺構、遺物等の項目を記入する。文章のみでなく、略図や写真も併用すると効果的である。
○発掘作業を中心になって担当する調査員は、常に全体の調査を統括し、遺跡全体の状況を把握して日誌を作成する。細部については、各発掘区を担当する調査員と討議をして作成する。
○作業全般にわたり、安全管理を十分に行う。

成果品
・調査日誌
・写真

別紙2　整理等作業の標準

1．記録類と遺構の整理
（1）調査記録の基礎整理
目的と意義

発掘作業によって作成された図面類・写真・日誌類等の記録類は基礎的な資料としてきわめて重要である。必要なデータが整っていないと資料としての価値が著しく失われることから調査記録を整理し、内容の確認を十分に行い、整理等作業に活用できるように適切に保管、管理する。

作業方針と留意事項

○作業は、発掘作業についての情報・成果を正確に把握した上で行わなければならないことから、発掘作業を担当した調査員が行うことが望ましい。
○現場での所見を明確に記憶しているうちに、図面類・写真・日誌類・その他メモ類等調査成果を直接示す資料について、必要な注記や所見、枚数や内容等を正確に確認する。
○図面番号等を付加した上で、整理等作業に確実に活用できるようにするとともに、分類して図面台帳を作成する等して保管する。

（2）遺構の整理・集約
目的と意義

遺構のおおまかな年代や分布の変遷等を明らかにするために、遺構ごとに各種の記録や情報の整理と集約を行う。

作業方針と留意事項
- 発掘作業で作成した平面図・土層断面図・遺物出土状況図・遺構部分図、基本層序等の記録に発掘作業時の所見等から検討を加え、遺構の種類、規模や形状、数量、新旧関係等を確認し、遺構ごとに整理する。
- 遺構一覧表・台帳等を作成し、情報を管理する。

（3）遺構の検討
目的と意義

個別の遺構のおおまかな年代・種別・遺構群全体における位置付け等を検討し、報告書の中での取扱いや記載内容等の詳細、調査成果を示すために必要な図面・写真等を決定する。

作業方針と留意事項
- 遺構や遺構と遺物の関連について、遺跡の年代、遺構の種別や遺構群全体の中での位置付け等を検討する。
- 個別の遺構そのものの検討と遺構から出土した遺物についての取扱い方針を決める。

2．遺物の整理
（1）洗浄・乾燥・注記
目的と意義

遺物に付着している土壌等を洗浄して乾燥させたのち、遺物全体を観察し、後の作業と保管のために必要なものについて注記を行う。

作業方針と留意事項
- 出土品の全量をすみやかに洗浄することを原則とする。出土遺物の情報を発掘作業や整理等作業に活かすために、遺構出土のもの等遺跡を理解する上で重要な遺物を優先し、遺物の状況に応じて適切な器具を選択しながらできる限り汚れを落とす。
- 遺物の劣化やカビの発生を防ぎ、接合作業等を確実に行うために十分に乾燥させる。
- 接合や実測の作業を的確に効率よく進めるために、全体の概要を観察し遺物の資料的価値を見極めた上で、報告書に掲載すべき遺物を念頭に置きながら、以後の作業方針を決定し、それに基づき適切に選別する。
- 洗浄、乾燥が終わった遺物について、全体の状況を把握した後、以後の作業に供する遺物と、注記の必要がない遺物とを選り分けて、遺跡名・遺構名・層位・取上げ番号等の必要な情報を注記する。場合によっては関係するものを一括してまとめる等、合理的に行う。
- 注記は小さく、目立たないところに記入するとともに、長期間経過しても消えないような処置を行う。
- 小型品・木製品・金属製品等、遺物によっては直接注記することが適当でないものがあり、その場合には別の表示方法をとる。

（2）接合
目的と意義

遺物の器種・器形・時期等をより正確に判断するために、遺物の破片を接合して本来の姿に近づける作業であり、個々の遺物の観察を詳しく行う機会でもある。また、各遺構の同時性などを知る上で、異なる遺構の出土遺物同士の接合関係の把握が有効なこともある。石器等の接合により製作技法等が復元でき、それに伴う人間活動を知ることができる機会でもある。

作業方針と留意事項
- 遺物の資料的価値により報告書に掲載すべき遺物を判断し、それらを優先して接合する。
- 遺構出土の一括遺物の場合には、個体数や器種構成を知るために有効であり、可能な限り接合する必要がある。
- 軟質で脆弱な土器や瓦等は樹脂等で強化してから接合する必要がある。
- 適切な作業スペースを確保し、正確かつ効率的に作業を行う。

（3）実測
目的と意義

実測は、立体である遺物を観察しながら計測し、図化（実測図を作成）する作業である。実測を行う資料は単純に実測が可能なものすべてではなく、報告書に掲載するために必要なものを中心とする。個別の遺物を最も詳細に観察する機会でもあり、重要な意義をもつ工程である。

作業方針と留意事項
- 遺物の資料的価値を的確に判断し、それに応じて実測する遺物を選択する。実測対象とする資料は、遺物全体について種別、器種、器形、文様、製作技法等を十分観察して、考古学的な成果を踏まえて正しく分類を行った上で、同種、同類のものの中から典型的、代表的なもの等を適切に選択する。選択の基本的な考え方は以下のとおりである。

①遺構出土で、かつ、一括資料として高い価値を有する資料

必ずしもすべての個体を実測図で表現する必要はないが、すべての器種は基本的に実測図により器種構成を可能な限り正確に示す。なお、正確な器種構成比・出土個体数は別途図表、文章により説明を加えることとする。

②炉・カマドに据えられた土器、埋甕や木棺等、遺構と一体あるいはその一部を構成する資料

すべての資料を示すことを原則とする。

③遺構の時期を示す資料

住居の床面直上、溝跡の最下層等からの遺物の実測は特に重要で不可欠である。埋土中から出土した土器等は適宜選択する。

付編

④その他の遺構及び包含層出土の資料
　　他地域で生産されたもの、出土例が少ないもの、残存度が高いもの等単独でも意味のあるものを選択する。
○実測図は、観察を十分行った上で、考古学的な基本を踏まえた表現方法で以下のような考え方で表示する。
①製作時の状況を念頭におき、器形・製作技法・時期等の遺物の特徴を適切に表現する。
②製作技法等を表す場合は必ずしもすべて実測をする必要はなく、実測する範囲や表現方法等を工夫する。
③土器や瓦の文様、土器・陶器・瓦のタタキ目、あて具痕等表面に凹凸がある文様や調整痕跡等については拓本により墨の濃淡で簡便に表すことができ、陶磁器の文様等は写真を使用する等効果的に実測図と併用する必要がある。
④表現方法等は、具体的な意味が正確に理解できるようにするために、各地域の中で共通のものとするように努め、全国に流通する遺物等については広く普及している方法をとる。
⑤使用痕等も必要に応じて図示するとともに、図示できないことについては注記することも必要である。
○作業員等が実測したものについては、正しく計測され必要な情報が的確に表現されているかどうかを調査員が必ず点検、確認する。これは、実測を外部委託した場合も同様である。
○作業の効率化を図るために、複雑な形や文様をもつ遺物についてはコンピュータや写真を利用した実測の方法を導入することも有効であるが、実測の本来の目的と意義を正しく認識した作業を行う必要がある。
○実測図は詳細な遺物観察の結果であり、保管・管理の際の資料となることから記録保存の成果として保存する。

（4）遺物全体の検討
目的と意義
接合や実測等の成果をもとに、個々の遺物を報告書の中でどのように扱うのかの概略を決めるために、遺物の年代・種別、遺物全体の中での位置付け等を検討する。
作業方針と留意事項
○考古学的な知見を十分に踏まえて、出土遺物全体の器種構成や分類、編年を適切に行う必要がある。
○遺物の資料的価値を、記録類の整理の工程で得られた成果を参考にしながら再確認する。

（5）復元
目的と意義
写真撮影のために欠落部分を石膏等の補填材で復元する作業である。原則として、写真を報告書に掲載するものを対象として行う。

作業方針と留意事項
○主に報告書に写真を掲載する必要のあるもので、器形を復元して表現することが必要なものに限って行うこととし、遺物を汚して資料的価値を損なわないようにする。
○土器等の場合は、復元後はその断面や内面が観察できなくなるため、実測後に行うことが必要である。
○意味のある欠損部分は接合までにとどめ、補填しない。
○写真撮影の際のハレーションを防止するため、適度な着色を施す。

（6）写真撮影
目的と意義
実測図では表現できない遺物の質感や量感、製作・調整技法、遺存状況等を示すために、報告書に掲載する遺物の写真撮影を行う。
作業方針と留意事項
○報告書に掲載すべき遺物で実測できないものは写真で表現する。
○遺物の形状や特徴、質感や量感、製作・調整技法が鮮明に表現されるような性能を備えた適切な器材と撮影方法を用いる。
○撮影後のネガやスライド等は必要なものについて適切に保存する。

（7）理化学的分析
目的と意義
発掘調査の成果を豊かにし、遺跡を総合的に理解するために、考古学的な手法や分析では明らかにしにくい年代測定や環境復元、材質・原産地の鑑定・同定等の分析を行う。
作業方針と留意事項
○発掘調査で得られた遺物についての理化学的分析は、すべての遺跡において必要なものではなく、遺跡を総合的に理解する上で必要な場合のみ、明確な目的をもって行うことが必要である。
○理化学的分析は、対象とする資料の考古学的な分析を十分行った上で、分析方法の有効性が確認されている方法で行うことが必要である。

（8）保存処理
目的と意義
出土したままの状態では整理等作業や保管に支障をきたすような脆弱な遺物について、保存のために科学的な処理を施す作業である。
作業方針と留意事項
○脆弱な遺物、形状が不安定な遺物、錆化が著しく本来の形状等が不明なもの等について、遺物の材質や状況に応じて、形状や質感が大きく損なわれないような適

切な方法で行う。

3．調査成果の総合的検討
目的と意義
　発掘調査の成果を記録としてまとめるために、記録類と遺構の整理の工程における検討結果と遺物の整理における遺物全体の検討結果をあわせて整理した上で、個別及び全体の遺構の時期や性格を明らかにし、報告書における事実記載の検討を行う。
作業方針と留意事項
　○調査員が複数の場合には、事前に記載内容について共通理解を得るために十分な意見調整を行い、客観性を保ち齟齬のないようにする。

4．報告書作成作業
（1）文章作成
目的と意義
　記録類の整理や出土遺物の整理の各工程で得られた成果と、それらを踏まえた総合的な調査成果を明快に伝えることができるよう、平易で理解しやすいものとする。
作業方針と留意事項
　○文章は報告書の根幹となる重要な表現方法であることを十分認識し、基本的なことや、図や写真では表現できないものについて正確にわかりやすく簡潔に記述し、必要に応じて箇条書きや一覧表の形式を採用する。用語や表現についても平易なものとするよう心がける。
　○図や写真は本文との関連付けによって適切に選択し、使うように配慮する。
　○記載内容については組織内で十分な検討を行い、客観性を確保する。

（2）トレース・版下作成
目的と意義
　報告書に掲載するために遺構や遺物の実測図をトレースし、印刷用の版下を作成する。
作業方針と留意事項
　○トレースの対象とする資料は、あらかじめ版下のレイアウトを行う等して、必要なものを選択する。
　○トレースは、報告書に掲載する必要のある遺構、遺物の実測図について、正確で理解しやすく、鮮明な出来上がりになるように適切な線号を選択して行う。
　○実測図に描かれているすべての情報をトレースする必要はなく、遺構や遺物の特徴を示す情報を適切に選択して表現する。
　○版下作成は、遺構や遺物の特徴が一目でわかるように十分配慮して、適切な位置に図を配置する。

（3）割付・編集
目的と意義
　文章と図の対照、図の配列、全体を通しての見やすさに十分に配慮して割付を行い、利用しやすいように編集を行う。
作業方針と留意事項
　○最終的な報告書の構成や体裁を決定する。
　○関係する調査員や組織内での意見調整や検討を十分に行うため、必要に応じて編集委員会等を設置し、客観性を保つ必要がある。

（4）印刷
目的と意義
　長期間の保存と資料としての活用に耐えられるよう、適切な印刷と体裁で作成する。
作業方針と留意事項
　○印刷方法や長期間の保存・活用に耐えられる紙質、装丁等は華美なものにならないよう適切な仕様を決め、発注する。
　○誤りのない正確な内容とするために十分な校正を行う。

5．保管・活用に備えた作業
目的と意義
　記録類や遺物は、確実に保管し文化財の普及・活用等の一環として積極的に公開することが必要であり、そのために必要な作業を行う。
作業方針と留意事項
　○記録類、整理等作業で作成した資料類や出土遺物は遺跡が所在する地方公共団体で確実に保管する。また、それらを利活用できるように適切な保管、管理のための台帳等を作成し、管理する。
　○収蔵した記録類、出土遺物を積極的に利活用するために、それらの効率的・効果的な取扱い方法を検討、策定して、必要な体制の整備を図る。
　○出土遺物は、各地方公共団体の取扱い基準に従って保管・管理する。
　○火災や災害等に備え、記録類や出土遺物の種類や内容によって保管・管理方法を工夫する。具体的には、『出土品の保管について』（平成15年10月、発掘調査体制等の整備充実に関する調査研究委員会）を参照する。

付　編

別紙 3　発掘調査報告書の標準

1．報告書の構成と記載事項
（1）報告書の構成
○報告書は、前文・本文からなり、主に以下のような章・節で構成される。
　　前文
　　　　表題、序文、例言・凡例、目次
　　本文
　　　　第1章　経過
　　　　　　第1節　調査の経過
　　　　　　第2節　発掘作業の経過
　　　　　　第3節　整理等作業の経過
　　　　第2章　遺跡の位置と環境
　　　　　　第1節　地理的環境
　　　　　　第2節　歴史的環境
　　　　第3章　調査の方法と成果
　　　　　　第1節　調査の方法
　　　　　　第2節　層序
　　　　　　第3節　遺構
　　　　　　第4節　遺物
　　　　第4章　理化学的分析
　　　　第5章　総括
　　　　報告書抄録
○上記の構成は標準的なものであり、個別の発掘調査の内容によっては、章・節の省略や統合、あるいは追加が生じることが考えられる。
○本文第3章では、遺構と遺物を別の節に分けたが、遺構とその出土遺物をまとめて一つの節とする場合も少なくない。遺跡の内容等によって適切な方法を選択することが考えられる。

（2）報告書の記載事項とその内容
（ア）前文
①表題
○検索のための利便性を考慮し、原則として主題か副題のいずれかに遺跡名を入れる。
②例言・凡例
○当該発掘調査についての、調査原因となった事業名、調査地住所（都道府県名を必ず記載する）、調査主体、調査期間（発掘作業及び整理等作業の期間）、報告書の執筆者及び編集者名、経費負担のあり方、記録類や出土品の保管場所等を記述する。なお、発掘・整理等作業の体制をここで記述する場合もある。
○報告書で示されている、方位や標高の表示方法、遺構・遺物実測図の縮尺等、報告書を利用する上で必要な事項を記述する。

（イ）本文
①経過（第1章）
a）調査の経過（第1節）
○調査の原因、取扱い協議、法的手続き、試掘・確認調査の結果に基づく取扱い協議、遺構の保存協議（その経過や設計変更及び保存の内容）等の経過と内容について記述する。
・図面：開発計画図、遺構の保存措置を執った場合はその内容がわかる図等がある。
・写真：調査着手前写真等がある。また、調査地の特定ができるよう、必要であれば開発終了後の調査地風景写真も掲載する。
b）発掘作業の経過（第2節）
○全体計画、体制（主体者、担当者、作業委託の状況等）、作業の経過、現地説明会の実施状況等を記述する。
c）整理等作業の経過（第3節）
○全体計画、体制（主体者、担当者、作業委託の状況等）、作業の経過等を記述する。
○遺物の保存処理を実施した場合、その概要を記す。
②遺跡の位置と環境（第2章）
a）地理的環境（第1節）
○調査対象遺跡を含む一定範囲について行政区分や位置、地形や自然環境等を記述する。地形に関しては、調査終了後に大きく改変される場合があるので、特に詳細に記す。
・図面：遺跡位置図、遺跡周辺地形図等がある。
　・遺跡位置図：遺跡の位置を都道府県単位の図等に示したもの。
　・遺跡周辺地形図：遺跡の立地環境がわかる図で、地形図に調査対象地を示したもの。地形分類図を併用することもある。
・写真：遺跡周辺の環境がわかる遺跡遠景写真、旧地形のわかる航空写真等がある。
b）歴史的環境（第2節）
○調査対象遺跡を含む一定地域についての歴史的変遷を記述する。発掘調査の成果を理解する上で必要な時代については重点的に説明する。
・図面：地形図等に調査地周辺の遺跡の分布状況を示した遺跡分布図等がある。
・写真：歴史的環境のわかる写真等がある。
③調査の方法と成果（第3章）
a）調査の方法（第1節）
○試掘・確認調査の成果や既往の調査成果を示し、当該調査の実施に当たって設定された目的や課題等を記述する。
○目的や課題、問題意識に基づいた発掘作業、整理等作業の方針、実際に行った具体的な調査方法等を記述する。あわせて、発掘作業や整理等作業において特に留

意した事項についても記述する。
・図面：試掘・確認調査区位置図、既往の調査区位置図、試掘・確認調査及び既往の調査成果に関する遺構・遺物実測図、発掘調査地区割図等がある。既往の調査区位置図と発掘調査地区割図は同一の図面で示してもよい。

b）層序（第2節）
○各層位については、土層名・土色・土質、遺物包含状況、さらにはその層の成因や時期、性格等について記述する。また、発掘作業において遺物を取り上げた層位と土層断面図の関係についても説明する。
○遺構面と包含層の関係や、火山灰のように広範囲にわたって確認され遺跡を理解する上で重要な鍵となる層については重点的に記述する。
・図面：土層断面実測図あるいは土層断面模式図等がある。その際、遺構面を強調したり、鍵となる重要な層については網掛けで図示する等、層序の特徴がよくわかるよう工夫する。
・写真：層序の特徴を最もよく表した断面写真等がある。

c）遺構（第3節）
○遺構の時期や検出面の数をはじめとする全体の概要、遺構種別ごとの概要を示した後、個別の遺構内容を記述する。その際、遺構の規模や形状といった客観的な成果だけでなく、遺構の検出過程や調査中に試行錯誤したこと等についても言及するよう努める。遺構名称は、遺構種別と番号で示す。
・図面：遺構全体図・遺構配置図・遺構個別図・遺物出土状況図・ドットマップ等がある。
  ・遺構全体図：検出した遺構のすべてを掲載した図。おおむね1/200〜1/500程度の縮尺とし、調査面積が広大な場合は1葉の図面に収まらないこともある。遺構個別図を作成しない遺構については、この図によって遺構が特定できるようにする。付図は紛失しやすく利用しにくい場合が多いので、できる限り避けることが望ましい。やむをえない場合は、図面ごとに必ず遺跡名を付ける等配慮が必要である。
  ・遺構配置図：主要な遺構について、検出された遺構の構成と配置を一目でわかるように模式的に示した図。
  ・遺構個別図：遺構の平面実測図と断面実測図で構成された図。
  ・遺物出土状況図：遺構から出土した遺物の状況を示した図であり、平面実測図とその断面実測図からなる。
  ・ドットマップ：遺物が出土した平面的位置、垂直的位置をドットによって示した図。発掘作業で作成した図をすべて機械的に掲載するのではなく、遺物の分布や接合関係に意味があり、遺跡や遺構を理解する上で必要と判断されたものについて掲

載する。
・写真：全体写真・遺構個別写真・遺物出土状況写真等がある。
  ・全体写真：調査区全体の状況を撮影した写真。斜め上方から撮影した写真と垂直写真がある。前者は遺構の配置状況だけでなく土地の起伏や遺構の深さ等遺跡の立体感を表すことができ、写真の特性が生きる場合が多い。
  ・個別写真：完掘した遺構の全景写真を原則とするが、必要に応じてその過程やその遺構に付属する施設の詳細を示す写真を掲載する。
  ・遺物出土状況写真：遺構の時期や性格等を最もよく表した写真を掲載する。遺構と遺物の関係がよくわかるものを掲載する。図はなくても写真だけで足りる場合もある。
・表：遺構の規模や形状等を掲載した一覧表。必要な遺構と項目を選択し掲載する。

d）遺物（第4節）
○遺物全体の種類や時期、おおよその出土量（コンテナ数等で示す。）等の概要を記述したのち、個別説明を行う。個別説明では分類基準を示し、全体の傾向や特徴等について言及する。実測図を掲載したものについての、選択基準を示す。
・図面：形式分類図・遺物実測図等がある。
  ・形式分類図：土器、石器等の形態に基づいた分類図。多量に遺物が出土し、遺物の特徴を説明する際に有効な場合に掲載する。
  ・遺物実測図：遺構の時期を決める遺物や遺構から出土した一括遺物等、遺構や遺物のあり方を考える上で必要と判断されたものを掲載する。その際、遺構の時期を決定する遺物、遺構出土一括遺物は器種構成やその比率等を考慮し、それぞれ必要な量を掲載する。各遺物の縮尺率はその種類ごとに統一することが望ましいが、特殊なものは大きさや特徴に即して決める。
・写真：個別写真、集合写真等がある。個別写真は遺物の質感、胎土、色調、遺存状況等の特徴を表現できる大きさにする。実測図を掲載したものすべてに個別写真を掲載する必要はなく、たとえば同種同形のものが多数出土した場合は代表的なものを選択する。
・拓本：有効性が認められるものについて掲載する。
・表：遺物観察表。遺物の種類によって掲載する必要があるものに用いる。実測図に表現された調整技法の記載は原則として不要であり、特記事項や実測図で表現できないことを中心に記載する。土器の胎土、石器の石材、木器の樹種も記載する。

④理化学的分析（第4章）
○分析の種類には、年代測定、自然環境の復元、土器・

付　編

石器・金属器等の産地同定、石器・木器等の材質鑑定等があり、遺跡の内容に応じて実施した分析結果を掲載する。

⑤**総括（第5章）**
○発掘作業から整理等作業の過程で明らかになった遺構や遺物とそれら相互の関係を総合的に検討した上で、遺跡の構造、変遷といった発掘調査成果の基礎的な整理を行い、歴史的位置付けについても言及する。

⑥**報告書抄録**
○現在普及している様式に、発掘調査成果の要約（約500字）の項目を加えるものとする（51頁様式参照）。
○可能な限り、巻末に掲載することが望ましい。

2．記載に当たっての留意事項
（1）全体に関する留意事項
○遺構出土遺物については、遺構と別々に記述する方法と遺構ごとに出土した遺物をあわせて記述する方法がある。本標準では前者を示したが、それぞれの方法の特性や遺跡の内容により適切な方法を選択する。
○図面や写真について、既製の地形図や航空写真等を使用する場合は、原図作成（撮影）の主体者・時期・縮尺・図幅名等を明示する。
○遺構実測図には方位、標高及び縮尺を表した物差し（スケールバー）、土層断面図には標高及び縮尺を表した物差し、遺物実測図には縮尺を表した物差しを必ず表示する。
○写真は、カラーと白黒各々の特性を理解した上で使い分けて掲載する。

（2）個別の留意事項
（ア）目次
○報告書全体の構成が把握しやすいように、本文では章と節の構成を、図や写真では個別遺構名と遺構の内容を示す。
○本文と図、写真、表等の検索が容易に行えるように工夫する。

（イ）遺跡の位置と環境
○同じ遺跡ですでに報告書が刊行され、これについて詳細な記述がある場合、その報告書名を示した上で、簡潔に記述することができる。

（ウ）調査の方法と成果
①**遺構**
○遺構の性格や内容に応じて記述の方法を工夫する。たとえば、竪穴住居や掘立柱建物、井戸等は遺跡を構成する主要な遺構であり、個々の内容について詳細に記述する必要がある。一方、小規模な溝や性格不明の土坑・小穴等については、必ずしも個々の内容を述べる必要はなく、全体の傾向等を記述することで足りる場合がある。
○遺物の出土状況は、遺構の年代や性格を決める重要な情報である。遺跡を理解する上で必要と判断されたものについては、遺物の出土層位とその特徴を記述し、それを踏まえて遺構の性格や年代についても言及する。

②**遺物**
○遺物の個別説明をする際、図や写真をみればわかるような事項については、逐一記述して全体が冗長にならないよう、記述内容を工夫する。

（エ）理化学的分析
○報告書全体の量を考慮して、掲載する分析結果の占める割合が過度に多くならないよう、分析者とあらかじめ調整をする。

（オ）総括
○発掘作業や整理等作業を担当した調査員あるいは調査機関が、学術的成果に基づき、考古学的手法を用いて記述する。
○遺跡を理解することに直接関わらない独立した内容の論文は掲載しない。
○総括に要する分量は写真を除いた本文（図面を含む。）のおおむね数％から10％程度とする。なお、総括を行うために出土資料の編年や類例の検討等の考古学的分析が必要な場合は、これに要する分量が増加することもある。

報告書抄録《記載要領》

1－1	ふりがな		書名にふりがなを付す。読みはひらがなを原則とするが、かたかなでも可。ローマ数字、括弧付き数字、丸付数字などは全て算用数字に替えて記入する。
1－2	書　名		主たる書名を記入する。できるだけ遺跡名が入った部分を書名として拾うこと。特に書名がなくシリーズ名のみの場合は、本欄にもシリーズ名を記入すること。
1－3	副書名		主たる書名以外に副題がある場合は、その副題を記入する。
1－4	巻　次		書名がシリーズ名の場合、その巻次を記入する。
1－5	シリーズ名		書名とともにシリーズ名がある場合、そのシリーズ名を記入する。
1－6	シリーズ番号		そのシリーズの巻次を記入する。
1－7	編著者名		主たる執筆者から順次記入する。
1－8	編集機関		編集機関を記入する。
1－9	所在地		編集機関の所在地と電話番号を記入する。郵便番号も記入のこと。
1－10	発行年月日		発行日を西暦で記入する。編集機関と発行機関が異なる場合には、発行年月日の前に発行機関の項目を設ける。
2－1	所収遺跡名		掲載遺跡名を記入する。必ずふりがなを付けること。
2－2	所在地		遺跡所在地を都道府県以下、大字程度まで記入する。ふりがなを付し、「町」や「村」もそれが「ちょう」「そん」と読むのか「まち」「むら」なのか、分かるようにふりがなを付ける。広範囲にわたる遺跡の場合、掲載調査区が属する主たる所在地名を記入する。
2－3	市町村コード		遺跡の所在する市町村を、総務省が定めた「全国地方公共団体コード」により都道府県コード＋市区町村コードの5桁で記入する。JISコードと同じ。
2－4	遺跡番号コード		市区町村別の遺跡コードを記入する。未決定の場合は、空欄とする。各市区町村内で同一コードが複数の遺跡に重複せぬよう留意すること。
2－5・6	北緯・東経		遺跡のほぼ中心と思われる位置を度分秒の単位で記入する。国土地理院2万5千分の1地形図等を利用して算出する。
2－7	調査期間		西暦を使用し全部で8桁で記入する。調査期間は実際の発掘作業期間とし、整理等作業の期間は含めない。調査が数次にわたる場合、分けて記入する。
2－8	調査面積		調査対象面積ではなく実際の発掘面積を平方メートル単位で記入する。
2－9	調査原因		発掘調査の原因を記入する。（発掘届の原因を参考）
3－2	種　別		掲載遺跡についてその種別を以下を参考にして記入する「集落・洞穴・貝塚・宮都・官衙・城館・交通・窯・田畑・製塩・製鉄・その他の生産遺跡・墓・古墳・横穴・祭祀・経塚・社寺・散布地・その他」
3－3	主な時代		各遺跡の主たる時代を記入する。細別時期・世紀が判明する場合、併記も可。
3－4	主な遺構		各遺跡で検出された主な遺構と遺構数を記入する。
3－5	主な遺物		各遺跡で検出された主な遺物について記入する。可能ならその数量も記入。
3－6	特記事項		調査成果、遺跡の性格など、特記すべき項目を記入する。
3－7	要　約		発掘調査の成果、遺跡の意義等を500字程度に要約する。

全般的注意事項

・報告書抄録は、原則として発掘調査報告書作成者が、報告書に記された遺跡・調査・内容に関する情報と書誌情報を、本様式、書式に従って抄録し、報告書中に掲載するものとする。

・抄録は報告書巻末への掲載を原則とするが、例言や凡例の後、奥付、裏表紙などの余白利用でも可とする。本文目次に抄録の掲載頁や位置を明記することが望ましい。

・所収遺跡数が多い場合は複数頁を使用する。その場合、適宜書式を変更するなど極力使用頁数の節約を図る工夫をすること。

・追加項目として「調査主体、資料の保管場所、書誌的情報（報告書頁数・版）」など独自に必要項目を加えたり、副書名やシリーズ名がない場合は不要項目を削除してもよい。ただし報告書の版サイズにかかわらず、できるだけ記載様式の統一性を維持するよう努めること。

付 編

報 告 書 抄 録 様 式

ふりがな	
書　　名	
副 書 名	
巻　　次	
シリーズ名	
シリーズ番号	
編著者名	
編集機関	
所 在 地	〒　　　　　　　　　　　　　　　　　　TEL
発行年月日	西暦　　　年　　月　　日

ふりがな 所収遺跡名	ふりがな 所 在 地	コード		北　緯 °　′　″	東　経 °　′　″	調査期間	調査面積 ㎡	調査原因
		市町村	遺跡番号					

所収遺跡名	種別	主な時代	主な遺構	主な遺物	特記事項

要　約	

出土品の取扱いについて（報告）

平成9年2月
埋蔵文化財発掘調査体制等の整備充実に関する調査研究委員会

【目　次】

はじめに

第1章　出土品の取扱いに関する基本的な考え方
　1　出土品の価値とその取扱いの制度
　　（1）出土品の文化財としての意義
　　（2）出土品の取扱いに関する制度とその運用
　2　出土品の保管・管理の現状と課題
　　（1）出土品の保管・管理の現況
　　（2）出土品の取扱いに関する問題点の指摘
　3　出土品の取扱いの今後のあり方

第2章　将来にわたり保存・活用すべき出土品の選択
　1　現状と課題
　2　改善方策
　　（1）基本的な方向
　　（2）選択の標準の大枠

第3章　出土品の保管・管理の現状と課題及び改善方策
　1　出土品の保管・管理の現状と課題
　2　改善方策
　　（1）保管・管理の方法
　　（2）保管・管理のための施設の整備等

第4章　出土品の活用の現状と課題及び改善方策
　1　出土品の活用と現状と課題
　2　改善方策
　　（1）基本的な方策
　　（2）新たな活用方法の開発
　　（3）展示・公開施設の充実等

参考資料　（略）

はじめに

　埋蔵文化財発掘調査体制等の整備充実に関する調査研究委員会（以下「委員会」という。）は、平成6年10月に、近年の開発事業の増大に伴う埋蔵文化財発掘調査件数の増加等の埋蔵文化財の発掘調査に関する諸課題に適切に対応するため、埋蔵文化財発掘調査体制等の整備充実について調査研究を行うことを目的として設置された。調査研究を進めるに当たっては、各地方公共団体等における実態を踏まえより審議を深めるため、都道府県・市町村教育委員会及びその関係機関の実務担当者からなる協力者会議を設置した。

　委員会では、概ね（1）埋蔵文化財保護体制の整備、（2）埋蔵文化財包蔵地の周知化と開発事業との調整、（3）発掘調査の方法・期間・費用、（4）出土遺物の取扱いと保管方法、（5）その他、の検討課題について調査研究を進めることとし、まず埋蔵文化財保護体制の整備に関する諸課題について検討を行い、平成7年12月には「埋蔵文化財保護体制の整備充実について」の報告を行ったところである。

　本年は出土品の取扱いに関して委員会6回、協力者会議5回を開催して検討を行った。検討に当たっては、地方公共団体(注)を対象として実態調査を実施するとともに、埋蔵文化財の関係団体からの意見聴取も行い、出土品の取扱いの実態や経験を踏まえつつ、出土品の取扱いに関する現時点における学術上の成果を反映するものを目指した。

　委員会においては、まず保管・管理を要する出土品を選択する必要性とその考え方を検討し、さらに管理上の利便性も考慮して、出土品の適切な保管方法について検討するとともに、出土品の積極的な活用のあり方についても検討した。この報告はこの検討の結果をとりまとめたものである。

　なお、埋蔵文化財保護行政は、従来、ともすれば発掘調査の急増への対応に追われ、各地方公共団体での埋蔵文化財の取扱いの標準化・効率化に向けた取り組みが不十分であったことは否めない。今回は出土品の取扱いについて検討したが、今後とも埋蔵文化財保護行政に関して、従来の経験や学術上の成果を踏まえ、標準化・効率化に向けた積極的な検討を進める必要がある。

　委員会としては、今後、文化庁及び地方公共団体において、この報告を踏まえ、所要の施策の実施を進め、また、更に検討を要する課題に積極的に取り組むことを期待する。また、出土品の取扱いを改善するためには、専門職員の充実をはじめとする埋蔵文化財保護体制の整備・充実、埋蔵文化財センター等の施設の整備・充実が不可欠であ

付　編

り、そのためのいっそうの理解と積極的な取り組みを期待したい。

(注) 全都道府県・市町村のうち出土品を保管している2,757の都道府県・市町村を対象として調査を実施した。したがって、この報告における数値等は、この地方公共団体における状況を表すものである。

第1章　出土品の取扱いに関する基本的な考え方

1　出土品の価値とその取扱いの制度
(1) 出土品の文化財としての意義

発掘調査に伴う出土品(注)は、文献資料とは異なる特質を備え、我が国の歴史や文化を理解する上で欠くことのできない情報を提供する貴重な歴史的遺産である。

近年、青森県の三内丸山遺跡の発掘調査や島根県加茂町での多数の銅鐸の発見等、我が国の歴史を理解する上において重要な発見が相次いでなされ、また、考古学上の新たな発見の積み重ねにより、我が国の歴史像が次第に明らかになってきており、国民の発掘調査や遺跡に対する関心が高まってきている。出土品についても、学術上の意義にとどまらず、我が国固有の文化を具現する文化的遺産として広く活用しなければならないという認識が高まっている。

また、多くの市町村において、地域の特性を生かした特色ある地域づくりが進められているが、発掘調査に伴う出土品を地域の文化財として活用し、個性豊かな地域づくりに取り組んでいる市町村も多い。

このような国民や地域社会での幅広い関心や認識の高まりに応え、発掘調査の成果としての出土品を文化財としていかに適切に保存・活用していくかということは、今後の埋蔵文化財行政の大きな課題の一つということができる。

(注) この報告においては、①文化財保護法上は、発掘調査により出土した遺物のうち、都道府県教育委員会等で文化財と認めたものを「文化財」としていること、②本報告で対象としているものは、そのような「文化財」に限らず、発掘調査現場で未整理なまま取り上げられたすべてのものを対象としており、必ずしも法律上の「文化財」に限られないことから、対象となる出土遺物については、原則として「出土品」という用語を用い、必要に応じ「出土文化財」という用語を用いている。

(2) 出土品の取扱いに関する制度とその運用

発掘調査に伴う出土品のうち都道府県教育委員会等による鑑査の結果文化財と認定されたものは、ほとんどが所有者が判明しないものであるためその所有権は国庫に帰属する。

国庫に帰属した出土品は、その学術的又は芸術的価値、適切な保存・活用の必要性等にかんがみ国において保有することとされたものを除き、地方公共団体へ譲与することを原則とすることとされている。実際上も国が保有しているものは毎年1〜3件程度であり、近年は、国で保有したものについても出土した地元の地方公共団体において保管し、活用しているものがほとんどである。

出土文化財については、それが文化財保護法や地方公共団体の条例により重要文化財等として指定されない場合、現状変更や移動・公開等について法的な規制を受けない。しかし、文化庁では、出土文化財を地方公共団体へ譲与する際、当該出土文化財を適切な施設において一括して保存・活用すべきことを求めている。また、出土文化財の名称・内容、出土地・遺跡名等を記載した台帳を備えるとともに、滅失、毀損、所有者・所在地の変更については都道府県教育委員会を経由して文化庁に報告することを求めている。(ただし、譲与された出土文化財の活用のあり方や貸出し等の取扱いについての考え方や指針は示されていない。)

このように、発掘調査に伴う出土品については、実態的には、ほとんどすべてが出土地の地方公共団体の所有となり、その地方公共団体で一括して保存・活用するという仕組みとなっている。

2　出土品の保管・管理の現状と課題
(1) 出土品の保管・管理の現況

地方公共団体における出土品の保管・管理の現状をみると、現在、地方公共団体で保管されている出土品は約459万箱(出土品量を60cm×40cm×15cmのプラスチックコンテナ箱に換算。以下同じ。)に上り、ここ数年毎年約30万箱ずつ増加している。

保管・管理の状況としては、暫定的な保管施設に保管されているものが246万箱で半数近くを占め、屋外に野積みされているものも約15万箱ある。

また、保管されている出土品のうち未整理のものが約4割を占め、整理棚に収納されているものは191万箱と半数に満たない。

このような状況は、出土品自体の保存・活用の観点からは好ましいものではなく、現に多くの地方公共団体において、すでに収蔵され、さらに毎年増え続ける膨大な量の出土品の取扱いに苦慮しており、その取扱いをどのように行っていくかは文化財保護行政上の大きな課題となっている。

埋蔵文化財に関する現行の制度ができた昭和20年代以降、経済・社会情勢は大きく変化し、発掘調査量も急増し、それに応じて埋蔵文化財保護に関しても開発事業との調整のあり方、行政の体制、発掘調査の方法等においてめざましい発展をとげてきた。

発掘調査の段階、整理作業の段階での出土品の取扱いや保管・管理のあり方についても各地方公共団体において工夫が積み重ねられ、改善のための努力が行われてきた。

そのような改善努力がなされてきた一方で、現在、多くの地方公共団体において出土品の保管・管理を含む取扱いに苦慮する事態となっている背景・理由としては、およそ次のようなものがあると考えられる。

（ア）近年、増加する開発事業に伴って発掘調査量が増加したこと。
（イ）特に、近年、多量の出土品を伴う近世の遺跡の発掘調査が多くなったこと。
（ウ）発掘調査自体の精密化により、調査対象となる出土品が増えたこと。
（エ）多量の出土品の整理等を行うための時間や体制が十分でなかったこと。
（オ）出土品の取扱いに関する明確な方針がなかったため、上記（エ）の事情もあり、発掘調査に伴う出土品をとりあえずすべて収蔵するといった取扱いがなされる例もあったこと。
（カ）出土品の保管・管理に必要な施設の整備等が十分でなかったこと。

（2）出土品の取扱いに関する問題点の指摘

出土品に関する関心が高まり、その保存・活用が従来以上に求められる一方で、上記のように、多くの出土品が、未整理なまま、あるいは好ましくない形態を含めてさまざまな形で保管・管理されるという状況となっており、出土品を保管・管理している地方公共団体からは、このような状況に対し、出土品のうち保管・管理すべきものについての考え方を含め、出土品の保管・管理のあり方に関する方針を定めることを求める意見が強く出されている。

また、平成7年11月の総務庁行政監察局「芸術文化の振興に関する行政監察結果報告書」においても、地方公共団体の中には出土品の保管スペースの確保に苦慮し、活用されている出土品が少ないものがあることが指摘され、出土品の状態や活用の可能性等に応じた保管方法の効率化を図るための取扱い基準を定めることが求められている。

3　出土品の取扱いの今後のあり方

以上のような現状や地方公共団体の意見等を踏まえ、かつ、今後、発掘調査事業量の増加に伴って各地方公共団体において従来以上に出土品の保管・管理のあり方が大きな問題となってくることが予想されることを考えると、出土品の取扱いについての基本的な考え方とそれに基づく取扱いの基準を明らかにする必要があると考えられる。また、発掘調査に伴う出土品のすべてをそのまま将来にわたり保管・管理していくことは、出土品の適正な保管・活用を図る観点からも適切ではない。むしろ必要な選択をした上で保管・管理の対象とすることが適切であると言える。

この場合、出土品の取扱いに関する基本的考え方等は、出土品の種類、性格、活用のあり方等に係る各地域の事情を反映したものである必要があることから、文化庁においてそのあり方の大枠を示し、各都道府県がその地域におけるより具体的な方針を定めることとするのが望ましい。

この委員会による出土品の取扱いに関する調査・研究は、このような視点で、出土品の保管・管理の現況を基礎としつつ、
　①将来にわたり保存・活用を要する出土品の選択
　②出土品の合理的な保管・管理のあり方
　③出土品の活用のあり方
について検討し、それらに係る施策の方向を提言しようとするものである。

第2章　将来にわたり保存・活用すべき出土品の選択

1　現状と課題

前述のように多くの地方公共団体において出土品の保管・管理を含む取扱いに苦慮する状況となっており、将来にわたり保管・管理すべき出土品の選択に関する基本的な考え方を示すことが必要となっている。

現状においては、発掘調査を行っている現場の段階、発掘調査の現場から整理のために持ち帰る段階、整理・分類作業の段階、整理等が行われた後の段階等のいずれの時点においても選択を実行することについての標準や方針はなく、文化庁においても、地方公共団体に対し、これらを明示して選択に関する考え方等を指導したことはない。

しかしながら、実際の発掘調査に際しては、特定の種類の出土品について、発掘調査の過程や出土品の整理等の段階で、地域の実情、出土品の重量その他の物理的性格等に応じて調査組織や調査担当者の経験に培われた方法によって保管しておくべきものの選択を行っている地方公共団体もある。

現在、地方公共団体において発掘調査現場や出土品整理等の段階で、出土品の選択を行い一定量のみを保管することとし、又は、記録をとるのみで保管は行わない扱いとしているものとしては、近世以降の瓦、近世以降の遺跡の遺構を構成する井戸枠・木樋・建物基礎材、住居・炉遺構・集石遺構・礫群等に使用されている自然石、古墳の葺き石・石室の石材、貝塚の貝殻、炭焼き窯跡から出土する木炭、近世以降の製鉄遺構・鍛冶遺構に伴う鉱滓、植物の種実や植物遺体、住居跡や土坑等の埋土等がある。

ただ、地方公共団体においてこのような出土品の選択的な取扱いを行う際に、一般的な方針ないしは明確な標準を定めてこれを意識的に実施しているという例はなく、出土品の選択を行っている場合でも、調査組織や調査担当者の経験の度合いや選択の能力、選択についての時間的余裕の有無等の事情に左右され、各地方公共団体で様々な取扱いが行われているものと考えられる。また、最も極端な場合には、発掘調査現場からすべての出土品を持ち帰り、整理作業が行われないまま保管されるというような取扱いもみられるなど、各地方公共団体間の出土品の取扱いの差は大きいと考えられる。

このようなことから、出土品の取扱いを改善するために

付　編

は、保管・管理する必要のある出土品の選択についての基本的な考え方を明らかにし、その上で、その基本的考え方に即した一定の標準を定め、それに準拠して保管・管理の対象とする出土品の選択を行うこととする必要がある。

2　改善方策
（1）基本的な方向
（ア）将来的に保管・管理を要するものの選択に関する基本的な考え方

出土品は、国民共有の貴重な文化的遺産であり、学術的にも豊富な情報を提供するものであるが、そのもつ重要度は一様ではない。また、出土品の種類、性格や形態も様々である。

したがって、出土品については、まず、将来にわたり文化財として保存を要し、活用の可能性のあるものであるかどうかということを基準として選択を行い、保存・活用を要するものとされたものについて将来にわたって保管・管理することとする必要がある。

保管・管理を要する出土品の選択は、この基本理念に基づいて選択のための視点・要素ごとの考え方の大枠を明らかにし、さらに具体的な標準を定め、これに即して行うのが適切である。

この選択に関する考え方及び標準は、出土品の取扱い全体が大要において全国的には一定の水準を保つ必要があることから、考え方の大枠は文化庁で示し、それをもとに各都道府県がその地域に適するより具体的な標準を定めることとするのが望ましい。

なお、このような選択に関する基本的な考え方や後述する具体的な標準の視点・要素となる事項、標準の内容は、当然のことながら、文化財についての社会的認識の変化や判断の根拠となる学術的な知見の進歩・発展等に従ってその時代に最適なものに改められていくべきものであるから、これらについては、今後、国と地方公共団体が連携しつつ適宜その妥当性や有効性について検証、研究に努める必要がある。

（イ）選択を行う時期及び対象

保管・管理を要する出土品の選択は、発掘調査の段階、出土品の整理作業の段階、それ以降の段階等いずれの時点でも行うことができる。

どの段階で選択を行うかは、出土品の種類や形状等、あるいは発掘調査主体側の事情等によってさまざまであると考えられる。

具体的には、発掘調査現場の段階で全数を保存する必要がないと判断される場合には、その段階で記録をとる等必要な措置を講じた上で整理作業場へ持ち帰らず、あるいは全数のうちの一定量（数）のみを持ち帰ることとすることもあろう。発掘調査現場でそのような判断を行うことが困難な場合には、整理作業の段階で必要な記録をとり選択を

行うこともあるであろう。

また、選択は、整理作業の段階では保存することとされた出土品についても、その後必要に応じて、逐次、経常的に行う必要があり、現在収蔵・保管されているものについても選択を行うことが必要である。

（ウ）保管・管理を要しないものとされた出土品の取扱い等に関する留意事項

上記の選択の結果、保管・管理を要しないものとされた出土品については廃棄その他の処分を行うこととなるが、その場合にはその出土品の種類・性格・数量等に応じて、何を、どこに、どのように処分したかの概要に関する記録・資料を作成・保管するとともに、処理したものが、将来、無用の誤解・混乱を生ずることのないよう配慮する必要がある。

なお、都道府県教育委員会においては、各市町村から上記の記録・資料の提出を受ける等により、管下における出土品の選択及びその後の取扱いの状況を把握し、必要に応じて市町村を指導するなど、その適正な取扱いの確保に努める必要がある。

（2）選択の標準の大枠

将来にわたり保管・管理する必要のある出土品を選択するに際して判断の要素・視点となる事項、選択の標準あるいは方針として具体化する場合の考え方の大枠は、次のとおりである。

◎**基本的考え方**

出土品の選択は、将来にわたり保存し、活用を図る必要性・可能性の観点から、保管・管理していく必要があるかどうかを判断するものであり、その判断の基準となる考え方は出土品の種類・性格・活用の可能性等に係る各地域の事情等を反映したものである必要がある。したがって、具体的な標準あるいは方針は、以下に示す各要素・視点を総合的に勘案して各都道府県が定めることとするのが適切である。

各都道府県において具体的な方針や標準を定めるに際しては、各地域の事情や関連の学問分野等に係る要素を加える等により、適切な内容とする必要がある。また、国と地方公共団体が連携しつつ、適宜、その妥当性、有効性について検討・研究を進めることも必要である。

◎**選択についての標準・方針の要素・視点となる事項**
①**出土品の種類**

出土品の種類・性格による分類の要素であり、出土品の選択的な取扱いの判断に際して最も基本的、かつ、重要な要素である。

出土品の分類方法の一例として次のようなものが考えられる（下表参照）。この分類は人間の活動との関係の深さ・密接度の程度により分類したものであるが、一般的には人間活動との距離があるものほど選択を行う幅が

大きくなるものと考えられる。

たとえば、遺跡の当時の環境を示す自然物は、環境の状況を把握するに必要な量を採取すれば足り、遺構を構成する未加工の素材は、その総量が膨大である場合、状況等を記録した上でサンプルを保存することで足りるとする等のことが考えられる。

②時代

出土品が製作され、又は埋蔵された時代の要素である。出土品の性格・価値は、それが製作・使用され、埋蔵された歴史的時代区分と不可分の関係にあり、そのいずれであるかは取扱いを考慮するに際しての一つの要素である。

たとえば、瓦の場合、近世のものについては一定のサンプルのみを保存する等、特定の時代に属するある種類の出土品にあっては、残存状況その他の要素の如何を超えて取扱いが定められる等のことが考えられる。

③地域

出土品が出土した場所・地方あるいは歴史的・文化的な区域の要素である。

出土品の性格・重要度は、それが出土した場所が属する歴史的・文化的な成り立ちと不可分の関係にあり、そのことは、取扱いを考慮するに際しての重要な要素である。

たとえば、同じ様式の出土品であっても、通常それが分布する文化圏の外で出土した場合は、文化の伝播の範囲等を示す点で残存状況その他の要素の如何を超えて貴重とされる等のことが考えられる。

④遺跡の種類・性格

出土品が出土した遺跡の種類・性格の要素である。

出土品は、通常、それが埋蔵されていた遺跡との関係でその性格・重要度等を確定できるものであり、いかなる種類の遺跡と関係するものであるかは、その取扱いを考慮するに際しての重要な要素である。

たとえば、同種の出土品であっても、出土した遺跡の種類・性格との関係のあり方によって、その性格・重要度の評価・認識は異なり、残存状況等の他の要素の如何を超えて貴重とされる等のことが考えられる。

⑤遺跡の重要性

出土品が出土した遺跡の重要度の要素である。

出土品が出土した遺跡の重要度は、その出土品の取扱いを考慮するに際しての要素の一つである。

たとえば、同種の出土品であっても、出土した遺跡の重要度が高い場合は、その遺跡の重要性を総合的に具現する関係の一括資料として保存しておく必要性が高いとされる等のことが考えられる。

⑥出土状況

出土品の出土状況、特に遺構との関係に関する要素である。

遺構に伴って出土したものか否か等その出土状況は、その出土品の性格・重要度の認識・評価に直接関係するものであり、その取扱いを考慮するに際しての要素の一つである。

たとえば、同種の出土品であっても、遺構に伴って出土したものは表土中など遺構に伴わない状態で検出されたものより保存しておく必要性が高いとされる等のことが考えられる。

⑦規格性の有無

出土品が規格品であるか否かの要素である。

規格品であるか否かは、その出土量や残存度の要素等との相関関係を含めて、その取扱いを考慮するに際しての要素の一つである。

たとえば、桟瓦等の型作りによる規格品が多量に出土し、それぞれの残存度の良否に大差がある場合、状況・総量等を記録した上で、残存度のよいものを選択的に保存する等の取扱いが考えられる。

⑧出土量

同種・同型・同質の出土品の出土量の要素である。

同種・同型・同質のものがどの程度出土したかは、規格性の要素、残存度の要素等との相関関係を含めて、その取扱いを考慮するに際しての要素の一つである。

《出土品の種類・分類例》

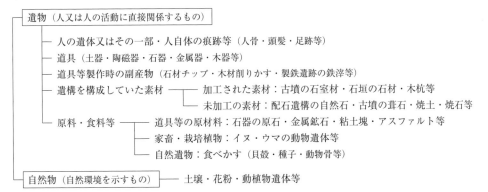

たとえば、近世の屋瓦、陶磁器窯跡からの出土品、製鉄遺跡からの鉄滓、貝塚の貝殻等同種・同型・同質のものが同一遺跡内から多量に出土する場合、総体の記録を採った上で一定量のみを保存する等の取扱いが考えられる。

⑨残存度・遺存状況

出土品の残存の程度（保存の良否）の要素である。

出土品がどの程度の残存度、形状のものであるか（完形品であるか、破片であるか等）は、重要度や活用可能性の要素等との相関関係を含めて、その取扱いを考慮するに際しての重要な要素の一つである。

たとえば、接合の可能性がない程度に磨滅した土器片等は、格別活用の方途がなければ保存を要しないこととする等の取扱いが考えられる。

⑩文化財としての重要性

出土品自体がもっている文化財としての性格・重要性の内容・高低の要素である。

他の要素と独立にその出土品自体がもっている文化財としての性格や重要性の高さは、出土品の取扱いを考慮するに際しての重要な要素の一つである。

たとえば、残存度、出土遺跡との関係等の要素においては必ずしも注目に値しないが、文字や絵画があるなど人の活動や文化を復元・把握するために有効である等の評価により貴重なものとされ、保存を要することとする等の取扱いが考えられる。

⑪移動・保管の可能性

出土品の大きさ・形状・重さ、それによる移動・保管の可能性の要素である。

出土品の大きさ・形状・重量は、移動や保管、活用の可能性を物理的に規制するものであり、出土品の取扱いを考慮するに際しての要素の一つである。

たとえば、古墳の石室を構成していた石材、配石遺構の石材のように巨大で移動や保管が極めて困難なものについては、記録を採った上で保存しないこととする等の取扱いが考えられる。

⑫活用の可能性の要素

出土品の将来的な活用の可能性の有無・程度等に関する要素である。

将来において活用の可能性があるかどうか、どのような活用の方途があるかは、その取扱いを考慮するに際しての基本的、かつ、重要な要素である。その時点で想定できるいかなる方法によっても活用の可能性がみあたらない出土品は、保存しておく必要がないとする必要があろう。

第3章　出土品の保管・管理の現状と課題及び改善方策

1　出土品の保管・管理の現状と課題

（ア）収蔵量及び増加量の状況

平成7年3月現在で、地方公共団体に保管されている出土品の総量は約459万箱に達しており、これを都道府県、市町村別にみると、都道府県に約177万箱、市町村に約282万箱となっている。平均すると1都道府県当たり約38,000箱、1市町村当たり約1,000箱である。

保管されている出土品を種類別にみると、土器が全体の70％を占め、次いで瓦類が9％、石器・石製品が6％、木製品が4％、鉱滓類・木炭が2％、以下自然礫・自然石、動物遺体、埴輪、植物遺体、金属製品・人骨・骨角器などが続く。

出土品の増加量をみると、平成2年度から6年度までは年間約30万箱ずつ増加している。増加のペースは年によってほとんど変わりがなく、発掘調査の事業量も同様に増加していることから、今後も同様のペースで増加し続けることが予想される。

（イ）保管・管理のための施設及び保管・管理の状況並びに課題

保管・管理のための施設としては出土品保管専用の恒常的施設（鉄筋・鉄骨、軽量プレハブ、木造等）と仮置き用の暫定的施設（本来は別目的の鉄筋・鉄骨施設、軽量プレハブ、木造施設、テント等）がある。

出土品のうち恒常的保管施設に保管されているのは約213万箱（約47％）、暫定的施設に保管されているのは約246万箱（約53％）となっている。このうち約197万箱が軽量プレハブ、テント等の簡便な施設に保管されている。

各施設における保管状況をみると、恒常的施設、暫定的施設を通じて棚に収蔵されているものが約191万箱（42％）、床に積み上げられているものが約243万箱（53％）、戸外に野積みのものが約15万箱（3％）となっている。

また、保管されている出土品のうち未整理のものが約40％を占めている。このため、保管・管理を要する出土品の選択や合理的な保管・管理のために必要な施設の整備、出土品整理の促進により野積み等の不適正な状況にあるものの解消、が早急に取り組むべき課題である。

整理済みで整理棚に収納されている出土品について、その収納方法をみると、材質、遺存状況（完形品かどうか等）、報告書に登載されたものであるか否か等の区分で収納方法を区別している地方公共団体は616団体（33都道府県、583市町村）で全体の約25％である。

収納スペースを効率的に利用するためには収納方法を区別する方がよいと考えられるので、この方法の積極的活用を検討する必要がある。

出土品を、出土した遺跡単位で一括して保管しているか

どうかについてみると、出土遺跡ごとに一括して保管しているところが33都道府県（65％）、1,937市町村（84％）の計1,970都道府県・市町村となっている。文化庁では出土文化財の地方公共団体への譲与に際して、一括保存を指導しているが、前述の収納方法の区別化を含めて、合理的な保管・管理を行う場合には、必ずしも一括保管にこだわる必要はないものと考えられる。

出土品の管理のための登録や検索についてコンピューターや台帳によりシステム化を行っているところは271都道府県・市町村（都道府県の53％、市町村の10％）となっており、総体としてシステム化は進んでいない。適切な保存と積極的な活用のための管理のあり方として改善を要する点である。

2 改善方策
（1）保管・管理の方法
（ア）基本的な方向

出土品を適切に保存・活用し、かつ、保管スペースを効率的に利用していくためには、種々多様な出土品を一律に取り扱うのではなく、その性格・重要度・形状、保管の方法、活用の頻度、報告書記載の有無等の諸要素を勘案して出土品を区分し、その区分に応じて保管・管理の態様をいくつかの種類・段階に分け、適正かつ体系的に保管・管理を行うこととすることが必要である。

この場合、出土品の保管・管理は必ずしも同一遺跡からの出土品は同一の地方公共団体で1カ所に一括して保管するという考え方にとらわれる必要はなく、柔軟な考え方に立った対応が必要と考えられる。

なお、出土品の暫定的施設での仮置きや床・屋外での積上げ状態を解消し、適正な保管・管理を進めるには、まず発掘調査現場から取り上げてきたまま未整理の状態で保管されているものの整理を進める必要がある。

整理作業を促進させるためには、整理作業体制や作業を効率的に実施できる整理場所の充実等が必要である。

（イ）出土品及び保管・管理の態様の区分

適正かつ合理的・効率的な保管・管理のための出土品の区分を行うについては、次のような要素を総合的に勘案する必要がある。

①種類・形状・形態の要素

出土品の性質、完形品・破片等の区別、出土品の大きさ・重量等（人工物であるか自然物であるか、完形品であるか破片であるか、通常の保管施設に収納できる大きさであるかどうか等）の要素である。

②材質・遺存状況の要素

出土品の材質（金属製品・土製品・木製品等の別）及び破損・劣化の程度、保存処理や劣化防止の措置を経常的に執る必要があるか否か、保管・管理のための特別の施設・設備を必要とするか否かの要素である。

③文化財としての重要性の要素

出土品の文化財としての重要性の程度（ひいては活用の可能性の高低）の要素である。

④発掘調査報告書・記録等への登載の有無の要素

発掘調査報告書や記録等に登載され、その存在が広く知られたものであるか否かの要素である。

⑤整理済み・未整理の要素

発掘調査による出土品として体系的な整理作業を完了したものであるか否かの要素である。

⑥活用の状況・可能性の要素

活用の頻度・内容等の要素である。

出土品については、上記の各要素を総合的に勘案して作成した方針に基づき、必ずしも一遺跡出土品一括保管の考え方にとらわれずに保管・管理することも可能とすることが適当である。この場合、保管・管理に際しては、たとえば次のような3区分があると考えられる。

①種類・形状・形態、文化財としての重要性の要素を総合的に勘案し、展示・公開等による活用の機会が多いと考えられるもの。

常時展示するものは展示施設において保管・管理することになるが、それ以外のものについても、種類・形状・形態や活用の頻度を考慮し、一般の収蔵庫とは別の施設で保管・管理することも考えられる。材質・遺存状況において脆弱なもの、特別の保存措置を要するものについては、適切な収納・保管設備、空調などの環境調整設備を整備することが必要となろう。

②文化財としての重要性、活用の頻度等において①の区分に次ぐもの。

報告書に記載されたものとそれ以外のもの、完形品とそれ以外のもの、展示・公開や研究資料としての活用の可能性の多少等の観点で、さらに数区分に分けることも考えられる。②の出土品については、保存及び検索・取出しの便と収蔵スペースの節約を考慮しつつ収蔵箱に入れ収蔵棚に整理する等、適正な方法で保管・管理する。

③文化財としての重要性、活用の可能性・頻度が比較的低いもの。

必要があれば取出しが可能な状態で、保管スペースを可能な限り効率的に利用できる方法で収納する。

（ウ）保管・管理に際しての情報管理

前述のように出土品を区分して保管・管理する場合には、それと同時に、どの出土品がどこに保管されているか等の情報が管理され、保存・活用の要請に対し的確に対応することができるようになっていなければならない。

このためには、コンピュータを利用する等により、出土品の名称・内容・数量・発見時期・出土遺跡名、発掘調査報告書への登載状況、保管の主体・場所等に関する情報・記録を作成の上組織的に管理し、新たな出土品が加わった

付編

場合の登録や情報の取出しが必要な場合の検索等が円滑に行えるシステムを整備することが必要である。
　このことは、特に、出土品を他の施設で保管・管理する場合には、不可欠のものである。

（2）保管・管理のための施設の整備等
　出土品について上述のような体系的な保管・管理を行うためには、各地方公共団体において恒常的な施設を充実し、適正な保管・管理を可能にするだけの設備やスペースを確保する必要がある。また、保管・管理のための施設の整備に際しては、地震等の災害に耐えうる構造のものとする必要がある。
　このような施設としては、従来、各地方公共団体において、埋蔵文化財収蔵庫、歴史民俗資料館、埋蔵文化財調査センター、出土文化財管理センター等が設置されてきているが、今後とも、出土品の保管・管理方針に沿った適正な保管・管理が行われるよう、各地方公共団体における出土品保管施設の整備とそのための財政的措置が必要である。
　出土品の適切な保管・管理のためには、施設の整備とともに専門的知識をもった職員による出土品の保管・管理の体制が置かれることが必要である。
　また、適切な保管・管理のための新たな施設・設備・器具類の開発も必要である。これまでは市販のコンテナケース箱、鉄製の棚等を利用しての保管が主体であったが、より適切な保管・管理のためには既存の施設・器具等の改善や新規開発も望まれる。

第4章　出土品の活用の現状と課題及び改善方策

1　出土品の活用の現状と課題
（ア）活用の状況と問題点
　出土品の活用方法として現在一般的に考えられるのは、展示・公開、学校教育における利用、学術研究用の資料としての利用などがある。
　平成6年度において自ら公開し、又は他へ貸し出して活用を行った地方公共団体の実績では、展示・公開を内容とするものが339件と最も多く、次いで学校教育における利用を目的とするものが106件、研究目的のものが38件となっている。
　この現況を出土品の総量及び全国の出土品を保管している地方公共団体が2,757団体であることとの対比でみると、出土品の活用は、少数の優品が展示・公開されることがある程度で、総体としては必ずしも活発とはいえない状況であるといえる。
　活用がこのような状況となっている背景・理由としては、文化庁による出土品の一括保存・活用の指導があったことや出土品の整理が進んでいないこと、展示・公開事業の企画や他からの要請があまりないこと、展示・公開のための施設・設備や体制がないこと等が挙げられる。
　出土品を広く活用するためには、各地方公共団体間において、どのような出土品がどこに保管・管理されているかという情報や出土品の展示・公開その他の活用状況に関する情報を提供できる体制が形成されている必要があるが、現在のところこれらについては埋蔵文化財調査センター等調査機関の年報・広報誌等に記載がある程度であり、そのような体制・仕組みにはほど遠い状況である。

（イ）活用のための施設の状況と問題点
　出土品の活用のうち展示・公開が行われた施設についてみると、博物館等展示を目的として設置された施設での展示が最も多いが、一部の地方公共団体では発掘調査の原因となった開発事業により建設された駅や建物等の施設で、当該発掘調査による出土品を展示するために貸出しを行っている例もある。学校教育における活用としては、余裕教室を利用した常設展示や体験学習の教材として利用する例が多い。
　出土品の展示・公開のための専用施設をもっている地方公共団体は、出土品を保管している2,749地方公共団体のうちの約45％である。
　そのような施設をもっていない地方公共団体にあっては、公民館や廃校の一画等に出土品を展示しているところもあるが、一般向けの展示・公開は全く行っていないところも多い。

2　改善方策
（1）基本的な方向
　埋蔵文化財の保護や発掘調査に対する国民の理解と協力を促進するためにも、国民がいろいろな機会にさまざまな方法で出土品に触れることができるように、その広範な活用を図る必要がある。
　このためには、従来行われている方法を拡充するとともに、従来の方法にとらわれず出土品の種類・性格に応じた新たな活用方法を開発し、積極的に具体化する必要がある。
　また、それを可能とするために、出土品の一括保管の考え方にとらわれないこと等、より活発な活用のための条件を整備するとともに、展示・公開のための施設・体制の整備や保管している出土品に関する情報の地方公共団体や大学・研究機関等による共有も必要である。

（2）新たな活用方法の開発
　従来の活用は、ほとんど公立博物館等公的な施設におけるかなり定型的な方法による出土品中の優品の展示・公開が中心である。
　国民が出土品のもっている価値をさまざまな形で享受できるように、従前から行われている活用についてはその方法等の大幅な拡充を図るとともに、さらに新たな活用方法を開発し、これを積極的に具体化する必要がある。

このような施策は、基本的には各地方公共団体においてそれぞれ工夫する性格のものであるが、そのいくつかを例示すれば次のとおりである。

（ア）博物館等展示専用施設における活用の改善・充実

博物館等展示専用施設における展示は、最新の調査成果を反映させるような常設展示の更新や速報的な展示の企画等、発掘調査の成果を地域に広く公開するためにも積極的に進めることが望まれる。このため、発掘調査組織と博物館等との連絡・協力関係を強化する必要がある。

また、展示方法としても、出土品の種類によっては、見るだけではなく直接触れることのできるようにする等の工夫も必要である。

（イ）学校教育での活用の拡充

児童・生徒が地域や国の文化を理解していく上において、出土品は地域の歴史を物語る生きた資料であり、学校教育の教材として優れたものである。学校教育での出土品の積極的な活用や活用のための資料の作成が望まれる。また、大学での教育においても、生きた教材としての出土品の積極的な活用が望まれる。

この場合、学校の授業等において出土品を活用する際には、出土品の提供や解説資料の作成のみでなく、埋蔵文化財専門職員による説明も併せて行う等、より効果的な教材としての活用方法を工夫することも必要であろう。

（ウ）各地域の住民に対する活用の工夫

発掘調査自体については、従来から、現地説明会等によりその成果の地域への公開が図られてきたところであるが、出土品についても、このような現地説明会における活用とともに、市町村役場や公民館等の住民に身近な公共施設における出土品の展示や地域の行事の際の出品等、地域住民が直接出土品にふれることができる機会を積極的に設けることも必要である。

（エ）民間施設を有効に利用した活用

公開・展示の場所を公的な展示専用施設に限る必要はない。たとえば、発掘調査の原因となった開発事業により建設された施設での展示等、民間の、展示用施設でない施設における活用にも積極的に対応する必要がある。

（オ）他の地方公共団体や外国との連携

出土品の活用の場所については、出土した地域やその地方公共団体内に制限する必要はなく、国内の他の地域や外国における展示・公開や研究資料としての活用も有益であると考えられる。

たとえば、他地域あるいは外国との典型的な出土品の相互貸借等、有無を相通ずる出土品の相互交流による広範囲な活用は、我が国の多様な文化と歴史に対する理解を深める上からも有益であると考えられる。

この場合、貸し出した出土品の種類や数量のみでなく、必要に応じ、出土品の形状や状態に関する情報も記録し、貸借した出土品の適正な取扱いが確保されるようにすることが必要であろう。

（カ）学術的な活用の推進

従来も発掘調査で中心的な役割を果たした大学や研究機関への出土品の貸出し等は行われてきたが、さらに広範囲の大学や研究機関に対し教育や研究のための資料として提供することは学術的進歩・発展にとっても有効なことと考えられる。

そのためには、広く大学・研究機関・関係学界への保管・管理されている出土品に関する情報提供等のための恒常的な連携・連絡の方途を確保しておくことが必要である。

（3）展示・公開施設の充実等

地方公共団体、特に市町村においては、出土品の展示・公開等その活用の推進のための施設の設置を進めるとともに、既存の施設についても、より積極的な活用に適した施設として充実・改善を図る必要がある。

埋蔵文化財保存センター等の埋蔵文化財の発掘調査等の拠点となる施設の設置・準備に際しては、出土品の展示機能にも十分配慮し、発掘調査の成果を住民に還元できるように配慮することが望ましい。

また、出土品の広範な活用のためには、出土品の保管・管理や活用状況に関する情報の広報誌・コンピュータ利用の情報ネットワークなどを活用して相互に発信することが有益であり、そのシステムの開発の研究も必要である。これらの施策の積極的推進が必要である。

付　編

埋蔵文化財の把握から開発事前の発掘調査に至るまでの取扱いについて（報告）

平成10年6月
埋蔵文化財発掘調査体制等の整備充実に関する調査研究委員会

【目　次】

はじめに

序　章

第1章　埋蔵文化財包蔵地の把握と周知
　1　現状と課題
　　（1）埋蔵文化財の範囲の拡大と地方公共団体における取扱い
　　（2）埋蔵文化財包蔵地の把握、周知の埋蔵文化財包蔵地の決定及び資料化
　　（3）周知の埋蔵文化財包蔵地の所在・範囲に関する情報の集約と精度
　2　改善方策
　　（1）埋蔵文化財包蔵地の把握と周知についての基本的な考え方
　　（2）埋蔵文化財として扱うべき遺跡の範囲
　　（3）埋蔵文化財包蔵地の所在・範囲の把握
　　（4）周知の埋蔵文化財包蔵地の決定
　　（5）周知の埋蔵文化財包蔵地の資料化
　　（6）周知すべき埋蔵文化財包蔵地の所在・範囲及びそれに関する資料の更新等

第2章　試掘・確認調査の意義と方法
　1　現状と課題
　　（1）試掘・確認調査の実施状況等
　　（2）試掘・確認調査の方法
　2　改善方策
　　（1）試掘・確認調査に関する基本的な考え方
　　（2）試掘・確認調査の内容についての留意事項
　　（3）試掘・確認調査方法の研究・開発

第3章　埋蔵文化財包蔵地のうち本発掘調査を要する範囲の特定
　1　現状と課題
　　（1）本発掘調査を要する範囲に関する基準
　　（2）本発掘調査範囲の特定の現況
　2　改善方策
　　（1）本発掘調査を要する範囲の特定に関する基本的な考え方
　　（2）本発掘調査を要する範囲の特定に関する標準

第4章　本発掘調査を要する場合の原則及びその考え方
　1　現状と課題
　　（1）文化庁の昭和60年通知
　　（2）本発掘調査を行うかどうかの取扱いの現状
　　（3）本発掘調査を必要としない場合の取扱いの現状
　　（4）課題
　2　改善方策
　　（1）本発掘調査を要する場合についての基本的な考え方
　　（2）工事立会・慎重工事についての基本的な考え方
　　（3）留意事項等

参考資料　（略）

はじめに

　埋蔵文化財発掘調査体制等の整備充実に関する調査研究委員会（以下「委員会」という。）は、平成6年10月に、近年の開発事業の増大に伴う埋蔵文化財の発掘調査に関する諸課題に適切に対応するため、埋蔵文化財発掘調査体制等の整備充実について調査研究を行うことを目的として設置された。調査研究を進めるに当たっては、各地方公共団体等における実態を踏まえより審議を深めるため、都道府県・市町村教育委員会及びその関係機関の実務担当者からなる協力者会議を設置した。
　委員会では、概ね（1）埋蔵文化財保護体制の整備、（2）埋蔵文化財包蔵地の周知化と開発事業との調整、（3）発掘調査の方法・期間・費用、（4）出土遺物の取扱いと保管方法、（5）その他、の検討課題について調査研究を進めることとし、平成6年度・7年度に埋蔵文化財保護体制の整備について、平成7年度・8年度に出土遺物の取扱いと保管方法についてそれぞれ検討を行い、その結果を『埋蔵文化財保護体制の整備充実について』及び『出土品の取扱いについて』として報告したところである。
　近年の周知の埋蔵文化財包蔵地における土木工事の届出・

通知の件数とそれに伴う発掘調査件数は依然として増加傾向を示しており、開発事業との関わりにおける調整や発掘調査が埋蔵文化財行政において重要な部分を占めている。このような開発事業との関わりにおける埋蔵文化財行政の適切な推進に際しては、対象となる埋蔵文化財の把握とその取扱いについての客観的、標準的な考え方を検討する必要がある。

このことから、このたびの検討課題は、「埋蔵文化財の把握から開発事前の発掘調査に至るまでの取扱い」とし、委員会・協力者会議とも7回開催して検討を重ねてきた。

今回の調査研究では、この課題について、各地方公共団体における状況を把握した上で課題を整理し、埋蔵文化財保護の理念や方途の検討を踏まえた改善方策を提示し、さらにより強固な保護システムの構築をめざすことを提言するものである。

本委員会としては、今後文化庁において、本報告を踏まえ所要の施策の実施又は検討を進められるように期待するものである。

序　章

埋蔵文化財はわが国あるいは全国各地域の歴史や文化の成り立ちを理解する上で欠くことのできない国民共有の貴重な歴史的遺産であり、将来の文化の向上発展の基礎をなすものである。

埋蔵文化財保護行政の推進については、国民の理解と協力を得ることが不可欠であり、このため特に開発事業との円滑な調整を図りつつ埋蔵文化財を適切に保護する上では、行政の各段階における判断や措置は、可能な限り客観的・合理的な標準に基づいて行われる必要がある。

開発事業に伴う埋蔵文化財保護のための措置は、通常、開発事業を早期に把握し、事業計画との調整により、重要な遺跡は史跡指定を図る等により現状で保存し、現状保存が不可能なものについては発掘調査を行ってその内容を記録にとどめることとされている。埋蔵文化財については、地下に埋もれているためその所在や範囲、性格等を把握しにくく、保護の対象を特定しにくいという特性があり、埋蔵文化財の開発事業との調整を円滑に進められない要因ともなっている。

このような性格の埋蔵文化財について、国民の理解を得ながら保護の行政を進めていくためには、その行政の対象である埋蔵文化財を可能な限り的確に把握するとともに、一定の基準となる考え方に即して各種の措置を講ずる必要がある。このような視点から、一連の埋蔵文化財保護の行政の流れの中で特に客観性・合理性を必要とする事項として、今回、次の事項を取り上げそのあり方について検討することとした。

①**埋蔵文化財の把握と周知**（第1章関係）
　文化財保護法が国民に保護を求める埋蔵文化財はどのような時代・種類の遺跡であり、それをどのような方法により把握し、国民に周知するかの課題である。

②**試掘・確認調査の意義と方法**（第2章関係）
　埋蔵文化財の保護と開発事業との調整において不可欠である埋蔵文化財の所在・範囲・性格等の内容を的確に把握するための試掘・確認調査をどのようにして行うかの課題である。

③**本発掘調査を要する埋蔵文化財の範囲及び工事等の内容**
　（第3章・第4章関係）
　開発事業との調整において、現状保存が不可能な場合に行われる埋蔵文化財の記録を保存するための発掘調査について、その必要性の有無を判断する際の次の二つの要素についての課題である。第1の要素は、その開発事業地が記録保存のための本発掘調査を要する遺跡の所在する区域かどうかの要素であり、第2の要素は、その開発事業の工事内容が遺跡にどのような影響を与えるかの要素である。

これらの課題はいずれも埋蔵文化財保護行政における基本的事項であるが、従来必ずしも十分に検討されその標準となる考え方が明らかにされてはこなかった面もあり、今後、この検討を踏まえた行政の推進が期待される。特に、都道府県については、地方分権推進の観点から、今後、埋蔵文化財保護行政の中心になることが期待されているところであり、この報告を踏まえ、基準の作成や埋蔵文化財保護体制の整備に努めることが望まれる。

第1章　埋蔵文化財包蔵地の把握と周知

文化財保護法による埋蔵文化財の保護においては、あらかじめ埋蔵文化財の存在を把握し、これを法律上の保護対象である「周知の埋蔵文化財包蔵地」として明らかにすることにより、その区域における開発事業等について事前の届出又は通知を求めることが基本である。法律に基づき国民に等しく保護を求める対象としての埋蔵文化財の範囲を、どのような考え方に立って、いかなる時代・種類の遺跡をどのような手順・手続によって周知の埋蔵文化財包蔵地として資料に登載して周知を徹底するかは、埋蔵文化財保護行政を進める上で、基礎的かつ重要な課題である。

文化庁では、昭和35～37年にかけて全国的な埋蔵文化財包蔵地の分布調査を実施し、これに基づいて『全国遺跡地図』を作成し、以後改訂を行った。また地方公共団体の分布調査や遺跡地図の刊行について、昭和45年から国庫補助事業を創設して支援してきた。さらに、都道府県を通じて、各地方公共団体に対して、埋蔵文化財包蔵地の範囲や性格の的確な把握と遺跡地図あるいは遺跡台帳への明示を指導してきた（昭和60年12月20日付け「埋蔵文化財の保護と

発掘調査の円滑化について」の通知、平成5年11月19日付け同名通知）。

1　現状と課題
(1) 埋蔵文化財の範囲の拡大と地方公共団体における取扱い

現在、埋蔵文化財包蔵地は、原則として市町村において把握し、遺跡地図等に明示することとされており（昭和60年12月20日付け文化庁次長から各都道府県教育委員会あて通知）、市町村がこれに対応できないときは都道府県がこれを行っている。

埋蔵文化財として保護の対象とする範囲をどこまでとするかを決めるための最も一般的な要素としては、遺跡の時代や種類が挙げられる。地方公共団体の状況を調査した結果によると、遺跡の種別を問わず時代の要素だけで埋蔵文化財として取り扱う範囲を決めているところは全体の54％である。その内訳は、古代までの遺跡を埋蔵文化財としているところが1％、中世までが16％、近世までが74％、近代までが9％となっている。ただし、近世以降について埋蔵文化財としているところであっても、対象としているのは特定の種類の遺跡に限っており、必ずしも近世以降の遺跡の全てを対象としているものではない。また、近代の遺跡を実際に取り扱った事例も、より古い時代の遺跡調査に伴って行ったものが多いが、全体で23％にのぼっている。このように遺跡の時代は、各地方公共団体が埋蔵文化財の対象とする範囲を定める上で大きな要素となっている。また、かつては古代までのものが主要な対象であったが、今日では、中世はもちろん近世のものについても埋蔵文化財の対象として扱う傾向にある。

遺跡の種類の要素については、それまで対象として認識されていなかったもの（たとえば水田跡や縄文時代の落とし穴等）が遺跡としての性格付けがなされ、発掘調査による検出法が確立されること等により、同種の検出例が増加して研究が進展し、埋蔵文化財として定着していくというような経過をたどることが多い。

このように埋蔵文化財の対象とする範囲が大勢として拡大する傾向にある中で、各地方公共団体が実際に対象としている範囲には同じような時代・種類の遺跡についても差異が生じてきている。地方公共団体の状況を調査した結果によれば、例えば一般集落遺跡の場合、中世のものはすべて対象としている地方公共団体が65％であるのに対し対象としていないところが11％であり、近世のものはすべて対象としている地方公共団体が23％であるのに対し対象としないところが43％である。また田畑の遺跡の場合、中世のものはすべて対象としている地方公共団体が20％であるのに対して対象としないところが51％であり、近世のものはすべて対象としているところが7％、対象としないところが71％である。

上記のように、どのようなものを埋蔵文化財とするかについての考え方には各地方公共団体間に少なからぬ差異が生まれており、これらの差異が今後さらに拡大することが予想される。このような地方公共団体間の差異が地域的な特質に基づく違いの範囲を超える場合は是正する必要があろう。

(2) 埋蔵文化財包蔵地の把握、周知の埋蔵文化財包蔵地の決定及び資料化

埋蔵文化財包蔵地は、各地方公共団体が独自の分布調査や試掘・確認調査を実施して、詳細に埋蔵文化財の有無、包蔵地としての範囲を把握するのが原則であるが、地方公共団体の状況を調査した結果によると、独自の分布調査によって埋蔵文化財の所在・範囲を把握したところは都道府県が全体の74％、市町村が40％である。

また、各地方公共団体において及び都道府県と市町村の間において、把握された埋蔵文化財包蔵地について、これを周知の埋蔵文化財包蔵地とするための手続を定めているところはわずかである。

周知の埋蔵文化財包蔵地とされた場所については、これを「遺跡地図」や「遺跡台帳」等の基礎資料に登載し、開発事業者等に対して提示できるようにしておくことが必要であるが、このような資料を備えている地方公共団体は全体の96％に及ぶ。しかし、資料の質をみると都道府県作成のものを内容的に引き写しているだけの市町村（44％）、埋蔵文化財包蔵地の位置のみが点で示され範囲が表示されていないところ（6％）等さまざまであり、地方公共団体の中には周知の埋蔵文化財包蔵地の区域のうち、遺跡の重要性等により開発事業との調整の際に取扱いの差異を設ける範囲を区分して表示しているところ（6％）、周知の埋蔵文化財包蔵地ではないがこれに準ずる区域を表示した内部資料をもっているところ（36％）もある。

以上のことから、埋蔵文化財包蔵地を把握し、法律により対象となる周知の埋蔵文化財包蔵地を決め、これを資料化することについては、一定のルールを定め、各地域、地方公共団体間の取扱いの差異を少なくすることが必要と考えられる。

(3) 周知の埋蔵文化財包蔵地の所在・範囲に関する情報の集約と精度

法律上の保護の対象となる「周知の埋蔵文化財包蔵地」は、試掘・確認調査その他の発掘調査等の成果に基づいて、高い精度で把握・決定されることが必要である。しかし、開発事業に伴って必要とされる場合や重要遺跡に係る場合を除くと、埋蔵文化財包蔵地の所在や範囲を広く一般的に把握することを目的とした発掘調査はほとんど実施されていない。地方公共団体における状況を調査した結果によれば、試掘・確認調査を管下について網羅的に実施して

いる地方公共団体は1％、可能な地域についてのみ実施しているところは14％、重要遺跡について実施しているところは18％、実施していないところが66％である。

また、周知の埋蔵文化財包蔵地の所在や範囲は、新たな発見や確認調査の所見に基づいて常に更新していく必要があるが、地方公共団体によっては、そのような更新の手続をとっていないところ、「遺跡地図」等の資料の改訂・更新を十分に行っていないところ、そのための必要な仕組みを特に定めていないところがある。

以上のことから、各地方公共団体における周知の埋蔵文化財包蔵地の的確な把握、資料の更新等について国は一定の指針を示すことが必要であると考えられる。

2　改善方策
（1）埋蔵文化財包蔵地の把握と周知についての基本的な考え方

埋蔵文化財包蔵地の所在と範囲を的確に把握し、これに基づき法律による保護の対象となる周知の埋蔵文化財包蔵地を定め、これを「遺跡地図」等として資料化し国民への周知の徹底を図ることは、埋蔵文化財の保護上必要な基本的重要事項である。法律の対象として等しく国民に保護を求めるものであるから、周知の埋蔵文化財包蔵地の範囲は、可能な限り正確に、かつ、各地方公共団体間で著しい差異のないものとして把握され、適切な方法で定められ、客観的な資料として表示されていなければならない。このような行政上の措置が十分に執られていることによって、はじめて国民に埋蔵文化財保護への正しい対応を求めることができ、開発事業の事業者に対しても計画段階から埋蔵文化財の保護に配慮することを期待するとともに事業計画との円滑な調整を図ることができる。

このような基本的な認識に立って、埋蔵文化財包蔵地の把握と周知は、各地域の歴史的な特性等に則しつつ、一方では地域間における著しい差異や不明確な状態を避けるという観点から、以下に示すような各項目についての、合理的な考え方に基づく一定の基準や仕組みによって行うことが必要である。

（2）埋蔵文化財として扱うべき遺跡の範囲

何を埋蔵文化財とするかについては、次の1）に示す原則に即しつつ、かつ2）に示す要素を総合的に勘案するとともに地域における遺跡の時代・種類・所在状況やより細かな地域的特性等を十分に考慮して、各都道府県教育委員会において一定の基準を定める必要がある。

1）埋蔵文化財として扱う範囲に関する原則

何を埋蔵文化財とするかについての全国に共通する原則としては、当面、次のとおりとするのが適切と考えられる。
①おおむね中世までに属する遺跡は、原則として対象とすること。

②近世に属する遺跡については、地域において必要なものを対象とすることができること。
③近現代の遺跡については、地域において特に重要なものを対象とすることができること。

2）埋蔵文化財として扱う範囲の基準の要素となる事項
ア）主たる要素
○遺跡の時代　遺跡の属する時代の要素である。同じ種類の遺跡であってもその属する時代により歴史的意義は異なるものである。したがって、遺跡の属する時代は埋蔵文化財の範囲に関する基準の基礎的な要素であると考えられる。
○遺跡の種類　集落遺跡・生産遺跡・祭祀遺跡・埋葬遺跡等、遺跡の種類の要素である。遺跡の種類はその属する時代との組み合わせが埋蔵文化財の範囲に関する基準の基本となるものと考えられる。

イ）副次的要素
○遺跡の所在する地域　遺跡の所在する地域の歴史的な特色の要素である。その地域の歴史を特色づける遺跡であるかどうかは、埋蔵文化財の範囲を定める際に補完的に考慮することを要する要素であると考えられる。
○他の資料との補完関係　文献や絵図・民俗資料等、その遺跡に関する他の資料の有無・質・量の要素である。その遺跡に関わる他の資料の質・量は埋蔵文化財の範囲を定める際に補完的に考慮することを要する要素と考えられる。
○その他　遺跡の時代や種類によっては、遺跡の遺存状況やその歴史的意味、遺跡から得られる情報量の要素を加えて基準化することも考えられる。

なお、埋蔵文化財とする範囲は、今後の発掘調査の進展による新たな発見や調査事例の蓄積、遺跡の評価の変化によって消長する性格のものであるので、上記の方法、原則及び基準は適宜合理的に見直すことが必要と考えられる。

（3）埋蔵文化財包蔵地の所在・範囲の把握

埋蔵文化財包蔵地の所在・範囲の把握は、既往の開発事業に伴って行われた分布調査、試掘・確認調査やその他の発掘調査の成果に加えて、埋蔵文化財の所在状況を把握することを目的として、地方公共団体の全区域を対象として行う調査に基づくのが原則である。このような調査のうち最も一般的なものは分布調査であるが、その実施に際しては可能な限り試掘調査を組み合わせて、遺跡の所在や範囲について確かな判断ができるよう努める必要がある。また、遺物の散布状況や地形の観察、地質・地形の形成過程を踏まえ、各時代の生活・生業に適した立地の想定、地形図・空中写真・地籍図・絵図等の資料等の総合的な活用も必要である。

悉皆的な分布調査等に基づき埋蔵文化財包蔵地の所在・

付　編

範囲が把握された後も、開発事業の多い地域における重点的な分布調査や、貝塚・古墳あるいは城跡といった特定の種類の遺跡を対象とする分布調査等を必要に応じて行い、それらの結果を総合することや範囲・内容を確かめる確認調査を計画的に実施し、個々の遺跡の範囲や内容を把握しておくことが、埋蔵文化財包蔵地の所在・範囲の精度を高める上で望ましいものと考えられる。

　このような埋蔵文化財包蔵地の所在・範囲を把握する事業は、地域に密着して状況を把握しやすい市町村が行うのが適切である。現在そのような体制の整っていない市町村や埋蔵文化財包蔵地の所在・範囲の把握や資料の整備が不十分な市町村については、当面、都道府県が自ら計画的な分布調査等を実施し、又は市町村が行うそれらの調査に関する指導・助言や援助を行う必要がある。国はそれらの事業について都道府県を通じて指導・助言と財政的な援助を行うことが必要である。

　地方公共団体にあっては、これらの事業を行うため、埋蔵文化財包蔵地の有無や広がりを専門的に判断することができるような体制を整備することが必要である。

（4）周知の埋蔵文化財包蔵地の決定

　埋蔵文化財包蔵地として周知する必要のあるものは、上記（2）及び（3）の原則に従い、客観的な根拠をもって所在と範囲が確かめられるものでなければならない。このことからすると、周知の埋蔵文化財包蔵地は、市町村が分布調査等により把握した範囲に基づき、都道府県教育委員会が、関係市町村教育委員会との間で個別の遺跡の所在・範囲についての必要な協議・調整を行い、決定することとするのが適切である。

（5）周知の埋蔵文化財包蔵地の資料化

　上記（4）により都道府県教育委員会が決定した周知の埋蔵文化財包蔵地については、都道府県及び市町村において「遺跡地図」、「遺跡台帳」等の資料に登載し、それぞれの地方公共団体の担当部局等に常備し閲覧可能にする等による周知をより徹底する必要がある。この場合、埋蔵文化財包蔵地の区域は、原則として、実線で範囲として明確に示す必要がある。また、「遺跡地図」等の資料には、遺跡が完全に滅失したり、本来的に存在しないことが明らかな区域、史跡に準ずるような重要な遺跡の区域、周知の埋蔵文化財包蔵地であることは確認されていないが埋蔵文化財が所在する可能性のある区域等をあわせて表示しておくことも、開発事業者側、文化財保護行政側の双方にとって有効なものと考えられる。

（6）周知すべき埋蔵文化財包蔵地の所在・範囲及び
　　それに関する資料の更新等

　周知の埋蔵文化財包蔵地の所在・範囲は、その決定後の新たな調査や開発事業の実施によって変動するものである。したがって、地方公共団体においては、常に最新の状況を把握するとともに、所在や区域の範囲を更新していく必要がある。また、当然、都道府県と市町村が共有している資料も、最新の周知の埋蔵文化財包蔵地の状況を国民に提示できるよう適宜更新する必要がある。この場合、刊行物としての「遺跡地図」等は、広く配布する等の手段としては有効であるが、常時最新の情報を表示しておくためには限界があるため、随時表示内容を更新していくことに適した、加除訂正が可能な基本原図を用いる等、機能的な方法を工夫する必要がある。特に都市部等試掘・確認調査を含む調査件数がきわめて多く新しい知見が常時加わってくる状況のところは、必要に応じてコンピュータによる情報管理の導入も有効であり、将来的にはこれを全国的に拡大することも検討する必要があろう。

　また、都道府県と市町村においては、周知の埋蔵文化財包蔵地の所在・範囲に関する資料について、基本的には同じ内容の資料を共有するとともに、各々の保有又は入手している埋蔵文化財包蔵地に関する最新情報を相互に提供し合い、国民が各都道府県下の埋蔵文化財包蔵地の情報を都道府県、市町村のいずれの担当部局においても入手できるようにしておく必要がある。各都道府県にあっては、このための有効な仕組みを構築し、随時より優れたものに改良していくことが必要であるし、将来的にはこれを全国規模に拡大することも考慮する必要がある。

第2章　試掘・確認調査の意義と方法

　保護の対象となる周知の埋蔵文化財包蔵地の決定や開発事業と埋蔵文化財の取扱いの調整を行うため、あるいはその調整の結果必要となった記録保存のための発掘調査の範囲を過不足なく適正に決定し、調査に要する経費・期間を可能な限り正確に算定するためには、埋蔵文化財の有無・所在範囲・性格・内容等を的確に把握することが不可欠である。埋蔵文化財行政の全般にわたって必要な、埋蔵文化財の有無、範囲、性格等の把握のためには、試掘・確認調査の実施がきわめて重要な意義をもつ。しかし、現状では、このような試掘・確認調査の意義が十分認識されておらず、その方法も必ずしも十分に確立されていないと考えられる。

1　現状と課題
（1）試掘・確認調査の実施状況等

　現状では、試掘・確認調査の大部分は、開発事業が計画された地域について、事業計画との調整上の必要から行われるものであり、平成7年度に行われた試掘・確認調査の総件数は11,877件余りである。

　開発事業に伴う試掘・確認調査は、埋蔵文化財の有無の

確認や埋蔵文化財包蔵地の範囲・性格等の概況を把握するために行われるものであり、具体的には、そのときの目的により、遺跡の有無、その属する時代・性格・範囲、遺構の密度、重要度、第１遺構面までの深さ、遺構面の数等の把握をめざして行われる。試掘・確認調査の方法は、この把握すべき目標に即してさまざまであるが、たとえば、埋蔵文化財の有無は坪掘り等のごく一部の発掘により確認できるが、埋蔵文化財の範囲・性格等の概況を知るにはより広範な発掘が必要であり、一般に、埋蔵文化財の有無の確認、範囲・性格等の把握を一連の調査で行う方式（以下「１段階方式」という。）と二つの行程に分け段階的に行う方式（以下「２段階方式」という。）が行われている。地方公共団体における状況を調査した結果によると、１段階方式を採用する地方公共団体は79％、２段階方式を採用する地方公共団体は17％である。

埋蔵文化財包蔵地の概況を把握するためにどの程度の面積を発掘しているかの実態を地方公共団体の現況でみると、対象となる埋蔵文化財包蔵地の面積に対する割合で３％以下の地方公共団体は１段階方式のところ32％、２段階方式のところ26％、４～６％の地方公共団体は１段階方式のところ28％、２段階方式のところ19％、７～12％の地方公共団体は１段階方式のところで23％、２段階方式のところで18％となっている。

試掘・確認調査の実態としては、開発事業件数そのものが膨大で、これを実施するための十分な体制が確保できていないこと等により実施されていない場合、確認調査は行ったものの面積が少なかったため範囲や遺構の密度、重要度及び遺構面の数等の必要な事柄が把握されていなかった場合などがあり、また、その結果、記録保存することとして本発掘調査が進んだ後に保存を要する重要な遺跡が検出されたり、本発掘調査を要する範囲とそれに係る費用と期間の見積りの誤りが判明し、開発事業との再調整が必要となった事例もある。

なお、このような目的で行われる試掘・確認調査を表す用語については、「試掘調査」、「確認調査」という２種の呼称が多いが、実態上はこの他にも地方公共団体によって多様な用語が使用されており、それぞれの用語の意味内容が異なることもあって、開発事業との調整の場等において混乱を招くおそれがある。

（２）試掘・確認調査の方法

試掘・確認調査の実施方法は、遺跡の種類やその立地・環境のあり方によって異なるが、現状では、遺跡の種類・立地・時代等に対応した最も適切な試掘・確認調査の方法が必ずしも確立していない。そのため、遺跡が低湿地に立地し遺構面や遺物包含層が地下深くにある場合や、窯跡・製鉄炉跡等のように斜面地に立地する場合、ローム層中に遺物が包含される旧石器時代の場合等は、台地上に立地する通常の遺跡を対象とする場合と比べて、その有無や概況を把握することは困難な状況にある。

２　改善方策

（１）試掘・確認調査に関する基本的な考え方

法律の対象として国民に保護を求める埋蔵文化財の所在・範囲等を把握し、提示すること、開発事業と埋蔵文化財の取扱いの調整に際して、①現状保存を必要とする重要な遺跡の有無や範囲の確定、②本発掘調査を要するか否か及び要する際の範囲の特定、③本発掘調査に要する期間・経費等の見積等を行うことのためには、埋蔵文化財の内容、性格等を的確に把握しておかなければ適切な判断をすることができない。また、後述（第４章）の遺跡上の埋立て、盛土に際しても、確認調査が必要である。通常、地下に埋もれている埋蔵文化財についてその所在・範囲、内容等を把握するためには地表面の観察のみでは不十分であり、また、近年、開発されている直接発掘することなく地下の状況を探る科学的探査等の手法は、特定の条件下では極めて有効であるが、あらゆる条件下で使用されるためには、さらなる開発・改良を進めることが必要である。このため、現状では埋蔵文化財保護行政を進めるあらゆる場面でそれぞれの目的に応じて試掘・確認調査を行うことが最も有効な方法であり、極めて重要な意味をもつものである。

従って、地方公共団体においては、このような試掘・確認調査の重要性・有効性を十分に認識し、これを埋蔵文化財の保護や開発事業との調整等の仕事の中に的確に位置づけるとともにその十分な実施を確保できる職員の配置等の体制整備を図る必要がある。また、国はそのために必要な指導、助言と財政的な援助を行うことが必要である。

（２）試掘・確認調査の内容についての留意事項

埋蔵文化財保護行政の各段階において必要とされる具体的な知見・情報はさまざまであり、それを得るための試掘・確認調査もそれに応じて内容、規模等を異にする。開発事業との調整の場面においては、一般的には、初期の段階においては埋蔵文化財の有無が大きな問題となり、その後の段階においては現状保存を要する重要な遺跡の有無や範囲の決定、現状保存できない遺跡に係る本発掘調査の範囲の決定やその正確な期間・経費等の見積に不可欠な遺構面数、遺構面までの深さ、遺構と遺物の分布範囲・密度、遺跡の時代、種類・性格等を把握する必要が出てくる。

このため、具体的な試掘・確認調査を計画する際には、個別の案件の状況を踏まえながらそれぞれの地域的な特性や遺跡の立地・種類、あるいは開発事業の規模等を考慮して、目的とする情報・資料が効果的、効率的に得られるよう、１段階方式でやるか２段階方式とするかを含め、調査の面積や深さ、方法等を過不足なく柔軟な判断に基づいて設定する必要がある。なお、これまでの実績や研究等によ

付　編

ると、例えば、台地上の比較的単純な遺跡の場合には、埋蔵文化財包蔵地の範囲の10％について確認調査を行えば、本発掘調査の範囲の決定に必要な情報を得ることができるとされている。

　用語については、「試掘調査」は表面観察等からだけでは判断できない場合に行う埋蔵文化財の有無を確認するための部分的な発掘調査、「確認調査」は埋蔵文化財包蔵地の範囲・性格・内容等の概要までを把握するための部分的な発掘調査とし、両方の目的で一連の調査を行う場合を「試掘確認調査」と呼称することにより、開発事業者との協議・調整に際しての混乱を避けることが望ましい。

（3）試掘・確認調査方法の研究・開発

　低湿地・斜面地に立地する遺跡、遺構面の深い旧石器時代の遺跡等、現状ではその有無の確認や概況の把握のための手法が確立していないものについては、効率的かつ安全に必要な知見・情報を得るための調査手法や掘削機器の研究・開発が必要である。この場合、確認調査と本発掘調査の事例を集成して遺跡の種類とその立地条件等を比較検討することによる、遺構を最も効率的に把握するためのトレンチの設定方法等の開発や古環境に関する地質学上の成果をとり入れること等、広く関係学界を含めて研究開発を推進する必要がある。

第3章　埋蔵文化財包蔵地のうち本発掘調査を要する範囲の特定

　周知の埋蔵文化財包蔵地における開発事業と埋蔵文化財の取扱いについての調整の結果、現状保存することができないこととされた遺跡については、本発掘調査を行い、その記録を保存することとされている。この場合、本発掘調査を行うかどうかは、第1にその工事区域が、地下遺構の状況、その種類・性格等の観点で本発掘調査を必要とする範囲に含まれるかどうか、第2に工事の内容が地下遺構に与える影響の観点で本発掘調査を必要とする場合に当たるかどうかを判断して定める必要がある。第3章においては、前者の観点について検討することとする（後者については第4章で検討する。）。

　本来、埋蔵文化財包蔵地にはさまざまな種類の遺跡や遺物が多様なあり方で所在しているものであり、また、現状では、周知の埋蔵文化財包蔵地の範囲は、必ずしも試掘・確認調査により地下遺構の存在を確認した上で定めたものではないことから、開発事業との調整に際しては、本発掘調査を要する範囲は事業の行われる周知の埋蔵文化財包蔵地の区域のうちから埋蔵文化財の記録保存の目的に即して過不足のない適切なものとして特定する必要がある。

　そのような本発掘調査を要する範囲の特定は、各地方公共団体間に著しい差異のないように行われる必要がある。

1　現状と課題

（1）本発掘調査を要する範囲に関する基準

　本発掘調査を要する範囲は、個々の事業ごとに、それぞれの地方公共団体の判断によって特定されているが、これについての全国的に共通する基本的な考え方や原則はなく、また、地方公共団体単位でみても本発掘調査を要する範囲を特定するための明文化した基準をもっているところは約4％にとどまる。一方、このような基準を作るべきである、あるいはできれば作るべきであるとする地方公共団体は66％に達することから、多くの地方公共団体では、明文化した基準の必要性を認めながらも、それには至っていない状況にあると考えられる。

（2）本発掘調査範囲の特定の現況

　本発掘調査を要する範囲は、地域性、遺跡の時代・性格、遺構の残存状況等を総合的に勘案して定める必要があるが、それらの要素を具体的事業に適用するについての基準となる考え方がない場合、各地方公共団体や担当者によって、本発掘調査の範囲に、地域的な特性等に伴う差異を越える異同が生ずることがある。特に本発掘調査を要する範囲が大規模となる田畑や近世の都市・集落の遺跡等の事案が増加するに従って、これまでこの種の遺跡の調査が進展している地域とそうでない地域との間で、取扱いに大きな差異が生ずるおそれがある。

　同一地方公共団体内あるいは同一都道府県内の市町村相互間での判断の大きな差異は避けるべきであり、また、本発掘調査を要する範囲や本発掘調査のための経費等の根拠の客観性、合理性を担保するためにもどこまでを本発掘調査対象範囲とするかについての一定の標準が必要である。

2　改善方策

（1）本発掘調査を要する範囲の特定に関する基本的な
　　考え方

　周知の埋蔵文化財包蔵地のあり方からすれば、その区域全域を本発掘調査の対象とすることが必ずしも適切でない場合があり、開発事業との調整に際しては、現状保存の要否とともに本発掘調査を必要とする範囲を特定することが必要である。そして、この本発掘調査を要する範囲の特定は、各地方公共団体や担当者によって著しい差異が生ずることを避けるため、一定の標準に従って行われる必要がある。

　また、現在、開発事業に伴う埋蔵文化財の取扱いは、本発掘調査の要否を含めて実質的に都道府県教育委員会が事業者を指導するしくみとなっていることから、個々の事業に係る本発掘調査の範囲の特定は、一定の標準に即して、都道府県教育委員会が行うこととするのが適切である。この場合、その範囲の特定は、試掘・確認調査等に基づく遺跡の性格・内容の解釈や遺跡の構造についての知識、経験に基づき、個々の埋蔵文化財包蔵地の状況に応じて行われ

る必要があることから、都道府県教育委員会は、原則として市町村教育委員会の意見（試掘・確認調査等が市町村以外の調査機関によって行われた場合にあっては、その結果報告に基づく市町村教育委員会の意見）を聞き、協議・調整の上行うこととする必要がある。

（２）本発掘調査を要する範囲の特定に関する標準

本発掘調査を要する範囲の特定に関する標準は、次のとおりとするのが適切である。

（ア）遺構の所在する場所にあっては、遺構が単独の場合は個々の遺構のみを範囲とするが、遺構が歴史的な意味あいをもつ群をなす場合は群全体の範囲（外側の遺構を順次結んで囲まれる範囲）とする。また、ごく少数の遺構が互いに離れて存在する場合は、各遺構のみを範囲とするかこれらを含む区域全体を範囲とするかを、それらの遺跡の時代や歴史的意味・性格等を考慮して判断する。

遺跡の中の空閑地については遺跡の時代・性格等を考慮し、広場等歴史的意味があると考えられる場合は、原則として遺構の範囲に含める。祭祀遺物が分布する区域あるいは廃棄された遺物が集積する区域等のように、顕著な遺構がなくとも出土状況に意味のある遺物が所在する範囲は、遺構に含める。

（イ）遺物包含層のみの場合は、遺物の出土状況に基づいて、一定の量の遺物がまとまって所在する区域を範囲とし、遺物が散漫に所在する区域は範囲から除外する。ただし、出土状況の判定に当たっては、地域性や遺跡の時代・性格等を十分に考慮する必要がある。たとえば旧石器時代、縄文時代草創期等本来遺物が多量に出土することのまれな時代の場合、遺物の出土が散漫な区域であっても地域や時代性等の特性を考慮して範囲に含めるかどうかを判断する。

（ウ）田畑及び近世の都市・集落等を構成する一部の遺構等、規格性のある区画や類似する構成・性格の遺構が連続しており一部の遺構のあり方から全体が推定できる場合、現代の市街地との重複により著しく遺構が損なわれている場合、古文書等の考古学的情報以外の資料が豊富に残されている場合にあっては、地域性、遺構の残存状況、発掘調査で得られる情報の内容、考古学関係以外の資料から得られる情報等の諸要素を総合的に勘案し、本発掘調査を要する範囲に含めるかどうかを判断するものとする。

なお、この標準は、今後、発掘調査成果の蓄積、研究の進展等に照らして、適宜見直しを図る必要がある。

第4章 本発掘調査を要する場合の原則及びその考え方

前章においては、周知の埋蔵文化財包蔵地の区域における遺跡のあり方等の観点からの本発掘調査を必要とする範囲の特定について検討したが、本発掘調査を必要とするかどうかは、このほかに、開発事業が埋蔵文化財に及ぼす影響の観点からも判断する必要があることは、前章において述べたとおりである。

どのような工事内容の場合に本発掘調査を行う必要があるかについては、文化庁は、都道府県教育委員会あての通知によりその基本的な考え方を示しているが、その内容は必ずしも具体的ではなく、これを実際の取扱いに当てはめるに際しては、各地方公共団体間に差異が生じている。本発掘調査を必要とするかどうかについての各地方公共団体間の判断の差異は、開発事業者の負担内容に関わる事柄であり、可能な限り避ける必要がある。

1 現状と課題

（１）文化庁の昭和60年通知

文化庁では、昭和60年12月20日付け及び平成5年11月19日付けの各都道府県教育委員会あての「埋蔵文化財の保護と発掘調査の円滑化について」の通知により、本発掘調査を必要とするのは次の3つの場合である旨の原則（以下「3原則」という。）を示した。

①工事による掘削が埋蔵文化財に及ぶ場合
②恒久的な建築物、道路その他の工作物を設置する場合
③盛土、一時的な工作物の設置等で、それが埋蔵文化財に影響を及ぼすおそれがある場合

本発掘調査が必要か否かについての3原則が準拠している考え方を整理すると、原則の①は、掘削により埋蔵文化財が損壊するため、原則の②は、埋蔵文化財を損壊することはないものの恒久的な建築物、道路その他の工作物の設置によって、相当期間にわたって当該埋蔵文化財と人との関係が断たれ、その埋蔵文化財が損壊したのに等しい状態となるため、原則の③は、盛土による土圧等による埋蔵文化財の変形、損傷などの影響が生ずるために、それぞれ記録保存の措置を必要とされているものである。

この3原則を実際の事案に当てはめる段階における問題点としては、原則の①の内容は明確であるが、原則の②の「恒久的な建築物、道路その他の工作物」と原則③の「埋蔵文化財に影響を及ぼすおそれのある場合」については、その具体的な内容が必ずしも明らかでないことが挙げられる。

このため、平成2年度から、関東甲信越静ブロックをはじめとして全国の各地方ブロックごとに、「恒久的な建築物、道路その他の工作物」及び「埋蔵文化財に影響を及ぼすおそれのある場合」の具体的な適用基準についての検討が行われ、現在、関東甲信越静ブロックと九州・沖縄ブロ

ックでは基準を策定済み、その他のブロックでは検討中となっている。なお、文化庁では、平成5年11月19日付けの都道府県教育委員会あての「埋蔵文化財の保護と発掘調査の円滑化について」の通知により、各地方ブロックごとにこのような基準を策定することを求めている。

(2) 本発掘調査を行うかどうかの取扱いの現状

3原則のうちの②の「恒久的な建築物、道路その他の工作物」と③の「埋蔵文化財に影響を及ぼすおそれのある場合」について各地方公共団体における適用の状況を調査した結果、概ね次のとおりとなっている。

ア)「恒久的な建築物、道路その他の工作物」について

○道路等　道路については、掘削が及ばない部分も発掘調査することとしている地方公共団体は、高速道路・国道74%、都道府県道73%、市町村道72%であり、国道・地方道等の種別による取扱いの差異は顕著ではない。高速道路・国道に伴う側道、路側の緑地帯についても同様に扱う傾向がある。高架構造の場合の橋脚以外の部分についても本発掘調査をすることとしている地方公共団体は70%である。ただし、工事用仮設道路や私道については、掘削が及ばない部分を本発掘調査の対象としている地方公共団体は50%前後と、一般道路の場合と比べて少ない。農道については、掘削が及ばない部分も本発掘調査の対象としている地方公共団体は、広域農道については65%、それ以外の農道で舗装されるものについては62%、舗装されないものについては49%となっている。

○河川・ダム　河川敷・堤防における工事については、65%の地方公共団体が、掘削が及ばない部分についても本発掘調査を行うこととしている。ダムについては、異常増水時にのみ水没することとされている区域を、全域本発掘調査することとされているところは20%、本発掘調査の対象としないこととされているところは11%である。

○駐車場　舗装の有無及び地下部分の構造により取扱いに差異があり、掘削が及ばない部分についても本発掘調査することとしている地方公共団体は、本格舗装の場合にのみ調査することとしているところ56%、簡易舗装の場合にも調査することとしているところ41%、砂利敷きの場合まで調査することとしているところ29%である。

○建物　その構造により取扱いに差異がある。掘削が及ばない部分をも本発掘調査することとしている地方公共団体のうち、鉄筋コンクリート造について調査することとしているところ67%、鉄骨造についても調査することとしているところ64%、木造モルタル造まで調査することとしているところ54%となっている。

イ)「埋蔵文化財に影響を及ぼすおそれのある場合」について

○盛土　埋蔵文化財に影響を及ぼすおそれのある盛土の厚さの数値基準をもっている地方公共団体は63%であり、本発掘調査を要する盛土の厚さを1メートル以上としている地方公共団体は10%、2メートル以上としているところは38%、3メートル以上としているところは5%である。

ウ)保護層について

工事の施工に際して埋蔵文化財を保護するための一定の厚さの土層、樹脂等による緩衝層(以下「保護層」という。)を確保することができないときは本発掘調査を行うこととしている地方公共団体が26%あり、その厚さは20～30センチ(9%)、30～50センチ(48%)、50～60センチ(14%)などとなっている。

以上を総合すると、埋蔵文化財に掘削が及ばない区画を本発掘調査の対象とするか否か等の本発掘調査面積に大きな影響を与える事柄について、各地方公共団体間でかなりの差異が生じているといえる。

(3) 本発掘調査を必要としない場合の取扱いの現状

開発事業の工事の規模・内容と対象地内の埋蔵文化財の内容によっては、本発掘調査の必要はなくても他の措置を講ずる必要がある場合がある。これに関して、文化庁は、昭和53年9月25日付けの都道府県教育委員会あての「埋蔵文化財関係の事務処理の迅速適正化について」の通知において、工事による掘削・盛土が、①遺構等の所在する層位に達しない部分で行われる等、地下遺構等に影響を与えないと考えられる場合、②既に行われた工事その他による遺構等の損壊の範囲内で行われ、新たな地下遺構等への影響が生じないと考えられる場合、③盛土の厚さが薄く、地下に対する加圧の程度その他の観点から、地下遺構等に影響を生じないと考えられる場合については、工事の実施に際して地方公共団体の専門職員が立ち会うこと(「工事立会」と略称)又は埋蔵文化財に影響を及ぼすことのないよう慎重に工事を行うこと(「慎重工事」と略称)のいずれかの取扱いを行うよう指導している。

平成8年度の周知の埋蔵文化財包蔵地における工事の届出及び通知に対する都道府県の指導は、合計29,817件で、そのうち本発掘調査を求めるものは12,344件(41%)、工事立会を求めるものは11,030件(37%)、慎重工事を求めるものは6,409件(22%)となっている。

工事立会の場合は、工事期間中地方公共団体の専門職員が適宜立ち会うのが一般的であり、慎重工事の場合は、職員は立ち会わず、遺物・遺構等が出土した場合には連絡を求め、あるいは工事期間中最低1回程度は現地を確認するなどの対応をとることとしている地方公共団体が多い。

（4）課題

本発掘調査を必要とするか否かの判断の要素の一つである、工事が埋蔵文化財に与える影響の度合いについては、その判断の基準となる3原則に個々の事案に当てはめるには具体的でない部分があり、かつ、そのために実際の処理上地方公共団体間に相当の差が生じており、この状況は改善する必要がある。

また、発掘調査は、それによって埋蔵文化財の内容を明らかにすることができる反面、対象の遺跡を再現できない状態に改変・破壊してしまうものであることを考慮し、記録保存の範囲を最小限におさえ、たとえば、盛土の下に保存される埋蔵文化財については本発掘調査をひかえること等も併せて検討する必要がある。

工事立会及び慎重工事の措置を執る場合とその対応についても基本的な考え方を示すことが望ましい。

2 改善方策

（1）本発掘調査を要する場合についての基本的な考え方

どのような工事内容の場合に本発掘調査を要するかについては、現行の3原則の基本的な考え方を維持しつつ適宜必要な見直しを行い、また、その当てはめに際して各地方公共団体間に地域的な特性を超える大きな差異を生じないよう、具体的な標準を示すことが必要である。

また、この場合、遺跡等が破壊されてしまうのではなく、たとえば盛土の下に残っていく場合等については、本発掘調査を合理的な範囲にとどめ、調査の期間や経費の節約と埋蔵文化財の将来への保存（必ずしも好ましい形態といえないが）の観点も勘案する必要があろう。

このような標準は、次に示すとおりとするのが適切であると考えられるが、その各項目の中には、実際の適用に際しては地域的な特性や従前の取扱いとの関連においてさらに細目的な基準を必要とするものがあると考えられるので、それらについては都道府県教育委員会が、各地方ブロックで策定され、又は現在検討中の基準を踏まえる等により工事の種別ごとの取扱いや数値の適用基準を定めることとするのが望ましい。

なお、これらの標準及び適用基準に基づく具体的な事業ごとの本発掘調査を必要とするかどうかの判断（後述（2）の工事立会等を要するかどうかの判断も含む。）は、前章で述べたところと同様、都道府県教育委員会が市町村教育委員会の意見を聞き、両者協議・調整の上、行うこととするのが適切である。

本発掘調査を要する場合の3原則についての標準

3原則の各項目の意味・内容及び適用についての基本的な考え方は次のとおりである。

ア）3原則の①について

工事により埋蔵文化財が掘削され、破壊される場合には本発掘調査を行うものとする。遺構面に直接掘削が及ばない場合であっても、一定の保護層が確保できない場合には本発掘調査を行うこととするかどうか、及び保護層の厚さをどの程度とするかについては、各都道府県教育委員会において適用基準を定めることができる。

イ）3原則の②について

従来、「恒久的な建築物、道路その他の工作物を設置する場合」は本発掘調査の対象とされているが、工事の性質・内容に即して当該の工作物の設置、盛土の施工後であっても必要な場合は発掘調査が可能か否かの観点から、本発掘調査の必要性の有無については以下のとおりとする。

○**道路等**　次に掲げるもの以外は、本発掘調査の対象とする。

（ア）一時的な工事用道路、道路に付帯した緑地部、歩道等

（イ）高架・橋梁の橋脚を除く部分

（ウ）道路構造令の適用を受けない農道、私道

（エ）道路の拡幅・改修の場合の既存道路部分

ただし、上記のものについても、各都道府県教育委員会の定める適用基準により、施設としての将来的な利用計画及び地下埋設物・付帯施設の設置計画の有無、内容等を考慮して本発掘調査の対象とするか否かを定めることができる。

鉄道については、道路に準じて取り扱う。

○**ダム・河川**　ダムについては堤体及び貯水池、河川については堤防敷及び河川敷の内の低水路は本発掘調査の対象とする。ただし、ダム貯水池のうちの常時満水位より高い区域と河川の堤防敷間の高水敷については、各都道府県教育委員会の定める適用基準により、施設としての将来的な利用計画及び地下埋設物・付帯施設の設置計画の有無、内容等を考慮して本発掘調査の対象とするか否かを定めることができる。

○**恒久的な盛土・埋立**　盛土・埋立については、その施工後の状況が、必要な場合は発掘調査が可能なものかどうか等の観点で、個々の事業に即し、本発掘調査が必要か否かを定めることとする。ただし、各都道府県教育委員会の定める適用基準により、あらかじめ盛土等の厚さの標準を定めておくことができるものとする。この場合、現在の掘削工法の限界、従前の例等から、盛土等の厚さの標準は2～3メートル程度が適当である。

なお、野球場・競技場、駐車場等についても、各都道府県教育委員会の定める適用基準により、施設としての将来的な利用計画及び地下埋設物・付帯施設の設置計画の有無、内容等を考慮して本発掘調査の対象とするか否かを定めることができる。

○**建築物**　建築物については、規模・構造・耐用年数

等において上記の工作物に比べ比較的簡易なものが多いため、原則として本発掘調査の対象とはしない。ただし、その規模・構造・耐用年数・将来の利用計画等の観点で、各都道府県教育委員会の定める適用基準により、本発掘調査の対象とするか否かを定めることができる。

ウ）3原則の③について

工事による掘削が埋蔵文化財に直接及ばない場合や一時的に工作物を設置する場合であっても、工作物や盛土等の重さによって、地下の埋蔵文化財に影響を及ぼすおそれがある。このような場合には、本発掘調査を行うことが必要であるが、当該工事等が埋蔵文化財に影響を及ぼすおそれがあるかどうかは、埋蔵文化財の所在する地域ごとの地質・土壌条件と工事の規模等を勘案し、個々に判断せざるを得ないものである。しかしながら、同一地域の同規模の工事に対し、その判断に著しく差異が生じることは適切ではなく、各都道府県教育委員会において、具体的な工事の規模（盛土の厚さ等）や保護層の要否とその程度についての適用基準を定めることが望ましい。

（2）工事立会・慎重工事についての基本的な考え方

「工事立会」、「慎重工事」の措置を必要とする場合とその内容は、次のような基本的な考え方によるのが適切である。

① 「工事立会」を求める場合について

対象地域が狭小で通常の発掘調査が実施できない場合及び工事が埋蔵文化財を損壊しない範囲内で計画されているが現地で状況を確認する必要がある場合には、工事の実施中地方公共団体の専門職員が立ち会うこととする。なお、その際、遺構が確認される等のことがあった場合はその記録をとる等適切な措置を講ずることとする。

② 「慎重工事」を求める場合について

遺構の状況と工事の内容から、本発掘調査、工事立会の必要がないと考えられる場合は、埋蔵文化財包蔵地において工事を行うものであることを認識の上慎重に施工するとともに、遺構・遺物を発見した場合は地方公共団体と連絡をとるよう求めることとする。

（3）留意事項等

ア）盛土等によって地下に埋蔵文化財を残す場合の留意事項

盛土や工作物等の下に本発掘調査を行わないで埋蔵文化財を残す場合、その施工後は、当該地は、周知の埋蔵文化財包蔵地であることにかわりはないとしても、地形・地貌が大きく変化し、試掘・確認調査を行うこともかなり困難になる。したがって、盛土等の処理をする場合には、地下に残る埋蔵文化財の位置と範囲、遺跡の内容・性格等を記録しておく必要があり、そのために事前にその目的に即した確認調査等を行うこと等が必要である。

また、盛土等の処理に関する協議・調整、それに伴う踏査、試掘・確認調査及び工事の具体的な範囲・内容等の記録は重要な資料となることから、これらを機能的に保管・管理する仕組みと体制を整備するとともに、将来、別の開発事業に際してその存在を見落とされるなどのことのないよう、関係事業者、土地所有者等に周知徹底する措置も必要である。

盛土によって地下に埋蔵文化財を残す場合等の確認調査や保護層の確保等の措置については、国による財政的援助の方途を講ずることが望ましい。

イ）本発掘調査を要する場合についての基本的な考え方等の見直し等

本発掘調査を要する場合についての3原則、それに関する標準及び適用基準は、埋蔵文化財保護に関する理念の変化や技術的な進歩等に伴って変更されていく性格のものであるから、今後、適宜、適切に検討・見直しを行っていく必要がある。

また、盛土等によって地下に埋蔵文化財を残すことをその保存の立場から積極的に位置づけ、保存の手法の一つとして確立するために、盛土等の埋蔵文化財への影響の程度・内容等の科学的な把握方法、有効な工法等に関する研究、技術開発を進める必要がある。

埋蔵文化財の本発掘調査に関する積算標準について（報告）

平成12年9月28日
埋蔵文化財発掘調査体制等の整備充実に関する調査研究委員会

【目 次】

はじめに

第1章　発掘調査に関する積算標準についての現状と課題
　1　積算標準の現状と課題
　　（1）これまでの経緯
　　（2）発掘作業についての積算標準の現状と課題
　　（3）整理業等ついての積算標準の現状と課題
　2　標準策定のための検討方針と改善方策

第2章　本発掘調査の作業内容の標準
　1　発掘作業及び整理作業等の内容に関する標準
　　（1）発掘作業
　　（2）整理作業等
　2　経費積算の標準と積算の実施

第3章　本発掘調査費の積算標準
　1　発掘作業の積算標準
　　（1）作業量算出方法の基本的な考え方
　　（2）標準歩掛設定の区分
　　（3）補正項目とすべき要素
　　（4）標準歩掛と補正係数の実態調査と設定数値
　　（5）記録作成作業と諸作業の作業量算出
　　（6）延べ調査員数と発掘作業期間の算出
　　（7）都道府県における積算基準の設定と留意事項
　2　整理作業等の積算基準
　　（1）作業量算出方法の基本的な考え方
　　（2）標準歩掛と補正係数の実態調査と設定数値
　　（3）整理作業等期間の算出
　　（4）報告書分量の目安
　　（5）都道府県における積算基準の設定と留意事項
　3　経費積算上の留意点
　　（1）発掘作業経費の積算
　　（2）整理作業等経費の積算
　4　標準の見直し

別　紙（略）
　1　開発事業に伴う埋蔵文化財の取扱い工程
　2－1　集落遺跡における発掘作業工程及び成果品の標準
　2－2　竪穴住居跡の発掘作業・検出遺構の記録作業の標準
　3　整理作業及び報告書作成における作業工程の標準
　4　本発掘調査の工程と必要経費
　5　本発掘調査経費の構成と費目

参考資料（略）

はじめに

　埋蔵文化財は我が国あるいは全国各地域の歴史や文化の成り立ちを理解する上で欠くことのできない国民共有の貴重な歴史的財産であり、将来の文化の向上・発展の基礎をなすものである。したがって、開発事業との円滑な調整を図りつつ埋蔵文化財を適切に保護することは重要な行政的課題であり、これに対し適切に対応する必要がある。

　埋蔵文化財発掘調査体制等の整備充実に関する調査研究委員会（以下「委員会」という。）は、埋蔵文化財の適切な保護と開発事業との円滑な調整の推進を図る上で行政上必要とされる基本的な方向を検討することを目的として、平成6年10月に設置された。検討に当たって、各地方公共団体等における実態を踏まえ、より審議を深めるために、都道府県・市町村の教育委員会及びその関係機関の実務担当者からなる協力者会議が併せて設置されている。

　委員会でこれまで検討してきた事項については、『埋蔵文化財保護体制の整備充実について』（平成7年12月）、『出土品の取扱いについて』（平成9年2月）及び『埋蔵文化財の把握から開発事前の発掘調査に至るまでの取扱いについて』（平成10年6月）として報告したところであり、これらの報告を踏まえた文化庁の通知等により、各地方公共団体において所要の施策の実施が図られてきているところである。

　このたびの検討課題は埋蔵文化財の本発掘調査にかかる経費と期間の積算についてである。

　埋蔵文化財保護行政の推進については開発事業者をはじめとする国民の理解と協力を得ることが不可欠であり、そのためには行政の各段階における判断や措置は、客観的・合理的な標準に基づいて行われる必要がある。このことは、発掘調査に関して特に大きな問題となる発掘調査に要する経費と期間の積算についても同じであることから、委員会では、本発掘調査の経費と期間の積算標準の策定を中心とした課題について検討することとし、委員会を5回、協力者会議を9回開催して検討を重ねてきた。検討に当たっては、協力者会議による実務的な検討を踏まえることは

付　編

もとより、各地方公共団体における実態を把握し、その分析結果をもとに適正な方法を導き出すようこころがけた。

本委員会としては、この調査研究結果を発掘調査経費の積算標準のあり方として提言するものであり、今後、文化庁及び各地方公共団体において、これを踏まえた施策を進め、埋蔵文化財保護の推進を図るよう期待するものである。最後に、発掘調査の歩掛等の実態調査において多大な御協力をいただいた協力者及び関係地方公共団体等に感謝申し上げる。

第1章　発掘調査に関する積算標準についての現状と課題

埋蔵文化財のうち開発事業との調整の結果、現状で保存を図ることができないものについては、発掘調査を行ってその内容を記録にとどめるものとされている。この記録保存のための発掘調査（以下「本発掘調査」という。）は、埋蔵文化財の保護上必要な行政上の措置であるとともに、通常、当該調査の原因となった開発事業者に負担を求めて行われるものであり、そのために必要な経費及び期間は、文化財行政として適切な範囲のものでなければならない。そして、本発掘調査の経費と期間を適切に算定するためには、まず、その算定に関する客観的・合理的な標準がなければならない。

現在、本発掘調査の経費積算の標準は、全国共通のものはないが、すでに全国7地方ブロックすべてでそれぞれのブロック内に共通の内容のものが策定されている。しかし、各地方ブロックで策定された標準は、必ずしも十分に活用されていない実状も指摘されている（平成7年11月総務庁行政監察局の「芸術文化の振興に関する行政監察」）ため、その現状を把握・分析し、全国的に広く適用できる実用的で合理的な標準を策定する必要がある。

本発掘調査は、現地の発掘作業だけではなく、出土品や記録類の整理作業とこれらの成果をまとめた報告書の作成・公刊をもって完了するものであることから、経費及び期間積算の標準はそれら一連の作業について必要であり、かつ、その検討に際しては、それらの各作業ごとに、各地方における実態を踏まえ、実用的で合理的なものとするよう努めなければならない。

1　積算標準の現状と課題
（1）これまでの経緯

昭和40年、日本住宅公団と文化財保護委員会（現文化庁）との間で覚書が交わされ、公団による住宅開発に伴って必要となった発掘調査の経費の公団負担（いわゆる「原因者負担」）と負担する経費の範囲等の原則が示された。以後、この内容を基本として、日本鉄道建設公団（昭和41年）、日本国有鉄道（昭和42年）、日本道路公団（昭和42年）、建設省（昭和46年）等との間でも同様の内容が覚書等として確認され、この原則が民間事業を含めて全国的に定着していった。

この原則に従った具体的な発掘調査経費の算出については、各地域や各地方公共団体ごとに独自の積算方法がとられていたが、大型の開発事業の展開により発掘調査が各地で急速に増加していた昭和57年に、関東甲信越静ブロック内で、事業者から、同じ内容の発掘調査であるのに都県間で発掘調査費の額に差異があるのではないかとの指摘がなされ、ブロック共通の積算標準の検討が開始された。

文化庁では、こうした動向を背景に発掘調査経費の積算標準の必要性を認識し、開発事業に伴う発掘調査の実施等の指示を実質上都道府県が行っていること、遺跡のあり方には地域性があること等から、この標準は地方単位で共通の内容をもったものとして策定するのが適切であるとし、昭和60年12月の文化庁次長通知「埋蔵文化財の保護と発掘調査の円滑化」において、各地方ブロックごとに標準的な積算基礎を定めて算出するよう通知した。昭和61年10月には、関東甲信越静ブロックにおいて、発掘作業と整理作業の内容に応じた作業歩掛等を示した標準が策定された。これは、発掘調査の本格的な積算標準としては全国で初めてのものである。この後現在までに全国7地方ブロック（東北・北海道、関東甲信越静、東海、北陸、近畿、中・四国、九州）すべてにおいてそれぞれの区域内に共通の積算標準が策定され、一部ではこれらを基礎にした都道府県の基準も策定されて、地域や担当者間に生じがちな積算の方法とその結果の差異が解消される等の一定の成果が得られている。

以下にこの積算標準の具体的内等とその問題点を検討する。

（2）発掘作業についての積算標準の現状と課題

本発掘調査における現場の発掘調査作業（以下「発掘作業」という。）に必要となる経費と期間の積算においては、個別の遺跡の内容を事前に把握することが前提となる。調査歴のない遺跡については、あらかじめ詳細な内容について把握することは困難であるが、本発掘調査の前に的確な確認調査を行うことにより、積算の前提となる遺跡の内容の概要を把握することは可能である（平成10年6月本委員会報告『埋蔵文化財の把握から開発事前の発掘調査に至るまでの取扱いについて』参照）。

これまでの積算標準は、各地方ブロックごとに細部は異なるが、発掘作業は土を掘り上げる作業で、その中心は人力による掘削であることから、それに要する作業員の数を発掘作業量の基礎とするという基本的な考え方は共通している。この考え方に基づく積算標準の原則は、表土・包含層・遺構埋土（覆土）ごとに発掘対象の土量を算出し、それぞれに設定された作業員の歩掛（作業員1人が1日で掘ることのできる標準の土量）で除して、発掘に要する延べ作業員数を算出するというものである。発掘作業期間は、総作業

量に対して1日に投入される調査員・作業員の人員編成に基づいて算出する。各工程の歩掛は、各地域の実績をもとに算定されており、多様な遺跡での実例を踏まえ幅のある数値が設定されている。

　この方式は、個別の遺跡の内容や発掘作業の人員編成に応じて適用できるものであるが、次のような問題点も指摘されている。

　まず、設定されている歩掛の幅が大きい点である。歩掛の幅のうちのどの数値を選択するかによって積算の結果に大きな差が生じることとなるが、その数値を選択した理由が明確でなければ積算が恣意的に行われているという印象を与えることになる。歩掛に幅を設けているのは、多様な遺跡の内容や調査の条件に応じて歩掛の数値が異なるからであるが、遺跡の立地、土質、時代・時期、遺構面までの深度、遺構・遺物の数量等に対応する発掘調査の作業量との具体的な相関関係については、これまでの各地域における発掘調査の実績を分析することにより整理することが可能な段階にきていると考えられる。したがって、遺跡の内容に応じて適切な歩掛の数値を選択できるよう歩掛の数値及びその条件を、実績を踏まえて定めることが適当である。

　次に、積算標準の適用対象をどのような種類の開発事業を原因とする調査としているかという点である。地方ブロックの標準は、都道府県が実施する本発掘調査で、建設省や道路公団等の公共事業を原因とするものに限定して適用することとしているものが一般的であり、市町村が実施することの多い民間の事業を原因とする本発掘調査については適用していないところが多い。積算の標準は、どのような開発事業を原因とする本発掘調査であるかを問わず広く適用できるものでなければならない。

　また、地方公共団体によっては、過去の実績をもとにした独自の基準があり、地方ブロックが策定した基準を用いていないところがある。このような独自の基準は、全国的な視野の中で客観的に位置付けられているものではなく、他の地方公共団体との対比において合理性のあるものとして理解を得ることが難しい。

　以上の点から、積算標準は、一定の内容、条件下の遺跡の調査であれば調査機関や原因者がいずれであるかを問わず一定の期間と経費が算出されるものであることが必要である。また、全国に共通して汎用できるもので、現実の多様な遺跡の内容や調査体制に対応できるものでなければならないと考えられる。

(3) 整理作業等についての積算標準の現状と課題

　現在、出土品等の整理作業から報告書作成まで（以下「整理作業等」という。）に関する積算の標準を定めているところは少なく、地域や地方公共団体ごとに個別に対応している場合が多い。地方ブロックの標準においても整理作業等についての積算標準を定めている例は少ない。

　地方ブロックの積算標準における整理作業等の標準には、現状では二つの方式がある。一つの方式は、発掘調査の場合と同様、水洗・注記・実測等の各工程ごとに作業歩掛を設けて、それに要する調査員・作業員数等を算出し、それらを積み上げていく方式である。この方式の問題点は、遺物の出土量が把握できない発掘作業前や、整理の各作業ごと等の対象となる遺物を選択する基準がない場合においては積算が困難なことである。

　もう一つの方式は、整理作業等に要する期間を発掘作業に要した期間と同期間とし、遺物・遺構等の出土量や内容に応じて整理作業等に要する作業員の想定数を増減させるというものである。この方式は、整理作業等の作業量（以下「整理等作業量」という。）は発掘作業量にある程度応じて決まるものであるという考え方によるもので、整理作業等の期間は必然的に定まるが、発掘作業時の体制や必要な整理作業等の総作業量にかかわらず発掘作業の期間がそのまま整理作業等の期間とされている点で合理的ではないという問題がある。また、遺物・遺構等の内容に応じた作業員数の標準の幅がかなり大きく、その中の数値の選択が恣意的になりがちだという問題もある。

　整理作業等についての積算標準例が少ない理由としては、整理作業等について積算標準は発掘作業の積算標準と比べて難しい要素があることが考えられる。

　発掘作業の場合に比べて整理作業等についての積算標準の策定を難しくしている第一の要素は、出土遺物の種別や時代によって作業量が複雑に変動することである。発掘作業は時代や遺跡の種別が異なっても遺物を取り上げながら土を掘るという作業においては同じであり、それによって作業量は大きく変動しない。これに対して、整理作業等の対象である出土遺物は、例えば、石器と土器の違いや複雑な文様をもつ縄文土器と須恵器のように、種別や時代、種類、器種等によって実測等の作業量が変動するのが一般的である。第二の要素としては、作業の対象が一定しないことが挙げられる。発掘作業は、基本的に遺物包含層や遺構のすべてを掘るものであるのに対し、整理作業等は洗浄・注記等の作業工程を除くと、すべての遺物を対象とするのではなく報告書に掲載するものを中心に選択して作業を行うものである。そのため出土遺物全体の中から選択されるものの割合に応じて作業量が変動することになる。

　以上のことから、整理作業等の積算標準を策定するためには、前提として多種多様な作業歩掛の設定と整理対象とするものの選択基準を含むきめ細かい作業標準を定めなければならないことになる。

　報告書については、記載する必要のある事項とその量は、発掘された遺跡の内容に応じて適切なものであることが求められ、かつ印刷製本費の算出の必要性からも報告書の内容と分量についての標準が必要であるが、これらについての標準は、従来策定されている積算標準の中にも含ま

付　編

れている例がない。

2　標準策定のための検討方針と改善方策

本発掘調査の経費と期間を算定するための積算基準は、埋蔵文化財保護行政において不可欠のものである。一定の性格・立地・内容等の遺跡で一定の条件下での本発掘調査であれば、調査機関や調査の原因となった事業の種別を問わず一定の経費と期間が算定されるように、全国共通の積算標準を策定する必要がある。このような標準の策定に際しては、これまでに策定されている地方ブロックの標準を参考にすることが有効である。積算標準を策定するに当たっては、その前提として発掘作業及び整理作業等の内容に関する標準を定めておくことが必要である（第2章関係）。

発掘作業については、発掘作業量が遺跡の立地、土質、遺物・遺構の内容等により変化するものであり、こうした多様な遺跡の内容に応じて適切な作業量を積算することができるような方法の検討が必要である。また、歩掛の数値は、現在全国で行われている実態を踏まえて適切に定めることが適当であり、実態調査を行いその結果を分析する必要がある（第3章1関係）。

整理作業等については、現状では積算標準の事例が少なく、積算の実践の積み重ねが不足しており、発掘作業と同じ精度の標準を策定することは容易ではない。しかしながら、実際に整理作業等に関する経費の積算は必要であり、地域の実績に基づいた積み上げ方式等による積算標準がない場合において参考となる一定の目安が求められていることから、現時点における基本的な考え方を整理し、実態調査に基づいた歩掛を目安として示す必要がある（第3章2関係）。

以上のことから、この調査研究委員会では、現在の地方ブロックの積算標準に関して指摘されている課題に対応するため、第2章以下に全国共通の積算標準を示すこととした。一方、遺跡のあり方には地域性があり、各地域の実態に即していて適用しやすい基準をつくることがより有効で合理的であることから、ここで示す積算標準を参考にして、各都道府県ごとに地域の実績を踏まえて積算基準を策定し、個別の事業に対応して活用することとすることが適当である。

第2章　本発掘調査の作業内容の標準

埋蔵文化財包蔵地において開発事業が行われる場合の当該埋蔵文化財の保護と開発事業の調整及び埋蔵文化財の取扱いに関する総体的な仕事の流れは、事前協議、本発掘調査、記録類・出土品の収納保管となっており、その工程の概要は、別紙1に示すとおりである。この工程において開発事業者に負担を求める経費の積算が関係するのは、「本発掘調査」の部分である。

本発掘調査は、埋蔵文化財保護の行政的手法の一つであるいわゆる記録保存の措置として、開発事業により失われる遺跡の範囲について、遺構・遺物の内容及び所在状況の記録を作成するものであるから、そのための発掘作業や整理作業等は一定の水準を保って行われ、記録には必要な事項が的確に記載されていなければならない。

このことから、本発掘調査に要する費用について標準を策定する場合には、まず、本発掘調査を構成する各作業の内容・精度について保たれなければならない一定の水準を明らかにし、その上で、その各々の作業に要する経費の計算の方法に関する通則的な考え方あるいは一定の数値基準を定めていく必要がある。

埋蔵文化財の本発掘調査は、現地での発掘作業と、室内における出土品や記録類の整理作業及び報告書作成からなり、それらはさらに細分化された一連の作業で構成されているので、以下、これらについての内容及び精度の標準とそれに要する経費を積算する場合の標準となる考え方を示すものとする。

1　発掘作業及び整理作業等の内容に関する標準
（1）発掘作業

本発掘調査として行われる一連の作業は、調査の対象となる遺跡の種類ごとに異なるものであるから、本発掘調査として保つ必要のある一定の水準を想定し、標準を定める際にも、本来は、各種類の遺跡ごとにその検討を行う必要がある。ここでは、遺跡の種類のうち最も普遍的に存在し、そのため発掘調査の対象となる機会が最も多い集落遺跡を対象とし、これを記録保存の目的で発掘調査する場合に必要となる各段階ごとの作業を想定して、それぞれの内容と精度の標準を示すこととする。もとより、各種の遺跡のなかには、調査の内容や重点とすべき調査事項において集落遺跡を想定した標準を適用することが適切でない種類のものもある。したがって、適切な積算のためには、集落遺跡以外のいくつかの典型的な種類の遺跡の調査を想定した同様の標準を各地域において実績を踏まえて作成しておくことが望ましい。また、調査の内容や各作業の具体的仕様については、調査や記録作成の技術等の進歩・改善に対応するよう適宜見直しを行う必要がある。

ある程度の規模を有する集落遺跡の本発掘調査を前提として、その全工程を各作業段階ごとに示すと次のとおりである。各作業のさらに詳細な内容及び留意事項は、別紙2-1に示すとおりである。

1）　事前準備
（ア）事務所設置・器材搬入等

発掘調査を安全かつ円滑に実施するために必要な作業拠点の設置、進入路の設置、矢板工事の実施等である。

(イ) 発掘前段階作業（対象地の伐採・測量基準点等設置・地形測量）

実際に掘削作業に入る直前に行う作業である。本発掘調査を行う範囲における準備（伐採・本発掘調査前の現況の記録・調査範囲の縄張り・櫛囲い等）、基準点・水準点の設営等である。利用できる既存の地形図がないときは、新たに地形測量を必要とする場合もある。

2) 発掘・掘削作業

(ア) 表土等掘削作業

表土層や遺物包含層までの無遺物層を掘削する作業である。土木機械を使えない場合に人力によることもあるが、今日では、バックホー等の機械による掘削作業が一般化している。なお、進入路の確保等調査対象地の条件によっては、機械力を導入できない場合もあることから、機械力を導入するか否かは、それぞれの条件に従ってより効率的、経済的な方を選択することになる。

(イ) 遺物包含層の掘削作業

遺構の上層に形成されている遺物包含層を掘削する作業である。遺物包含層には、人為的に残された遺物が、その後の土壌作用によりおおむね原位置に近い範囲に広がって所在しているものであり、これらの遺物は、遺構内の出土遺物とともに重要な資料である。したがって、遺構面までの層序を確認しながら上層から層位ごとに掘り進め、出土遺物については、遺跡の内容や遺物の出土状況に応じて適切な地区割りを行い、その単位ごとに取り上げることを基本とし、必要な場合には厳密な出土位置を記録する。

(ウ) 遺構検出作業

遺構面に達し、竪穴住居跡や土坑等土地に掘り込まれた遺構の輪郭を確かめる作業である。これらの遺構は、遺物のように誰にでも存在がわかるというものと異なるので、この段階で調査員の目によって識別されなければ、存在が認識されないまま掘削されてしまい、後から再確認することもできなくなってしまうから、注意を要する重要な段階である。

遺構面の精査による遺構検出作業によって、遺構の分布状況を把握するとともに、その平面形態・配置・重複関係・埋土（覆土）の状況から、柱穴や土坑等個々の遺構の性格、形成順序や帰属時期を推定し、次の段階で各遺構を発掘していく方法や順序の計画を立てる必要がある。この段階で簡略な遺構配置図を作成しておくことが望ましい。

(エ) 遺構掘削作業

平面として所在を確認した各遺構内部の土を掘り下げていく作業である。遺物の出土状況を含めて遺構内の埋土中に、その遺構の性格や形成時期、使用期間あるいは廃棄されて埋没する過程までの様々な情報が含まれており、そこから情報を引き出すこの作業は本発掘作業のなかで根幹となるものである。遺構掘削作業の具体的な方法については、普遍的な遺構として竪穴住居跡を例に示した（別紙2-2(1)）。

通常の発掘のほか、整地層等や石敷面等何らかの人為的な面の下層の掘り下げや、断ち割りによる現在の掘り下げ面の妥当性の確認、葺石や石組み溝等の遺構についての構造や構築順序等の確認、盛土遺構の掘り下げ等、必要な補足調査を行う。

遺構中に含まれる遺物については、性格を判断しながら、それに応じた記録を採って取り上げ、必要に応じて花粉分析等のための土壌サンプルの採取等も行う。

(オ) 図面作成・写真撮影作業

各遺構の掘り下げにより同じ遺構面にある一定単位の遺構群が検出された段階で行われる図面や写真撮影による記録作業であり、記録保存措置として重要な工程である。図面は、統一した縮尺による遺構群全体の平面図とともに、人為的に置かれた遺物等の出土状況を示す詳細図、構造物の立面図等、遺構の特質に応じて記録として必要なものを作成する。写真も遺跡及び調査区に応じた撮影計画をたて、主要な個々の遺構、遺物の出土状況とともに、一定単位の区画ごとの、あるいは全景の写真撮影等が必要である。具体的な記録すべき内容とその成果品については、別紙2-2(2)に竪穴住居跡を例に示した。

(カ) 埋戻し・現地撤収

図面作成・写真撮影が終了した段階で、必要な場合は埋め戻しを行い、現地での一連の作業が完了すると、発掘器材の搬出や設営した設備の撤去、出土遺物や記録類等の搬出を行い、事業者側に現場の引き渡しを行う。

(2) 整理作業等

1) 記録類と出土品と整理作業（別紙3 (1)、(2)）

(ア) 記録類の整理

発掘調査後すみやかに図面・写真・調査日誌その他メモ類等の記録類の整理を行う必要がある。これらは現地作業中に点検し必要な注記や所見を整理しておく必要があることは言うまでもないが、調査終了後、まだ調査所見が明確に記憶されている段階で、これら1次資料についての総括的な点検を行い記録として整理、完成させておく。

以上の作業を行った上で遺構の図面や写真をもとに、各遺構ごとの基礎データを整理しておく。必要に応じて遺構の台帳を作成するとともに、集合図の作成あるいは各図面相互の整合性の確認等を行う。

(イ) 出土品の整理（洗浄・注記・接合）

出土品は、出土位置・層位・遺構番号・出土年月日等を記入したラベルが付され、取り上げた単位ごとに袋詰めされている。こうした出土位置等の情報は出土品を評価する上で欠くことのできないものであり、水洗等を行った上で、出土品に直接必要事項を記入する。この段階で出土品の全体に目を通し、その概要を把握しておき、遺物の種類や出土地点等による分別等を行い、本格的な出土品整理を

付編

実施しやすいように工夫しておくことが望ましい。

以下、①出土品の接合・復元、②必要なものの保存処理等、③土器の胎土分析や年代測定等各種の分析・鑑定のための試料採取及び分析等の作業が必要となる。

以上の作業を行った上で、上記（ア）で整理された記録類とともに、遺構・遺物の写真・図面の体系的な整理を行い、発掘調査した遺跡の記録を将来にわたり保存し、活用できるように収納し、保管する。

2）報告書作成作業（別紙3(3)）
（ア）調査結果の評価・対象遺跡の意味づけの検討

ここまでの段階で資料化され検討を加えられた遺構と出土品のデータ、理化学的分析の結果等を総合的に検討し、発掘調査報告書に掲載するか否か、掲載する場合の程度等を検討する。そして遺構の時期判断、同一時期の遺構の抽出、当該の遺跡がたどった歴史的変遷を明らかにし調査における成果をまとめる。

（イ）出土品の図化・写真撮影

接合作業等が終わった出土品の分類を行うともに、個々の資料に応じた図面や写真等の必要性を判断した上で、実測による図化・製図（トレース）や写真撮影を行う。さらに、整理された遺構等の記録類をもとに、出土した遺物の分析・検討を行う。

（ウ）報告書作成（原稿執筆・遺構・遺物の写真・図面の版下作成・報告書の体裁の調整）

発掘成果を報告書にとりまとめる作業である。文章の執筆、挿図・図版等の製図、版組みを行う。報告書の割付を行い、最終的に文字原稿・図原稿を整えて印刷に入る。全体としては簡潔に記述し、特筆できる成果のあったものは詳述する等の工夫をして、発掘調査で明らかになった事柄の要点を整理しまとめる。

2　経費積算の標準と積算の実施

以上が、集落遺跡を想定した場合の本発掘調査として行うべき典型的な作業工程である。各作業工程において必要となる人員、施設、器材等については、別紙4に示すとおり多様なものがある。具体的な本発掘調査に関して積算する際には、上記のうちから当該の本発掘調査に必要となる作業項目や施設、器材等を抽出し、それぞれに適した費目（別紙5参照）を選択することとなる。このうち積算の基礎であり経費としても主要な部分となるのは作業員に係る経費であり、その積算標準は第3章において示すこととする。

本発掘調査費の内容は、調査に要する直接的な費用である調査費が最も基本となるものである。この他に発掘調査を指揮監督する調査員の人件費が必要となる。また、発掘調査を実施する調査組織の運営・管理等を行うための事務的経費も必要となる。したがって、調査経費の組立は、別紙5に示すように調査経費と事務的経費とに分け、調査経費については調査費と調査員人件費とに分けるのが適当である。

ある。

調査経費の積算に用いられる各種の単価においては、地方公共団体や建設省等で定めている各種の基準や地域の実績を踏まえて基準を定めることとし、現場事務所の設置仕様等については、発掘現場の環境・期間や地域の実績に応じた基準を定めることが望ましい。

なお、埋蔵文化財の活用のための展示等に関する費用や研究紀要、広報冊子等の刊行などは、原則として別途措置すべきものである。

第3章　本発掘調査費の積算標準

本発掘調査に要する経費は、本発掘調査に要する作業量の多寡によるが、これは発掘対象となる土の量のほかに、その遺跡の遺構面の数や遺構・遺物の量や内容等によって変動する。したがって経費の積算上もっとも大きな課題は、発掘作業から整理作業及び報告書作成までの作業量をいかに遺跡のもつ内容に即して適正に見積もることができるかという点にある。

この作業は発掘作業・整理作業等とともに機械化が可能な分野もあるが基本的には人手によるものであるので、その作業量は延べ調査員数と延べ作業員数と言い換えることができる。これが本発掘調査経費を積算する際の基本となる。

本章では、発掘作業と整理作業等に分けて、作業員が行う作業量を客観的に算出するための基本的な考え方と方法を示す。

1　発掘作業の積算標準
（1）作業量算出方法の基本的な考え方

発掘作業において作業員が行う作業には、①発掘、②記録（測量、写真撮影）、③その他（諸作業）がある。これらのうち作業量の基礎になるのが①である。

①の発掘作業員による人力発掘作業に係る作業量については、土を掘削するという性格から、発掘対象となる土量を、作業員の「歩掛」の数値で除することにより算出する方法が合理的である。これは、建設省作成の「土木工事標準歩掛」における「人力土工」の場合の積算方法と同じであり、全国7地方ブロックで作成されている積算基準も基本的にはこの方式によっている。

しかし、遺跡の人力発掘作業は遺構や遺物に注意しながら掘り進める必要があるので、単調な掘削作業である土木工事における「人力土工」の作業とは異なり、遺跡の内容によって作業能率は変動する。したがって、歩掛の数値を単純な定数とすることは不適当であり、遺跡の内容に応じた適切な数値を設定する必要がある。

そのためには、標準となる歩掛（標準歩掛）を定めるとともに、歩掛に影響を及ぼす要素を補正項目として設定し、その補正項目の内容、程度に応じた補正係数を定めること

が必要である。その上で各遺跡の内容に応じて各項目ごとに補正を行い、当該遺跡での歩掛を決定する方式とすることが合理的である。計算式を示すと次のとおりである。

延べ人力発掘作業員数［人・日］＝発掘対象土量［㎥］
÷（標準歩掛×補正係数）［㎥／人・日］

（２）標準歩掛設定の区分

人力発掘作業においては、①表土等の掘削（以下「表土掘削」という。）、②遺物包含層の掘削（以下「包含層掘削」という。）、③遺構検出、④遺構埋土の掘削（以下「遺構掘削」という。）の４工程がある。それぞれ、①基本的に遺物に注意する必要のない表土及び無遺物層の掘削、②遺物を取り上げながら、かつ、土層の変化に注意しながら進める遺物包含層の掘削、③遺構面を精査し掘り込まれた遺構等を探す遺構検出、④検出した遺構内部を土層や遺物に留意しながら慎重に掘り進める遺構埋土（覆土）の掘削というように、内容の異なる作業であることから、各工程ごとに標準歩掛を設定する必要がある。

標準歩掛の設定に当たっては、遺跡の立地ごとに数値を定める必要がある。例えば、平坦な地形であっても、低湿地においては、堆積作用が大きく遺構面が深い上に地下水位が高くて常時排水を必要とする場合が多く、そうではない平地に比べて発掘作業の能率がかなり下がる。一方、台地上の場合は湧水のない平坦な地形であり調査を遂行する上での制約は少なく、また遺構面が浅ければ作業の能率は一層高くなる。このように、遺跡の立地は作業の能率すなわち歩掛に大きな影響を与えるものであり、また、その差は徐々に変化する性質のものではないため、係数により補正を加える要素として扱うことは適当ではない。そこで、遺跡の立地を台地・平地・低湿地・丘陵等と区分し、それぞれに標準歩掛を設定する必要がある。

（３）補正項目とすべき要素

人力発掘作業の歩掛に影響を及ぼすと考えられる要素には次のようなものがある。
《全体に関係する要素》
（ア）調査条件
　調査面積が小さい場合や調査区の形状が狭長である等の場合、市街地内である等周辺の環境による制約がある場合、排土条件が悪い場合、真夏の猛暑時期や梅雨期等季節・気候の条件が悪い場合は、歩掛が下がると考えられる。
《各作業工程ごとに関係する要素》
（イ）土質
　砂質土や粘質土等の土の性質、礫等の混入や含水の程度や硬さ等の、掘削対象の土質は、包含層掘削や遺構掘削の工程の歩掛に影響を及ぼすと考えられる。
（ウ）遺物の内容（質・量）
　遺物の種類や多寡あるいは保存状態等は、包含層掘削や遺構掘削の工程において歩掛に影響を及ぼすと考えられる。
（エ）遺構密度
　遺構検出に当たっては、遺構密度の程度が、直接的に歩掛に影響を及ぼすと考えられる。
（オ）遺構識別難易度
　遺構検出に当たっては、遺構の密度とは別に、遺構検出面が自然面か人為的な面であるか等の遺構埋土と遺構周囲の土壌との識別の難易度が歩掛に影響を及ぼすと考えられる。また、遺構が重複している場合についても、切り合い関係の判断が必要となるため、遺構検出の工程の歩掛に影響を及ぼすと考えられる。
（カ）遺構の内容（質・量）
　遺構埋土の掘削に当たっては、遺構の種類や数、重複の程度、石敷その他の構造物の有無等、遺構の内容が歩掛に影響を及ぼすと考えられる。

（４）標準歩掛と補正係数の実態調査とその設定数値

標準歩掛と補正係数を設定する場合、その数値は実際に行われている本発掘調査の実績を踏まえて定めるのが最も適切であると考えられるので、全国の地方公共団体等が行う本発掘調査を対象として実態調査を行った。実態調査は、まず平成10年度に全国の地方公共団体等がおおむね過去５年間に実施した調査事例を対象にして行い、立地や土質・遺物・遺構等の遺跡の条件等についての全体の傾向を把握した。その上で、個別の遺跡の内容に応じた歩掛の実態を詳細に把握することを目的として、標準歩掛と補正項目と係数を適切に設定できるように、あらかじめ調査条件を設定して、平成11年度上半期に全国の地方公共団体等が行った発掘調査について実態調査を行い、193件の事例を集成した。これらのデータをもとにして標準歩掛の数値と補正項目及びその係数について分析を行った（参考資料Ⅲ－１）。

ここで示す標準歩掛は、遺物の取上げや排土作業及び朝夕のシート掛けや準備・片づけ等、通常の発掘作業に付帯するものを含めた作業量としての数値であり、歩掛算定の単位となる発掘作業員は、土木建設作業における普通作業員ではなく、通常発掘作業に従事している臨時雇用等の作業員である。また、１日の実働作業時間を昼休みの時間を除いた6.5時間としている。

以上のことを前提に、実態調査結果の検討により、各作業工程ごとの標準歩掛（単位：㎥／人・日、以下「㎥」とする。）と補正係数の数値を以下のように定めることができる。なお、表土掘削の工程及び丘陵・低湿地の立地条件における場合については、十分なデータが得られなかったので、ここでは標準歩掛と補正係数は設定できなかった。

なお、実態調査の対象としたのは所在数が最も多い集落遺跡である。平成10年度に実施された全国の発掘調査の届出等により調査対象となった遺跡の種別をみると、集落遺

跡とその可能性が高い遺物散布地を合わせると全体の約7割に及ぶ。また、集落遺跡と同じく土坑等の掘り込まれた遺構を主体とする城館跡や官衙跡等遺跡の内容が集落遺跡と類似している遺跡を加えると、ここで示す集落遺跡の調査実績に基づいた標準は全国の8割程度の調査に適用できると考えられる。

標準歩掛と補正係数
（ア）包含層掘削
　遺物包含層は遺構面上に形成された土層であり、そのあり方には、遺物の出土量が比較的希薄で大型の用具（スコップやクワ等）で掘削できる場合と多数の遺物が包含されており小型の用具（移植ゴテや小型グワ等）で丁寧に掘削しなければならない場合とに分けられる（前者を「包含層掘削Ⅰ」、後者を「包含層掘削Ⅱ」と区別することとする）。包含層掘削Ⅰの標準歩掛は、台地の場合は0.9㎡、平地の場合は0.8㎡、包含層掘削Ⅱの標準歩掛は、台地の場合は0.7㎡、平地の場合は0.5㎡とするのが適当である。
　補正項目としては土質と遺物の内容の二つの要素が関係する。包含層掘削Ⅰの補正係数は、土質が通常のものに比べて堅い等で作業が進めにくい場合のみ0.8から0.9、遺物の内容が多量・複雑等で作業が進めにくい場合は0.9、少量・単純等で作業が進めやすい場合は1.1とするのが適当である。包含層掘削Ⅱの補正係数は、土質により作業が進めにくい場合は0.9、土質により作業が進めやすい場合は1.1、遺物の内容が多量・複雑等で作業が進めにくい場合のみ0.7から0.9の範囲とするのが適当である。

（イ）遺構検出
　遺構検出は遺構面において数cm程度の厚さを削る作業である。その対象となる土量は少なく、作業員による掘削作業そのものよりも、調査員が遺構を注意深く識別する作業に多くの労力を費やすものであり、土壌条件による遺構の識別の難易度が大きく影響する。
　標準歩掛は台地の場合は0.7㎡、平地の場合は0.5㎡とするのが適当である。
　補正項目としては、遺構密度と遺構識別難易度の2つの要素が関係する。補正係数は、遺構密度が濃密の場合のみその程度により0.7から0.9の範囲とし、遺構識別難易度において、難しい場合はその程度により0.6から0.9の範囲、容易な場合はその程度により1.1から1.4の範囲とするのが適当である。

（ウ）遺構掘削
　標準歩掛は台地、平地いずれの場合とも0.4㎡とするのが適当である。この数値は、竪穴住居跡や掘立柱建物跡あるいは土坑等の一般的な遺構を想定したものであり、大溝等の体積が大きな遺構で遺物が少ない場合については、その内容に応じて包含層掘削Ⅰの歩掛を当てる等の対応も考えられる。逆に小規模な土坑が主体の場合は土量に比べて手間がかかることを考慮する必要がある。
　補正項目としては、土質、遺構の内容、遺物の内容の3つの要素が関係する。補正係数は、土質により作業が進めにくい場合は0.9、土質により作業が進めやすい場合は1.1、遺構の内容が多量・複雑等で作業が進めにくい場合はその程度により0.8から0.9、少量・単純等で作業が進めやすい場合はその程度により1.1から1.2、遺物の内容が多量・複雑等で作業が進めにくい場合は0.9、少量単純等で作業が進めやすい場合は1.1とするのが適当である。

（エ）全工程に関係する補正項目
　全工程に関係する補正項目として、調査条件がある。これについては不良の場合のみ影響がみられ、補正係数は0.9とするのが適当である。

（5）記録作成作業と諸作業の作業量算出
　記録作成作業には、測量（遺構実測）と写真撮影作業がある。測量は、写真測量もかなり普及しているが、ここでは人手による測量を行う場合とする。また、主に調査員及び調査補助員が行う場合と主に発掘作業員が行う場合とがあるが、ここでは主に発掘作業員が行う場合とする。写真撮影作業は、写真撮影に伴う遺構や調査区内の清掃作業や足場設営等、作業員が行う作業である。
　これら記録作成の作業量は、検出し掘り上げた遺構の数量等に即して積み上げて算出することも考えられるが、遺構の内容やあり方はきわめて多様であり、算出方式を単純化して合理的に定めることはかなり困難である。実際には、検出される遺構の内容に応じて、遺構掘削に要する作業量が増減し、これに応じて記録作成の作業量も変動することから、両者の作業量は相関すると考えられる。したがって、記録作成の作業量は、遺構検出及び遺構掘削の作業量に一定の比率を乗じて算出するのが適当である。
　実態調査によれば、測量に要する作業員数は発掘に要する作業員数の40％までの事例が多く、平均値は17％となっている。一般的な場合は発掘作業員数の10～15％程度が適当であり、遺構の内容によっては発掘作業員数の20～40％となる場合を考慮しておくことが必要である。写真撮影に要する作業員数は、発掘に要する作業員数のほぼ5～25％であり、平均は21％となっている。一般的な場合は10～15％程度が適当である。なお、包含層掘削のうち包含層掘削Ⅱを適用する作業においては遺物の出土状況等の記録作成が必要となる場合があり、これについても記録作業の対象とする必要がある。
　諸作業は、人力掘削作業と記録作成作業のほかに、発掘の準備作業や撤収作業、雨後の排水作業、現場管理に関わる足場や囲柵の設置等の労務作業等、発掘調査において必要となる様々な作業すべてを含むものである。このような作業は、発掘作業を遂行する上で生じる付帯的な作業という性格をもつので、想定される作業を積み上げる方法より

も、作業員による人力発掘作業と記録作成作業を合わせた作業量（作業員数）に、一定の比率を掛けて作業量を算出する方法が適当である。

実態調査によれば、諸作業の作業員数は人力発掘作業と記録作成作業の作業員数のほぼ30％以内であり、そのうちの大半は10％までで、平均は17％となっている。したがって、一般的な場合は人力発掘作業と記録作業に要した作業員数の合計の5～10％程度とすることが適当である。

（6）延べ調査員数と発掘作業期間の算出

延べ調査員数と発掘作業期間は、本発掘調査の規模や諸条件に応じて必要とされる作業量から調査員と作業員の人員編成を想定し、それを基礎として算出される。

本発掘調査を適切に実施するためには、大量の作業員を投入すればよいというものではなく、適切な数の作業員が調査員の指揮監督のもとに誤りなく掘り進めることが必要である。また、調査員は発掘現場の安全管理にも注意を払う必要があることから、1人の調査員が指揮監督できる作業員数には自ずから限界がある。実態調査によれば、この作業員数は10人程度の場合がもっとも多いが、6人から20人の場合もあり、平均は12.5人となっている。したがって、一般的には10人から15人程度を標準とすることが適当である。実際には、発掘面積が小さく、少ない作業員しか投入できない場合があり、逆に調査補助員が雇用できる場合や作業員の熟練度が高い場合は、より多くの作業員を指揮監督することが可能となる。ただしその場合においても、多くても20人程度と考えられる。

（7）都道府県における積算基準の設定と留意事項

各都道府県においては、以上に示したような積算標準の基本的な考え方、集落遺跡の場合として示した標準歩掛と補正項目及びその係数をもとに、必要な事項を定め、具体的な積算基準を作成する必要がある。その場合、市町村を含めた地域の実態を踏まえた上で、次のような点について留意する必要がある。

（ア）台地、平地以外の遺跡の標準歩掛等の設定

実態調査では、丘陵・低湿地の場合の標準歩掛を定めるのに十分なデータが得られなかったため、これらについては具体的な数値を示すことができなかった。したがって、これについては各地域の実態や経験によって具体的な数値を設定するとともに、その他の立地の遺跡についても、地域における実績を踏まえて定めることが必要である。

（イ）表土掘削

表土・無遺物層等の掘削は機械によることあるいは人力と機械を併用することが一般化しているため、実態調査によって人力のみによる場合の標準歩掛を定めることができなかった。これについては、各都道府県で地域の実績を踏まえるか、あるいは建設省作成の「土木工事標準歩掛」の「人力土工」の数値を参考にして、遺跡の発掘調査における条件、例えば一般の発掘作業員が行うこと、樹木の根等の障害があること、調査区の壁削りその他の作業を伴うこと等を考慮して定めることが適当である。

また、機械を使用する掘削作業については、「土木工事標準歩掛」の「床掘」の数値を参考にして、調査員の立会のもとでの掘削を行う必要のある土層の下部においては特に注意を払いながら作業を行わなければならないことを考慮する必要がある。

（ウ）補正の項目と係数

補正項目となる各要素については、前記（4）において示した係数の幅の範囲内において、適切な段階を設定しそれぞれの段階の係数を定める必要がある。段階の設定においては定量的な指標、一定の考え方や目安を明確にし、可能な限り客観性のあるものとしておくことが適当である。その際、地域の特質に応じて、不要な項目を除外したり、複数の項目をまとめる等、補正項目の取捨選択を行うことも考えられる。

（エ）記録作成作業と諸作業の歩掛

記録作成作業と諸作業について、ここで示した数値を参考に、それぞれの地域における実態を踏まえて定める必要がある。その際、遺構の種類ごとの歩掛を設定し、それぞれを積み上げる方式をとることも考えられる。また、諸作業についても作業量が特定できる作業については、積み上げ方式とすることも考えられる。

（オ）特殊な遺跡の歩掛設定

前記（4）において示した標準歩掛は集落遺跡を対象としたが、その他の遺跡でも掘り込まれた遺構を主体とする遺跡についてはこの標準を適用できると考えられる。集落遺跡以外の、旧石器時代の遺跡、貝塚、古墳、窯跡や製鉄遺跡等については、当面、各地域における実績に応じて標準歩掛等を定める必要がある。これらの遺跡も特殊な要素はあるものの調査工程は基本的に同じであるから、実績を踏まえた補正係数を設定する等の工夫により、この標準を活用することは可能と考えられる。

（カ）遺構検出の作業工程の取扱い

遺構検出については、包含層掘削によってほぼ遺構が判別できる場合や、遺構検出と遺構掘削を一体として実施する場合もある。したがって、この工程を独立させるか包含層掘削あるいは遺構掘削に含めるかは、各地域の実態に応じて定めることが適当である。

（キ）面積を単位とする歩掛

既存の地方ブロックの標準のなかには、遺構検出と遺構掘削については面積を単位とする歩掛を設定しているものもある。しかし、遺構の種別や深さ等の多様なあり方を考慮せずに、遺構面積から単純に作業量を求めることは適切ではなく、原則は土量によるべきである。掘り上げる必要のある土量はあらかじめ算定することが困難な点もある

付　編

が、遺構の種類をおおまかに分類し、それぞれの平均的な深さから土量を算出し、合算して総土量を見積もることができると考えられる。

ただし、遺構のあり方が比較的均質で平均的な深さが設定できる場合は、遺構検出と遺構掘削について土量から換算した上で面積を単位とする歩掛とすることも考えられる。

（ク）遺構掘削の積み上げ方式

遺構掘削について、遺構の種類ごとの歩掛を設定し、それぞれ作業員数を積み上げる方式も考えられる。ただし、遺構の分類や設定された歩掛を客観性のあるものにしておく必要がある。

（ケ）記録作成作業における作業量の調整

写真測量を実施する場合は、それについて人力作業量から除く必要があり、断面図等人手の測量によらざるをえない作業の量を定める必要がある。また、測量を調査員や調査補助員によって実施する場合は、それに応じた算定を行う必要がある。

２　整理作業等の積算標準

報告書作成を含む整理作業等の積算方法としては、主として各作業工程ごとに作業量を積み上げる方式と、発掘作業の期間又は作業員数を基礎として整理作業等の期間・作業員数を算出する方法がある。前者の方式については、第１章で述べたように幾つかの問題点があって、この方式による積算標準を策定することは容易ではないことから、ここでは後者の方式に即し、その標準を示すこととする。

ただ、従来この方式で整理作業等の積算を実際に行っている地域が少ないこと、また整理作業等に関する積算標準自体が、発掘作業の積算標準に比べて実績の積み重ねが不足していることから、今回示す数値は整理作業等に要する総作業量の、当面の目安として適用するのが適当である。

（１）作業量算出方法の基本的な考え方

整理作業等の大部分は調査員・作業員が直接行う作業であり、その作業量は整理作業等に従事する調査員・作業員の延べ人数によって示すことができる。したがって整理作業等の積算を行うためには、遺跡の内容に応じた適切な調査員・作業員の延べ人数を算出することが必要となる。

整理等作業量は、その作業内容からみて一般的に出土した遺構・遺物の数量や内容によって大きく変動するものであり、遺構・遺物の数量が増加すれば整理等作業量はそれに応じて増加する傾向がある。遺構・遺物の数量や内容は、発掘作業における作業員等の延べ人数に反映されることから、発掘作業量と整理等作業量は一定の相関関係にあると考えられる。したがって、整理作業等に要する作業員・調査員数を算出する方法としては、発掘作業に要する作業員数・調査員数を基礎として一定の比率を乗ずる方法が適当と考えられる。

発掘作業の場合、作業のほとんどは作業員が実施し、調査員は作業員の指揮監督が主たる業務となる。これに対し、整理作業等では、作業員が行う作業も多いが、報告すべき遺物を選択すること、出土遺物や遺構の検討を行うこと、発掘調査の成果について記述すること等、作業員に委ねることのできない作業がある。また出土遺物の実測については、一定の専門的な知識・技術が必要であることから、他の作業工程にも増して調査員の頻繁な指示とともに入念な成果品の点検ををを行う必要がある。このように、整理作業等においては、調査員は作業員の指揮監督だけではなく自ら行う作業が一定量を占めていることから、発掘作業の場合のように作業員の延べ人数だけを算出するだけではなく、調査員についても必要な延べ人数を算出することが必要である。

また、室内で行う整理作業等は現地での発掘作業とは作業の内容が異なり、別の観点から補正が必要となる場合があることから、平均的な場合の歩掛（標準歩掛）を設定するとともに、整理作業等の段階で生じる特有の要素を補正項目とし、それぞれに適正な補正係数を定め、個別の遺跡の整理作業等に関する調査員と作業員の歩掛を算出することが適当である。計算式を示すと次のとおりである。

延べ整理作業員数［人・日］
　＝延べ発掘作業員数［人・日］×（標準歩掛×補正係数）

延べ整理調査員数［人・日］
　＝延べ発掘調査員数［人・日］×（標準歩掛×補正係数）

（２）標準歩掛と補正係数の実態調査とその設定数値

標準歩掛と補正係数は、整理作業等の実態を踏まえたものであることが適当であることから、地方公共団体等が主体となり平成５年度以降に報告書が公刊された発掘調査事例103件を対象にして、発掘作業及び整理作業等に要した調査員・作業員の延べ人数、遺跡の内容や発掘作業の条件等について、実態調査を実施した。

実態調査により発掘作業と整理作業等に要した延べ調査員数と延べ作業員数についてそれぞれ検討した結果（参考資料Ⅲ－2）、整理作業等に要する延べ人数の標準歩掛は、発掘作業に対して、作業員は0.4、調査員は0.7とするのが適当と考えられる。

整理作業等において考慮すべき補正項目とその係数は、以下のものが考えられる。

（ア）発掘作業期間

実態調査によると、発掘作業の期間（実働日数）が60日以下の短い事例においては整理作業等に要する調査員数の比率が高くなる傾向がある。小規模な調査であっても報告書作成のためには一連の作業工程に沿って調査員が行うべき一定の作業量があり、その部分は発掘調査の規模に応じて減らないことによると考えられる。

発掘作業期間についての調査員の補正係数は、60日以下

31日以上の場合は最大1.5までの範囲、30日以下の場合は最小2.5までの範囲とするのが適当である。
　（イ）遺物の出土密度
　実態調査によると、遺物の密度が標準的と考えられる事例（1000㎡当たりの出土量が5～30箱）に対して遺物密度の低い事例においては、整理作業等に要する作業員数の比率が低くなり、遺物密度の高い事例はその比率が高くなる傾向が認められた。出土遺物に関する実測・トレース等は整理作業等の中でも最も時間がかかる作業であるため、遺物の出土量が発掘作業に影響する以上に整理作業等を行う作業員数に影響を与えていることによると考えられる。
　出土遺物の密度についての作業員の補正係数は、遺物密度の低い場合（1000㎡当たり5箱以下）は最小0.5までの範囲、遺物密度の高い場合（1000㎡当たり30箱以上）は最大2.0までの範囲とするのが適当である。
　（ウ）出土遺物の内容
　一般的に、遺物量が増加すればそれに応じて整理等作業量は増加する。しかし遺物の種別・内容によっては、実測等に要する時間等が変わりその作業量が変動する場合がある。また、遺物量全体の中で図化し記録に残すものをどれだけ抽出するかは、出土量や遺物のもつ様々な質的な要素により、各地域において差が生じるものと考えられる。例えば、少量でも歴史的意義が高いものは小破片であっても図化する場合があり、逆に同型・同質の遺物が多量に出土する場合においてはその一部分のみを図化をすることもある。こうした点から出土遺物に関しては、その量だけではなく、それぞれの地域における出土遺物の特性を考慮した補正を行う必要がある。
　（エ）発掘作業との人員編成比
　ここに示す整理作業等の標準歩掛は、発掘作業における調査員1名が指揮監督する作業員数が10人前後で実施した場合のデータから導いたものである。しかし大規模な調査や調査補助員が投入される場合等においては、これより多くの作業員を監督することがあり、発掘作業量に対する調査員数の割合が相対的に少なくなる。延べ調査員数を算出する標準歩掛は発掘作業の延べ調査員数を基礎にしているため、このような場合には必要な整理等作業量に応じた適切な調査員数が算出されない場合があることから、発掘作業における調査員と作業員の人員編成に応じた整理作業調査員数の適切な補正を行う必要がある。
　（オ）整理作業等の作業分担
　整理作業等の標準歩掛は、実測・トレースの作業を基本的に作業員が行う場合を前提として算出していることから、これらの作業を調査員が行う場合においては、それに応じた一定の補正が必要となる。

（3）整理作業等期間の算出
　整理作業等に要する期間は、上記の方法により求めた調査員及び作業員の延べ人数に対して、調査員と作業員の1日当たりの人員編成により、所要日数はそれぞれ別に算出されることになる。しかし整理作業等における1日当たりの人員編成は、洗浄や注記あるいは接合等の作業のように、ほとんどが作業員が直接行う工程や、これとは逆に報告書の執筆のように調査員のみが行う工程があることから、全期間を通じて同じ人員編成をとることは適当ではない。この点は発掘作業のような1日当たりの人員編成が決まれば自ずと期間が算出されるのとは異なっている。
　したがって、整理作業等の期間は、算出された整理作業等の全体の作業量に対して、各工程において作業が効率よく進行するような調査員と作業員の人員編成に基づいて、整理作業等の期間が決定されることとなる。なお、調査員が整理作業等に専従できない場合や、実測等の作業を行うことができる一定の技能をもった作業員が確保できない場合には、さらに整理作業等の期間が延びることが考えられるので、期間の算出に当たってはこれらの条件を考慮する必要がある。

（4）報告書分量の目安
　発掘調査報告書は、発掘調査によって検出された遺構や遺物の内容に応じて必要な情報を過不足なく記載されていなければならないことから、その分量は各遺跡の規模・内容に応じて定まるものと考えられる。報告書の分量を左右するのは掲載される実測図・写真等の量とそれに伴う記載事項の分量であり、それは整理作業等の作業量とおおむね相関関係にあると考えられる。整理作業等のうち報告書作成の作業については特に調査員が関与する部分が多いことから、報告書の分量は調査員の作業量を表す延べ調査員数とある程度相関するものと考えられる。
　実態調査によれば、整理作業等に従事した調査員の延べ人数と報告書の分量を比較すると、調査員1名が1日当たりの報告書作成の分量は1.0頁を中心に0.6～1.4頁（A4判）の事例が多い。個別の遺跡の分量の算定に当たってはこの数値を参考にして、その内容に応じた過不足ない分量とするのが適当である。

（5）都道府県における積算基準の設定と留意事項
　各都道府県においては、以上に示した標準をもとにして、それぞれの地域における実績を踏まえて具体的な積算基準を作成することが望ましい。
　補正係数のうちの発掘作業期間と出土遺物の密度の要素は、前記（2）に示した標準歩掛と補正係数を参考にして、各地域で適切な補正係数を定めることが適当である。また、出土遺物の内容、発掘作業との人員構成比、整理作業等の作業分担等の要素については、各地域の実績を踏まえて補正係数とその具体的な条件を定めることが適当である。報告書の分量の目安についても、ここで示した数値を

付　編

参考として、各地域の実績を踏まえて具体的なものを定めておくことが望ましい。

3　経費積算上の留意点

本発掘調査に要する経費の積算標準に関する基本的な考え方については第2章の2で示したところであり、経費積算の具体的な方法に関する標準及びこれをもとに各都道府県で定めるべき基準については、本章の1及び2において示したとおりであるが、実際に具体的事業に対応して経費を積算するに当たっての留意点を示すと次のとおりである。

（1）発掘作業経費の積算

（ア）発掘作業に要する経費の積算を適切に行うためには、試掘・確認調査を的確に実施し、基本的な層序や遺構面数、遺構の内容や密度、遺物の内容や量等の遺跡の内容を正確に把握することが前提である。これらの事項について把握されたデータや知見が掘削対象となる土量、土質・遺構・遺物等の補正項目に関する判断材料となる。

これらの事項を的確に把握するためには、通常、調査対象面積の10％程度について確認調査を行うことが必要であるとされているが、確認調査の精度を高めるためには、各遺跡ごとに確認調査の範囲・方法を工夫した上で、専門的知識と経験を備えた者が各事項に係る判断を行う必要がある。

（イ）本発掘調査の作業のうち測量、作業員の雇用等の業務を調査主体以外の業者へ委託するかどうかや工事請負により発掘作業を行うかどうかについては、本発掘調査の事業規模、遺跡の内容等、発掘調査の効率、それに伴う経費の観点を踏まえ、採否を判断する必要がある。なお、外部に委託する業務についてはそれぞれの業務に即した適正な基準に基づく設計によることとし、施工を適正に監理する必要がある。

また、調査の進行にともなって、遺構・遺物の内容が明らかになり、それによって当初の積算が実態と異なることが明らかになった場合は、事業者と協議を行い、調査経費の変更等の措置を執る必要がある。その場合には、事業者に対して積算標準及びこれをもとに定められる都道府県の積算基準に即して変更内容を説明することが必要であり、積算の修正に際しては、その後さらに変更が生じないよう作業量を正確に見積もることが不可欠である。

（2）整理作業等経費の積算

報告書作成までを含めた整理作業等の費用は、基本的には、発掘作業経費をもとにして積算することが可能であり、遺跡の内容が十分に把握されていれば、本発掘調査に着手する前に、発掘作業経費だけではなく整理作業等までの概算を見積もることができないこともない。

しかし、発掘作業量は発掘調査の進行にともない修正を要する場合もあり、その場合は、発掘作業量をもとに積算された整理等作業量についても変更する必要があり、また、出土遺物の内容等に応じて補正が必要となることもある。このことから、整理作業等の積算は発掘作業が完了した段階で別途に行う方がより正確なものとなる。

したがって、原則として発掘作業完了後にすみやかに整理作業等についての積算を行うことが適当である。ただし、事業の期間や性質等によっては、本発掘調査に着手する前に、本発掘調査に要する経費全体を積算しなければならない場合もあるので、その場合には、上記のように変動が生じる可能性を説明した上で積算を行い、必要があれば発掘作業の過程から完了までの間の適切な時期に見直しを行い、その変更を行うのが適当である。

4　標準の見直し

今回示した発掘作業の積算の方法や基本的な考え方は、既存の各地方ブロックの積算標準にほぼ一致するもので、作業内容に即した作業量を積み上げていくという算出方法を採った。今後この方法による積算の実績を積み重ねることにより、ここで定めた標準歩掛や補正項目が適当であるかどうかについて、発掘技術の向上や「土木工事標準歩掛」の作業歩掛の動向等も考慮して見直しを行う必要がある。また、そのなかでこの方法の簡便化等の可能性についてもあらためて検討する必要がある。

整理作業等の積算標準については、現在、具体的に整理作業等の総作業量を算定する基準が策定されている例が少ないため、その場合における算定方法の標準歩掛と補正係数は、目安として示すにとどめた。したがって、整理作業等について示した標準は発掘作業について示した標準とは精度の点で異なることから、特に今後の実績を積み重ねることにより、その基本的考え方と標準歩掛と補正項目及びその係数、報告書分量の目安等が適当であるかどうかについて十分検討し、必要な見直しを行う必要がある。また、整理作業等に係る技術の向上や電子媒体による記録類及び報告書のあり方等の検討を行い、その検討に伴う見直しを図ることも必要である。

積算標準の総体的な見直しについては、今後の実績の蓄積を考えると、5年程度の期間をおいて行うことが適当である。

出土品の保管について（報告）

平成15年10月20日
埋蔵文化財発掘調査体制等の整備充実に関する調査研究委員会

【目　次】

はじめに

第１章　出土品及び記録類の保管状況
　１　出土品の保管量と整理状況
　　（１）出土品の保管量
　　（２）出土品の整理状況
　２　出土品の保管施設の状況
　　（１）保管施設の概況
　　（２）保管施設の規模・構造
　　（３）保管施設の防災体制
　３　出土品の保管状況
　　（１）出土品の保管状況
　　（２）再整理と選別保管
　４　記録類の保管状況

第２章　出土品・記録類の保管のあり方
　１　出土品等の保管のための施設及び体制
　２　出土品及び記録類の保管
　　（１）出土品関係
　　（２）記録類関係
　　（３）その他の留意事項

参考資料　（略）

はじめに

「埋蔵文化財発掘調査体制等の整備充実に関する調査研究委員会」は、埋蔵文化財の発掘に伴う出土品の取扱いについて、平成８年２月から、都道府県・市町村教育委員会及びその関係機関の実務担当者からなる協力者会議を設けて検討を開始し、平成９年２月に「出土品の取扱いについて」の報告を行った。この報告をもとに、文化庁は、都道府県教育委員会に対し、「出土品の取扱いについて」の通知を行った（文化庁次長から各都道府県教育委員会教育長あて　平成９年８月13日付　庁保記第182号。以下、「平成９年通知」という。）。この通知において、文化庁は、①出土品について、一定の基準に基づき、将来にわたり文化財として保存を要し、活用の可能性のあるものとそれ以外のものとに区分し、その区分に応じて保管・管理その他の取扱いを行うこと、②この区分により保存・活用の必要性・可能性があるとされた出土品については、その文化財としての重要性・活用の状況等に応じて、適切な方法で保管・管理を行うこと、③出土品の活用は、専用の施設における展示・公開等の従来の方法にとらわれず、広範な方途により積極的に行うこと、等の基本的な考え方を示すとともに、都道府県教育委員会においては、この基本的な考え方に従って取扱い基準を定め、出土品の適切な保存・活用を進めることを求めた。

これを受けて、全国的に都道府県又は地域ブロックの取扱い基準が策定され、出土品の広範な活用が積極的に進められるなどの取組みが行われている。

また、文化財保護法の改正により、平成12年４月以降、所有者不明の出土品の所有権は、原則としてその出土品が発見された土地を管轄する都道府県に帰属することとなった。

一方、近年、連続して出土品・記録類の保管・管理施設において火災が発生し（岩手県盛岡市〈平成12年12月24日〉、岩手県大迫町〈平成13年７月８日〉、北海道南茅部町〈平成14年12月29日〉）、多数の貴重な出土品、記録類が焼失する事故が発生している。この事態を受けて文化庁では、都道府県教育委員会に対し、「埋蔵文化財の発掘調査に係る出土品・記録類の適切な保管・管理について」の通知を行い（文化庁文化財部記念物課長から都道府県教育委員会教育長あて　平成15年１月20日付　14財記念第107号）、出土品の適切な保管とその状況の確認を行うよう依頼するとともに、平成15年２月、都道府県・市町村における出土品の保管状況や保管施設の実態を把握するための調査を行った。

この報告は、平成９年の「出土品の取扱いについて」の

付　編

報告に続くものとして、前記の保管状況等の実態調査の結果を示すとともに、調査結果を踏まえて出土品・記録類の保管のあり方についての基本的考え方を示したものである。

　出土品は我が国の歴史や文化を理解する上で欠くことのできない情報を提供する貴重な歴史的遺産である。各地方公共団体をはじめ関係者においては、この報告をもとに、出土品・記録類の適切な保管について適切な措置をとるよう希望する。

第1章　出土品及び記録類の保管状況

　今回の調査は、平成15年2月12日付で、都道府県教育委員会を通じて、都道府県及び市町村における出土品の保管・管理施設（以下「保管施設」という。）とその保管等についての同年2月現在の状況を調査したものである。回答は、47都道府県、2,867市町村、4広域事務組合で、全地方公共団体の約9割に当たる合計2,918地方公共団体から得られた。
　その結果に基づいて、出土品及び発掘調査記録類の保管・管理の施設・設備及び保管の状況を略述すると次のとおりである。

1　出土品の保管量と整理状況
（1）出土品の保管量（図1）
　出土品は、平成15年2月1日現在、全国で約666万箱（保管箱の大きさは60cm×40cm×15cmのものとして示す。）が保管されており、このうち都道府県で保管されているものが28％、市町村で保管されているものが72％となっている。平成6年度には、約459万箱（都道府県約177万箱、市町村約282万箱）であったことから、この8年間で約207万箱（都道府県約11万箱、市町村約196万箱）増加したことになる。年間増加量は、平均で都道府県1.4万箱、市町村24.5万箱となり、都道府県では平成6年度の増加量の約10％に激減し、市町村では、逆に約1.3倍になっている。

（2）出土品の整理状況（図2～6）
　全国の出土品のうち、28％が報告書作成のための整理作業が行われていない（以下「未整理」という。）ものである。このうち都道府県で保管されている出土品の25％、市町村で保管されている出土品の28％が未整理の状態にある。平成6年度では、都道府県で約76万箱（42％）、市町村では約121万箱（44％）が未整理であったことから、この8年間で、未整理の出土品は都道府県で約29万箱（未整理のものが占める割合で約17％）減少した。一方、市町村では未整理のものが約13万箱増加し、割合は約12％減少したことになる。

2　出土品の保管施設の状況
（1）保管施設の概況（図7～20）
　出土品の保管施設としては、埋蔵文化財センター、出土文化財管理センターのほか、資料館・博物館等の出土品の保管専用の恒常的保管施設（以下「恒常施設」という。）と、仮設の保管施設のほか、他の目的で作られた既存の施設又はその一部を利用した暫定的保管施設（以下「暫定施設」という。）があり、全国で合計5,292施設が設置されている。恒常施設は46都道府県、566市町村に設置されており、保管施設全体の43％を占める。恒常施設の保管スペースの総床面積（以下「保管可能面積」という。）は、全保管施設の保管可能面積の62％である。暫定施設は35都府県、1,629市町村に設置されており、これは保管施設全体の57％を占め、その保管可能面積は38％となる。なお、いずれの保管施設も設置されていない地方公共団体は、265市町村である。
　都道府県が設置している保管施設のうち、恒常施設は41％であり、保管可能量は71％を占める。これに対して、暫定施設は59％で、保管可能量は29％である。保管可能量に対する既保管量の割合は、現在までに恒常施設で75％、暫定施設では81％である。一方、市町村が設置している保管施設のうち、恒常施設は43％であり、保管可能量は52％となっている。これに対して、暫定施設は57％で、保管可能量は48％である。保管可能量に対する既保管量の割合は、恒常施設で92％、暫定施設では83％に達している。
　このように、いずれの施設においても保管能力が限界に近く、特に市町村の恒常施設は深刻な状況にある。

（2）保管施設の規模・構造（図21～26）
　全恒常施設における1施設あたりの保管可能面積は平均305.6㎡であり、10～99㎡のものが43％、100～499㎡のものが35％となっている。全暫定施設にあっては、平均136.2㎡であり、10～99㎡のものが55％、100～499㎡のものが25％である。いずれにおいても、500㎡未満のものが多数を占める。
　また、施設の構造からみると、鉄筋・鉄骨造りのものが、恒常施設では施設数で65％、保管可能面積の75％を占めるが、暫定施設では施設数で49％、保管可能面積で53％にとどまり、軽量プレハブや木造のものが約半数を占める。

（3）保管施設の防災体制（図27～32）
　全恒常施設における消火設備及び警報設備（併せて以下「消防用設備」という。）の設置状況は、消火器80％、自動火災報知器67％、室内消火栓27％、スプリンクラー8％である。これら消防用設備は、都道府県の恒常施設の93％、市町村の恒常施設の87％に設置されている。防火責任者は全恒常施設の71％に配置され、防火点検も全恒常施設の75％で実施されている。閉庁日・夜間の点検は、全恒常施設の約4分の1で実施されているが、特に都道府県設置の恒常施設では約半数で実施している。
　一方、全暫定施設における消防用設備の設置は、消火器61％、自動火災報知器24％、室内消火栓20％、スプリンクラー5％である。これらの消防用設備は、都道府県の暫定

施設で64％、市町村の暫定施設で38％に設置されている。防火責任者・防火点検は全暫定施設の約半数に配置・実施されている。閉庁日・夜間点検は、都道府県、市町村の施設を問わず、いずれも約15％で実施されている。

このように、防火責任者の配置や防火点検は半数以上の施設で行われているものの、保管施設の消防用設備については、都道府県の恒常施設を除き設置が進んでおらず、その内容としては、消火器と自動火災報知器が中心となっている。閉庁日・夜間の点検については、都道府県の恒常施設で約5割という比較的高い実施率があるほかは、いずれの施設でも実施率は低い。

さらに、保管施設における地震対策については、実施している施設が回答のあった施設の6％で、その対策の内訳は、約半数が保管棚の固定や保管箱の転落防止柵等の付設である。建物自体の耐震化は回答のあった施設の1％で行われているに過ぎない。

以上をまとめると、保管施設の防災体制は、防火について都道府県の恒常施設がやや充実しているほかは総じて不十分であり、その傾向は、特に市町村の保管施設において顕著である。

3 出土品の保管状況

（1）出土品の保管状況（図33～39）

全国の出土品は、恒常施設に59％、暫定施設に41％が保管されている。このうち恒常施設で保管されている出土品は、整理棚保管のもの66％、床積上げのもの31％、戸外野積みのもの1％である。一方、暫定施設で保管されている出土品は、整理棚保管のもの22％、床積み上げのもの73％、戸外野積みのもの5％である。

都道府県においては、恒常施設に69％が保管され、そのうち整理棚保管のものは65％と多いが、暫定施設になると、整理棚保管のものは36％と少なくなる。市町村においては、恒常施設に55％が保管され、そのうち整理棚保管のものは68％であるが、暫定施設では整理棚保管のものは18％と少ない。

このように、暫定施設では、出し入れしやすい整理棚で保管している出土品が少ない。また、平成6年度の状況と比較すると、市町村の恒常施設で整理棚に保管されているものが大幅に増加したほかは、大きな変動はない。

（2）再整理と選別保管（図40～43）

各地方公共団体においては、出土品の保管スペースの効率的な利用や出土品の活用のために、出土品の取扱い基準等に基づいて改めて行う出土品の整理作業（以下「再整理」という。）が進められており、都道府県の85％、市町村の35％で実施されている。都道府県では再整理が積極的に進められており、そのことが1（1）で示したように都道府県の出土品保管量の増加を大きく抑制していると考えられる。

一方、火災や盗難を避けるために、重要な出土品等を一般の出土品と選別する保管（以下「選別保管」という。）は、都道府県の79％、市町村の18％で実施されている。選別保管されている出土品の約半数は、重要文化財や条例による指定文化財等、法令により指定されている文化財である。

このように、再整理及び選別保管ともに、都道府県では高い割合で実施されているのに対して、市町村ではあまり実施されていないことが分かる。

4 記録類の保管状況（図44～56）

現在全国で保管されている発掘調査の状況や成果を記録した図面や写真等（以下「記録類」という。）は、図面類約1,465万点、写真類約8,972万点、合計約1億437万点である。そのうち都道府県保管分が32％、市町村保管分が68％である。

これらの記録類を保管する専用施設は、都道府県では、図面類用のものが24都府県（51％）に25施設、写真類用のものが27都府県（57％）に29施設設置されている。市町村では、図面類用のものが172市町村（6％）に172施設、写真類用のものが197市町村（7％）に197施設設置されている。

記録類を出土品の保管施設で保管している地方公共団体は、図面類、写真類ともに半数以上となっているが、発掘調査現場事務所等に保管している事例もみられる。記録類を専用施設に保管している地方公共団体は、図面類7％、写真類8％に過ぎない。また、出土品の保管施設で保管している地方公共団体のうち、専ら出土品と同一箇所で記録類を保管しているものは、図面類で66％、写真類で49％である。なお、写真類の保管箇所において保管用空調設備が設置されているのは19％である。

記録類の保管施設の防火体制に関しては、何らかの消防用設備を設置している地方公共団体が、図面類のもので67％、写真類のもので64％であった。

記録類の保管用控え（バックアップ）を作成・管理している地方公共団体は、図面類・写真類ともに8％である。

以上をまとめると、記録類については、約半数の都道府県で記録類の専用保管施設を設置し保管を行っているが、市町村ではその設置率はきわめて低いこと、発掘調査現場事務所等に保管している事例もあること、多くの地方公共団体で出土品と同一箇所で記録類を保管していること、消防用設備の設置率は比較的高いものの、写真類の保管施設での保管用空調設備の設置、記録類の保管用控えの作成等はほとんど行われていないこと等が分かる。

第2章 出土品・記録類の保管のあり方

出土品の保管の状況に関する調査結果は、第1章にまとめたとおりであるが、これをもとにしつつ、最近の火災事故頻発等を考慮に入れて、その課題と今後のあり方を示す

付編

と次のとおりである。

1　出土品等の保管のための施設及び体制

　出土品の保管施設については、恒常施設の設置が進まず、暫定施設への依存度が高いことがあげられ、この傾向は市町村において顕著である。暫定施設は、鉄筋・鉄骨構造のものが増加しているとはいえ、プレハブ工法や木造のものも多く、防災・防犯上の問題が多い。

　防災・防犯面での施設・設備や体制の整備・充実については、都道府県の恒常施設を除き、総じて不十分である。また、都道府県・市町村ともに施設の保管可能量に対する既保管量の割合は7割を超えており、特に市町村の施設については保管能力が限界に達しつつある。

　このため、保管施設については、埋蔵文化財センター等の恒久的構造の恒常施設の設置をさらに進めるとともに、防災・防犯のための施設・設備及び体制の充実について改善を図る必要がある。体制に関しては、市町村が保管する出土品の量及び未整理のものの量の増加等に対応し、出土品等の整理・報告書刊行までを含んだ事業計画を立案し、それを遂行する体制を整える必要がある。市町村においては専門職員を配置している市町村の割合がようやく5割を超えたとはいえ、そのうちの7割以上の市町村における専門職員数は1名ないし2名である等、まだ十分とはいえない。特に、今後市町村合併が行われた場合は、発掘調査の実施をはじめとした埋蔵文化財保護全般の体制充実はもとより、各地方公共団体における文化財の総合的な保存・活用も考慮して、中・長期的視点からの体制整備が急がれる。

2　出土品及び記録類の保管

　出土品に関しては、都道府県・市町村ともに、都道府県基準（地域ブロック基準を準用しているところを含む。）に即した取扱いが進められているが、新たな発掘調査の実施に伴い、特に市町村を中心として、保管量が著しく増加している。したがって、出土品の保管に関しては、出土品の活用や既存の保管スペースを有効活用するためにも、後述する出土品の再整理をこれまであまり行っていなかった市町村でも積極的に進めるとともに、重要な出土品を防災・防犯面に配慮された施設で確実に保管する等、出土品の重要度等に応じた適切な保管を行う必要がある。

　記録類の保管に関しては、膨大な量が都道府県・市町村に保管されているが、記録類を保管する専用施設や設備の設置が進んでおらず、出土品と同一箇所や発掘調査現場事務所等で保管される事例もある等、防火面を含めて、十分な措置が執られているとはいい難い。発掘調査の記録類は、出土品や発掘調査報告書とともに、現状保存できなかった埋蔵文化財等に関する貴重な資料であることに留意し、その保管については専用の施設あるいは各記録類の特性に適した施設・設備を整備していく必要があるが、当面、出土品や燃えやすいものと分離して防災に配慮した恒久的構造の施設に保管すること、恒久的に保存する必要がある記録類については保存用の控えを作成しておくこと等の措置を講ずる必要がある。

　以下、出土品及び記録類の保管について、具体的なあり方等を示す。

（1）出土品関係

　出土品については、平成9年通知に即して都道府県基準をもとに整理・区分し、各区分に応じた適切な方法により保管することとされているので、今後ともそれを徹底していく必要がある。上記の通知及び基準においては、下記の①から③の3区分が示されているが、これに整理中の出土品（④）の取扱いを加えて、それぞれについて適切な保管のあり方の概要を示すと次のとおりである。各地方公共団体においては、必要があれば都道府県基準の見直しを行い、出土品の適切な整理、保管を行う必要がある。

　また、出土品の保管施設の消防用設備の設置については、消防法・同法施行例等の消防法令を遵守すること。

①文化財としての価値が高く、展示・公開等による活用の機会が多いと考えられるもの

　ア）同一施設内であっても、一般の収蔵庫等とは別の展示・保管施設において保管すること。

　イ）展示・保管は、埋蔵文化財センターや博物館等、防災に配慮された恒久的構造の施設において行うものとすること。諸事情からやむを得ず恒久的構造の施設以外の施設（たとえば旧校舎等）を利用する場合は、規模等に応じて、必要な消防用設備を備えるものとすること。なお、施設の規模上消防法令で消防用設備の設置を義務付けられていない施設についても、上記の消防用設備を備えるものとすること。

　ウ）①区分の出土品の中でも文化財としての価値が特に高いものについては、防火や保存環境に配慮した特別の収蔵庫等に保管すること。重要文化財や条例による指定文化財に相当するような極めて価値の高いものについては、特に保管に配慮し、文化庁が定める指定文化財の展示・公開施設（平成7年　文化庁文化財保護部）に準じる施設に保管すること。なお、埋蔵文化財センターを建設する際は、この基準を満たした設備を備えることが望ましい。

　エ）展示・保管については、免震ケースの使用や保管棚の転倒防止のための固定、保管物の転落防止の柵等を設置する等、地震対策を講ずること。

　オ）警備員の夜間巡回や機械警備、自動施錠等の防犯対策を講ずること。

②文化財としての価値、活用の頻度等において①の区分に次ぐもの

　ア）一般の収蔵庫等に、保管箱に入れた上で保管棚に整

理して保管すること。
イ）臨時の施設や消防法令上消防用設備の設置を義務付けられていない規模の施設においても、上記の消防用設備を備えるよう努めること。
ウ）保管については、保管棚の転倒防止のための固定、保管物の転落防止の柵等を設置する等、地震対策を講ずるよう努めること。
エ）機械警備や施錠の徹底等、必要な防犯対策を講ずること。

③ **文化財としての価値、活用の可能性・頻度が低いもの**
ア）一般の収蔵庫等に、必要があれば取出しが可能な状態で、保管スペースを可能な限り効率的に利用できる方法で保管すること。
イ）やむを得ず臨時の施設に保管したり、屋外に野積みする場合等は、防火・防犯対策に配慮すること。

④ **整理途中のもの**
ア）整理途中であっても、特に重要と考えられる出土品については、一般の出土品から分離し、①区分の出土品を保管する施設に保管すること。
イ）整理作業を行う施設の規模や構造を考慮し、必要な消防用設備を備えること。
ウ）やむを得ず臨時の施設で整理・保管したり、戸外に野積する場合等にあっては、防火・防犯対策を講ずること。

（2）**記録類関係**
ア）発掘調査中及び整理・報告書作成作業中等で、プレハブ施設等の簡易な臨時の施設で記録類を保管する場合は、閉庁日・夜間の警備の徹底や消防用設備の設置等、施設の防火・防犯対策を十分に講ずるとともに、火気及び出土品から離して保管する等類焼を避ける対策を講ずること。
イ）整理・報告書作成作業終了後は、資料台帳・データベース等の作成や収納方法の統一化を図る等、収納や検索の利便を図る措置をとった上で、埋蔵文化財センターや博物館又は庁舎等の、防災について十分な対応がとられている恒久的構造の施設内の保管施設に保管すること。特に写真類は変質しやすいことから、温・湿度管理がなされた専用の保管施設に保管することが望ましい。
ウ）重要な写真・図面類で恒久的な保存が必要なものについては、被災した場合の被害を最小限にとどめるために、保存用の控えを作製し正本とは別に保管することが望ましい。なお、電子化した記録類については、関連機器の改良に合わせた更新等を行うこと。
エ）記録類のうち、紙に記されたものは水に濡れてもある程度の利用が可能である一方、写真類や電子化されたものは極めて水に弱い等、記録類の性質に差異があることから、保管場所や設置する消防用設備の種類等は、保管されている記録類の種類・性質に合わせるよう留意すること。

（3）**その他の留意事項**
ア）出土品・記録類の保管施設の消防用設備等については、消防当局の協力を得ながら保守点検を行うとともに、光熱施設、火気使用箇所、可燃性物品・危険物保管場所等の点検整理を行うこと。
イ）火災全般の原因は放火が第一位であることから、その対策に配慮すること。
ウ）出土品の保管施設は、火災や地震の際に迅速な対応ができる場所に設置すること。また、自衛防災組織の充実強化に努め、閉庁日や夜間等、出土品等の保管施設に十分な人員がいない場合の防災対策に配慮すること。
エ）出土品の保管に多用されているプラスチック製保管箱（いわゆるコンテナ、テンバコ）や防水用ブルーシート等は、非常に燃焼しやすいので使用に際して注意すること。特にプラスチック製保管箱は、一度着火すると消火し難く、溶解して出土品に付着・凝固し、その除去が極めて難しいという欠点を持っていることから、重要な出土品の保管等には極力使用を避けること。
オ）出土品の全般については、平成9年通知において示した活用を含めた各種の施策をさらに推進し、適切な取扱いに努めること。

付　編

埋蔵文化財の保存と活用（報告）
―地域づくり・ひとづくりをめざす埋蔵文化財保護行政―

平成19年2月1日
埋蔵文化財発掘調査体制等の整備充実に関する調査研究委員会

【目　次】

はじめに

序　章　本報告の目的
　　　　　―今、なぜ埋蔵文化財の保存と活用か―

第1章　埋蔵文化財の保存・活用とその意義
　1　埋蔵文化財を保存し活用する必要性
　　（1）文化財保護法が求めていること
　　（2）文化財審議会文化財分科会企画調整会の提言
　2　埋蔵文化財の多様な意義
　　（1）歴史的・文化的資産としての意義
　　（2）地域及び教育的資産としての意義

第2章　埋蔵文化財のあり方並びに保存と活用についての現状と課題
　1　埋蔵文化財行政に求められる保存と活用のあり方
　　（1）埋蔵文化財行政の本来のあり方
　　（2）埋蔵文化財の保存と活用の対象
　　（3）体制と役割
　2　これまでの埋蔵文化財行政とその課題
　　（1）埋蔵文化財行政の進展状況の概要
　　（2）近年の埋蔵文化財行政の動向と課題

第3章　埋蔵文化財を積極的に保存し活用するための提言
　1　「埋蔵文化財行政の推進による地域づくり・ひとづくり」という新たな方向性の提示
　2　保存・活用を進めるために必要な6つの視点
　　（1）今がその時であること
　　（2）意識改革を行い、埋蔵文化財の保存と活用を行政内に適切に位置づけること
　　（3）蓄積された既往の調査成果を活用すること
　　（4）他の文化財を含め総合的に保存し活用すること
　　（5）様々な方法で保存と活用の措置を行うこと
　　（6）実情に応じて施策を段階的に具体化すること
　3　保存と活用を進めるための具体的施策
　　（1）蓄積された成果の確認及び「埋蔵文化財の保存・活用に関する計画・方針」の策定
　　（2）地域づくり・ひとづくりにむけての諸施策の実施
　　（3）体制の整備

おわりに

資料編（略）

はじめに

　埋蔵文化財は、国や地域の歴史と文化の成り立ちを明らかにするうえで欠くことのできない国民の共有財産である。それを適切に保護し、開発事業との円滑な調整を図るうえで行政上必要とされる事項に関する基本的な方向を検討することを目的として、平成6年10月に「埋蔵文化財発掘調査体制等の整備充実に関する調査研究委員会」（以下「委員会」という。）が設置された。
　委員会は、これまで、埋蔵文化財保護行政（以下「埋蔵文化財行政」という。）の諸課題として重要な事項について検討し、その結果については以下のとおり、報告・提言してきている。

・『埋蔵文化財保護体制の整備充実について』（平成7年12月）
・『出土品の取扱いについて』（平成9年2月）
・『埋蔵文化財の把握から開発事前の発掘調査に至るまでの取扱いについて』（平成10年6月）
・『埋蔵文化財の本発掘調査に関する積算標準について』（平成12年9月）
・『都道府県における地方分権への対応及び埋蔵文化財保護体制等についての調査結果について』（平成13年9月）
・『出土品の保管について』（平成15年10月）
・『行政目的で行う埋蔵文化財の調査についての標準』（平成16年10月）

　文化庁では、上記の報告を踏まえ、都道府県教育委員会への諸通知等を行い、現在、各地方公共団体において所要の施策が実施されているところである。
　以上のように、これまでの課題は、主として開発事業に伴う埋蔵文化財の取扱いと、それに関連する発掘調査の実

施に関することであった。しかし、国民の意識が変化し、文化財や環境に対する関心が高まるなか、これまでの埋蔵文化財行政のあり方を見直し、今後の埋蔵文化財行政を展望し、それに応じた体制と理念を構築する必要から、「今後の埋蔵文化財保護行政の展開と体制整備」について検討を行うこととした。課題としては、埋蔵文化財の保存と活用のあり方、それに伴う発掘調査を含めた体制整備のあり方を大きな柱としていたが、それぞれ別に報告した方がまとまりがいいと考えられるようになったことから、当初の予定を変更し、まず「埋蔵文化財の保存と活用」として本報告を刊行し、引き続き発掘調査を含めた体制整備のあり方についての検討を進めることとした。

検討は、平成16年1月から委員会を3回、委員会に併置された都道府県・市町村の教育委員会及びその関係機関の実務担当者からなる協力者会議を6回開催して行った。会議と併行して実態調査に基づく現状分析や事例研究も行い、埋蔵文化財の多様な意義と価値を確認しつつ、その積極的な保存の視点、あり方としてとるべき施策を検討した。

本委員会としては、この検討結果をまとめ、報告・提言するものであるが、文化庁及び各地方公共団体においては、本報告を踏まえ、埋蔵文化財行政が全体として保存と活用を含めバランスのとれた施策を進め、埋蔵文化財の保護がより一層積極的に図られることを期待するものである。

最後に、検討に参加した委員・協力者及び、調査等にご協力いただいた関係機関ならびに関係者の方々に感謝申し上げる。

序　章　本報告の目的―今、なぜ埋蔵文化財の保存と活用か―

埋蔵文化財とは

文化財保護法によれば、埋蔵文化財は文化財が土地に埋蔵されている状態の総称である。具体的には集落跡・古墳・城跡といった遺跡、そこから出土する土器・石器・埴輪といった遺物（保存と活用の対象となるのは文化財保護法により文化財とされたものであることから、以下では「出土文化財」を用いることもある。）がこれに当たる。現在、埋蔵文化財を包蔵する土地として知られている場所（「周知の埋蔵文化財包蔵地」。一般的にはこれが「遺跡」と言われている。）は全国で約44万か所に達する。

こうした埋蔵文化財は、記録では知ることのできない国や地域の豊かな歴史と文化をいきいきと物語るものである。したがって、これらは個性豊かな地域の歴史的・文化的環境を形づくる重要な素材・資産であり、国民共有の貴重な財産であるとともに、これらをとおして国や地域に対する誇りと愛着をもたらす精神的な拠り所となる。

埋蔵文化財に対する社会的要請

日本では、昭和30年代以降、経済的な発展と社会的基盤の整備が進められ、人々の暮らしが豊かになった反面、国土や自然環境は大きく変貌し、家族を含めた社会における人間関係、生活様式も大きく変わり、たくさんの大切なものを失ってきた。こうしたなか、人々は失ったものを取り戻そうと、心の豊かさや潤いのあるくらしを求め、生涯にわたる学習意欲を高め、自然や歴史・文化を大切にし、環境に配慮した生活空間を希求するようになってきている。こうした社会的要請に応えるうえで、地域の歴史や文化を具体的に語りかける遺跡をはじめとする各種の文化財が果たす意義はきわめて大きい。今、それに対する住民の関心や期待は、確実に高まってきている。

また、現在、市町村合併等により地域の再編が進んでいる。遺跡や文化財を有効な素材として活用することは、各地方公共団体にとって必要なアイデンティティを確認し、新たなシンボルを形成していくうえで、重要な施策となる。

埋蔵文化財を取り巻く状況は変わってきている。埋蔵文化財は、こうした社会からの要請、行政的な必要に応えていくことができる恰好の素材であり、埋蔵文化財行政はそれに対応することが求められる。

これからの埋蔵文化財行政は何を目指すのか

これまでの埋蔵文化財行政は、開発事業等に関連する遺

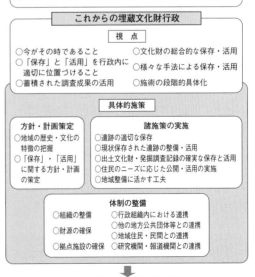

図1　これからの埋蔵文化財行政

付　編

跡の保存と事業計画の調整、現状保存することができない遺跡についての記録保存を行うための発掘調査の実施に多大な努力を払ってきた。その結果、開発事業計画を変更して現状保存された遺跡が増えるとともに、地域の歴史や文化のあり方を明らかにする膨大な出土文化財と調査記録が蓄積された。

　しかし、地域にとっての重要な遺跡が現状保存されない場合も多く、膨大な発掘調査への対応に追われてきたとはいえ、蓄積された成果を十分に活用するに至っていない場合等、埋蔵文化財行政全体としては適切に機能していないところも一方ではある。

　これからの埋蔵文化財行政は、社会からの要請を踏まえ、埋蔵文化財を保存し未来に継承するとともに、国民・地域住民がその多様な価値により豊かな生活を享受できるよう活用を積極的に進めるため質的転換・向上を図ることが必要であり、現在はまさにそのための絶好の時期である。これらを通じて、国民・地域住民が国や地域に対して誇りと愛着をもち、個性ある地域づくり・ひとづくりを実現することができるようになるといえよう。

第1章　埋蔵文化財の保存・活用とその意義

1　埋蔵文化財を保存し活用する必要性
（1）文化財保護法が求めていること
　文化財保護法は「文化財を保存し、且つ、その活用を図り、もって国民の文化的向上に資するとともに、世界文化の進歩に貢献すること」（第1条）を目的として、政府・地方公共団体は「文化財が我が国の歴史・文化等の正しい理解のために欠くことのできないものであり、且つ将来の文化の向上発展の基礎をなすものであることを認識し」、「その保存が適切に行われるように、周到の注意をもってこの法律の趣旨の徹底に努めなければならない」（第3条）としている。

　このように、文化財保護法では文化財について、
　①国民の文化的向上に資すること（第1条）
　②日本の歴史・文化を正しく理解すること（第3条）
　③将来の文化の向上発展の基礎となること（第3条）
につなげていくことを求めている。そのためには、文化財を確実に保存し、将来に伝えることだけでは十分ではなく、国民がその多様な価値を認知し、幅広く享受することができるよう、積極的に公開・活用する必要がある。そして国と地方公共団体は、それぞれ具体的な施策をもってその推進にあたることが求められる。

　文化財には有形文化財・無形文化財・民俗文化財・記念物・文化的景観・伝統的建造物群等があり、埋蔵文化財はそれらが土地に埋蔵されている場合を捉えた類型として文化財保護法に別の制度が規定されているが、保存と活用が求められる点は文化財と同様である。

（2）文化審議会文化財分科会企画調査会の提言
　また、平成13年11月16日、文化審議会文化財分科会企画調査会が行った、今後の文化財の保存と活用のあり方に関する報告『文化財の保存・活用の新たな展開－文化遺産を未来へ生かすために－』においては、検討の視点として以下のことがらが示された。
　①幅広い連携協力による文化財の保存・活用
　②文化財の公開・活用の促進
　③文化財の種別・性質に応じた多様な保存手法の導入
　④人々の文化財への理解と愛情と参加を促進する文化財行政
　⑤文化財を通じた国際交流・国際協力の推進
　これらは、埋蔵文化財の保存と活用を進めるうえでも大きな指針となるものであり、こうしたことがらに基づき諸施策が行われる必要がある。

2　埋蔵文化財の多様な意義
　埋蔵文化財の保存と活用を推進するためには、その意義を正しく認識しておく必要があり、まず埋蔵文化財のもっている意義を整理し、確認しておくこととする。

（1）歴史的・文化的資産としての意義
　埋蔵文化財は国や地域の歴史や文化の成り立ちを明らかにするうえで、欠くことのできない歴史的・文化的資産である。とりわけ、政治・文化の中心地だけでなく各地域に数多く普遍的に、しかもあらゆる人々に関して存在するが、それぞれは個性的である点が大きな特徴である。また、埋蔵文化財は文字や記録のない時代においては唯一の資料であり、文字や記録がある時代においても、人々の生活や生産・生業等、通常文字で記録されることの少ないことがらを明らかにすることのできる資料でもあるという点で学術的価値ももっている。

　埋蔵文化財は、多様な地域・時代・分野にわたる価値をもっているのであり、この個性豊かな埋蔵文化財こそ、国や郷土への理解・愛着の本源となる。

（2）地域及び教育的資産としての意義
地域の資産としての意義
　埋蔵文化財はその土地の履歴を具体的に物語るもので、地域のアイデンティティを確立し、歴史を生かした個性ある地域づくりを進めるうえで重要な要素の一つとして生かすことができる。

　心の豊かさや潤いのある生活を求める住民にとって、悠久の歴史的・文化的環境のなかで暮らすことは心地よいものであり、その地域ならではの歴史的・文化的資産は、存在そのものが生活環境において大きな癒しの効果をもっている。そして、史跡指定等により現状保存された遺跡、重要文化財等に指定された出土文化財をはじめ、地域にとっ

て重要な遺跡や出土文化財は、地域の活性化に貢献し、場合によっては産業の育成や観光に結びつくこともある等、地域づくりを進めるうえで多様な価値をもっている。発掘調査によって明らかとなった過去の災害情報や土地利用の変遷等は、地域の防災計画等に生かすことも期待される。

教育的資産としての意義

土の中から掘り出される遺構・遺物は、先人が実際に創りあげ、かつ使ったものそのものである。住民にとって、それらに直に触れることは自分たちの祖先と時代を超えて直接対話することであり、国や地域の歴史や文化に対するあこがれや知的好奇心を刺激するものである。埋蔵文化財は親しみやすい教材として、学校教育における社会科や歴史の学習に役立たせることができる。

また、埋蔵文化財を通して、現在の生活の礎を築いた祖先に対する畏敬の念を育み、生きる知恵や力、あるいは自然との共生や生命への尊厳等の心を学ぶこともでき、今日の社会問題を見つめ直す教材として学校教育における諸活動、さらには生涯学習で活用することもできる。

このほか、体験学習等の諸事業は、地域や世代や様々な立場を超えた多くの人々が交流する機会となり、埋蔵文化財に直接触れる機会は、障害者や高齢者の社会参加の場を提供することにもなる。さらに、埋蔵文化財の内容や先人たちによりその土地が今日まで守り伝えられてきた背景を知ることは、住民の文化財保護意識の向上に貢献することも期待される。

第2章 埋蔵文化財のあり方並びに保存と活用についての現状と課題

1 埋蔵文化財行政に求められる保存と活用のあり方
(1) 埋蔵文化財行政の本来のあり方
埋蔵文化財行政の基本

埋蔵文化財行政の基本、本来のあり方は、地域に所在する埋蔵文化財を正確に把握し、それぞれの内容・価値に応じて適切に保存し活用することである。埋蔵文化財は土地に埋蔵された状態を保持していることに意味があることから、現在ある状態のまま将来に伝えていくことが第一義である。

しかし、その価値を損なう開発事業等に対しては、事業計画との円滑な調整を図りつつ、重要な遺跡については史跡指定を図る等により現状保存し、積極的に公開・活用することが求められる。現状保存を図ることができない場合には、次善の策として記録保存のための発掘調査を行い、その成果である出土文化財や調査記録・発掘調査報告書を確実に保存することが求められる。そして、それらをもとにした調査研究を行うことにより、埋蔵文化財のもつ価値を国民・地域住民に還元していく必要がある。

埋蔵文化財行政の構造

以上のような埋蔵文化財行政の構造は次のとおりである。

①把握・周知

遺跡の所在と内容等を把握し、その存在を広く国民に周知することである。

②調整

開発事業計画が生じた場合、埋蔵文化財の保存と事業計画とを調整し、埋蔵文化財の取扱いを決定することである。

③保存

原則として遺跡を現状のまま後世に保存する措置をとり（現状保存）、やむを得ず、そうした措置をとることができない場合、発掘調査等によって埋蔵文化財の記録を作成し、それを保存する（記録保存）ことである。

④活用

現状保存された遺跡の整備や記録保存のための発掘調査による出土文化財等の諸施設における展示等によって、国民・地域住民がその価値をさまざまなかたちで享受できるようにすることである。公開は、活用の手法の一つである。

⑤調査

以上の各段階において、さまざまな目的で行われる調査のことである。すなわち、①「把握・周知」における分布調査や試掘・確認調査、②「調整」における試掘・確認調査、③「保存」における現状保存のための確認調査と記録保存のための発掘調査、④「活用」における整備等に必要な情報を得るための発掘調査等である。このうち、記録保存のための発掘調査が、調査全体のなかでかなりの部分を占めている。

埋蔵文化財行政は、以上の各段階で適切な措置をとる必要がある。特に「活用」は、それが適切に行われることによって、国民・地域住民が埋蔵文化財の価値を認識し、このことが、その後の「把握・周知」や「調整」の、より良いあり方に資することになる。

なお、「保存」と「活用」に関しては、相互に密接な関係にある。特に留意しなければならないのは、活用のための措置、たとえば遺跡の整備・公開や出土文化財の展示等が、

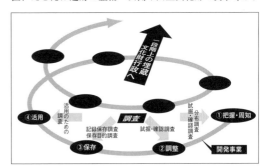

図2　埋蔵文化財行政の構造

付編

遺跡や出土文化財の保存にとって支障となることがあってはならない点で、両者はバランスよく行う必要がある。

(2) 埋蔵文化財の保存と活用の対象
　埋蔵文化財の保存と活用を進めるうえで対象となるものは以下の3つであり、それぞれの主な施策を示すと次のとおりである。
①史跡指定等により現状保存の措置がとられている遺跡
　遺跡は、遺構・遺物がともに土地と一体的に存在していることに大きな意味・価値があることから、現地で保存し活用することがもっとも望ましい。したがって、このような遺跡については、遺跡のもつ歴史的・文化的な価値を将来にわたって保存するとともに、国民・地域住民がその価値を最大限に享受できるよう、活用することが求められる。
②積極的な保存措置等がとられていない遺跡
　このような遺跡については、史跡の指定等による法的な保存措置を講ずる段階に至っておらず、また、差し迫った開発事業計画等との調整を要する段階にもなっていない場合が多いので、さまざまな手法を駆使してその保存と活用を図る必要がある。
　これらの保存と活用の措置を講じるうえでは、所在は分かっていても遺跡の範囲・内容や価値が把握されていないものが多いことから、まず試掘・確認調査等によってそれらの把握に努める。そして、その価値に着目しつつ、重要なものは国・地方公共団体で逐次史跡等に指定する等の措置により保存する必要がある。また、そこに開発事業等が計画された場合には、保存について事業計画との調整を行い、現状保存を図ることができないものについては記録保存の措置をとることになる。
③記録保存の措置がとられた遺跡に関する記録類・出土文化財
　このような遺跡の場合、遺跡は失われるが、発掘調査によりその遺跡がもっていた歴史的・文化的な意味や事実が明らかとなり、遺跡に代わる調査記録・発掘調査報告書が残される。それらは地域の歴史・文化のあり方を示す資料として、将来にわたり確実に保存するとともに活用することが求められる。出土文化財

は、調査記録とともに遺跡の歴史的な意味・内容・価値を示す資料として、適切に保管・管理し公開・活用を図る必要がある。

(3) 体制と役割
(ア) 組織・専門職員・財政措置
　埋蔵文化財行政全体をバランスよく進めるため、各地方公共団体は埋蔵文化財の保存と活用についての明確な方針をもち、施策が実現できる組織、しかるべき資質と能力を備えた専門職員、そして適切な財政措置がそれぞれ確保されていなければならない。

(イ) 役割分担と連携
　市町村の役割
　埋蔵文化財の保存と活用に関する諸施策を実施するうえで中心的な役割を果たすのは、地域と密接に関わる市町村である。市町村は、地域住民のニーズを直接知る立場として、それを集約しきめ細かい保存・活用施策を企画・実践していくことが求められる。この市町村の活動が地域住民と埋蔵文化財をつなぐ原点となる。したがって、市町村はこうした措置を適切に行うことができる体制を整備する必要がある。
　都道府県の役割
　都道府県は、市町村域を越えて包括する立場から、地域の歴史や文化の特徴を把握し、各市町村の実情を踏まえたうえで、それぞれの市町村の保存・活用に関する諸施策に対し適切な指導・助言及び財政的支援を行う必要がある。
　また、都道府県が保有している発掘調査成果や出土文化財を用いた活用、及び大規模あるいは複数の市町村にまたがることから市町村で行うことが困難な遺跡の保存・活用については、自らが事業主体となって行うことが求められる。
　国の役割及び国・都道府県・市町村間の連携
　国は、全国的な観点から都道府県・市町村に対し指導・助言を行う必要がある。特に、史跡指定による遺跡の保存に関しては地方公共団体との連携が求められる。また、各地方公共団体が埋蔵文化財の保存と活用に関する諸施策を実施できるよう、財政的支援を行う必要がある。さらに、埋蔵文化財の保存と活用に関して、海外を含め、幅広い視野から調査研究を継続的に進め、その成果を埋蔵文化財専門職員に提供することのできる研修の場を設けることが求められる。
　以上を基本として、埋蔵文化財の保存と活用の積極的な推進に向かって、国・都道府県・市町村は、相互に密接に連携しなければならない。

2　これまでの埋蔵文化財行政とその課題
(1) 埋蔵文化財行政の進展状況の概要
　開発事業に伴う埋蔵文化財保護の体制及び仕組みの整備
　埋蔵文化財行政では、これまで、開発事業により失われ

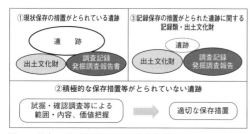

図3　保存・活用を図るべき埋蔵文化財

る遺跡についての記録保存のための発掘調査を円滑かつ迅速に行うことが重要な課題であった。昭和30～40年代のいわゆる高度経済成長期には、大規模宅地開発・工業団地造成等の国土開発、高速道路や幹線鉄道の整備等が本格化した。それらの開発事業対象地にある埋蔵文化財について、現状保存ができないものについては記録保存のための発掘調査を行う必要から、地方公共団体及びそれが設置した法人組織（以下「地方公共団体等」という。）における組織・体制の整備、埋蔵文化財専門職員の配置が進められた。この流れは、昭和60年代から平成2・3年頃のいわゆるバブル経済期とその後の景気対策に伴う公共事業が行われた時期まで引き継がれ、その結果、すべての都道府県と半数以上の市町村に埋蔵文化財専門職員が配置され、平成12年度にその数は7,111人となった。そして、記録保存のための発掘調査に要した経費は、平成9年度に約1,300億円に達し、その累積額は2兆円を超える。

このような埋蔵文化財専門職員の増加に伴い、埋蔵文化財保護のための事前調整の仕組み、分布調査や試掘・確認調査の実施等、埋蔵文化財を保存し活用するうえで基礎的ではあるが重要な仕組みの整備・充実をもたらしてきたが、総体としてみると記録保存のための発掘調査の円滑・迅速な実施を最優先の目的とするものであった。

埋蔵文化財の保存・活用の進展

発掘調査が積み重ねられた結果、考古学や歴史学の研究が進み、従来の歴史の認識が改められ、教科書が書き換えられるような大きな発見もあった。とりわけ各地域の歴史が具体的に解明され、どの地域にもかけがえのない豊かな歴史や文化があることを明らかにした意義は大きく、重要な遺跡については、史跡等により現状保存が図られてきた。

また、発掘調査により得られた膨大な量の出土文化財は、取扱いの内容・程度の差はあるが、基本的にほぼ全数が保管され、それらのなかには、展示公開され、研究対象に供されてきたものもある。また、発掘調査の成果が記載された発掘調査報告書は地方公共団体や各地の埋蔵文化財センター・研究機関・図書館等において保管・公開され、活用されている。

文化財保護の中心的存在である埋蔵文化財専門職員

この間、各地方公共団体等の埋蔵文化財専門職員は、開発事業等との調整や発掘調査に追われながらも、地域に根ざした視点から調査研究を行い、その成果の公開・普及に努めてきた。特に市町村の埋蔵文化財専門職員は、埋蔵文化財以外の文化財の保護にも携わり、文化財を総合的に保存し活用することで、地域の文化財行政全体に大きな役割を果たしてきた。そして、地域に密着して多様な文化財を素材とした地域づくり等に大きな役割を果たしているところもある。

（2）近年の埋蔵文化財行政の動向と課題
（ア）埋蔵文化財行政の基本的課題
　行政内における埋蔵文化財行政の位置づけ

埋蔵文化財行政に求められることは、開発事業等への対応だけではなく、重要な遺跡の保存と活用、調査成果や出土文化財の活用等多岐にわたる。しかし、地方公共団体の中には、記録保存のための発掘調査の実施と発掘調査報告書の作成が埋蔵文化財行政である、と認識されているところがあり、埋蔵文化財専門職員のなかにもそうした考え方をもっている場合がある。

　行政上の具体的な方針・計画

各地方公共団体は、埋蔵文化財行政を推進するうえで、将来を見渡す方針・計画をたて、施策の一貫性や客観性を保持する必要がある。しかし、そうした方針・計画を策定しているところは限られており、史跡指定地周辺をはじめ地域における重要な遺跡が十分な保存措置をとられることなく失われていること、組織の改変や埋蔵文化財専門職員の異動等により埋蔵文化財の取扱いに変動が生じていること等、埋蔵文化財行政が正しく機能していない場合がある。

　行政組織内における連携不足

埋蔵文化財の保存と活用に関する諸施策を進めるためには、教育委員会内部及び地域づくり等を行う他の部局との連携が不可欠である。しかしながら、開発事業計画との調整という点を除くと、埋蔵文化財の保存と活用のために必要な連携が行われているところは少ない。

（イ）遺跡の現状保存についての課題
　文化財保護法による保存措置

地域における重要な遺跡について、その保存・活用を目的とした発掘調査を実施している地方公共団体は増えてきている。その結果、文化財保護法による史跡指定の件数は、平成10年度までは概ね年間20件弱であったのに対し、平成12年度の32件をはじめ、平成16年度は27件、平成17年度は29件と増加傾向にある。しかし、このような保存措置がとられている遺跡は限られ、記録保存のための調査の過程で重要な遺構が発見されても、適切な保存措置がとられていない場合もみられる。

　地方公共団体の条例による保存措置

地方公共団体のなかには条例による史跡指定を積極的に図っているところがある一方で、そのような措置をとっていないところもある。条例による指定の措置がとりにくい大きな理由としては、指定をすることにより土地の公有化を求められることがあり、そのための財政負担が課題であることが挙げられるが、国指定の史跡だけでは地域における重要な遺跡の保存を適切に行っているとはいえない。

　史跡等の指定以外の手法による保存

文化財保護関係の法令・条例による史跡指定の措置を受けるに至らない場合でも、他部局と協調しながら、以下に例示するような手法により現状保存の措置がとられている。

付　編

・遺構や遺物が集中する地点について、開発計画を変更して公園や緑地等にすること
・道路建設や鉄道建設において、遺跡の所在場所を避けて路線や橋脚位置の変更を行うこと
・土地区画整理事業において、遺跡を都市公園等に取り込むこと
・自然公園の中に遺跡を取り込むこと
・田園空間整備事業のなかに遺跡を取り込むこと

しかし、そうした措置が十分とられていないところも認められる。

（ウ）現状保存した遺跡の整備・活用についての課題

史跡等に指定され現状保存された遺跡については、整備・復元を行い公開・活用する事例が多くなってきている。文化庁では平成16年に、史跡等の整備による適切な保存・活用をさらに推進するために『史跡等整備のてびき－保存と活用のために－』を作成した。最近では史跡等の整備だけではなく、それに親しむための多様な活用事業が展開される等、史跡等が地域づくりの重要な素材として位置づけられるところが増えてきている。

しかし、その一方で、整備・活用の措置がとられていないもの、整備は行われているが地域住民に親しまれていない等、十分な活用が図られていない史跡等もある。また、開発事業者との協議によって設計変更し現状保存した遺跡であるにもかかわらず、それを示す説明板等がないため、そうした措置がとられたことを住民が認識できない事例もある。

（エ）出土文化財・発掘調査記録類の保存と活用についての課題

出土文化財の保存・活用については、本委員会でも過去に２回の検討とその結果の報告を行い、それを受けて文化庁は、平成９年８月13日付で「出土品の取扱いについて」、平成15年１月20日付で「埋蔵文化財の発掘調査に係る出土品・記録類の適切な保管・管理について」の通知を行っている。

近年では、出土文化財・発掘調査記録類を保存し活用するため、埋蔵文化財センターや博物館等の恒久的な施設をもつ地方公共団体が増えつつある。しかし、その一方で、学校等の余裕教室を一時的に使用している地方公共団体、防災・防犯上問題のあるプレハブ等の簡易な収蔵施設を利用している地方公共団体が少なからずある。また、出土文化財・発掘調査記録類の管理については、管理台帳を作成し、活用に供する状態にしているところがある反面、そうした措置をとっていないところもある。

出土文化財については積極的に活用が図られているところもあるが、これまでの膨大な蓄積と比較すると、十分とは言えない。

（オ）発掘調査成果を国民に還元するうえでの課題

発掘調査は行政の施策として行われるものであるから、その成果は国民・地域住民に還元される必要があり、そのための事業として、発掘調査の成果を公開する現地説明会をはじめ、講演会・シンポジウム等、展示会、体験学習、学校を対象とした出前授業、一般を対象とした冊子の刊行等が行われている。

平成17年度に実施した平成16年度の実態調査によると、何らかの活用事業を実施した地方公共団体及び埋蔵文化財センター等発掘調査組織のうち回答を得たところの53％である。なかでも学校教育において平成14年度に新設された「総合的な学習の時間」は、地域の歴史や文化に触れる機会となり、大きな役割を果たしているが、まだ半数近くのところで活用事業が実施されていないことになる。

活用事業を行っているところが抱える課題としては、次のような点があげられている。

・活用事業を実施するための体制及び予算措置が十分ではない。
・活用事業を実施するに際しての広報が十分ではない。
・参加者が固定化する傾向にあり、より多くの人々を惹きつける企画、多様な世代や多数の参加者を得るための企画になっていない。

発掘調査成果を広く国民・地域住民に還元する諸事業は、現状では限られた体制の中で、担当者の個人的な努力によって行われていることも多く、改善されるべき点は多い。

また、活用事業を実施できない理由としては、以下のような点があげられている。

・埋蔵文化財専門職員が配置されていない。
・他の業務との関係で、事業を実施する時間的余裕や人的余裕がない。
・予算措置ができない。
・施設が整備されていない。
・活用の対象となる埋蔵文化財等がない。

そのうち、「活用の対象となる埋蔵文化財等がない」については、そうした地方公共団体があるとは考えにくく、域内における埋蔵文化財のあり方に対する認識を改める必要がある。

（カ）体制・役割分担上の課題

埋蔵文化財専門職員の減少

近年、各地方公共団体等の埋蔵文化財専門職員数は平成12年度を境に減少を続け、平成17年度には6,695人となった。要因としては、都道府県においては記録保存のための発掘調査事業量及び事業費が減少したのに伴い、教員等から異動してきた職員が復帰したこと、市町村においては合併により組織や体制が変更され他部局へ異動したこと、さらには埋蔵文化財専門職員の高齢化が進むなか、退職者がでても補充が図られていないこと等が考えられる。

今後、いわゆる団塊の世代の退職が本格化するに際し世代交代が円滑に図られない場合、従来の豊富な調査成果、遺跡とその調査に関する知識や経験が、それぞれの組織内

で継承されないこと、さらに、市町村合併により組織に変動がおこると、埋蔵文化財の保存に関する従来の諸施策や蓄積してきた成果の活用と継承が行われなくなることになりかねない。

こうしたことによって埋蔵文化財行政の体制が衰退し、埋蔵文化財の保存と活用が適切な形で実施できなくなることが懸念される。

都道府県及び市町村の役割

市町村において埋蔵文化財専門職員を配置しているところは、平成18年度で57％までに達した。しかし、専門職員が配置されているところでも、埋蔵文化財等の数や内容からすると十分とは言えないところがある。また、史跡等が多数存在しているにも関わらず、専門職員が配置されていない市町村さえある。

市町村が適切に埋蔵文化財行政を進めるうえで重要な役割を担うのが都道府県である。しかし、多くの都道府県ではこれまで開発事業等に伴う発掘調査に対応した調整・調査の充実に重点が置かれてきた。そのため、市町村が実施する埋蔵文化財の保存と活用について積極的に指導・支援・助言を行っているところや、都道府県が主体となって地域における重要な遺跡の保存と活用を目的とした発掘調査やその整備・活用を行うところは限られており、域内全体の埋蔵文化財の保存と活用を進めるうえでの体制は十分とはいえない。

（キ）地域住民との連携についての課題

これまで、埋蔵文化財の保存と活用に関する計画・立案から実施に至るさまざまなことがらについては行政が実施してきた。たしかに、埋蔵文化財の行政的な取扱い、その本質的価値の保存に関わることについては、行政が主体となって行わなければならないが、地域住民等と連携して取り組む形態も考えられる。また、活用事業を行う際にボランティアを活用しているところは実態調査によると、事業を実施しているところの24％に留まっている。埋蔵文化財の保存と活用において、行政と地域住民等との有効な連携・協力関係を構築することは、今後の大きな課題である。

第3章　埋蔵文化財を積極的に保存し活用するための提言

1　「埋蔵文化財行政の推進による地域づくり・ひとづくり」という新たな方向性の提示

埋蔵文化財は土地に密着して存在していることから、地域のシンボルとして、地域アイデンティティの確立や地域に対する誇りや愛着の醸成に欠くことのできない存在である。したがって、これらを保存し活用することにより、歴史を生かした個性ある地域づくりを進めていくことを、埋蔵文化財行政の大きな柱とする必要がある。その際、保存し活用する対象としては、学術的な観点だけではなく、地

域の視点、過去と現代をつなげる視点をもつことが重要である。

地域づくりにおいては、それを担う地域住民の主体的な活動は不可欠であり、地域の歴史や文化を理解した地域住民を育てる必要がある。埋蔵文化財の発掘調査の成果等を公開・普及することは、地域住民の理解を深めるうえで重要な意味をもつ。

このように、これからの埋蔵文化財行政は、埋蔵文化財の保存と活用に関する諸施策を通して、地域づくり・ひとづくりに寄与するという新たな方向性をもたなければならない。

2　保存・活用を進めるために必要な6つの視点

（1）今がその時であること

現在、埋蔵文化財の保存と活用についての社会的要請は高まってきている。しかも、埋蔵文化財の保存と活用を推進することのできる人材、すなわち地域の歴史や文化に関する知識と経験を有する埋蔵文化財専門職員は、地方公共団体によっては十分でないところもあるが、全体としては整備されてきている。

今こそ、埋蔵文化財の保存と活用を積極的に行うことにより、第2章第1節で示した埋蔵文化財行政の基本に近づくことのできる時である。

（2）意識改革を行い、埋蔵文化財の保存と活用を行政内に適切に位置づけること

埋蔵文化財の保存と活用を推進するためには、埋蔵文化財担当行政機関及び埋蔵文化財専門職員自身が意識改革を行い、埋蔵文化財行政の基本を再確認する必要がある。そして、埋蔵文化財の保存と活用を各地方公共団体の埋蔵文化財行政の中に適切に位置づけなければならない。活用に関する諸事業も、担当者の個人的な努力ではなく、行政上の施策として行われる必要がある。

（3）蓄積された既往の調査成果を活用すること

各地方公共団体等におけるこれまでの発掘調査の成果、すなわち現状保存された遺跡、記録保存された遺跡の調査記録・発掘調査報告書、発掘された出土文化財等は相当量

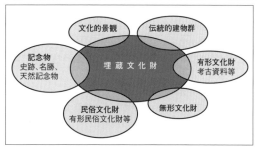

図4　埋蔵文化財と文化財

の蓄積となっている。埋蔵文化財の保存と活用に当たっては、これらが素材として生かされる必要があり、そのための調査研究は不可欠である。

(4) 他の文化財を含め総合的に保存し活用すること
通常、地域には埋蔵文化財だけではなく、有形文化財・無形文化財・民俗文化財・記念物のほか、文化的景観や伝統的建造物群があり、それに自然環境等が加わり、それらが相互に有機的に関係を保持している。そのため、埋蔵文化財の保存と活用は、これらの多様な文化財と一体的・総合的に行う必要がある。

(5) 様々な方法で保存と活用の措置を行うこと
埋蔵文化財を保存し活用する方法は、遺跡の内容・性格・価値に応じて、広い視野から選択することが必要である。現状保存の措置については、史跡の指定等文化財保護の制度によるだけでなく、それ以外の制度を利用する。また、地域住民等が主体となっている活動を事業の一部として組み込むことも考えられ、方法の選択に当たっては、従来のやり方にとらわれないことが必要である。

(6) 実情に応じて施策を段階的に具体化すること
本報告で示す具体的な施策は多岐にわたっており、各地方公共団体が直ちにこのすべてを実施に移すことは困難である場合もあると考えられる。
したがって、各地方公共団体は住民からのニーズを十分に認識したうえで、本報告に示す事項のうち、早急に実施できることと計画的に実現させていくことを見極め、可能なところから改善を図る必要がある。

3　保存と活用を進めるための具体的施策
(1) 蓄積された成果の確認及び「埋蔵文化財の保存・活用に関する方針・計画」の策定
(ア) 地域の歴史や文化の特徴の把握
蓄積された成果に基づく基礎的データの整理
各地方公共団体が埋蔵文化財の保存と活用を進めるうえでは、その地域の歴史や文化の特徴を正しく把握する必要がある。そのためにはまず、各地方公共団体等で蓄積された調査成果と出土文化財等について、基礎的データとして個々の遺跡の内容及び取扱いを把握する。具体的な項目としては①調査歴、②検出遺構・出土遺物とその時代・特徴・性格等が考えられ、今後の保存のあり方を検討するうえで、③それまでの保存措置のあり方、④遺跡の現状等についても整理する。
総合的な地域研究の実施
次に、地域における遺跡のあり方の特徴を把握する必要がある。具体的には、①遺跡の立地と分布の関係、②遺跡の時代ごとの特徴と変遷等を明らかにすることであり、それを踏まえて地域の歴史や文化の特徴を明らかにする。そ

のためには、これまでと異なる視点からの発掘調査等を行うことも考えられ、これらを総合した地域研究を行うことが求められる。
その際には、遺跡だけでなく、史跡・名勝・天然記念物から有形文化財・無形文化財・民俗文化財・伝統的建造物群あるいは文化的景観についても調査・検討の対象とする。

(イ) 「埋蔵文化財の保存・活用に関する方針・計画」の策定
各地方公共団体が埋蔵文化財を核とした文化財等の総合的な保存と活用を図るためには、上記(ア)により把握したことがらに基づき、「埋蔵文化財の保存・活用に関する方針・計画」を策定する必要がある。
都道府県で定める方針・計画としては、域内の市町村を統括するかたちで保存・活用全般についての考え方、域内で保存し活用する必要のある重要な遺跡の選定及び選定についての考え方、さらには都道府県自らが主体となって保存・活用する遺跡に関する取扱いについての考え方等を示すことが考えられる。
一方、市町村で定める方針・計画としては、市町村にとって重要な遺跡がある場合、その保存・活用に向けた発掘調査や整備の実施についての計画、さらにはそうした遺跡を核とし、行政全体が取り組むべき施策の計画等が考えられる。
そして、そのような方針・計画を策定したうえで、当該地方公共団体の総合計画やマスタープラン、景観計画等に組み込むことが望ましい。
国においては、各地方公共団体の方針・計画策定を促すとともに、地方公共団体が策定した方針・計画を十分把握し、これに対する支援を図る施策の推進が求められる。

(2) 地域づくり・ひとづくりにむけての諸施策の実施
(ア) 遺跡の適切な保存
埋蔵文化財包蔵地の範囲の再検討
前項(1)-(ア)により蓄積された成果を再整理したことに基づき、埋蔵文化財包蔵地の範囲について見直しを行う。たとえば、現在の都市が城下町を基盤として成立している場合、城下町に関わる遺構はその都市の成り立ちを考えるうえで重要な意味をもつことから、それらを埋蔵文化財包蔵地に組み込む必要があり、中・近世以降の遺跡については特にその取扱いの再検討が求められる。また、現状において遺跡の分布に粗密がある場合、その空白地域については計画的な試掘調査や工事立会等を行い、遺跡の有無をより正確に把握するよう努める。
地域における重要な遺跡の確実な現状保存
地域における重要な遺跡については市町村、場合によっては都道府県が遺跡の内容・性格等を確認するための発掘調査等を計画的に実施し、その内容に応じて史跡等に指定する等の保存措置をとる必要がある。各地方公共団体で

は、そのための発掘調査を実施できる体制を確保しておくことが求められる。

開発事業との調整で記録保存の措置をとることとされたものであっても、発掘調査中に新たに重要性が確認され現状保存すべきものと判断された場合は、それに向けて開発事業者等との再調整を行わなければならないのは従前と同様である。

史跡の指定等による保存

現状保存を行う方法として各地方公共団体は、国・都道府県・市町村による史跡等への指定の措置だけでなく、遺跡の時代や内容・性格によっては登録記念物に登録すること等も検討する。また、出土文化財についても、その内容に応じて国・都道府県・市町村指定の重要文化財等に指定し、万全の保存措置を講じて活用する必要がある。

史跡の指定以外の方法による保存

文化財の保護制度以外の制度や方法、すなわち、都市計画法・森林法・自然公園法・自然環境保全法及び農業振興地域の整備に関する法律という土地利用に関する規制、あるいは景観法等の個別法、また自然保護・環境保全・観光・景観等に関する諸施策により開発を回避することによって遺跡等を保存することも考えられる。

また、都市公園・森林公園等の中に遺跡を取り込むこと、遺跡を都市におけるオープンスペースに当てること等、多様な保存措置を工夫することも重要である。こうした措置をとるためには、関係各部局と協議をすることにより手法を模索することが求められる。また、地域住民の自主的な取り組みや活動があれば、必要に応じて支援を行うことも必要である。

（イ）現状保存された遺跡の整備・活用

現状保存された遺跡については、その遺構を保存するため、多くは埋め戻しを行うが、このことは結果として、遺構の存在や内容、価値を認識しにくくしてしまう。したがって、遺跡の内容や価値を理解しやすくするための整備を行う必要がある。遺跡の整備は有効な公開・活用のための工夫の一つであることから、それは従来の方法にとらわれず、それぞれの立地・環境に適した最善の方法を選択することが求められる。

開発計画を変更して公園等に取り込んで現状保存した遺跡についても、遺構表示や説明板等の設置により、その内容や価値を地域住民に示すことが必要である。

また、現状保存できなかった遺跡についても、地域住民がその所在や歴史的な意味を知ることは重要であり、現地において案内板や標柱等でその存在を周知することが求められる。

（ウ）出土文化財・発掘調査記録の確実な保存と活用

出土文化財については、各地方公共団体等が確実に保存することが基本で、さらに広範な活用を図らなければならない。発掘調査の成果である記録類や発掘調査報告書についても、適切な施設において確実に保存しなければならない。発掘調査報告書は、都道府県の埋蔵文化財センター等が積極的にその収集と保存を図るとともに、利用者への便宜を図ることが求められる。

また、発掘調査の記録類については、それを保存している地方公共団体等が保存と活用のため、必要に応じてデジタル化を進めることを考慮する必要がある。

（エ）国民・地域住民のニーズに応じた公開・活用事業の実施

わかりやすく親しみやすい内容

埋蔵文化財に関する研究成果の公開・普及は、従来の方法にとらわれることなく、さまざまな手法をとるよう工夫するべきである。重要なことは、可能な限りより多くの地域住民が埋蔵文化財に接する機会を作り出し、身近なものとして親しんでもらうことである。これは、研究の最先端の成果を普及する場合でも同様である。そのためには、難しい学術用語には説明を加え、難解な言い回しを避ける等、地域住民にとってわかりやすいものにしなければならない。

なお、活用事業を進める際には、事業の形や進め方によっては少ない予算で可能な場合もあるので、工夫することが求められる。

また、聴覚・視覚障害者への手話通訳その他の対応も、今後不可欠の施策である。

発掘調査現場の積極的公開

発掘調査現場は日々新たな歴史が発見される場であり、住民が地域の歴史への興味関心と埋蔵文化財行政に対する理解を深めるうえで果たす役割は非常に大きく、現地説明会等による発掘調査現場の公開は積極的に行わなければならない。遺跡の保存・活用を目的として行われる発掘調査においては、特にその方法等を配慮することが求められる。その際には、現場で遺構や遺物を発見した時の感動や調査中の思いを語る等、埋蔵文化財の魅力が生き生きと伝わるよう工夫する。

遺跡と発掘調査に直接触れる機会として、児童・生徒あるいは市民が体験発掘に参加することは有効である。その際には、遺跡や発掘調査の意義や留意点等を説明して、遺跡の保存上支障のない方法で実施する配慮が必要である。

また、進行中の発掘調査の状況を速報するために、現地での表示板の設置や資料の配布、インターネットを利用した公開等は有効である。

（オ）埋蔵文化財を地域整備に生かす工夫

埋蔵文化財は土地の履歴を内包していることから、地域整備の中に生かすことは有効であり、それによって現代の日常的生活空間の中に歴史性をもたせ、ゆとりや潤いをもたせることが可能となる。考えられる施策・事業の一部として次のようなものがある。

・古代の道路や土地区画に現代の道路や街区を重ね合わ

付　編

せること等、歴史的な特質や土地利用の変遷や従来のまちの構造等を踏まえ、都市計画の輪郭を描くこと。
・地域にとって重要な遺跡をランドマークとして都市のデザインに生かすこと。
　こうしたことは経済的な利便性だけではない個性豊かな地域づくりにとって有効であり、各地方公共団体における埋蔵文化財のあり方から工夫する必要がある。
　また、発掘調査により明らかになった過去の地震や災害の痕跡、地形・地質の特徴は、現代の防災計画にとって有益な情報を含んでいることがあるので、地域の整備計画の中に組み込むことも考えられる。

（3）体制の整備
（ア）組織の整備
埋蔵文化財専門職員の適切な配置
　各地方公共団体には、埋蔵文化財及び文化財全般に精通し、地域の歴史や文化の成り立ちを把握し、それらを保存し活用する方針・計画を立案し実行できる専門職員が不可欠である。
　埋蔵文化財の保存と活用においては市町村が中心的な役割を果たすことから、市町村においては、埋蔵文化財及びその他の文化財の保存と活用に必要な専門職員を適切に配置することが求められる。
　一方、都道府県においては、市町村が適切に埋蔵文化財の保存と活用を推進するよう指導・支援するうえで、あるいは都道府県自身がそうした施策を実施するうえで十分な体制を整備することが求められる。
　なお、近年、市町村合併等を機会に埋蔵文化財専門職員が他部局に配置転換される例が増えている。埋蔵文化財の保存と活用に向けた施策を展開するため、埋蔵文化財の保存と活用を行政全体の中に位置づけ、他部局とも連携して仕事のできる人材の育成は重要ではあるが、そのために埋蔵文化財行政が弱体化することがあってはならず、十分な配慮のもとで行われる必要がある。

埋蔵文化財専門職員の意識改革
　埋蔵文化財専門職員は、埋蔵文化財行政の基本を的確に認識するとともに、開発事業に対応する発掘調査だけでなく、埋蔵文化財の保存と活用についても積極的に行う必要があるという意識を強くもたなければならない。また、埋蔵文化財行政を通した地域づくり・ひとづくりの諸施策や事業に携わることが求められるので、他の文化財を含めた広範な領域を視野に入れ、総合的な文化財の保存と活用を担当する資質・能力を備えていることが必要である。
　そのため埋蔵文化財専門職員には、従来からもっている発掘調査能力に加え、他部局との調整能力、さらには地域住民と連携を図りながら保存と活用に関する多様な施策や事業を進めることのできる能力が必要で、こうしたことのための研鑽が求められる。

（イ）財源の確保
　各地方公共団体は、埋蔵文化財の保存と活用を進めるため、施策・事業実施のための財政措置を講じなければならない。そのうえで、「埋蔵文化財発掘調査」、「史跡等購入費」、「史跡等総合整備活用推進事業」等のほか、平成16年度に新設された「埋蔵文化財保存活用整備事業」等の国庫補助事業を活用することが望まれる。また、事業内容によっては他省庁の補助金や交付金等他の行政・事業の財政措置を活用することも有効である。
　国は、各地方公共団体等が実施する埋蔵文化財及び広汎な文化財の保存と活用を推進するため、多様な事業を柔軟に実施できる新規の事業やモデル事業の創設、既存事業の内容の改変等を行い、積極的な支援方策を進め、充実させる必要がある。都道府県においても同様の観点から、市町村への支援の充実を図る必要がある。

（ウ）拠点施設の確保
　発掘調査による調査記録類や出土文化財は、これまでの埋蔵文化財行政の成果として、また今後の埋蔵文化財行政の素材として確実に保存し公開・活用しなければならない。
　各地方公共団体では地域住民が地域の歴史や文化、人々の暮らしに親しむことのできる機会をつくるため、また地域住民が積極的に埋蔵文化財の保存と活用を推進していく場を提供するという点でも、拠点となる施設を備えることが望ましい。こうした施設は既存する建物の改修による整備も考えられ、その場合「埋蔵文化財保存活用整備事業」を活用することが可能である。

（エ）行政組織内における連携
　埋蔵文化財が学校教育において大きな可能性を秘めた教育的資産であることを踏まえ、各地方公共団体はその成果を教育・学習の中に的確に位置づける必要がある。そして、埋蔵文化財専門職員による学校への出前授業、体験学習、資料館・博物館等での学外授業、遺跡見学等の教育活動への組み込みを、これまで以上に広く展開していくことが求められる。
　学校現場との連携も重要である。学校教職員に埋蔵文化財を利用した授業を行うための講座を開催することや体験学習用の教材を作成することや学校教職員との共同作業によって地域の歴史や文化に関する副読本を作成することも有効である。
　そして、埋蔵文化財の活用に関する諸事業は、異世代交流や地域社会での交流の機会を提供することになることから、生涯学習に関する施策として実施することも求められる。
　また、適切な埋蔵文化財保護行政の推進について開発関係部局との緊密な連絡調整が必要であることは、すでに平成10年の本委員会報告において指摘したところである。今後は、地域づくりとの関わりから、都市計画部局や広報部局、文化部局、観光部局等との連携も行う必要がある。

（オ）他の地方公共団体等との連携

　埋蔵文化財の保存と活用を進めるうえでは地方公共団体同士が連携することも重要であり、特に活用の面では、複数の地方公共団体間で同一のコンセプトに基づいて事業を行うことは大きな効果をもたらす。歴史的空間や関連する文化財は必ずしも一つの地方公共団体の地域内に収まるものではなく、たとえば一連の古墳群、国府と国分寺の跡が複数の地方公共団体の区域に所在している場合、あるいは縄文時代の貝塚や古墳のように、同種の、あるいは歴史的に関連する遺跡が複数の地方公共団体にわたっている場合に、それらが共通の考え方に基づき共同して一体的な活用を図ることが考えられる。このほか、地域ブロックや都道府県内のいくつかの市町村が連携して活用事業を推進することも効果的である。

（カ）地域住民・民間との連携

　埋蔵文化財の保存と活用に関する諸事業を進めるにあたって、各地方公共団体が地域住民や民間と連携を図ることは、ひとづくりという観点からも大きな意義がある。とくに、さまざまな活用事業をとおして、現在の土地は過去からの連続の上に存在しており、それを可能な限り将来に伝え保存していくことの必要性を地域住民に伝えることは非常に重要である。

　そして、現状保存した遺跡を活用する際、あるいは域内の埋蔵文化財に関する普及事業を行う際等にボランティアを組織することやNPO法人等の活動を導入することも考えられる。また、地域住民自らが主体となって事業を実施することに対しては、行政が適切な支援を行うことが重要である。

　このほか、言い伝え等によって知られているのみの遺跡をはじめ、行政上なんら保存・活用の手立てはとられていないが地域住民自身が身近に感じている遺跡については、保存・活用を地域住民さらには公益法人・NPO法人・企業等が主体となって企画し実行することも考えられる。

　このように、地域住民や民間の組織が主体的に活動する場合、事業の内容や埋蔵文化財の取扱い等については、関係する地方公共団体が、必要に応じて指導・助言を行う必要がある。

（キ）研究機関及び報道機関等との協力関係の構築

　埋蔵文化財の保存と活用を行ううえで欠くことのできない地域研究は、域内の文化財に精通している埋蔵文化財専門職員が中心となり、大学等の各種研究機関と連携を図りながら行うことが求められる。なお、大学では、考古学についての教育・研究を行っているところは多いが、埋蔵文化財や文化財の保護に関する教育・研究を行っているところは少ない。大学等の研究・教育機関には、このようなことがらについての配慮や対応も望まれる。

　また、埋蔵文化財の保存と活用に関する事業の実施やその成果を国民・地域住民に広く知らせるうえで、報道機関は重要な役割を果たし、それがその事業の成否に大きく関わることから、報道機関と協力関係を構築することも重要である。なお、発掘調査等の成果を公表する場合、事実関係とその意義を正確かつ客観的に整理し、確かな情報を提供する必要がある。

おわりに

　我が国ではこれまで、国土開発が強力に推進され、各種の土木事業が活発に行われてきた。それに伴って、国民の理解と協力のもと全国各地で遺跡の発掘調査が広く行われ、そのために都道府県・市町村に埋蔵文化財の調査体制が整備されてきた。地下から掘り出された遺構・遺物は、どの地域にもかけがえのない歴史があったことを明らかにし、その成果は多くの場合、記録として保存されたが、なかには現状のまま保存された遺跡もある。しかし、埋蔵文化財行政を全体としてみると、従前のそれは主として開発事業に伴う発掘調査を円滑に実施することであり、本来あるべき埋蔵文化財行政の目的から偏ったものであったことは否めない。

　一方、国民生活や国民の意識は大きく変化しつつあり、いま求められているのはそれぞれの地域固有の歴史や文化に裏打ちされた個性豊かな地域と生活である。埋蔵文化財行政は、そのような社会的要請に的確に対応していく必要がある。さいわいに、これまでの膨大な調査によって、地域で蓄積された歴史的・文化的資産は実に豊富であり、いま、これらの蓄積と成果を豊かな地域づくり・ひとづくりに生かす時といえる。

　本報告では埋蔵文化財の意義と埋蔵文化財行政の基本を見直すとともに、埋蔵文化財の保存と活用を的確に位置づける必要性、さらにそれを実現するための視点、具体的な施策を進めるうえでの留意点、体制整備を充実させること等、埋蔵文化財行政としてのあるべき姿を総体として示した。

　各地方公共団体における埋蔵文化財行政を取り巻く環境・状況はさまざまである。ここで示したことがらについても、すでに積極的に実施しているところがあれば、様々な要因によってほとんど着手できていないところもあると考えられる。それぞれの地方公共団体がおかれた環境・状況に応じ、埋蔵文化財の保存と活用を施策として着実に進め、埋蔵文化財行政を向上させていくことが大切である。

　われわれの祖先が今日まで守り伝えてきた埋蔵文化財を、現代において活用するとともに次の世代に伝え、国民・地域住民が国と地域に愛着をもち、新しい未来像を作り上げ、歴史を生かした個性ある地域づくりが実現することを切望するものである。

付編

労働安全衛生法（抜粋）

（昭和47年法律第57号）
最終改正：平成18年6月2日法律第50号

（目的）
第1条　この法律は、労働基準法（昭和22年法律第49号）と相まつて、労働災害の防止のための危害防止基準の確立、責任体制の明確化及び自主的活動の促進の措置を講ずる等その防止に関する総合的計画的な対策を推進することにより職場における労働者の安全と健康を確保するとともに、快適な職場環境の形成を促進することを目的とする。

労働安全衛生法施行令（抜粋）

（昭和47年8月19日政令第318号）
最終改正：平成20年11月12日政令第349号

内閣は、労働安全衛生法（昭和47年法律第57号）の規定に基づき、この政令を制定する。

（作業主任者を選任すべき作業）
第6条　法第14条の政令で定める作業は、次のとおりとする。
一～八の二　（略）
九　掘削面の高さが2メートル以上となる地山の掘削（ずい道及びたて坑以外の坑の掘削を除く。）の作業（第11号に掲げる作業を除く。）
十　土止め支保工の切りばり又は腹おこしの取付け又は取りはずしの作業
十の二～十一　（略）
十二　高さが2メートル以上のはい（倉庫、上屋又は土場に積み重ねられた荷（小麦、大豆、鉱石等のばら物の荷を除く。）の集団をいう。）のはい付け又ははいくずしの作業（荷役機械の運転者のみによつて行なわれるものを除く。）
十三～十四　（略）
十五　つり足場（ゴンドラのつり足場を除く。以下同じ。）、張出し足場又は高さが5メートル以上の構造の足場の組立て、解体又は変更の作業
十五の二～二十三　（略）

労働安全衛生規則（抜粋）

（昭和47年9月30日労働省令第32号）
最終改正：平成21年3月30日厚生労働省令第55号

労働安全衛生法（昭和47年法律第57号）及び労働安全衛生法施行令（昭和47年政令第318号）の規定に基づき、並びに同法を実施するため、労働安全衛生規則を次のように定める。

（立入禁止）
第151条の9　事業者は、車両系荷役運搬機械等（構造上、フオーク、ショベル、アーム等が不意に降下することを防止する装置が組み込まれているものを除く。）については、そのフオーク、ショベル、アーム等又はこれらにより支持されている荷の下に労働者を立ち入らせてはならない。ただし、修理、点検等の作業を行う場合において、フオーク、ショベル、アーム等が不意に降下することによる労働者の危険を防止するため、当該作業に従事する労働者に安全支柱、安全ブロック等を使用させるときは、この限りでない。
2　前項ただし書の作業を行う労働者は、同項ただし書の安全支柱、安全ブロック等を使用しなければならない。

（接触の防止）
第158条　事業者は、車両系建設機械を用いて作業を行なうときは、運転中の車両系建設機械に接触することにより労働者に危険が生ずるおそれのある箇所に、労働者を立ち入らせてはならない。ただし、誘導者を配置し、その者に当該車両系建設機械を誘導させるときは、この限りでない。
2　前項の車両系建設機械の運転者は、同項ただし書の誘導者が行なう誘導に従わなければならない。

（合図）
第159条　事業者は、車両系建設機械の運転について誘導者を置くときは、一定の合図を定め、誘導者に当該合図を行なわせなければならない。
2　前項の車両系建設機械の運転者は、同項の合図に従わなければならない。

（作業箇所等の調査）
第355条　事業者は、地山の掘削の作業を行う場合において、地山の崩壊、埋設物等の損壊等により労働者に危険を及ぼすおそれのあるときは、あらかじめ、作業箇所及びその周辺の地山について次の事項をボーリングその他適当な方法により調査し、これらの事項について知り得たところに適応する掘削の時期及び順序を定めて、当該定めにより作業を行わなければならない。
一　形状、地質及び地層の状態
二　き裂、含水、湧水及び凍結の有無及び状態

三　埋設物等の有無及び状態
四　高温のガス及び蒸気の有無及び状態

（掘削面のこう配の基準）

第356条　事業者は、手掘り（パワー・ショベル、トラクター・ショベル等の掘削機械を用いないで行なう掘削の方法をいう。以下次条において同じ。）により地山（崩壊又は岩石の落下の原因となるき裂がない岩盤からなる地山、砂からなる地山及び発破等により崩壊しやすい状態になつている地山を除く。以下この条において同じ。）の掘削の作業を行なうときは、掘削面（掘削面に奥行きが2メートル以上の水平な段があるときは、当該段により区切られるそれぞれの掘削面をいう。以下同じ。）のこう配を、次の表の上欄に掲げる地山の種類及び同表の中欄に掲げる掘削面の高さに応じ、それぞれ同表の下欄に掲げる値以下としなければならない。

地山の種類	掘削面の高さ （単位 メートル）	掘削面のこう配 （単位 度）
岩盤又は堅い粘土からなる地山	5未満	90
	5以上	75
その他の地山	2未満	90
	2以上5未満	75
	5以上	60

2　前項の場合において、掘削面に傾斜の異なる部分があるため、そのこう配が算定できないときは、当該掘削面について、同項の基準に従い、それよりも崩壊の危険が大きくないように当該各部分の傾斜を保持しなければならない。

第357条　事業者は、手掘りにより砂からなる地山又は発破等により崩壊しやすい状態になつている地山の掘削の作業を行なうときは、次に定めるところによらなければならない。

一　砂からなる地山にあつては、掘削面のこう配を35度以下とし、又は掘削面の高さを5メートル未満とすること。

二　発破等により崩壊しやすい状態になつている地山にあつては、掘削面のこう配を45度以下とし、又は掘削面の高さを2メートル未満とすること。

2　前条第2項の規定は、前項の地山の掘削面に傾斜の異なる部分があるため、そのこう配が算定できない場合について、準用する。

（地山の崩壊等による危険の防止）

第361条　事業者は、明り掘削の作業を行なう場合において、地山の崩壊又は土石の落下により労働者に危険を及ぼすおそれのあるときは、あらかじめ、土止め支保工を設け、防護網を張り、労働者の立入りを禁止する等当該危険を防止するための措置を講じなければならない。

（はい作業主任者の職務）

第429条　事業者は、はい作業主任者に、次の事項を行なわせなければならない。

一　作業の方法及び順序を決定し、作業を直接指揮すること。

二　器具及び工具を点検し、不良品を取り除くこと。

三　当該作業を行なう箇所を通行する労働者を安全に通行させるため、その者に必要な事項を指示すること。

四　はいくずしの作業を行なうときは、はいの崩壊の危険がないことを確認した後に当該作業の着手を指示すること。

五　第427条第1項の昇降するための設備及び保護帽の使用状況を監視すること。

（足場の組立て等作業主任者の職務）

第566条　事業者は、足場の組立て等作業主任者に、次の事項を行なわせなければならない。ただし、解体の作業のときは、第一号の規定は、適用しない。

一　材料の欠点の有無を点検し、不良品を取り除くこと。

二　器具、工具、安全帯等及び保護帽の機能を点検し、不良品を取り除くこと。

三　作業の方法及び労働者の配置を決定し、作業の進行状況を監視すること。

四　安全帯等及び保護帽の使用状況を監視すること。

参 考 文 献

事典類
『世界考古学事典』有光教一ほか編、平凡社、1979年
『日本古代遺跡事典』大塚初重ほか編、吉川弘文館、1995年
『最新日本考古学用語辞典』大塚初重・戸沢充則編、柏書房、1996年
『日本考古学事典』田中琢ほか編、三省堂、2002年
『現代考古学事典』安斎正人編、同成社、2004年
『日本考古学用語辞典』(改訂新版)、斎藤忠著、学生社、2004年
『歴史考古学大辞典』小野正敏ほか編、吉川弘文館、2007年
『東アジア考古学辞典』西谷正編、東京堂出版、2007年

方法・技術
『古代の技術』塙選書24、小林行雄著、塙書房、1962年
『続古代の技術』塙選書44、小林行雄著、塙書房、1964年
『野外考古学』大井晴男著、東京大学出版会、1966年
『考古資料の見方 遺物編』地方史マニュアル6、甘粕健編、柏書房、1977年
『考古学調査研究ハンドブックス2 室内編』岩崎卓也ほか編、雄山閣出版、1984年
『拓本の技法』考古学ライブラリー38、江坂輝彌監修、ニュー・サイエンス社、1985年
『発掘と整理の知識』(改訂新版)、服部敬史著、東京美術、1998年
『考古学と調査・情報処理』考古学と自然科学5、加藤晋平・藤本強編、同成社、1999年
『考古学の方法―調査と分析―』藤本強著、東京大学出版会、2000年
『図解 技術の考古学』(改訂版)、潮見浩著、有斐閣、2000年
『ものづくりの考古学』大田区立郷土博物館編、東京美術、2001年
『考古学ハンドブック』モーリス・ロビンズほか著、関俊彦訳、六一書房、2005年

土器
『日本土器事典』大川清ほか編、雄山閣出版、1996年
『日本陶磁大系』1～28、芹沢長介ほか編、平凡社、1989～1990年
『増補 やきもの事典』平凡社、2000年
『縄文土器大観』1～4、小林達雄編、小学館、1989年
『縄文時代研究事典』戸沢充則編、東京堂出版、1994年
『縄文土器出現』歴史発掘2、泉拓良編、講談社、1996年
『総覧縄文土器』小林達雄編、アム・プロモーション、2008年
『歴史のものさし』縄文時代の考古学2、小杉康ほか編、同成社、2008年
『土器を読み取る』縄文時代の考古学7、小杉康ほか編、同成社、2008年
『土器研究の新視点』考古学リーダー9、大手前大学史学研究所編、六一書房、2007年
『弥生土器Ⅰ・Ⅱ』弥生文化の研究3・4、金関恕・佐原眞編、雄山閣出版、1986・1987年
『弥生土器の様式と編年 近畿編1・2』寺沢薫・森岡秀人編、木耳社、1989・1990年
『弥生土器の様式と編年 山陽・山陰編』正岡睦夫・松本岩雄編、木耳社、1992年
『弥生土器の様式と編年 四国編』菅原康夫・梅木謙一編、木耳社、2000年
『弥生土器の様式と編年 東海編』加納俊介・石黒立人編、木耳社、2002年
『弥生・古墳時代 土器Ⅰ～Ⅲ』考古資料大観1～3、武末純一ほか編、小学館、2002～2003年
『土師器と須恵器』古墳時代の研究6、石野博信ほか編、雄山閣出版、1991年

『須恵器大成』田辺昭三著、角川書店、1981年
『須恵器集成図録』1～6、中村浩ほか編、雄山閣出版、1995～1997年
『須恵器の系譜』歴史発掘10、菱田哲郎著、講談社、1996年
『土器様式の成立とその背景』西弘海著、真陽社、1986年
『古代の土器研究』1～5、古代の土器研究会編、古代の土器研究会、1992～1998年
『中近世土器の基礎研究』1～22、日本中世土器研究会編、日本中世土器研究会、1985～2009年
『概説 中世の土器・陶磁器』中世土器研究会編、真陽社、1995年

石器

『旧石器考古学辞典』（3訂版）、旧石器文化談話会編、旧石器文化談話会、2007年
『図録・石器入門事典 先土器』加藤晋平・鶴丸俊明著、柏書房、1991年
『石器研究法』竹岡俊樹著、言叢社、1989年
『石器の使用痕』考古学ライブラリー56、阿子島香著、ニュー・サイエンス社、1989年
『図録・石器入門事典 縄文』鈴木道之助著、柏書房、1991年
『ものづくり』縄文時代の考古学6、水ノ江和同ほか編、同成社、2007年
『弥生時代の石器』考古学ライブラリー64、平井勝著、ニュー・サイエンス社、1991年
『弥生・古墳時代 石器・石製品・骨角器』考古資料大観9、北條芳隆・禰冝田佳男編、小学館、2002年
『石器実測法―情報を描く技術―』田中英司著、雄山閣出版、2004年

金属・木製品など

『日本の手道具―失われゆくひとつの文化―』秋岡芳夫著、創元社、1977年
『木器集成図録 近畿古代篇』奈良国立文化財研究所史料27、町田章編、奈良国立文化財研究所、1985年
『技術と民俗（上巻）―海と山の生活技術誌―』日本民俗文化大系13、森浩一ほか編、小学館、1985年
『道具と技術Ⅰ・Ⅱ』弥生文化の研究5・6、金関恕・佐原眞編、雄山閣出版、1985・1986年
『日本の遺跡出土木製品総覧』島地謙・伊藤隆夫編、雄山閣出版、1988年
『日本木工技術史の研究』成田寿一郎著、法政大学出版局、1990年
『木と民具』日本民具学会論集4、日本民具学会編、雄山閣出版、1990年
『生産と流通Ⅰ・Ⅱ』古墳時代の研究4・5、石野博信ほか編、雄山閣出版、1991年
『木器集成図録 近畿原始篇』奈良国立文化財研究所史料36、上原真人編、奈良国立文化財研究所、1993年
『弥生・古墳時代 青銅・ガラス製品』考古資料大観6、井上洋一・森田稔編、小学館、2003年
『弥生・古墳時代 鉄・金銅製品』考古資料大観7、千賀久・村上恭通編、小学館、2003年
『弥生・古墳時代 木・繊維製品』考古資料大観8、山田昌久編、小学館、2003年
『日本建築技術史の研究―大工道具の発達史―』渡邉晶著、中央公論美術出版、2004年
『出土建築材資料集』小矢部市教育委員会文化課編、小矢部市教育委員会、2005年

自然科学

『古代土器の産地推定法』考古学ライブラリー14、三辻利一著、ニュー・サイエンス社、1983年
『石器産地推定法』考古学ライブラリー47、東村武信著、ニュー・サイエンス社、1986年
『第四紀試料分析法』日本第四紀学会編、東京大学出版会、1993年
『考古資料分析法』考古学ライブラリー65、田口勇・齋藤努編、ニュー・サイエンス社、1995年
『考古学と人類学』考古学と自然科学1、馬場悠男編、同成社、1998年
『考古学のための年代測定学入門』長友恒人編、古今書院、1999年
『考古学と動物学』考古学と自然科学2、西本豊弘・松井章編、同成社、1999年
『考古学と年代測定学・地球科学』考古学と自然科学4、松浦秀治ほか編、同成社、1999年
『考古学と植物学』考古学と自然科学3、辻誠一郎編、同成社、2000年

参考文献

『日本先史時代の¹⁴C年代』中村俊夫ほか編、日本第四紀学会、2000年
『年輪年代法と文化財』日本の美術421、光谷拓実著、至文堂、2001年
『文化財科学の事典』馬淵久夫ほか編、朝倉書店、2003年
『環境考古学マニュアル』松井章編、同成社、2003年
『骨の事典』鈴木隆雄・林泰史編、朝倉書店、2003年
『環境考古学ハンドブック』安田喜憲編、朝倉書店、2004年
『考古学のための古人骨調査マニュアル』谷畑美帆・鈴木隆雄著、学生社、2004年
『動物考古学』松井章著、京都大学学術出版会、2008年

写　真

『写真用語辞典』日本写真学会写真用語委員会編、写真工業出版社、1988年
『埋文写真研究』1〜20、埋蔵文化財写真技術研究会編、埋蔵文化財写真技術研究会、1990〜2009年
『写真保存の手引き―現像・保存・展示のしかた―』ローレンス・E・キーフほか著、杉下竜一郎ほか訳、雄山閣出版、1995年
『写真の保存・展示・修復』日本写真学会画像保存研究会編、武蔵野クリエイト、1996年

尺　度

『中国古尺集説』藪田嘉一郎編訳注、綜芸舎、1969年
『ものさし』ものと人間の文化史22、小泉袈裟勝著、法政大学出版局、1977年
『古代都城制条里制の実証的研究』井上和人著、学生社、2004年

編集・印刷

『報告書制作ガイド』埋蔵文化財写真技術研究会編、埋蔵文化財写真技術研究会、1998年
『報告書作成の手引』金子裕之編、奈良文化財研究所、2002年
『新版　校正ハンドブック』野村保惠著、ダヴィッド社、2002年
『標準DTPデザイン講座　基礎編』生田信一・板谷成雄著、翔泳社、2004年
『印刷用語ハンドブック　基本編』帆風出版プロジェクト編、印刷学会出版部、2006年

図 表 出 典

＊は改変を加えていることを示す。
ここに掲出していないものは、作業部会委員・奈良文化財研究所委員および文化庁の作成による。

扉　＊兵庫県立考古博物館提供。

図　版
　図版1　鹿児島県立埋蔵文化センター提供。『上野原遺跡（第10地点）（第10分冊）』鹿児島県立埋蔵文化センター発掘調査報告書(28)、鹿児島県立埋蔵文化財センター、2001年、巻頭写真。
　図版2　上：(財)北海道埋蔵文化センター提供。『白滝遺跡群Ⅲ 第1分冊（本文編）奥白滝1遺跡・上白滝5遺跡』(財)北海道埋蔵文化財センター調査報告書第169集、(財)北海道埋蔵文化財センター、2002年、口絵27。
　　　　　下：奈良県立橿原考古学研究所提供。『常設展示図録 大和の考古学』奈良県立橿原考古学研究所附属博物館、1997年、57頁挿図（阿南辰秀氏撮影）。
　図版3　(財)鳥取県埋蔵文化センター提供。『青谷上寺地遺跡4 （図版編）』鳥取県教育文化財団調査報告書74、(財)鳥取県教育文化財団、2002年、図版3。
　図版4　中：立命館大学所蔵。
　図版7　『吉備池廃寺発掘調査報告』奈良文化財研究所学報第68冊、奈良文化財研究所、2003年、PL.23。

第Ⅱ章
　図3　＊『市道川辺町線建設に伴う長原遺跡発掘調査（NG80-3）略報』(財)大阪市文化財協会、1981年、第4表。
　表4　＊『二俣池北遺跡・上フジ遺跡』(財)大阪府埋蔵文化財協会調査報告書第45輯、(財)大阪府埋蔵文化財協会、1989年、96頁第8表。
　表5　＊同上、112頁第9表。

第Ⅲ章
　中扉　＊大阪府立弥生文化博物館提供。『平成15年秋季特別展 弥生文化研究への熱いまなざし 森本六爾、小林行雄と佐原真』大阪府立弥生文化博物館27、大阪府立弥生文化博物館、2003年、38頁写真14。
　図4　水戸市教育委員会協力。
　図5　(財)山形県埋蔵文化財センター協力。
　図7　(財)大阪府文化財センター協力。
　図8　(財)大阪府文化財センター協力。
　図9　羽曳野市教育委員会提供。『翠鳥園遺跡発掘調査報告書―旧石器編―』羽曳野市埋蔵文化財調査報告書44、羽曳野市教育委員会、2001年、写真図版第66。
　図10　1：『小田野沢 下田代納屋B遺跡発掘調査報告書』青森県立郷土館調査報告第1集・考古1、青森県立郷土館、1976年、40頁図版22。
　　　　2：『駒木野遺跡発掘調査報告書 本文編 挿図・写真図版編』青梅市遺跡調査会、1998年、第144図。
　　　　3：『京都大学理学部ノートバイオトロン実験装置室新営工事に伴う埋蔵文化財発掘調査の概要〔京大植物園内縄文遺跡〕』京都大学、1974年、図版1。
　　　　4：『上野原遺跡（第10地点） 第2分冊』鹿児島県立埋蔵文化財センター発掘調査報告書(27)、鹿児島県立埋蔵文化財センター、2000年、252頁第214図。
　　　　5：『神明貝塚』庄和町文化財調査報告第2集、庄和町教育委員会、1970年、37頁第24図。
　　　　6：『是川中居遺跡1』八戸市埋蔵文化財調査報告書第91集、八戸市教育委員会、2002年、9頁第8図。
　　　　7：『臼尻小学校遺跡』函館市教育委員会・函館市埋蔵文化財事業団発掘調査報告書第1輯、函館市教育委員会・函館市埋蔵文化財事業団、2006年、213頁図版179。
　図11　1：『下月隈C遺跡Ⅴ―本文編―』福岡市埋蔵文化財発掘調査報告書第839集、福岡市教育委員会、2005

図表出典

　　　　　　年、147頁Fig.125。
　　　　2：『唐古・鍵遺跡Ⅰ　遺構・主要遺物編』田原本町文化財調査報告書第5集、田原本町教育委員会、2009
　　　　　　年、305頁第156図。
　　　　3：『王子ノ台遺跡　第Ⅲ巻　弥生・古墳時代編』東海大学出版会、2000年、267頁第213図。
　　　　4：『金沢市戸水B遺跡調査報告』石川県教育委員会、1975年、25頁第16図。
　　　　5：『足守川河川改修工事に伴う発掘調査　足守川加茂A遺跡・足守川加茂B遺跡・足守川矢部南向遺跡
　　　　　　(本文)』岡山県埋蔵文化財発掘調査報告94、岡山県教育委員会、1995年、57頁第24図。
　　　　6：『山王囲遺跡調査図録』一迫町教育委員会、1985年、付図1。
　　　　7：『池子遺跡群Ⅹ　No.1-A地点　第1分冊』かながわ考古学財団調査報告46、(財)かながわ考古学財
　　　　　　団、1999年、230頁第161図。
図12　1：『朝日遺跡Ⅴ(土器編・総論編)』愛知県埋蔵文化財センター調査報告書第34集、(財)愛知県埋蔵文
　　　　　　化財センター、1994年、160頁第128図。
　　　　2：『矢部遺跡』奈良県史跡名勝天然記念物調査報告第49冊、奈良県立橿原考古学研究所、1986年、115
　　　　　　頁図86。
　　　　3：『津寺遺跡5(第1分冊)』岡山県埋蔵文化財発掘調査報告127、岡山県教育委員会、1998年、471頁第
　　　　　　552図。
　　　　4：『長原遺跡発掘調査報告ⅩⅡ』(財)大阪市文化財協会、2005年、107頁図107。
　　　　5：『西新町遺跡Ⅱ』福岡県文化財調査報告書第154集、福岡県教育委員会、2000年、204頁第191図。
　　　　6：『漆町遺跡Ⅲ』石川県立埋蔵文化財センター、1989年、図版90。
　　　　7：『下川津遺跡―第1分冊―』瀬戸大橋建設に伴う埋蔵文化財発掘調査報告Ⅶ、香川県教育委員会・
　　　　　　(財)香川県埋蔵文化財調査センターほか、1990年、159頁第121図。
　　＊8：『池ノ奥A遺跡・池ノ奥窯跡群』松江市教育委員会、1990年、111頁第9図。
　　＊9：同上、116頁第14図。
　　10・11：『陶邑Ⅴ』大阪府文化財調査報告書第33輯、大阪府教育委員会、1980年、PL.36。
　　＊12：『小阪遺跡　本文編』大阪府教育委員会・(財)大阪府文化財センター、1992年、340頁　Fig.269。
　　　13：『大庭寺・伏尾遺跡　本文編』(財)大阪府文化財調査研究センター発掘調査報告第27集、大阪府教
　　　　　　育委員会、1998年、59頁図39。
　　　14：『長原遺跡発掘調査報告ⅩⅡ』(財)大阪市文化財協会、2005年、100頁図99。
図13　1・5：『平城宮発掘調査報告ⅩⅤ　図版編』奈良文化財研究所学報第69冊、奈良文化財研究所、2003年、
　　　　　　PL.87。
　　　　2：『藤原京右京一条一坊発掘調査報告』奈良国立文化財研究所、1997年、22頁fig.11。
　　　　3：『上神主・茂原　茂原向原　北原東』栃木県埋蔵文化財調査報告第256集、栃木県教育委員会・(財)とち
　　　　　　ぎ生涯学習文化財団、2001年、231頁第169図。
　　　　4：『平城宮発掘調査報告ⅩⅤ　図版編』奈良文化財研究所学報第69冊、奈良文化財研究所、2003年、
　　　　　　PL.74。
　　　　6：『平城京左京二条二坊・三条二坊発掘調査報告　図版編』奈良国立文化財研究所学報第54冊、奈良国
　　　　　　立文化財研究所、1995年、Pl.105。
　　　　7：同上、Pl.113。
　　　　8：同上、Pl.112。
　　　　9：『岩倉古窯跡群』京都大学考古学研究会、1992年、134頁図94。
　　　10：『稲田山古窯跡群発掘調査報告書』各務原市教育委員会、1981年、図版42。
　　　11：『平城京左京二条二坊・三条二坊発掘調査報告　図版編』奈良国立文化財研究所学報第54冊、奈良
　　　　　　立文化財研究所、1995年、Pl.117。
　　　12：同上、Pl.116。
　　　13：『陶邑Ⅷ―図版編―』大阪府文化財調査報告書第46輯、大阪府教育委員会、1994年、図版56。
　　　14：『平城京左京二条二坊・三条二坊発掘調査報告　図版編』奈良国立文化財研究所学報第54冊、奈良国
　　　　　　立文化財研究所、1995年、Pl.118。
　　　15：『陶邑Ⅷ―図版編―』大阪府文化財調査報告書第46輯、大阪府教育委員会、1994年、図版53。
　　16・18：『平城京左京七条一坊十五・十六坪発掘調査報告』奈良国立文化財研究所学報第56冊、奈良国立

図表出典

　　　　　　　　　　文化財研究所、1997年、Pl.29。
　　　　　17：『飛鳥・藤原宮発掘調査概報』14、奈良国立文化財研究所、1984年、49頁第25図。
　　　＊19：『二ッ梨横川1号窯跡』小松市教育委員会、1989年、24頁第17図。
　　　　　20：『平城京出土陶硯集成Ⅱ』奈良文化財研究所史料第80冊、奈良文化財研究所、2007年、PL.18。
　　　　　21・23：『平城宮発掘調査報告 XV 図版編』奈良文化財研究所学報第69冊、奈良文化財研究所、2003年、
　　　　　　　　PL.77。
　　　　　22・24：『猿投山西南麓古窯跡群分布調査報告（Ⅰ）』愛知県教育委員会、1980年、65頁第41図。
図14　1～4：中世土器研究会編『概説 中世の土器・陶磁器』真陽社、1995年、120頁図12。
　　　＊5～11：同上、148頁図4。
　　　　　12～14：同上、283頁図2。
　　　　　15：同上、181頁図7。
　　　　　16：同上、129頁図14。
　　　　　17～20：同上、191頁図1。
　　　＊21・22：同上、492頁図4。
　　　　　23：同上、368頁図1。
　　　＊24：同上、440頁図1。
図15　1：『三内丸山遺跡Ⅵ』青森県埋蔵文化財調査報告書第205集、青森県教育委員会、1996年、74頁45図。
　　　　　2：『中ッ原遺跡』茅野市教育委員会、2003年、55頁第14図。
　　　　　3：『ママチ遺跡Ⅲ（本文編）』（財）北海道埋蔵文化財センター調査報告書第36集、（財）北海道埋蔵文化
　　　　　　　財センター、1987年、298頁図Ⅲ-254。
　　　　　4・13：『明地遺跡Ⅱ』山口県埋蔵文化財調査報告第167集、（財）山口県教育財団・山口県教育委員会、
　　　　　　　1994年、19頁第16図。
　　　　　5：『河高・上ノ池遺跡』『第2回東日本埋蔵文化財研究会 古墳時代の祭祀 《第Ⅲ分冊 西日本編》』東
　　　　　　　日本埋蔵文化財研究会、1993年、Ⅲ-161頁挿図。
　　　　　6：『京都府遺跡調査報告書第17冊』（財）京都府埋蔵文化財調査研究センター、1992年、224頁第179図。
　　　　　7：『坂上遺跡』『第2回東日本埋蔵文化財研究会 古墳時代の祭祀 《第Ⅰ分冊 東日本編Ⅰ》』東日本埋
　　　　　　　蔵文化財研究会、1993年、Ⅰ-244頁挿図。
　　　＊8：『勝川遺跡Ⅳ』愛知県埋蔵文化財センター調査報告書第29集、（財）愛知県埋蔵文化財センター、1992
　　　　　　　年、PL.35。
　　　　　9～11：『平城京左京七条一坊十五・十六坪発掘調査報告』奈良国立文化財研究所学報第56冊、奈良国立
　　　　　　　文化財研究所、1997年、Pl.42。
　　　　　12：『平城宮発掘調査報告Ⅵ』奈良国立文化財研究所学報第23冊、奈良国立文化財研究所、1975年、
　　　　　　　PL.64。
　　　　　14・18：『西隆寺発掘調査報告書』奈良国立文化財研究所学報第52冊、奈良国立文化財研究所、1993年、
　　　　　　　PL.55。
　　　　　15：『大園遺跡発掘調査概要・Ⅵ』大阪府教育委員会、1981年、図版69。
　　　　　16：『金生遺跡Ⅱ（縄文時代編）』山梨県埋蔵文化財センター調査報告書第41集、山梨県教育委員会、
　　　　　　　1989年、143頁第110図。
　　　　　17：同上、142頁第109図。
　　　　　19：『尾張徳川家下屋敷Ⅴ』東京都埋蔵文化財センター調査報告第219集、（財）東京都埋蔵文化財センタ
　　　　　　　ー、2008年、256頁第136図。
図18　宮城県教育委員会提供。『小梁川遺跡 遺物包含層土器編』宮城県文化財調査報告書第117集、宮城県教育
　　　　　委員会、1986年、104頁第89図の原図。
図19　＊『大橋遺跡発掘調査報告書（第2分冊 遺構図版・遺物図版・写真図版編）』岩手県文化振興事業団埋蔵文
　　　　　化財調査報告書第481集、（財）岩手県文化振興事業団埋蔵文化財センター、2006年、129頁第117図。
図23　実測図：〔御所野遺跡〕一戸町教育委員会提供。
　　　＊トレース図：一戸町教育委員会提供。『御所野遺跡Ⅰ』一戸町文化財調査報告書第32集、一戸町教育委員
　　　　　会、1993年、99頁第58図。
　　　　　実測図：〔西新町遺跡〕福岡県教育委員会提供。

図表出典

　　　　　トレース図：『西新町遺跡Ⅲ』福岡県文化財調査報告書第157集、福岡県教育委員会、2001年、73頁第318
　　　　　　　　　　図。
図24　（財）大阪府文化財センター協力。
図25　（財）大阪府文化財センター協力。
図27　（財）埼玉県埋蔵文化財調査事業団提供。
図28　〔東野遺跡出土土器実測素図〕（財）埼玉県埋蔵文化財調査事業団提供。
図29　（財）埼玉県埋蔵文化財調査事業団提供。
図30　1：『峠山牧場Ⅰ遺跡B地区範囲確認調査報告書』岩手県文化振興事業団埋蔵文化財調査報告書第233
　　　　　集、（財）岩手県文化振興事業団埋蔵文化財センター、1996年、38頁第22図。
　　　　2：『二上山・桜ヶ丘遺跡―第１地点の発掘調査報告―』奈良県史跡名勝天然記念物調査報告第38冊、奈
　　　　　良県教育委員会、1979年、図版166。
　　　　3：『湧別川―遠間栄治氏採集幌加沢遺跡遠間地点石器図録―』遠軽町先史資料館収蔵資料集、遠軽町教
　　　　　育委員会、1990年、130頁図Ⅲ-5。
　　　　4：『新東京国際空港埋蔵文化財発掘調査報告書ⅩⅩ　十余三稲荷峰遺跡（空港No.67遺跡）旧石器時代編
　　　　　〔本文〕』千葉県文化財センター調査報告第485集、（財）千葉県文化財センター、2004年、239頁第
　　　　　223図。
図31　1：『樽口遺跡』朝日村文化財報告書第11集、朝日村教育委員会、1996年、図版70。
　　　　2：『前山遺跡』鹿児島県立埋蔵文化財センター発掘調査報告書(115)、鹿児島県立埋蔵文化財センタ
　　　　　ー、2007年、60頁第38図。
　　　　3：『樽口遺跡』朝日村文化財報告書第11集、朝日村教育委員会、1996年、図版69。
　　　　4：『上信越自動車道埋蔵文化財発掘調査報告書15―信濃町内その１―日向林B遺跡・日向林A遺跡・七
　　　　　ツ栗遺跡・大平B遺跡　旧石器時代　図版編』長野県埋蔵文化財センター発掘調査報告書48、長野県
　　　　　教育委員会・（財）長野県埋蔵文化財センターほか、2000年、図版61。
　　　　5：『東内野遺跡発掘調査概報』富里村教育委員会ほか、1977年、18頁第９図。
　　　　6：『多聞寺前遺跡Ⅱ』多聞寺前遺跡調査会ほか、1983年、53頁第37図。
　　　　7・8：『樽口遺跡』朝日村文化財報告書第11集、朝日村教育委員会、1996年、図版76。
　　　　9：同上、図版97。
　　　　10：同上、図版56。
　　　　11：同上、図版73。
　　　　12：『白草遺跡Ⅰ・北篠場遺跡』埼玉県埋蔵文化財調査事業団報告書第129集、（財）埼玉県埋蔵文化財調
　　　　　査事業団、1993年、53頁第38図。
　　　　13：『樽口遺跡』朝日村文化財報告書第11集、朝日村教育委員会、1996年、図版100。
　　　　14：同上、図版96。
　　　　15：『湘南藤沢キャンパス内遺跡　第２巻　岩宿時代』慶應義塾、1992年、127頁第96図。
　　　　16～19：『樽口遺跡』朝日村文化財報告書第11集、朝日村教育委員会、1996年、図版33。
　　　　20：『上信越自動車道埋蔵文化財発掘調査報告書15―信濃町内その１―日向林B遺跡・日向林A遺跡・七
　　　　　ツ栗遺跡・大平B遺跡　旧石器時代　図版編』長野県埋蔵文化財センター発掘調査報告書48、長野県
　　　　　教育委員会・（財）長野県埋蔵文化財センターほか、2000年、図版44。
図32　＊1：『新東京国際空港埋蔵文化財発掘調査報告書ⅩⅤ―天神峰最上遺跡（空港No.64遺跡）―』千葉県文化
　　　　　財センター調査報告第405集、（財）千葉県文化財センターほか、2001年、245頁第162図。
　　　　2・3：『上組北部遺跡群Ⅱ　矢瀬遺跡』月夜野町教育委員会、2005年、221頁第198図。
　　　　4：同上、223頁第200図。
　　　　5・10：同上、224頁第201図。
　　　＊6：『大谷貝塚　上巻』茨城県教育財団文化財調査報告第317集、（財）茨城県教育財団、2009年、337頁第
　　　　　289図。
　　　　7～9：『上組北部遺跡群Ⅱ　矢瀬遺跡』月夜野町教育委員会、2005年、225頁第202図。
　　　　11：同上、149頁第143図。
　　　　12：同上、153頁第149図。
　　　　13：同上、226頁第203図。

14：中村孝三郎『先史時代と長岡の遺跡』長岡市立科学博物館、1966年、附図(3)。
＊15・16：『上浜田遺跡 本文篇』神奈川県埋蔵文化財調査報告15、神奈川県教育委員会、1979年、686頁第557図。
17：『上組北部遺跡群Ⅱ 矢瀬遺跡』月夜野町教育委員会、2005年、150頁第144図。
＊18：『史跡 寺地遺跡』新潟県青海町、1987年、189頁第112図。
19：『奥三面ダム関連遺跡発掘調査報告書 XIV 元屋敷遺跡Ⅱ（上段）（図面図版編）』朝日村文化財報告書第22集、朝日村教育委員会・新潟県、2002年、図面図版415。
＊20：後藤信祐「縄文後晩期の刀剣形石製品の研究（上）」『考古学研究』第33巻第3号、考古学研究会、1986年、52頁第24図。
21：『岐阜県史 通史編 原始』岐阜県、1972年、163頁第121図。
22：『加曾利南貝塚』中央公論美術出版、1976年、177頁第58図。
23：『岐阜県史 通史編 原始』岐阜県、1972年、150頁第111図。

図33　1～3：『玉津田中遺跡―第5分冊〔図版編〕―』兵庫県文化財調査報告第135－5冊、兵庫県教育委員会、1996年、図版401。
4：同上、図版415。
5：『大福遺跡』奈良県史跡名勝天然記念物調査報告第36冊、奈良県教育委員会、1978年、97頁第84図。
6：『玉津田中遺跡―第5分冊〔図版編〕―』兵庫県文化財調査報告第135－5冊、兵庫県教育委員会、1996年、図版423。
7：同上、図版426。
8：『角江遺跡Ⅱ 遺物編3』静岡県埋蔵文化財調査研究所調査報告第69集、（財）静岡県埋蔵文化財調査研究所、1996年、63頁第2図。
9：『玉津田中遺跡―第5分冊〔図版編〕―』兵庫県文化財調査報告第135－5冊、兵庫県教育委員会、1996年、図版402。
10：『菜畑遺跡』唐津市文化財調査報告第5集、唐津市教育委員会、1982年、214頁Fig.240。
11：『下稗田遺跡』行橋市文化財調査報告書第17集、行橋市教育委員会、1985年、368頁第228図。
12：同上、635頁第393図。
13：『玉津田中遺跡―第2分冊―』兵庫県文化財調査報告第135－2冊、兵庫県教育委員会、1984年、図版152。
14：『鷹取五反田遺跡Ⅰ 上巻―弥生時代 本文編―』福岡県教育委員会、1998年、208頁第168図。
15：『玉津田中遺跡―第1分冊―』兵庫県文化財調査報告第135－1冊、兵庫県教育委員会、1994年、図版240。
16：『那珂遺跡8』福岡市埋蔵文化財調査報告書第324集、福岡市教育委員会、1993年、49頁Fig.55。
17：『垂柳遺跡発掘調査報告書』青森県埋蔵文化財調査報告書第88集、青森県教育委員会、1985年、279頁第126図。
18：『朝日遺跡Ⅶ（第2分冊 出土遺物）』愛知県埋蔵文化財センター調査報告書第138集、（財）愛知県埋蔵文化財センター、2007年、92頁図3-2-8。
19：『千葉県の歴史 資料編 考古4（遺跡・遺構・遺物）』県史シリーズ12、千葉県、2004年、588頁図2。
20～22：『雑餉隈遺跡5―第14・15次調査報告―』福岡市埋蔵文化財調査報告書第868集、福岡市教育委員会ほか、2005年、129頁Fig.109。

図34　＊『新東京国際空港埋蔵文化財発掘調査報告書 XIII―東峰御幸畑西遺跡（空港No.61遺跡）― 第1分冊』千葉県文化財センター調査報告第385集、（財）千葉県文化財センター、2000年、46頁第23図。

図35　＊鈴木美保ほか「石器製作におけるハンマー素材の推定―実験的研究と考古資料への適用―」『第四紀研究』Vol.41 No.6、日本第四紀学会、2002年、475頁図2。

図36　＊上：『馬見二ノ谷遺跡』奈良県立橿原考古学研究所調査報告第95冊、奈良県立橿原考古学研究所、2006年、51頁Fig.39。
　＊中：『下戸塚遺跡の調査 第1部 旧石器時代から縄文時代』早稲田大学、1996年、例言ix頁挿図。
　＊下：『道尻手遺跡 本文編』津南町文化財調査報告第47輯、津南町教育委員会、2005年、204頁第87図、205頁第88図。

図37　〔久保寺南遺跡〕十日町市教育委員会提供。

図表出典

図42	＊『登呂 前編』（復刻版）、日本考古学協会編、東京堂出版、1978年、32頁第五圖。
図43	佐原真・金関恕編『稲作の始まり』古代史発掘4、講談社、1975年、124頁図208。
図44	＊成田寿一郎『日本木工技術史の研究』法政大学出版局、1990年、280頁図Ⅵ-1。
図45	＊『竹中大工道具館 展示解説』竹中大工道具館、1989年、35頁挿図。
図46	森浩一ほか『技術と民俗（上巻）―海と山の生活技術誌―』日本民俗文化大系第13巻、小学館、1985年、巻頭写真14をもとに作成。
図47	＊『木器集成図録 近畿古代篇』奈良国立文化財研究所史料第27冊、奈良国立文化財研究所、1985年、48頁fig.33。
図49	＊白石和己『木竹工―伝統工芸』日本の美術第303号、至文堂、1991年、66-67頁第88図。
図50	＊『木器集成図録 近畿原始篇（解説）』奈良国立文化財研究所史料第36冊、奈良国立文化財研究所、1993年、13頁fig.11・12、29頁fig.28、31頁fig.29・30、71頁fig.60。 ＊『木器集成図録 近畿古代篇』奈良国立文化財研究所史料第27冊、奈良国立文化財研究所、1985年、6頁fig.1。
図51	＊同上、PL.33、PL.47。 ＊『木器集成図録 近畿原始篇（解説）』奈良国立文化財研究所史料第36冊、奈良国立文化財研究所、1993年、91頁fig.73、103頁fig.84、153頁fig.133、197頁fig.168、211頁fig.178。
図53	トレース図：『木器集成図録 近畿原始篇（図版）』奈良国立文化財研究所史料第36冊、奈良国立文化財研究所、1993年、PL.3。
図54	同上、PL.21。
図55	北秋田市教育委員会提供。『胡桃館遺跡埋没建物部材調査報告書』北秋田市埋蔵文化財調査報告書第10集、北秋田市教育委員会、2008年、37頁Fig.57、41頁Fig.69、43頁Fig.72、52頁Fig.84、PL.15、PL.51。
図56	実測図：北秋田市教育委員会提供。 ＊トレース図：北秋田市教育委員会提供。同上、PL.57。
図57	＊松井章ほか「土壌サンプルと微細遺物の採集法」『環境考古学マニュアル』同成社、2003年、74頁図6。
図58	同上、76頁図7。
図62	『平城京漆紙文書1』奈良文化財研究所史料第69冊、奈良文化財研究所、2005年、PL.24。
図65	（財）京都市埋蔵文化財研究所提供。
図66	（財）京都市埋蔵文化財研究所提供。
図84	姫路市教育委員会提供。『姫路市見野古墳群発掘調査報告』姫路市教育委員会、2009年、PL.34。
表6	＊『粟津貝塚湖底遺跡』滋賀県教育委員会・（財）滋賀県文化財保護協会、1984年、134頁表。
表7	＊『平城京左京七条一坊十五・十六坪発掘調査報告』奈良国立文化財研究所学報第56冊、奈良国立文化財研究所、1997年、225頁別表5。
表9	＊『胡桃館遺跡埋没建物部材調査報告書』北秋田市埋蔵文化財調査報告書第10集、北秋田市教育委員会、2008年、80頁表。

第Ⅳ章

図92	＊『春日・七日市遺跡（Ⅰ）―第2分冊―』兵庫県文化財調査報告書第72-2冊、兵庫県教育委員会、1990年、92頁第20図。
図93	＊『梅田萱峯遺跡Ⅳ』鳥取県埋蔵文化財センター調査報告書22、鳥取県埋蔵文化財センター、2008年、38頁第30図、39頁第31図。
図94	＊『平城京左京三条四坊十二坪発掘調査報告』奈良県文化財調査報告書第52集、奈良県立橿原考古学研究所、1987年、6頁挿図。
図95	＊『水込遺跡 本文編』（財）大阪府埋蔵文化財協会調査報告書第58輯、（財）大阪府埋蔵文化財協会、1990年、37頁第20図。
図96	＊『三沢北中尾遺跡1地点』小郡市文化財調査報告書第169集、小郡市教育委員会、2002年、232頁表5。
図97	＊『梅田萱峯遺跡Ⅳ』鳥取県埋蔵文化財センター調査報告書22、鳥取県埋蔵文化財センター、2008年、152頁第153図。
図98	＊『力武内畑遺跡7』小郡市文化財調査報告書第190集、小郡市教育委員会、2004年、103頁第83図、104頁第84図。

図表出典

図99　＊『春日・七日市遺跡（Ⅰ）―第2分冊―』兵庫県文化財調査報告書第72‐2冊、兵庫県教育委員会、1990年、98頁第26図。
図100　＊『井通遺跡　井伊谷川流域の遺跡Ⅱ　本文編2』静岡県埋蔵文化財調査研究所調査報告第174集、（財）静岡県埋蔵文化財調査研究所、2007年、461頁第420図。
図101　＊『田屋遺跡発掘調査報告書』（財）和歌山県文化財センター、1990年、142頁第3表。
図102　＊『堂畑遺跡Ⅲ　上巻』一般国道210号浮羽バイパス関係埋蔵文化財調査報告第23集、福岡県教育委員会、2005年、8‐9頁第5図、9頁第6図。
図103　＊『保津・宮古遺跡第4次発掘調査報告』奈良県文化財調査報告書第59集、奈良県立橿原考古学研究所、1990年、58頁図50・表13、59頁表14。
図104　＊蒲原宏行「佐賀平野における弥生後期の土器編年」『佐賀県立博物館・美術館調査研究書』第27集、佐賀県立博物館・佐賀県立美術館、2003年、20頁図4。
図105　＊下條信行「西日本　第Ⅰ期の石剣・石鏃」『大陸系磨製石器論―下條信行先生石器論攷集―』下條信行先生石器論攷集刊行会、2008年、231頁図6。
図106　＊『西新町遺跡Ⅶ』福岡県文化財調査報告書第208集、福岡県教育委員会、2006年、226頁第159図。
図107　＊『百間川原尾島遺跡5』岡山県埋蔵文化財発掘調査報告106、岡山県教育委員会、1996年、265頁第343図。
図108　＊『九州横断自動車道関係埋蔵文化財調査報告13　中巻』福岡県教育委員会、1988年、393頁第385図。
表12　＊『玉津田中遺跡―第6分冊―（総括編）』兵庫県文化財調査報告第135‐6冊、兵庫県教育委員会、1996年、355頁表4。
表13　＊『二俣池北遺跡・上フジ遺跡』（財）大阪府埋蔵文化財協会調査報告書第45輯、1989年、167頁第10表。

第Ⅴ章

図110　＊『平城宮発掘調査報告ⅩⅥ　本文編』奈良文化財研究所学報第70冊、奈良文化財研究所、2005年、126頁。
図111　　『吉備池廃寺発掘調査報告』奈良文化財研究所学報第68冊、奈良文化財研究所、2003年。
図112　　『平城宮発掘調査報告ⅩⅥ　図版編』奈良文化財研究所学報第70冊、奈良文化財研究所、2005年、図版31。
図114　　同上、図版14。
図115　＊『上神主・茂原　茂原向原　北原東』栃木県埋蔵文化財調査報告第256集、栃木県教育委員会・（財）とちぎ生涯学習文化財団、2001年、146頁第103図。
図116　　『飛鳥・藤原宮発掘調査報告Ⅱ』奈良国立文化財研究所学報第31冊、奈良国立文化財研究所、1978年、PL.54。
図117　　『岩倉古窯跡群』京都大学考古学研究会、1992年、110頁図76。
図119　　（財）大阪府文化財センター協力。
図124　　『報告書作成の手引』奈良文化財研究所、2002年、3頁挿図。
図126　　奈良県立橿原考古学研究所提供。
図130　＊生田信一ほか『標準DTPデザイン講座　基礎編』翔泳社、2004年、198頁挿図。
図131　＊同上、203頁挿図。
表14　＊『校正記号の使い方』日本エディタースクール、1999年、20頁表。

第Ⅵ章

図133　　『大坂城跡Ⅹ』（財）大阪市文化財協会、2009年、1頁図1。
図134　　『大坂城址Ⅲ　本文編』（財）大阪府文化財センター調査報告書第144集、（財）大阪府文化財センター、2006年、7頁図7。
図135　　国土地理院空中写真（UM84‐1‐A‐96、1948年8月31日撮影）。
図136　　『田須谷古墳群』（財）大阪府文化財調査研究センター、1999年、7頁図5。
図137　＊『遠里小野遺跡発掘調査報告Ⅰ』（財）大阪市文化財協会、2006年、4頁図4。
図138　＊『水込遺跡　本文編』（財）大阪府埋蔵文化財協会調査報告書第58輯、（財）大阪府埋蔵文化財協会、1990年、18頁第5図。
図139　　『奈良文化財研究所紀要2007』奈良文化財研究所、2007年、90頁図126。
図140　＊『長原遺跡発掘調査報告Ⅱ（本文）』（財）大阪市文化財協会、1982年、図2。
図141　　『長原遺跡発掘調査報告Ⅲ』（財）大阪市文化財協会、1983年、25頁図5。

299

図表出典

図142 ＊野尻湖地質グループ「野尻湖発掘地とその周辺の地質その5 （1984－1985）」『地団研専報』32、地学団体研究会、1987年。
図143 ＊趙哲済「長原遺跡における旧石器調査の現状―特に層序と古地理について―」『大阪市文化財論集』(財)大阪市文化財協会、1994年、78-79頁図3。
図144 ＊『鋳師屋遺跡群 根岸遺跡』御代田町教育委員会、1989年、10頁第15図。
図145 ＊『水込遺跡 本文編』(財)大阪府埋蔵文化財協会調査報告書第58輯、(財)大阪府埋蔵文化財協会、1990年、86-87頁。
表17 ＊『長原・瓜破遺跡発掘調査報告XVI』(財)大阪市文化財協会、2001年、10頁表2。

第Ⅶ章

図146 埼玉県教育委員会提供。
図147 上：長岡市立科学館提供。
　　　下：(財)埼玉県埋蔵文化財調査事業団提供。
図148 (財)埼玉県埋蔵文化財調査事業団提供。
図149 (財)埼玉県埋蔵文化財調査事業団提供。
図150 (財)埼玉県埋蔵文化財調査事業団提供。
図151 東松島市教育委員会提供。
図152 知名町教育委員会提供。

索　引

遺跡名を含むすべての項目をまとめて、50音順に配列した。

あ　行

アーカイバルボックス ……………………………… 186
アート紙 ……………………………… 135, 148, 158
相欠組 ……………………………… 63
相欠接 ……………………………… 63
青田遺跡(新潟県) ……………………………… 71
青谷上寺地遺跡(鳥取県) ……………………………… 71, 197
アオリ ……………………………… 89, 93, 94
赤　身 ……………………………… 61
アクリル樹脂 ……………………………… 17, 106, 107
アクリル板 ……………………………… 91
浅　鉢 ……………………………… 21, 22
網　代 ……………………………… 66
網代底 ……………………………… 26
あじろ綴じ ……………………………… 158
飛鳥池遺跡(奈良県) ……………………………… 82
アスファルト ……………………………… 27
アセトン ……………………………… 106, 107
当たり ……………………………… 60, 67, 68, 70, 72
アタリ罫 ……………………………… 147
圧　痕 ……………………………… 26, 27, 69
当て具 ……………………………… 28, 29
後　付 ……………………………… 132, 160
油粘土 ……………………………… 98
網オトシ ……………………………… 144, 145, 148, 168
アミノ酸ラセミ法 ……………………………… 83
網フセ ……………………………… 33, 59, 69, 144, 145, 148
編　物 ……………………………… 41, 62, 63
粗割り ……………………………… 49, 50
アルカリ水溶液法 ……………………………… 106
アルミナパウダー ……………………………… 106
安山岩 ……………………………… 49
暗　室 ……………………………… 92
安定化(処理・処置) ……………………………… 104-107
安定同位体分析 ……………………………… 78, 79, 84
暗　文 ……………………………… 26, 36
鋳　掛 ……………………………… 55
鋳　型 ……………………………… 51
斎　串 ……………………………… 65
遺構一覧表 ……………………………… 3
遺構カード ……………………………… 7, 8, 184
遺構概略図 ……………………………… 8

遺構記号 ……………………………… 139, 152, 175
遺構図 ……………… 40, 110, 114, 135, 139, 142, 144, 145, 147, 175
遺構全体図 ……………………………… 8, 147, 175, 176
遺構台帳 ……………………………… 9
遺構配置図 ……………………………… 116, 175
遺構番号 ……………………………… 9, 152, 169, 175
遺構復元図 ……………………………… 128
遺構名 ……………………………… 7, 174, 175, 189
遺構面 ……………………………… 117, 169, 171, 172
石　鎌 ……………………………… 45
石　杵 ……………………………… 51
石　錐 ……………………………… 44-46, 52
石　屑 ……………………………… 49
石　鍬 ……………………………… 46
石小刀 ……………………………… 45, 46
石　匙 ……………………………… 44
石　皿 ……………………………… 44, 48, 54
石　鍋 ……………………………… 46
石包丁 ……………………………… 45-47
石　槍 ……………………………… 46, 49
遺跡位置図 ……………………………… 6, 166
遺跡撮影 ……………………………… 89, 90
遺跡地図 ……………………………… 145
遺跡データベース ……………………………… 187
遺跡分布図 ……………………………… 166-168
遺存状態 ……………………… 67, 70-72, 107, 120, 177, 181
板　目 ……………………………… 61, 63, 68, 70
板　割 ……………………………… 66
一次加工 ……………………………… 49, 50
一時保管 ……………………………… 15, 104-106
一　木 ……………………………… 62, 64
一覧表 ……………… 3, 9, 10, 77, 115, 120, 145, 176, 187
一括遺物 ……………………………… 17, 97, 100, 123, 124
糸かがり綴じ ……………………………… 158
糸切り ……………………………… 26, 29
井戸枠 ……………………………… 31, 60, 69
燻し焼き ……………………………… 30
遺物撮影 ……………………………… 89, 92, 94, 95, 98
遺物実測図 ……………………………… 40, 110, 160, 179
遺物集計表 ……………………………… 125, 179
遺物集合写真 ……………………………… 151
遺物出土状況図 ……………………………… 176, 179

301

索　引

遺物図	139, 141, 147
遺物整理	4, 12, 37, 177
遺物組成	46, 124
遺物台帳	4
遺物報告	177-179
色校正	153, 155, 156, 200
印画紙	89, 103, 199
インクジェットプリンター	15
陰刻表現	27
印　刷	2, 16, 33, 41, 89-91, 95, 96, 134, 135, 138, 142, 144-149, 152-158, 160, 187
印刷精度	157
印刷線数	149
上野原遺跡(鹿児島県)	195
羽状縄文	27
臼	62
渦巻文	27
内　型	86
打割製材	61, 63, 68
腕　木	71
裏打ち	38
ウラン系列法	83
漆紙文書	80-82
漆製品	79, 81
漆塗り	27, 31, 56, 81
漆付着土器	31
漆皮膜	27
釉	15, 27, 30, 88
柄	51, 55, 57, 64-67
エアブレイシブ	106
液体クロマトグラフィ	79, 82, 105
エコーチップ硬さ試験機	30
エタノール	13, 78, 85, 107
エチレンジアミンテトラアセテート3ナトリウム	106
X線	55-57, 66, 67, 80-83, 85, 105
X線回折スペクトル	83
X線回折分析	79, 82, 83, 105
X線透過撮影	79-82, 105, 106
エツリ穴	71
絵　具	88, 144
エポキシ系接着剤	17, 18
絵　馬	60
塩化物イオン	107
沿岸成層	172
円形浮文	27
円錐状裂痕	46
押圧文	27
凹凸表現	27, 178
凹版印刷	157
大型部材	15, 60, 69, 71, 72, 188
オートクレーブ法	106
大判カメラ	89, 99
大　鋸	61
屋外撮影	92
桶	63
オサエ	26
押型文	27
押引文	27
斧	55, 56, 58, 59, 61, 62, 66, 70, 71
オフセット印刷	157
オリーブ油	37
折り込み	135, 146
折り丁	147, 158
折れ面	18
温　石	46

か　行

貝　殻	26, 77, 80, 83, 84
貝殻条痕	26, 28
貝殻成長線	79, 80
外周溝	113
解像度	40, 84, 89, 95, 97, 148, 149
階段状剥離	54
改　丁	132
回転圧痕	27
回転体	25, 32, 37
回転台	86, 87
外部委託	73, 85, 103, 105, 108, 138, 169, 180
概　報	2, 10
海綿骨針	26
灰釉(陶器)	23, 24, 27, 30
海洋成層	172
海洋生物	84
概要報告	2, 10, 165
海洋リザーバー効果	84
瓦　器	21, 30
柿　渋	60, 62
鍵　層	174
カキ目	29
拡散光	96-98, 198
拡散紙	98
学術目的調査	2
角閃石	26
拡大撮影	99, 100
角　版	95, 98
鉸　具	58, 59
籠	41, 63
花崗岩	49, 172
加工痕	13, 14, 42, 51, 54, 66-72, 89, 99, 100

索　引

加工(用)具	49, 51
籠目付着土器	31
火山灰	79, 118
鍛　冶	21, 127
瓦質土器	24, 30
ガスクロマトグラフィ	79, 82, 105
画仙紙(画箋紙)	37-39
画像形式	92, 103
画像サイズ	149
画像処理	40, 89, 151, 187
加速器質量分析	83, 125
可塑性	21, 86
型	66, 86, 87
銙　帯	128
型取り	62, 86
型抜き	26
片面印刷	135
滑　石	26, 49
滑石製模造品	46
河　道	172
瓦　塔	128
金　網	88
曲　尺	119
樺　皮	62, 68
カ　ビ	85, 189
花　粉	74, 77, 85, 180
花粉ダイアグラム	77, 180
花粉分析	78, 180
釜	31
鎌	55, 58, 59, 65
窯	21, 30, 33, 79, 85, 163
窯詰め	27, 30
カマド	9, 111-113, 116, 175
上白滝5遺跡(北海道)	196
紙媒体	2, 7, 16, 40, 184
甕	17, 18, 21-23, 25, 26, 31, 122
甕　棺	125
カメラアングル	96
カメラブレ	91, 92, 149
カラー図版	135, 148, 160
カラーフィルム	90, 155, 185
カラープリント	185
カラープロファイル	103
カラーリバーサルフィルム	90, 101, 103, 155, 169, 185-187
烏　口	142
ガラス製品	79, 91
カリウム・アルゴン法	79, 83
仮製本	158
仮番号	9
側　板	62
瓦	16, 17, 21, 37, 38, 85, 126
完形品	18, 25, 32, 35, 47, 117, 124, 126, 178
感　材	90
観察項目	50, 51, 71, 178
観察表	32, 47, 67, 70, 71, 177, 178
岩　種	47, 49
含浸処理	106, 107
含浸薬剤	107, 108
乾　燥	4, 13, 14, 21, 26, 37, 38, 63, 72, 76, 78, 85, 101, 106-108, 184, 185, 190
乾燥棚	14
乾燥フルイ選別法	75, 76
乾　拓	37
管理台帳	188
顔　料	27, 33, 60, 66, 79, 82, 83
木　裏	61
木　表	61, 62
木　釘	62, 65
菊　判	132
器　形	17, 26, 31, 49, 86, 92, 97, 122
器　高	24, 120, 177
擬口縁	26
器　種	16, 17, 21, 25, 31, 46, 47, 49, 50, 52, 60, 67, 95, 97, 120, 122-126, 177, 178
器種構成	17, 120, 123
器種分類	21, 112, 120, 177, 178
基準資料	178
寄生虫卵	78
素地作り	63
木取り	61-63, 67, 68, 70, 73, 120, 177
絹	37, 83
器表面	18, 19, 26-28, 30, 31, 35, 37, 38, 178
基　部	47, 48
器　物	62, 63
器　壁	21, 26, 35
基本層序	8, 117, 118
基本層序図(基本層序表)	8, 171, 172
キャプション	138, 139, 141, 142, 145, 147, 148, 151-153
キャリパー	33-35, 55
仰瞰図	31, 33
行間寸法	134
供給地	49
供給年代	125
供献土器	31
行取り	136
魚　骨	75, 84
錐	62, 66
錐状石器	43

索　引

切り出し	49, 50, 77
切り抜き	96, 102, 141, 151
切り曲げ	62
記録カード	105
記録写真	135
記録媒体	2, 16, 184, 186
記録保存調査	2, 163, 164, 181
金属顕微鏡	81
空中写真	167, 169
空中写真測量	8
釘	15, 55, 56, 58, 59
楔	61
楔形石器	43-46
管玉	46
口絵	97, 132, 151, 160
凹石	54
組立単位	20
組接	63
組手	63
組版	132-134, 137, 145, 152, 153
クラスター分析	116
グラビア印刷	157
グラフィックソフトウェア	40
クリーニング	78, 100, 105, 106
グリッド	7, 113, 120, 169, 177
剣物	62, 65, 66
胡桃館遺跡 (秋田県)	70
榑	63
グレイバーズポール	49
グレーカード	90, 92, 103
グレースケール	148
黒木	71
鍬	64, 101
軽オフセット印刷	157
蛍光X線分析	49, 66, 79, 82, 83, 85, 105
蛍光分光分析	79, 82, 105
形式 (形式分類)	16
型式 (型式分類)	16, 50
計測値	9, 47, 57, 68, 73, 84, 111, 115, 116, 122, 180
計測点	31, 47, 111, 180
計測部位	47, 55, 64, 65, 67
形態	4, 10, 16, 19, 21, 24, 37, 42, 46, 47, 49-52, 55, 56, 60, 62, 67, 77, 78, 85, 86, 110, 111, 115, 116, 120, 122-125, 127, 136, 144, 152, 175, 177, 178
頸部	24
計量	20, 75, 126
計量器	20
ケズリ	26, 29, 33
削り痕	61
桁行	9, 115, 116, 119
頁岩	49
玦状耳飾	44, 46
ケバ	33, 175
ケビキ	62
ゲラ	152, 153
堅果類	78
原図	33, 41
原寸撮影	99
原寸大	25, 32, 41, 54, 67, 72, 102, 142
現生標本	74, 77, 78
原石	42, 46, 49-51
現像時間	103
建築部材	15, 60, 70, 71, 73, 77, 101
現地説明会	165
ケント紙	17, 90
玄武岩	49
原本	7, 184, 187
研磨	42, 46, 47, 49, 50, 52, 54, 55, 62, 81
コアサンプル	84
口縁部	24, 25, 30-32, 86, 95, 98, 123, 126, 141
光学顕微鏡	77, 79-81, 105
広角レンズ	89, 90
高感度フィルム	90
交換フィルムホルダー	89
工具痕	61, 62, 66, 70, 71
口径	35, 120, 177
光源	91, 95-98, 155
考古・古地磁気法	79, 83
校正	136, 138, 146, 148, 152, 153, 155, 156, 199, 200
較正曲線	84, 180
高精細印刷	157
校正刷り	138, 152
構造調査	79, 80, 82
敲打	42, 46, 54
高台	24
硬度	30
孔版印刷	157
広葉樹	61, 66, 101
コーティング	15
コート紙	135, 158
コーン	46, 47, 50
小型フィルム	149, 186
刻印	31, 68
国際単位系	20
黒色処理	30
黒色土器	21, 24, 30
刻書土器	31
小口	132-134, 146

木　口	26, 61, 63, 70, 73, 84, 101
国土地理院	163, 167
国土変遷アーカイブ	167
黒　斑	30, 120, 177
黒曜石	49, 98, 100
黒曜石水和層法	83
焦　げ	30, 120, 177
甑	23, 25, 31
古人骨	74, 77-79, 85, 180
個体数	17, 123, 124, 126, 180
骨角器	78, 79
骨格模型	77
古DNA分析	78-80
固定剤	98
木葉底	26
木　端	63
琥　珀	83
個別遺構図	175
高麗尺	119
コロタイプ印刷	157
小割り〈石器〉	49, 50
小割〈木製品〉	63, 66
コンタミネーション	74, 76
昆虫（遺体）	26, 78
コンテナ	16, 189
金銅製品	106
金銅板	144
混入物	26
混和材	26, 33, 120, 123, 177

さ　行

再加工	51, 120, 178
再　校	152, 153
祭　祀	21, 31, 42, 46, 49, 60, 69, 110, 122, 123, 163
彩色（表現）〈土器〉	27, 98, 120, 178
材質調査	74
材質分析	74, 79, 82, 105
細石刃	42, 43, 50
細石核	50
彩　度	90
細部写真	89, 101
砕　片	49, 75
砂　岩	49, 172
作業員（等）	12
削　片	49, 50
指　物	62, 63, 65
撮影機材	89, 102, 169
撮影距離	91
撮影形式	95, 96
撮影高度	92, 96
撮影台	96
撮影倍率	102
撮影方向	7, 92, 135
削　器	43, 46
擦　痕	70, 120, 123, 178
サヌカイト	49
錆（化）	12, 13, 55-57, 59, 83, 100, 105-107, 120, 123, 177, 190
座標北	10, 139
鞘	57
皿	21, 23, 24, 30, 31, 67, 96
ザル（笊）	14, 63
三角スケール	52, 56
三　校	152, 153
三　彩	27
三次元画像	40, 82
三次元座標	33, 41
三次元レーザースキャナー	40
残存部位	32, 60, 67, 78, 86, 88, 120, 177
産地同定	120
散布図	115, 116
シートフィルム	103
シーラー	69, 85
紫外可視分光分析	82, 105
地　金	144
磁気三次元位置測定装置	33, 37, 41
色　調	30, 33, 49, 88, 92, 98, 103, 107, 120, 123, 177, 187
色調再現	90-92
支　脚	21
仕　口	63, 71-73
試掘・確認調査	163, 164, 169
史跡整備	164, 181
自然遺物	16
自然科学分析	12, 49, 51, 55, 69, 74, 76, 85, 120, 123, 125, 127, 169, 173, 180, 182
自然乾燥	78, 108
自然石	14, 51
事前調査	105, 106
自然木	77
下地処理	63
漆器	62, 63, 79
漆喰	83
実　測	3, 4, 12, 14, 18, 19, 21, 31, 33-37, 40-42, 52, 54-56, 60, 67, 70-73, 86, 101, 120, 122, 144, 173
実測図	2, 18, 19, 25, 33, 36, 37, 40, 41, 52-55, 57-59, 67-69, 73, 77, 89, 95, 100, 105, 110, 111, 135, 141, 142, 144, 151, 160, 177-179, 184, 187
実体顕微鏡	77-81, 102, 105, 106
湿　拓	37

索　引

実年代	125
失敗品	21, 50
執筆要項	136, 148
質　量	20, 47, 55, 57, 75, 120, 123, 126, 177, 180
質量分析計	82, 105
刺突文	27
指導委員会	165, 181
鎬	54
シフト	93, 94
四分法	141, 169
磁北	139
地文	27, 35, 41
尺度	119
写場	92
写植	152
写真画像	185, 187
写真活性度試験	186
写真計測	40
写真原稿	149
写真撮影	4, 15, 18, 55, 84, 88, 103, 156, 169
写真図版	94, 133-135, 139, 147, 148, 151, 155, 158, 160, 199
写真台帳	9
写真用ネガ袋	186
蛇腹	100
シャモット	123
朱	51
集合撮影	95, 97
集合写真	95-97, 102, 151
習書	31, 60
集成図	128
収蔵施設	189, 190
柔組織	77
充填縄文	27
収納棚	189
収納展示棚	189
修復処置	190
集落変遷	128-130
重　量	20, 47, 57, 92, 120, 123, 124-126, 177
縮　尺	8, 37, 59, 67, 69, 72, 118, 139, 142, 144, 148, 151, 152, 160, 173-176
縮小図	67
種子	26, 76, 102
主軸方位	111, 112, 118
主軸方向	10
種実	74, 75, 77, 85
樹種	66, 69, 71, 84, 100, 107, 115, 116
樹種同定	66, 70, 71, 81, 84, 85, 120, 123
樹心	61, 62
主成分分析	116
出土位置	14, 15, 117, 177
出土状況	18, 24, 51, 60, 110, 111, 113, 117, 123, 127, 175, 176, 178, 180
出土状況図	8, 176, 179
出土層位	33, 125, 189
出土地点	15, 33, 95, 124
出土品	160, 188-191
出土品展	191
朱塗り	56
主剥離面	46, 47, 50, 52
樹皮	61, 62, 71, 84
樹齢	71
松煙墨	37
使用痕（跡）	12-14, 19, 42, 51, 52, 54, 60, 67, 68, 70, 72, 89, 99, 100, 120, 123, 177, 178
上質紙	148, 158
小縮尺	173
仕様書	108, 152-154, 157, 158
焼成	13, 21, 24, 27, 30, 31, 33, 38, 85, 106, 120, 122, 177
上製本	158
焦点距離	89, 90, 96
焦点深度	77, 81
焼土	79, 85
照明器具	72
照明機材	91
正面図	37, 41
縄文	27, 32, 33, 86
縄文土器	19, 21, 22, 26, 30, 32, 41, 122
植物遺存体	75, 79, 90
植物珪酸体	77
植物繊維	26
初校	152, 153, 155, 156
書名	136, 158, 160, 161, 163
白木	71
白太	61
シリコーン	26, 108
試料採取	12, 77, 81, 82, 85, 169, 180
シルト	76, 171
四六判	132
地割	118, 119, 127
刃角	47
真空凍結乾燥	108
真空包装脱気シーラー	69
人工遺物	16
心材	61, 84
心去り材	62, 70
刃部	46-49, 52, 55, 57, 65
人物埴輪	19
真北	139

索　引

心持ち材	62, 70
針葉樹	66, 101
水銀朱	27, 51
水酸化リチウム法	106
水成層	171, 172
水洗浮遊選別法	76
水洗フルイ選別法	75-78
水溶性薬剤	107
スイング	93, 94
数値年代	125
ズームレンズ	89
数量表示	126
須恵器	21, 23, 24, 26, 29-31, 33, 38, 83, 88, 122, 143, 144
頭蓋骨	78
スカイライト	96
鋤(先)	55, 56, 64, 101
スクリーン印刷	157
スクリーン線数	157
スクリーントーン	145
スケールバー	141, 142, 148, 174, 175
煤	12, 13, 30, 33, 82, 120, 177
硯	23, 31, 128
スタイラスペン	41
ストロボ光	91
砂箱	17
図版	69, 94, 95, 100, 122, 132-136, 139, 146-149, 151-153, 155, 157, 158, 160, 201, 202
図版校正	155
図版番号	120, 135, 177
スペクトルデータベース	83
スミ網	69, 151
墨入れ	142
墨線	70
墨付け	66
図面台帳	6, 7, 9
図面割り	6, 139
スライドファイル	186
磨石	44, 51
擦り切り技法	50
磨消縄文	27
擂鉢	24
寸法	19, 24, 47, 57, 69, 70, 72, 73, 119, 120, 122, 145, 146, 177, 178
成形	21, 26, 28, 29, 49, 50, 86
整形	86-88
成形手法	26
成形法	120, 177
製材痕(跡)	70
製作技術	16, 21, 46, 49, 50, 52, 74, 124
製作技法	13, 17, 19, 24, 26, 31, 42, 49, 50, 62, 67, 81, 85, 98-100, 120, 122, 135, 177
製作工程	18, 46, 49-51, 66, 124
製作年代	120, 125
正射投影	19, 40, 41
正投影第三角法	52
青銅製品	37, 51, 83, 107
製版	89-91, 94-96, 144, 147-149
生物起源物質	84
製本	147, 148, 151-153, 157, 158
石英	84
赤外吸収スペクトル	83
赤外線	67, 79, 82, 83
赤外線画像	67, 80-82, 105
赤外線カメラ	66
石材	42, 46, 47, 49, 52, 54, 120, 124
石材(の)同定	123, 124
石刃	42, 50, 51
石刃技術(技法)	50
石刃石核	42
石錐	44-46, 52
石錘	44, 54
石製遺物	16, 42, 46, 49
石製模造品	49
石棺	46, 49
石鏃	44-49, 52, 89, 100, 122
石刀	44, 46
石匙	44
石斧	43-48, 50-52, 100
石片	42
石棒	44, 46
責了	152, 153
セスキ炭酸ナトリウム法	106
石塊	42, 49
石核	42, 46, 48-52
石核石器	42
石冠	44
石器集中出土地点	18, 51, 52
石剣	45, 54, 122
石膏	18, 35, 86, 88, 98, 99
接合	3, 4, 13-18, 26, 49, 51, 52, 60, 63, 71, 72, 86, 108, 120, 175, 196
接合関係	15, 17, 51, 176
接合資料	18, 51, 52
切削痕	61
絶対年代	125
切断	46, 50, 61, 63, 91, 158
折断	46
接着剤	17, 18, 31, 86, 158, 186
セッティング〈写真〉	95-98

307

索　引

切　片	77, 81
節　理	18
瀬戸内技法	50
背表紙	160
セメント系修復用素材	86
施　文	27, 33, 49, 50, 122
施　釉	15, 27, 30
施釉陶器	30
セルロース	17, 18, 185
セルロースアセテート	186
鏨	62, 63, 66
穿　孔	30, 31, 49, 50, 62, 72, 123
先後関係	8, 18, 54, 68, 71, 111, 113, 117, 120, 124, 125, 175
線　刻	68, 120, 178
旋削痕	62, 66
洗　浄	4, 12-16, 30, 70, 71, 104-107, 120
尖頭器	43, 44, 46, 49, 52
線　描	32
選　別	12, 14, 17, 30, 71, 75-77, 104, 105, 120, 177, 188, 189
層　位	4, 14, 15, 70, 75, 95, 113, 117, 120, 124, 144, 172, 175, 177, 178, 180, 189
造営時期	117
造営尺	119
総　括	2, 74, 127, 171, 180, 182
搔器	43, 46, 52
層　厚	171-173
走査型電子顕微鏡	77, 79-81, 105
層　序	10, 117, 125, 169, 171, 172, 174
装飾技法	66
層序区分	172
層序断面図	172-174
挿　図	133, 135, 136, 138, 146-149, 152, 158
挿図写真	135, 158
挿図番号	120, 149, 177
層相断面図	173, 174
相対年代	125
相対編年	117
装着方法	51, 52
装　丁	157, 158
添え木	69
曽我遺跡(奈良県)	196
属性表	7, 9, 187
測定記録	108
測定台	33, 35
測定値	20, 25
測　点	33-36, 52, 54, 56
側面図	19, 37, 41, 56, 57, 67, 68
測量機材	169
測量図	142
底　板	60, 62
組織構造	81
素　図	33, 41
外　型	86
染　付	24

た　行

台　石	51, 54
台　鉋	63
台形石器	43
体験学習	191
大縮尺	118, 139, 173
耐水ペーパー	15
堆積環境	18, 75, 171, 172
堆積層	171, 172
台帳登録	12, 15
台帳番号	33
胎　土	17, 21, 26, 33, 120, 177, 178
胎土分析	83, 120
体　部	24, 31, 126
タイムスタンプ	185
台割り	135, 146-148, 151, 153
籠	63
高　杯	21-23, 63, 66, 122
篦　物	62, 63
拓　本	19, 31-33, 37-39, 55, 68, 178
打撃具	50
打撃痕	120, 178
打撃成形	50
多色刷り	145, 148
打製石鏃	122
打製石斧	44, 45
打製石器	42, 46, 47, 49, 51, 52, 54, 122
タタキ(目)	26, 28, 29, 32, 33, 36, 86
敲　石	44, 51, 54
タタキ筆	88
脱塩処理	106
縦　斧	51, 64
縦木取り	61-63, 67, 68
竪　杵	65
縦長剥片	50
打　点	46, 47, 50, 54
玉作り	127, 196
玉砥石	50
打　面	46, 47, 50-52
打面調整	51
打面転位	51
打瘤裂痕	46
樽	63

索　引

垂　木	…………………………………	70
炭化部位	…………………………………	60
炭化物	…………………………	75, 76, 83, 84
タングステン（光源・ランプ）		91, 92
段組み	…………………	133, 134, 136, 146, 160
単焦点レンズ	………………………	90
炭素安定同位体比	……………………	84
タンポ（打包）	………………………	37-39
断面図	…	6-8, 31, 35, 54, 56, 57, 67, 68, 72, 113, 114, 139-141, 172-176, 184
地区割り	…………………………………	174
地区割り図	……………………………	6, 170
地形環境	………………………………	166, 167
地形図	…………	147, 164, 166-168, 170, 175
地形分類図	……………………………	166, 168
地形面	…………………………………	166
地　図	………………………	139, 166, 167
竹管文	…………………………………	27
チップ	………………………………	49, 75
チャート	………………………………	49
着　色	……………………………	27, 88, 99
着柄部	………………………………	47, 48
チャコールペンシル	…………………	36
注　記	……	4, 7, 12, 14-16, 30, 33, 40, 57, 59, 67-69, 73, 76
注口土器	………………………………	22, 31
柱　根	………………………	70, 71, 112, 114
柱状片刃石斧	…………………………	45, 47
柱状図	………………………	172, 174, 180
柱状対比図	……………………………	172, 174
中性子ラジオグラフィ	…………………	79, 105
鋳造法	………………………………	120, 177
中望遠（系）レンズ	…………………	89, 90
彫　器	………………………………	46, 49, 50
彫刻刀形石器	…………………………	43
調査組織	…………	6, 160, 169, 182, 184, 187, 188
調査方針	………………………………	165, 181
調査目的	………………………………	181
調整〈遺物〉	……	19, 26-29, 33-35, 37, 49, 50, 52, 61, 62, 66, 142, 178
調整痕	………………………………	41, 89, 142
調整手法	………………………	19, 28, 69, 120, 122, 177
調整剥離	………………………………	46, 50
長　石	…………………………………	84
手　斧	………………………………	61, 62, 66, 70-72
重複関係〈遺構〉	…………	113, 117, 118, 120, 125
直線文	…………………………………	27
著作権	………………………………	138, 185
貯蔵穴	…………………………………	115
地理的環境	……………………………	127, 166
沈線（文）	………………………	27, 31, 33
沈殿槽	…………………………………	14
柄（把）	………………………………	55, 57
杯（坏）	……………………	21, 23, 24, 31, 63, 122
ツケバック	……………………………	96
翼状剥片	………………………………	42, 50, 51
つぶれ	…………………………………	60
壺	………………………	17, 18, 21-23, 31, 122
爪形文	…………………………………	27
泥　岩	…………………………………	49
低湿地	…………………………………	76
定性（定量）分析	…………………	82, 85, 105
ディバイダー	…………………	33, 35, 36, 52, 56
底　部	………	24, 26, 29, 31, 67, 86, 120, 124, 126, 141, 177
定量分析	………………………………	78, 85
ティルト	………………………………	93, 94
データコンバート	…………………	10, 185, 186
デジタル一眼レフカメラ	………………	102
デジタルカメラ	…………	16, 89, 91, 92, 169
デジタル計測	…………………………	19, 20
デジタル撮影	…………………………	89-91
デジタル実測	…………………………	40, 41
デジタル写真	…………………………	90, 103
デジタル図化	………………………	33, 40, 144
デジタルデータ	……	2, 7, 10, 138, 144, 148, 149, 151, 184-187
デジタルトレース	………………	40, 142-144
デジタル入稿	…………………………	149, 150
デジタル変換	…………………………	89
鉄　滓	…………………………………	127
鉄　鏃	………………………………	58, 59
鉄　鋸	…………………………………	57
鉄　斧	………………………………	58, 59
手測り実測	……………………………	33, 37
ディフュージョンフィルム	……………	98
出前授業	………………………………	191
デュープ	………………………………	187
展開写真	………………………………	37
展開図	………………………	31, 32, 37, 41
展示環境	………………………………	108
電子顕微鏡	……………………………	26, 77
電子署名	………………………………	185
電子スピン共鳴法	……………………	83
電子データ	……………………………	7
電子天秤	………………………………	20, 55
電磁波	………………………………	82, 105
電子媒体	………………………………	16
転　石	…………………………………	52
点　描	………………………………	32, 54

309

索　引

天平尺	119
転用硯	31
転用材	72
砥石	45-47, 51
透過画像	82
灯火器	30
統計学的手法	116
凍結乾燥	108
陶磁器	15, 21, 26, 30, 40, 41, 88, 90, 98, 122
唐小尺	119
動植物遺存体	15, 74, 76-78, 102, 180, 188
刀子	55, 57-59, 66, 67, 101
銅銭	55
東大寺(奈良県)	119
唐大尺	119
銅鐸	19
同定	26, 49, 76-78, 80, 83, 85, 120, 123, 180
堂畑遺跡(福岡県)	117
同笵(同型)関係	19
胴部	24, 29, 95, 120, 141, 177
動物遺存体	75, 77, 79, 180
動物形土製品	21
動物骨	74, 77
動物資源利用	78
動物相	127
登録(登録番号)	7, 12, 14, 15, 33, 38, 76, 85, 120, 177, 187
研ぎ減り	57
土器編年	117, 120
鍍金	106
土偶	21, 25, 31
土壌	74-76, 78, 106, 171, 172, 180
土壌選別	74, 75, 77, 180
土壌堆積物	75
土錘	21, 25
土製遺物	16
土層図(土層断面図)	6-8, 135, 139, 144, 172-175, 179
土層名	7, 171, 174
土地条件図	166
突帯	27
ドットマップ	18, 51, 176
凸版印刷	157
トップライト	96
土馬	21, 25, 31
留接	63
取り上げ番号	120, 177
トリミング	89, 138, 148, 149, 151
トレーシングペーパー	35, 54, 56, 98, 148, 149
トレース(図)	33, 36, 37, 40, 41, 53, 54, 56, 57, 59, 68, 69, 73, 139, 141-144, 173
ドローイングソフト	40
トンボ	148

な　行

ナイフ形石器	43, 46, 50, 52
茎	57, 67, 69
中綴じ	158
ナデ	26, 28, 33
並製本	158
丹	13
肉眼観察	26, 49, 55, 66, 75, 77, 80, 82, 105, 123
二次加工	46, 49, 50, 70
二次的加熱痕	30
2色刷	148
ニス	15
日誌	3, 6-8, 165, 184
入稿	90, 136, 138, 148-150, 152, 153, 155
入射光式露出計	101
布目	56, 59
塗物	62, 63
ネガ	90, 103, 157
熱ルミネッセンス法	79, 83, 84, 125
練り消しゴム	52, 98
年代測定	74, 79, 83, 85
粘土	13, 21, 24, 26-28, 30, 60, 70, 86-88, 97
粘土鉱物	21
粘土紐	26, 27
粘板岩	49
年表	166, 168
年輪	61, 62, 68-73, 84
年輪年代(法)	61, 71, 79, 83, 84, 125
濃度フィルター	156
納品	90, 108, 152, 153
軒瓦	19, 38, 97
ノギス	55
鋸	57, 61, 66, 70-72, 91
鋸挽き痕	61
野天焼成	21, 30
のど	132, 134, 146
鑿	49, 61, 62, 66, 70, 72
鑿状石斧	47
糊	18, 38, 135, 158
ノンブル	132, 134

は　行

歯	77, 78
背景(紙)	90, 91, 95-97, 102, 103, 145
背景濃度	95, 151
排水処理	13

310

索　引

廃絶時期	117
背面〈石器〉	47, 50, 52
パウチフィルム	85
バウンス光	98
羽　釜	24
剝　合	63
羽　口	21
白　土	60, 66
剝　片	18, 42, 46-52, 122, 124, 196
剝片石器	42
剝　離	13, 15, 18, 26, 42, 46, 49-52, 54, 106, 122-124
剝離角	47, 48
剝離痕	51, 123
剝離方向	18, 46, 50, 54
剝離面	18, 46-50, 52, 54
刷　毛	30, 37-39, 60
ハケ(目)	19, 26, 28, 32, 33, 36, 86, 144
箱	17, 63, 94, 189
土師器	21, 23, 24, 29, 33, 88, 106, 122, 143, 144
端　食	63
波状口縁	31
波状文	36
柱〈印刷〉	132, 134, 146
柱痕跡	112, 114
柱　材	61, 71
柱間寸法	9, 114-116, 119
甑	31
破損品	46, 47
破損部位(箇所)	42, 51, 52, 56
破損面	54
鉢	21, 22-24, 66, 88, 122
バック(背景)	90, 91, 102
発掘記録	3, 4, 6
発掘区	2, 4, 8, 110, 127, 128, 163, 169, 171, 172, 174, 175, 181
発掘担当者	3, 6, 7, 12, 14, 19, 160, 165, 180, 182
伐採年代	61, 84
はつり痕	61
パネルダイアグラム	172, 174
破片数	123, 125, 126
パラソル	98
パラボラ鏡	41
針金綴じ	158
貼付表現	27
貼付隆帯	31
梁　行	9, 115, 116
バルバースカー	46, 47, 50
バルブ	46, 47
笵　型	19, 26
判　型	132, 133, 163
バンク	98
版組み	133
版　下	90, 138, 142, 144, 145, 147-149, 152, 153
版　面	134, 138, 139, 141, 146
反転実測	35
反転トレース	139, 141
反転復元	32
搬入品	125, 128
汎用画像データ	92
氾濫原	172
微化石	74
干　潟	172
挽　物	62, 66
火鑽板	60
微細遺物	74-76
微細構造	80
被写界深度	89, 95, 102
翡　翠	49
ヒストグラム	115, 116
微地形図	166, 168
ビネガーシンドローム	185
非破壊分析	80, 85
百間川原尾島遺跡(岡山県)	128
ビューカメラ	89
ビューワー	155, 156, 187
表組み	145
表　紙	132, 135, 139, 158, 160, 161, 163
表示単位	9
標準(標式)遺跡	50
標準重量	125, 126
標準試料	83
標準土色帖	30, 123
標準偏差	9, 119, 122
標　本	74, 77, 78, 85, 102, 123
標本番号	85
平　底	24, 26
平綴じ	158
平　割	66
フィールドカメラ	89
鞴	21
フィッシャー	46, 47, 54
フィッショントラック法	79, 83
フィルインライト	96
フィルム再現域	95, 98
風食(風蝕)(痕)	70, 72
フーリエ変換赤外分光分析	82, 83, 105
フォーサーズ	102
フォーマット形式	41
フォール	93, 94

索　引

深　鉢 …………………………………… 21, 22, 88
俯瞰撮影 ……………………… 89, 95-98, 100, 102
俯瞰図 …………………………………… 31, 41
武器形石器 ……………………………………… 51
吹きこぼれ ………………………………… 120, 177
復　元 ……… 3, 14, 16-18, 24, 26, 30-32, 35, 41, 47,
　　49-51, 60, 63, 66, 67, 69, 71, 74, 78, 80, 86-88, 98,
　　99, 111, 113, 114, 118, 119, 124, 126-128, 141,
　　172, 187, 191
複合遺跡 ………………………………………… 167
副書名 ………………………… 158, 160, 161, 163
部　材 ………………………………… 60, 66, 68-73
腐　食 ………… 15, 21, 60, 62, 68-70, 73, 104, 105, 107
不織布 ……………………………………… 69, 101
付　図 ……………………………………… 135, 175
付着物 ………… 12, 13, 52, 60, 66, 69, 80, 84, 120, 177
不定形石器 ……………………………………… 49
太型蛤刃石斧 ………………………………… 45, 47
舟 ………………………………………………… 25, 60
ブラシ …………………………………… 13, 76, 78
プラント・オパール ……………………… 74, 77
フルイ(目) ………………………………… 75, 76, 180
プレーンテキスト ……………………………… 184
プレパラート ………………………… 77, 81, 85, 123
フローテーション …………………………… 75-78
ブロック状堆積 ……………………………… 111
ブロックダイアグラム ………………… 172, 174
ブロック割り法 ……………………………… 78
ブロンズ病 ……………………………………… 107
分　冊 …………………………………………… 135
分析試料 ………………………… 74, 76, 77, 84, 85
分析装置 ………………………………… 82, 85
分析担当者 …………………………… 74-78, 169, 180
糞　便 …………………………………………… 78
分　類 …… 3, 14, 16, 18, 21, 24, 40, 42, 46, 47, 49, 51,
　　62, 71, 76-78, 83, 110, 111, 113-116, 120-122,
　　124, 126, 172, 175, 178
平均値 ………………………………… 9, 20, 119, 122
平版印刷 ………………………………………… 157
平面規模 ………………………………………… 9
平面図 …… 6-8, 31, 56, 67, 68, 113, 114, 118, 139-141,
　　174-176, 179, 184
平面直角座標 ……………………………… 7, 139
剥　板 …………………………………… 62, 63
碧　玉 …………………………………………… 49
壁　孔 …………………………………………… 77
ベクター画像 ……………………………… 33, 40, 41
ベクターデータ ………………………………… 144
ヘラ切り ………………………………………… 26, 29
ベンガラ ………………………………………… 27

片　岩 …………………………………………… 49
偏光顕微鏡 ……………………………… 77, 79, 81
辺　材 …………………………………… 61, 71, 84
ベンゾトリアゾール法 ……………………… 107
ペンタブレット ………………………………… 144
編　年 ………… 21, 26, 30, 117, 120, 123-125, 182
扁平片刃石斧 ………………………………… 45, 47
ポイント …………………………………… 134, 145
ポイントフレイク ……………………………… 49
方　位 ……… 9, 10, 111, 112, 118, 139, 148, 160, 175
方位記号 ………………………………………… 139
包含遺物 ………………………………………… 171
方眼北 ………………………………… 10, 111, 139
方眼紙 ………………………… 33-35, 52, 56, 72, 141
包含層 ………………………… 117, 126, 169, 172, 178
包含層位 …………………………………… 18, 51
方向角 …………………………………… 10, 111
報告書 ………… 2-4, 10, 17, 19, 31, 33, 37, 56, 57, 59,
　　70-73, 76, 86, 89-91, 94, 97, 100, 110, 120, 122,
　　127, 132-136, 138, 139, 141, 142, 146, 148, 151,
　　157, 158, 160, 161, 163-166, 177, 178, 180-182,
　　184, 185, 187-189, 191
報告書抄録 ………… 132, 148, 160, 162, 163, 187
包　材 …………………………………………… 186
放射性炭素 ……………………………………… 83
放射性炭素年代 ………………… 79, 83, 84, 125, 180
放射組織 ………………………………… 61, 77
法定計量単位 …………………………………… 20
泡沫浮遊選別法 ……………………………… 78
法隆寺(奈良県) ………………………………… 70
捕獲圧 …………………………………………… 80
母　岩 ……………………………………… 18, 42, 49
保管環境 ……………………………… 108, 186, 190
保管ケース ……………………………………… 15
保管施設 ………………………………… 188, 189
保管場所 ………………………………… 75, 160, 163
墨画土器 ………………………………………… 31
墨　書 ………… 12, 13, 31, 66, 69, 70, 80, 82, 105
墨書土器 …………………………………… 14, 31
墨　線 …………………………………………… 70
反故紙 …………………………………………… 82
補修孔 …………………………………………… 31
補助員 …………………………………………… 33
柄　穴 …………………………………… 63, 69, 71
柄　組 …………………………………………… 63
保存処理 … 15, 18, 55, 67, 84, 89, 100, 101, 104-108,
　　180, 188, 190
保存処理記録カード …………………… 104, 105
保存目的調査 …………………… 2, 163-165, 181
補填材 ………………………………………… 86-88

索　引

ポリエステル ……………………………… 186
ポリエチレングリコール ……………… 85, 107, 190
ポリビニルアセテート …………………… 186
彫　物 ………………………………… 62, 66
ホワイトバランス ………………………… 90, 103
本製本 ……………………………………… 158

ま　行

舞　錐 ……………………………………… 60
マイクロフォーカスXCT装置 ……………… 84
マイラーベース …………………………… 72
前　付 ……………………………………… 132, 160
勾　玉 ……………………………… 25, 44, 46
曲　尺 ……………………………………… 119
枕　木 ……………………………………… 71
マクロ撮影 ………………………………… 102
曲　物 ………………………… 60, 62, 65, 67, 68
真弧（マーコ） …………………………… 33-35, 54
柾　目 ………………………… 61, 63, 67, 68, 70, 84
柾　割 ……………………………………… 66
磨製石鏃 …………………………………… 45, 122
磨製石斧 …………………… 43, 44, 48, 50, 51, 100
磨製石器 …………………… 42, 46, 47, 49, 50, 54
摩滅痕 ……………………………………… 51
丸ペン ……………………………………… 54, 142
マンセル色票集 …………………………… 30, 123
見返し ……………………………………… 132
ミガキ ……………………………………… 26, 28
ミカン割り ………………………………… 61
神坂峠遺跡（長野県） …………………… 49, 50
水挽き ……………………………………… 26
未成品 ……………………… 21, 46, 49, 50, 62, 124
密着焼付 …………………………………… 149
見通し図 …………………………………… 139, 141
ミトコンドリアDNA ……………………… 78
見開き頁 …………………………………… 135, 146
耳飾り ……………………………………… 21
無機質 ……………………………………… 79, 83, 106
無地網 ……………………………………… 145
無線綴じ …………………………………… 158
メトシ ……………………………………… 62
メラミン化粧板 …………………………… 91
面相筆 ……………………………………… 15, 78
木材組織 …………………………………… 77
木材利用 …………………………………… 71-73
木製遺物 …………………………………… 16, 60
木　胎 ……………………………………… 63
木　柄 ……………………………………… 67
木　目 ……………………………… 26, 27, 56, 62, 68
模式図 ……………………………………… 68, 114, 128

模式断面図 ………………………………… 172, 174
模式柱状図 ………………………………… 172
木　簡 ……………………… 13, 14, 60, 82, 97, 125
モデリング・ペースト …………………… 88
モノクロ2値 ……………………………… 148

や　行

箭 …………………………………………… 61
焼付 ………………………………… 90, 147, 149, 199
薬剤含浸 …………………………………… 107
薬剤重合反応 ……………………………… 108
薬師堂東遺跡（福岡県） ………………… 128
鏃 …………………………………………… 56, 58, 59
山田寺（奈良県） ………………………… 81
弥生土器 …………………………… 21, 22, 26, 30, 122
鉇（槍鉋） ………………………… 61, 62, 66, 67, 70-72
釉（薬） …………………………………… 27, 30, 88
有機化合物 ………………………………… 185
有機質遺物 ………………………… 79, 90, 104, 107, 108
有機物（有機質） ………………………… 30, 59, 60, 83
有機溶剤 …………………………………… 106-108, 186
有効数字 …………………………………… 9, 20
溶剤・樹脂法 ……………………………… 107
葉緑体DNA ……………………………… 78
横　斧 ……………………………………… 51, 64
横木取り …………………………………… 61-63, 68
横長剥片 …………………………………… 50
撚糸文 ……………………………………… 27
撚　紐 ……………………………………… 27

ら　行

ライズ ……………………………………… 93, 94
ライティング ……………… 41, 91, 92, 95, 97, 98, 102
絡条体 ……………………………………… 27
ラスター画像 ……………………………… 33, 40
ラベル …………………………… 14, 15, 69, 76
ラマン分光分析 …………………………… 79, 82, 105
ラミナ ……………………………………… 78, 111
ラミネート加工 …………………………… 15
籃　胎 ……………………………………… 63
理化学的年代 ……………………………… 125
利　器 ……………………………… 42, 55, 123
陸水成層 …………………………………… 172
リップ〈石器〉 …………………………… 47, 50
立面撮影 …………………………… 94-96, 98, 100
立面写真 …………………………………… 151
立面図 …………………… 7, 19, 31, 33, 35, 36, 67, 72, 175, 176
隆　帯 ……………………………… 27, 31, 33
粒　度 ……………………………………… 172
稜〈遺物〉 ………………………………… 50, 52, 54

313

索　引

令小尺 …………………………………… 119
稜線〈遺物〉 ……………………… 54, 69, 142
令大尺 …………………………………… 119
両面印刷 …………………………… 135, 146
緑色変成岩 ……………………………… 26
緑釉（陶器） ………………………… 23, 27
輪郭線 ……………… 54, 56, 59, 69, 72, 139, 142
リング〈石器〉 …………………… 46, 47, 54
坩　堝 …………………………………… 21
レイアウト ……… 91, 94, 95, 100, 102, 133, 134, 138,
　　　　141, 142, 144, 146-148, 153, 155, 178
レイアウト用紙 ………… 136, 138, 141, 146, 147, 152
礫　群 …………………………………… 46
歴史的環境 ………………………… 166-168
暦年較正 ………………………………… 84
暦年代 …………………………… 84, 125
暦年標準パターン ……………………… 84
劣化〈遺物〉 ……… 12, 14, 15, 30, 55, 76, 77, 80, 81, 83,
　　　　85, 104, 105, 107, 188, 190
レフ板 ……………………………… 96-98, 100
連弧文 …………………………………… 36
レンズ状堆積 ………………………… 111
連続剥離 ………………………………… 51
ロールフィルム ……………………… 103, 186
緑　青 …………………………………… 106
ロクロ（回転・軸・目） ……… 26, 29, 62, 63, 66
露光量 …………………………… 103, 198
露出〈写真〉 ……………………… 89, 100, 101, 103

わ　行

輪積み …………………………………… 26
割りつけ〈文様〉 …………………… 35, 37
割りつけ〈レイアウト〉 …………… 136, 138
割れ面 …………………………………… 18

数字・アルファベット

35 mm〈カメラ・フィルム〉 …………… 89, 149, 186
4×5 in判 ………………………… 89, 93, 103, 169, 186
6×7 cm判 ………………………… 89, 93, 103, 149, 186
6×9 cm判 ……………………………… 89
A 4 判 ……………………………… 132-134, 145, 158
AI ………………………………………… 41
AMS ……………………………………… 83, 125
APS-C …………………………………… 102
B 5 判 ……………………………… 132, 133, 145, 158
C 3 植物 ………………………………… 78
C 4 植物 ………………………………… 78
^{14}C …………………………………… 83, 84, 180
calAD …………………………………… 84
calBC …………………………………… 84
calBP …………………………………… 84
CSV ……………………………………… 188
CT ………………………………………… 40
DNA ……………………………………… 78-80
DTP …………………………… 134, 138, 144, 145
DXF ……………………………………… 184
form ……………………………………… 16
GIS ……………………………………… 116
ICOM-CC ……………………………… 83
IPI ……………………………………… 186
IRUG …………………………………… 83
ISO ……………………………………… 90, 185
JPEG ………………………… 40, 92, 149, 184
MNI ……………………………………… 180
NISP …………………………………… 180
PAT ……………………………………… 186
PDF …………………………………… 184, 187
PEG ……………………………………… 85
PNG ……………………………………… 184
RAWデータ ……………………… 90, 92, 103
STL ……………………………………… 187
SVG …………………………………… 41, 184
TIFF ………………………… 92, 103, 149, 184
type ……………………………………… 16
VRML …………………………………… 187
XCT …………………………… 35, 79, 80, 82, 84, 105

おわりに

　これまで広く利用されてきた『埋蔵文化財発掘調査の手びき』が刊行されたのは、昭和41年11月のことである。埋蔵文化財の行政目的調査にかかわる種々の制度がほぼ確立し、行政目的調査が拡大に向かおうとしているときであった。

　それから四十余年、埋蔵文化財をとりまく状況は大きく変化している。電子技術を応用して発掘調査を効率的に進め、精度を高めるさまざまな機器が開発されるとともに、地中に埋もれていた幅広い分野の情報を抽出し、遺跡の理解を深める自然科学的な方法が広く利用されるようになってきた。また、その間に蓄積された情報も膨大である。世界でもっとも詳細かつ高精度の情報が、今の日本にはある。

　一方、行政目的調査は地方公共団体単位でおこなわれているので、地域の状況に合わせて形成された伝統には、細かな点になるとかなりの違いが認められる。一例を挙げると、発掘の道具や方法にも各地で違いがあり、その統一と調整には予想外の苦労があった。

　こうした状況に鑑み、文化庁が設置した「埋蔵文化財発掘調査体制等の整備充実に関する調査研究委員会」では、平成16年10月に『行政目的で行う埋蔵文化財の調査についての標準』を報告した。その中で、実際に調査にあたる発掘担当者が、標準にしたがって発掘作業と整理等作業がおこなえるような手引書の必要性が強く唱えられた。

　それを受けて刊行されたのが、本書である。指針となる事項は詳細に触れられており、行政にかかわる発掘調査だけでなく、考古学的調査の世界標準ともいうべき内容を備えていると自負している。

　個別の遺跡での発掘担当者をはじめとして、発掘作業や整理等作業に従事する人たちには、本書を標準にすることはもちろん、より多くの情報を遺跡や遺物から抽出する努力を求めたい。人類の代表として業務に従事していることを常に念頭におき、熟考して日々の業務をおこなってほしい。そして、新しい機器や方法、自然科学分野などの情報を駆使しつつ、失われる情報を最小限にしてほしい。また、一般の市民を対象にした保存・活用に有用な情報を考慮に入れることも重要である。市民にわかりやすく遺跡の意味を語る、日常の努力も忘れてはならない。

　電子技術をはじめとする関連機器・調査方法の開発の速度はたいへんに速く、5年後、10年後にどのようなものが出現しているか、予測はつかない。本書では、最新の機器や方法を考慮に入れているつもりであるが、近い将来、改訂を考えることも必要であろう。

おわりに

　また、本書は、集落遺跡を中心にしたものである。ほかの種類の遺跡についても、標準となる「てびき」を求める声も聞こえる。「てびき」の増補や改訂についても、常に念頭においておく必要があろう。

　旧版の『手びき』は、奈良国立文化財研究所（現奈良文化財研究所）と文化財保護委員会（現文化庁）の職員が執筆にあたったが、本書は、行政目的調査を実際に担当している全国12名の方に、作業部会委員として、本書の企画・構成・執筆についても全面的に分担してもらった。日常の多忙な業務に加えて、献身的な作業をしていただき、深く感謝している。また、事務局は奈良文化財研究所におき、奈良文化財研究所と文化庁の担当職員が編集にあたった。

　平成22年3月

『発掘調査のてびき』作成検討委員会

座長　藤　本　強

おわりに

本書の作成経過

（1）作成検討委員会
　　　　第1回：平成18年3月17日（文部科学省ビル）
　　　　第2回：平成19年3月8日（文部科学省ビル）
　　　　第3回：平成20年3月25日（文部科学省東館）
　　　　第4回：平成21年3月10日（旧文部省庁舎）
　　　　第5回：平成21年10月20日（旧文部省庁舎）

（2）作成検討委員会作業部会
　　　　第1回：平成17年7月27・28日（奈良文化財研究所）
　　　　　　『集落遺跡発掘編』作成の趣旨と経緯・体制の説明、今後の進め方の検討
　　　　第2回：平成17年10月20・21日（埼玉県桶川市）
　　　　　　発掘方法に関する現地での検討
　　　　第3回：平成18年1月24・25日（奈良文化財研究所）
　　　　　　『集落遺跡発掘編』の分科会による検討と全体協議
　　　　第4回：平成18年4月20・21日（奈良文化財研究所）
　　　　　　『集落遺跡発掘編』の分科会による検討と全体協議
　　　　第5回：平成18年7月11・12日（奈良文化財研究所）
　　　　　　『集落遺跡発掘編』の分科会による検討と全体協議
　　　　　　原稿執筆に向けての具体的準備
　　　　第6回：平成18年10月3・4日（奈良文化財研究所）
　　　　　　『集落遺跡発掘編』の執筆原稿の検討
　　　　第7回：平成19年2月14・15日（奈良文化財研究所）
　　　　　　『集落遺跡発掘編』の執筆原稿の検討
　　　　　　『整理・報告書編』の目次・内容の検討
　　　　第8回：平成19年7月10・11日（奈良文化財研究所）
　　　　　　『整理・報告書編』の目次案にもとづく分科会と全体協議
　　　　第9回：平成19年10月9・10日（奈良文化財研究所）
　　　　　　『整理・報告書編』の目次案にもとづく分科会と全体協議
　　　　第10回：平成20年1月30・31日（奈良文化財研究所）
　　　　　　『整理・報告書編』の目次案にもとづく分科会と全体協議
　　　　第11回：平成20年7月24・25日（奈良文化財研究所）
　　　　　　『整理・報告書編』の目次案にもとづく全体協議

おわりに

　　第12回：平成20年11月11・12日（奈良文化財研究所）
　　　　　『整理・報告書編』の目次案にもとづく全体協議
　　第13回：平成21年1月21・22日（奈良文化財研究所）
　　　　　『整理・報告書編』の原稿にもとづく全体協議
　　第14回：平成21年7月30・31日（奈良文化財研究所）
　　　　　『集落遺跡発掘編』『整理・報告書編』の内容の整合性に関する確認
　　第15回：平成22年1月5・6日（奈良文化財研究所）
　　　　　『集落遺跡発掘編』『整理・報告書編』の初校の検討

『発掘調査のてびき』作成検討委員会関係者

（1）作成検討委員会委員
　　藤本強（東京大学名誉教授、座長）、石川日出志（明治大学教授）、泉拓良（京都大学教授）、甲元眞之（熊本大学教授）、杉原和雄（大阪国際大学教授）、高橋一夫（埼玉県立文書館）、田辺征夫（奈良文化財研究所長）、山崎純男（福岡市教育委員会）

（2）文化庁（記念物課埋蔵文化財部門）
　　坂井秀弥（→奈良大学）、禰宜田佳男、清野孝之、水ノ江和同、渡辺丈彦、近江俊秀

（3）作成検討委員会作業部会委員
　　赤塚次郎（財団法人愛知県埋蔵文化財センター）、宇垣匡雅（岡山県古代吉備文化財センター）、江浦洋（大阪府立弥生文化博物館）、桐生直彦（多摩市教育委員会→多摩市立図書館）、小林克（秋田県埋蔵文化財センター）、佐藤雅一（津南町教育委員会・新潟県）、重藤輝行（福岡県教育庁→佐賀大学）、七田忠昭（佐賀県教育委員会）、高田和徳（一戸町教育委員会・岩手県）、趙哲済（財団法人大阪市文化財協会）、寺澤薫（奈良県立橿原考古学研究所）、細田勝（財団法人埼玉県埋蔵文化財調査事業団）

（4）奈良文化財研究所委員
　　石村智、井上直夫、牛嶋茂、岡村道雄、小澤毅、加藤真二、金田明大、国武貞克、小池伸彦、高妻洋成、小林謙一、杉山洋、高橋克壽（→花園大学）、巽淳一郎（→京都橘大学）、玉田芳英、豊島直博、中村一郎、箱崎和久、平澤毅、深澤芳樹、松井章、松村恵司、毛利光俊彦、森本晋、安田龍太郎、山﨑健、山中敏史

定本 発掘調査のてびき
──整理・報告書編──

2016年10月20日発行
2021年4月20日第2刷

監修　文化庁文化財部記念物課
編者　独立行政法人国立文化財機構
　　　奈良文化財研究所
発行者　山脇由紀子
印刷　㈱天理時報社
製本　協栄製本㈱

発行所　東京都千代田区飯田橋4-4-8
　　　　（〒102-0072）東京中央ビル内　㈱同成社
　　　　TEL 03-3239-1467　振替 00140-0-20618

Ⓒ Bunkacho 2016 Printed in Japan
ISBN978-4-88621-742-4 C3021

― 同成社出版案内 ―

日本の文化的景観

文化庁文化財部記念物課監修　A4判・336頁・本体4300円

文化庁記念物課が2000年度から2003年度にかけて実施した『農林水産業に関連する文化的景観の保護に関する調査研究』の報告書。

―【本書の目次】―

《農林水産業に関連する文化的景観の保護に関する調査研究―報告―》
　はじめに／1．調査研究の背景と目的（背景／目的と方法）／2．調査研究の経緯と結果（「文化的景観」の定義／1次調査及び2次調査／分類／重要地域の選択／詳細調査の試験的実施）／3．現行の保護制度における重要地域の捉え方（記念物の指定／記念物と「文化的景観」）／4．「文化的景観」の保護の在り方（特質／保護の考え方／保護の制度／保存管理及び整備活用の考え方）／5．今後の課題／まとめ
《資料1》農林水産業に関連する文化的景観の保存・整備・活用に関する検討委員会
《資料2》2次調査の対象とした地域及び重要地域の一覧表
《資料3》2次調査の対象とした地域及び重要地域の調査　報告
《資料4》詳細調査の試験的実施―報告―

都市の文化と景観

文化庁文化財部記念物課監修　B5判・220頁・本体3500円

都市や鉱工業関連の文化的景観とはどのようなものか、全国の選定地域とその評価ポイント、保存と活用の問題をとりあげる。また近年相次いで改正された景観関連法令も収録。都市計画、町おこし、観光関係者必読！

―【本書の目次】―

1．調査研究について＜(1)調査研究の背景／(2)調査研究の対象／(3)調査研究の目的＞／2．調査の経緯＜(1)調査の経緯／(2)調査方法について(3)2次調査対象地域及び重要地域の選択について＞／3．採掘・製造、流通・往来及び居住に関連する化的景観の評価及び保存・活用の手法について＜(1)評価手法(2)保存・活用手法＞／4．事例分析＜(1)宇治（京都府宇治市、大類型Ⅰ）／(2)金沢市街地（石川県金沢市、大類型Ⅰ）／(3)巣鴨地蔵通商店街（東京都豊島区、大類型Ⅱ）／(4)石のまち大谷（宇都宮市、大類型Ⅲ）／(5)貞山運河（仙台市・宮城県石巻市・東松島市・塩竈市・多賀城市・名取市、大類型Ⅳ）／(6)四万十川（高知県四万十市・中土佐町・梼原町・津野町・四万十町、大類型Ⅴ）＞／5．今後の課題＜(1)広域的な文化的景観の保護について／(2)採掘・製造、流通・往来、居住に関連する文化的景観における文化的景観の整備について＞／6．まとめ